프랑스어
단어
표현집

프랑스어 단어 표현집

지은이 김선미·조은라
펴낸이 임상진
펴낸곳 (주)넥서스

초판 1쇄 발행 2014년 5월 5일
초판 14쇄 발행 2024년 8월 5일

출판신고 1992년 4월 3일 제311-2002-2호
주소 10880 경기도 파주시 지목로 5
전화 (02)330-5500 팩스 (02)330-5555
ISBN 978-89-6790-836-2 13760

www.nexusbook.com

DELF · 회화를 위한

프랑스어
단어

김선미 · 조은라 지음

표현집

넥서스

머리말

'프랑스인은 우연히 태어나는 것이 아니라 선택되는 것이다'라는 말이 있다. 혹여 이런 말을 만들어낸 장본인이 프랑스인이 아닐까하는 의심의 눈길을 보낼 법도 하지만, 한편으로는 그것이 프랑스가 세계인에게 주는 환상을 반영하고 있다는 생각이 들기도 한다. 문화적 우월주의에 사로잡힌 유럽, 그 중에서도 특히 자기 문화에 대한 자부심이 큰 프랑스는 실제로도 아주 오랜 세월동안 문화가 곧 국력이라는 철학을 가지고 국가를 발전시켜 왔다. 그리고 그 바탕에는 모국어에 대한 무한한 애정과 긍지가 깔려 있었다. 프랑스에서 영어로 질문을 하면 대답해주지 않는다는 '흉흉한' 소문이 도는 것도 사실은 그 애정의 또 다른 모습일 것이다. 적당히 과장된 측면이 있지만, 그만큼 그들의 국어 사랑이 대단하다고 할 수 있다. 어찌 보면 프랑스인이 이루어 놓은 문화 국가는 언어 사랑으로부터 시작되었다 해도 과언은 아닐 것이다.

외국어를 공부한다는 것은 단순하게는 그저 다른 나라의 말을 익히는 것에 불과하지만, 더 깊이 보면 내가 사는 세상을 더 잘 이해하기 위한 노력일 것이다. 만일 우리가 자기만의 세상 속에 침잠되어 밖을 내다보지 못한다면 세상이 어찌 돌아가는지, 진정한 우리의 모습은 어떤지 알 수 없을 것이다. 그래서 부지런히 다른 나라 말도 배우고 문화도 경험하면서 나 자신의 세상을 조금씩 넓혀가려고 애쓰는 것일 게다.

우리가 소개하는 이 교재를 통해 프랑스어를 배우는 것도 동일한 선상에서 이해할 수 있다. 그저 일차원적으로 단어를 외우고 숙어를 암기하고 중요하다고 여겨지는 필수 문장을 익히는 것은 효과적인 언어 습득 방법이 아니다. 이 교재의 1부는 표현사전의 형식으로 구성하여 자주 쓰이는 단어를 제시하고, 그 단어가 활용되어 쓰이는 표현을 보여준다. 2부에서는 단어와 표현들이 실제 대화에서는 어떻게 쓰이는지 다양한 테마의 여러 예시 회화문들을 보여준다. 단어와 숙어를 알아도 미묘한 뉘앙스를 구분하지 못한다면 적절한 프랑스어를 구사할 수 없다.

제시된 예문과 회화들을 통해 학습자들이 뉘앙스를 이해하고 올바른 프랑스어를 구사하는데 도움이 될 수 있도록 만들다. 또한 프랑스 문화를 소개하고자 하는 목적으로 제시된 여러 예문들은 가장 구어적으로 표현되어 있어 살아있는 프랑스어를 공부할 수 있는 좋은 기회를 제공할 것이다.

이 교재를 통해 학습자들이 언어와 문화의 이해라는 두 마리의 토끼 또는 그 이상을 잡기 바라는 마음이다.

외국어는 흥미롭다. 외국어 공부는 즐겁다. 그러므로 저자들은 이것이 억지로 하는 공부가 되지 않도록 하기 위해 예문 하나하나에도 재미를 부여하고자 노력하였다. 하지만 모든 일이 그렇듯이 정작 결과물이 나오면 하늘 아래 민낯을 드러내는 것처럼 여기저기 부족한 점들이 눈에 띄고, 그로 인해 부끄러운 마음이 들지도 모르겠다. 학습자들의 고견을 참고하여 더 발전시킬 수 있는 기회가 있기를 바라 본다.

김선미, 조은라

차례

2부 테마별 회화

이 책의 구성과 특징

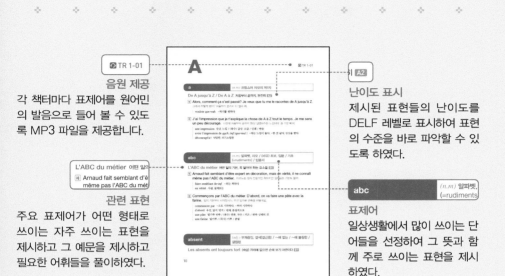

음원 제공
각 책터마다 표제어를 원어민의 발음으로 들어 볼 수 있도록 MP3 파일을 제공합니다.

관련 표현
주요 표제어가 어떤 형태로 쓰이는 자주 쓰이는 표현을 제시하고 그 예문을 제시하고 필요한 어휘들을 풀이하였다.

난이도 표시
제시된 표현들의 난이도를 DELF 레벨로 표시하여 표현의 수준을 바로 파악할 수 있도록 하였다.

표제어
일상생활에서 많이 쓰이는 단어들을 선정하여 그 뜻과 함께 주로 쓰이는 표현을 제시하였다.

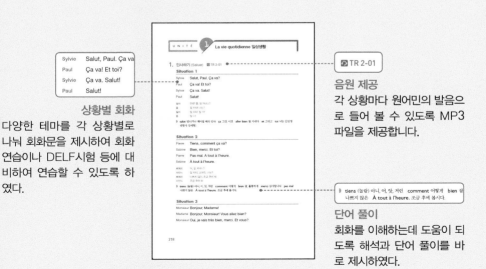

상황별 회화
다양한 테마를 각 상황별로 나눠 회화문을 제시하여 회화 연습이나 DELF시험 등에 대비하여 연습할 수 있도록 하였다.

음원 제공
각 상황마다 원어민의 발음으로 들어 볼 수 있도록 MP3 파일을 제공합니다.

단어 풀이
회화를 이해하는데 도움이 되도록 해석과 단어 풀이를 바로 제시하였다.

1. 모든 품사는 약어를 사용하여 표기한다.

n.	명사(nom)	*n. m.*	남성 명사(nom masculin)
n. f.	여성 명사(nom féminin)	*n. pr.*	고유 명사(nom propre)
n. pr. m.	남성 고유 명사(nom propre masculin)		
n. pr. f.	여성 고유 명사(nom propre féminin)		
n. m. pl.	남성 복수 명사(nom masculin pluriel)		
pron.	대명사(pronom)	*pron. ind.*	부정 대명사(pronom indéfini)
adj.	형용사(adjectif)	*adv.*	부사(adverbe)
prép.	전치사(préposition)	*v.*	동사(verbe)
v. tr.	타동사(verbe transitif)	*v. intr.*	자동사(verbe intransitif)
v. impers.	비인칭 동사(verbe impersonnel)	*v. pron.*	대명 동사(verbe pronominal)
int.	감탄사, 간투사(interjection)	*inf.*	원형(infinitif)
ind.	직설법(indicatif)	*cond.*	조건법(conditionnel)
subj.	접속법(subjonctif)	*p. p.*	과거분사(participe passé)

2. 관사, 명사 또는 형용사의 여성형은 이탤릭체로 표기한다. 예를 들어 관사 'un(e)'의 경우 남성형은 'un', 여성형은 'une'이다. 명사 'un(e) client(e)'의 경우 남성형은 'un client'이 고, 여성형은 'une cliente'이다. 형용사 'malin(gne)'의 경우 남성형은 'malin', 여성형은 'maligne'이다.

3. 표현 뒤 * 표시는 구어적인 표현을 의미한다. 따라서 이러한 표현들은 예의를 갖추어야 하는 자리에서 사용하기에는 적절치 않고, 가까운 친구나 편한 사람과의 관계에서 사용 하는 것이 옳다.

4. 표현 뒤 ** 표시는 저속한 표현 또는 욕설을 의미한다. 따라서 이러한 표현들은 예의를 갖추어야 하는 자리에서는 물론이려니와 편한 관계에서도 가능하면 사용하지 않는 것이 좋다. 알아두어야 할 필요성은 있으므로 예문을 통해 소개한다.

5. 단어의 표기에 있어서 / 표시는 의미의 구분을, // 표시는 품사의 구분을 의미한다. 예를 들어 'extrême'의 경우, '끝의 / 극단의, 극단적인 / 심한 / 과격한 // 극도, 극단 / 절정' 처럼 형용사와 명사로 쓰이는 경우가 // 표시로 구분되어 있다.

6. 책 제목 등이 예문에 사용될 경우 이탤릭체로 표기하였다. 예를 들어 '*La Belle au bois dormant* est mon conte de fées préféré.'의 예문에서 책 이름인 'La Belle au bois dormant(잠자는 숲속의 공주)'는 이탤릭체로 표기하였다.

7. 대명 동사의 표기는 동사 뒤에 '(se)'를 붙여 표기하였다.
ex) occuper (se)

8. 단어 또는 표현 옆 '='는 동의어 또는 비슷한 표현을 의미한다.

9. 음원 파일에서 형용사의 남성형과 여성형의 발음이 같은 경우 따로 발음하지 않는다.

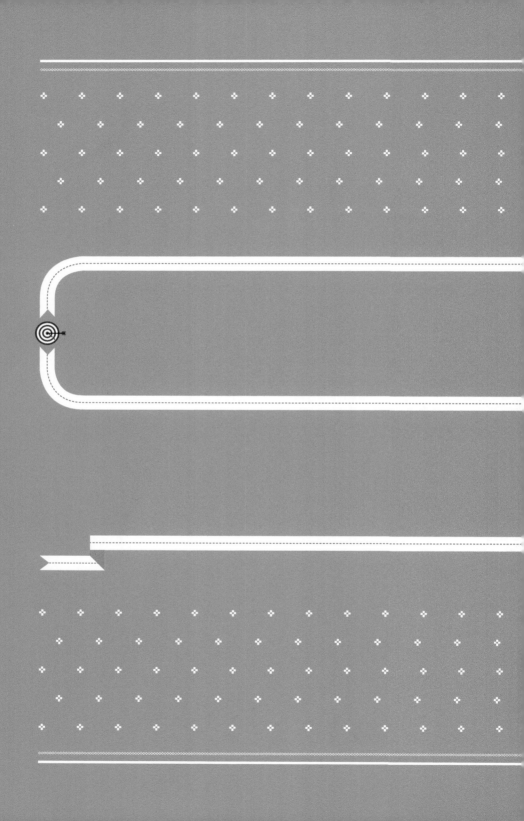

1부
단어 및 표현

a   *(n. m.)* 프랑스어 자모의 첫 글자

De A jusqu'à Z / De A à Z 처음부터 끝까지, 완전하게 `A2`

예 Alors, comment ça s'est passé ? Je veux que tu me le racontes de A jusqu'à Z.
그래서 어떻게 됐어? 처음부터 끝까지 다 말해 줘.

> vouloir que + *subj.* ~하기를 원하다

예 J'ai l'impression que je t'explique la chose de A à Z tout le temps. Je me sens un peu découragé. 너한테 처음부터 끝까지 항상 설명해주는 느낌이야. 좀 기운 빠져.

> une impression 인상, 느낌 / 감상, 소감 / 인쇄 / 반응
> avoir l'impression de *qqch/inf.* [que + *ind.*] ~라는 느낌이 들다, ~한 것 같다, ~라는 인상을 받다
> découragé(*e*) 낙심한, 낙담한, 의기소침한

abc   *(n. m.)* 알파벳의 첫 세 글자 / (비유) 초보 / 기본, 기초 (=rudiments) / 입문서

L'ABC du métier 일의 기본, 기초, 꼭 알아야 하는 요소들 `B1`

예 Arnaud fait semblant d'être expert en décoration, mais en vérité, il ne connaît même pas l'ABC du métier. 아르노는 장식 전문가인 척하지만 실제로는 기본도 몰라.

> faire semblant de + *inf.* ~하는 척하다, ~하는 체하다
> en vérité 사실, 실제(로는)

예 Commençons par l'ABC du métier. D'abord, on va faire une pâte avec la farine.
일의 기본부터 시작합시다. 우선 밀가루 반죽을 해볼게요.

> commencer par ~으로 시작하다, ~부터 시작하다
> d'abord 우선, 앞서, 먼저 / 원래, 본질적으로
> une pâte 밀가루 반죽 / (복수) 면류, 국수 / 치즈 / 반죽 상태의 것
> la farine 밀가루 / (곡식) 가루 / 분말

absent(e)   *(n.)* 부재자 / 불참자, 결석자 / (법) 실종자

Les absents ont toujours tort (속담) 자리에 없으면 손해 보기 마련이다 `B1`

예 Tu n'as pas le droit de te plaindre du résultat du vote. Il fallait que tu participes à l'élection. Les absents ont toujours tort. Tu ne l'as jamais entendu ? 넌 투표 결과에 불평할 자격이 없어. 선거에 참여를 했어야지. 자리에 없으면 손해 보기 마련이라는 말도 못 들어봤니?

| avoir le droit de + *inf.* ~할 권리가 있다
| il faut que + *subj.* ~해야 한다
| participer à *qqch* ~에 참석하다, 참여하다

예 Les absents ont toujours tort. Donc, tu as tort. Tu n'étais pas là avec nous hier, n'est-ce pas ? 자리에 없었던 사람들은 좋거나 나쁘다는 말을 할 수 없어. 그러니까 너도 마찬가지야. 너 어제 우리랑 같이 있지 않았잖아?

| avoir tort 잘못이다, 나쁘다, 틀리다

---

accélérateur (*n. m.*) 액셀러레이터, 가속 장치

Coup d'accélérateur 가속 장치, 일을 끝내기 위한 대책(= mesure destinée à rendre un processus plus rapide) **B1**

예 Il faut quand même boucler tes études. Vas-y ! Donne un coup d'accélérateur ! 그래도 공부는 마무리 지어야지. 자, 힘을 내라고!

| un processus 과정 / 절차 / 수속
| il faut + *inf.* ~해야 한다
| quand même 어쨌거나, 어쨌든, 그래도
| boucler 닫다 / 잠그다 / 고리를 끼우다 / 일을 매듭짓다

예 Je crois qu'il me faudra un coup d'accélérateur pour conclure cette affaire. Tu veux m'aider ? 이 일을 매듭지으려면 나한테 가속 장치가 필요할 것 같아. 나 좀 도와줄래?

| il faut à *qqn* + 명사 ~에게 ~이 필요하다
| conclure 체결하다, 성사시키다(= régler) / 끝마치다, 마무리하다(= achever, finir)
| achever 완성하다 / 끝마치다(= terminer, finaliser) / 파산[파멸]시키다
| une affaire 일 / 문제 / 사건 / (복수) 사업

---

accorder (*v. tr.*) 일치[조화]시키다 / 동의[인정]하다 / 승인[허락]하다 / 부여하다

Accorder ses violons 의견을 조정하다 **B1**

예 Avant de venir me voir, accordez vos violons, O.K. ? 나 보러 오기 전에 의견 일치를 보세요. 알겠지요?

| avant de + *inf.* ~하기 전에, ~하기에 앞서

예 D'abord, on devrait accorder nos violons. Sinon, nos avis seraient bien divergents.

15

우선, 우리끼리 말을 맞춰야 할 거야. 그렇지 않으면 중구난방이 될 테니까.

devrait 'devoir' 동사의 3인칭 단수 조건법 현재
seraient 'être' 동사의 3인칭 복수 조건법 현재
sinon (접속사) 그렇지 않으면(= autrement) / ~을 제외하고, ~을 빼고(= excepté, sauf) / 아니면
divergent(e) (의견 등이) 대립하는(= contradictoire, opposé) / (길이) 갈라지는

| acte | (*n. m.*) 행동, 행위(= action, geste) / 증서(= certificat) / 서류, 문서(= document) |

Passer à l'acte 실행[실천]에 옮기다 A2

예 Tu penses trop tout le temps. Passe à l'acte pour une fois.
넌 늘 너무 생각이 많아. 한 번이라도 실행에 옮겨 봐.

tout le temps 항상, 언제나(= toujours)
pour une fois 한 번이라도

예 Avant de passer à l'acte, tu dois réfléchir sur cette affaire bien sérieusement.
행동으로 옮기기 전에 그 일에 대해 정말 심각하게 숙고해야 해.

avant de + *inf*. ~하기 전에, ~하기에 앞서
devoir ~해야 한다, ~하지 않으면 안 된다 / (필연) ~하게 되어 있다 / (추측) ~임에 틀림없다, ~일 것이다
réfléchir (~sur *qqch*) ~을 검토하다 / ~을 숙고하다, 깊이 생각하다
sérieusement 진지하게 / 열심히, 부지런히 / 진실로, 심각하게

Avaler son acte de naissance* 죽다(= mourir) B1

예 Hier, le père de Marc a avalé son acte de naissance. Quel malheur, juste un an après la perte de sa mère ! C'est bien triste !
어제 마르크의 아버지가 돌아가셨어. 엄마 돌아가신 지 일 년밖에 안 됐는데 웬일이니… 참 안 됐네!

avaler 삼키다, 먹다
un acte de naissance 출생 신고서

| action | (*n. f.*) 행위 / 활동, 행동 / 실행 / 전투 / 작용, 영향(력) / 가동, 운행 / 연기, 액션 |

En action 행동하는 중인, 활동중인, 효과를 내고 있는 중인 A2

예 Tu ne vois pas que je suis en pleine action pour t'aider ? Sois patiente.
내가 너를 돕기 위해서 지금 애쓰고 있는 거 안 보여? 좀 참을성을 가져.

sois 'être' 동사의 2인칭 단수 명령법

affaire	*(n.f.)* 일 / 문제 / 곤란한 일(= difficulté, ennui) / 사건 / 소송 사건(= cause) / 거래, 매매(= marché) / 기업, 회사 (= entreprise) / (복수) 사업

Affaire classée 해결된 문제, 끝난 문제 **A2**

예 Affaire classée ! N'en parlons plus. 다 끝난 문제니 더 이상 말하지 말자!

  ne ~ plus 더 이상 ~하지 않다

예 Pourquoi te trouves-tu accroché à l'affaire déjà classée ? Oublie-la !

이미 다 끝난 문제에 왜 그렇게 매달리니? 잊어버려!

  se trouver accroché(*e*) à ~에 매달리다, 집착하다

Se mêler des affaires d'autrui 타인의 일에 간섭하다 / 자기와 상관없는 일에 끼어들다 **B1**

예 Mêle-toi de tes affaires ! 네 일이나 신경 쓰라고!

  se mêler de *qqch* ~에 신경 쓰다, 끼어들다
  un autrui 타인, 남

예 Ne m'en parle pas, s'il te plaît. Je ne me mêle jamais des affaires d'autrui.

나한테 말하지 마. 절대 남의 일에 끼어들지 않으니까.

  jamais 결코 ~않다, 한 번도 ~않다

aller	*(v. intr.)* 가다 / (일이) 진행되다, 되어가다 / (건강 상태가) ~하다 / ~한 상태로 지내다

Ça va 잘 돼가, 좋아, 괜찮아 **A1**

예 A Oh, pardon ! Je ne t'ai pas fait mal ?

  B Non. non. Ça va.

A 아, 미안! 내가 아프게 한 거 아냐?
B 아니야, 괜찮아.

  faire mal à *qqn* ~에게 고통을 주다, ~를 아프게 하다

예 Jusqu'à hier j'avais trop de sujets d'inquiétude mais maintenant ça va. Je vois de nouveau la vie en rose.

어제까지 걱정거리가 너무 많았었는데, 이제 괜찮아. 인생이 다시 아름다워졌다고.

  un sujet 주제 / 문제 / 동기 / 이유
  une inquiétude 근심, 걱정, 염려, 두려움 / 걱정거리
  de nouveau 다시(= à nouveau)
  une rose 장미(꽃)
  être rose 장밋빛이다, 아름답다 cf. Tout n'est pas rose.
  voir la vie, l'avenir, les choses en rose 인생, 미래, 사물을 아름답게 보다

17

âme	(*n. f.*) 영혼 / 정신 / 감정(= sentiment) / 이념, 핵심 / 혼, 생명

L'âme sœur, une âme sœur 소울메이트, 마음을 나누는 친구 A2

예 Je crois que j'ai enfin trouvé l'âme sœur. 나 드디어 맘에 맞는 사람을 찾은 것 같아.

> croire que +*ind.* ~라고 생각하다, ~인 것 같다
> une âme 영혼 / 정신, 마음 / 감정 / 핵심 / 생명, 활기

예 Je pense que seuls les époux ne sont pas suffisants dans la vie. Il nous faut une âme sœur. 인생에서 배우자만으로는 충분하지 않은 것 같아. 마음을 나눌 친구가 필요해.

> penser que +*ind.* ~라고 생각하다, ~인 것 같다
> un(e) épou*x*(*se*) 배우자 / (복수) 부부(=conjoints)
> suffisant(e) 충분한 / 만족스러운

Rendre l'âme 죽다 A2

예 Depuis l'accident, Marlène souffrait beaucoup. Ce matin, elle a enfin rendu l'âme. Qu'elle repose en paix.
사고 이후로 마를렌은 많이 고통스러워했어. 오늘 아침에 드디어 그 고통이 끝났어. 편히 쉬기를….

> depuis ~이래로, ~이후로

예 Au bout de quelques jours de notre entretien, mon professeur a rendu l'âme. Je suis vraiment bouleversée. 교수님이 나랑 면담하고 며칠 뒤에 돌아가셨대. 나 정말 충격 받았어.

> au bout de ~의 끝에(=à la fin de) / ~후에(=après)
> un entretien 유지, 보존 / 대화, 대담, 회담
> bouleversé(e) 뒤엎어진, 뒤죽박죽된 / 충격을 받은, 당황한

amour	(*n. m.*) 사랑, 애정(= affection, tendresse) / 열의, 집착

On ne badine pas avec l'amour 사랑은 신중한 것[알프레 드 뮈세(Alfred de Musset)의 희곡 제목에서 인용한 문장으로 농담으로 주로 쓰임] A2

예 A Je crois que j'aime Philippe.

   B Comment ? Tu plaisantes ?

   A Non. On ne badine pas avec l'amour. Je suis amoureuse de lui. C'est la vérité.

A 나 필립 사랑하는 것 같아.
B 뭐라고? 농담하냐?
A 아니야. 사랑 얘긴데 장난일 리 없잖아. 나 사랑에 빠졌어. 정말이야.

> badiner 농담하다, 희롱하다, 장난삼아 말하다, 경솔하게 행동하다
> être amoureu*x*(*se*) de *qqn/qqch* ~을 사랑하다, ~와 사랑에 빠져 있다

예 Les gens disent qu'on ne badine pas avec l'amour, mais moi, je dis que je ne badine pas avec l'argent. Tantôt il me rend grâcieuse tantôt il me rend humble. 사람들은 사랑에 있어 신중해야 한다고 말하지만, 나는 돈에 대해 신중해야 한다고 말하고 싶어. 돈은 어떤 때는 날 고결하게 만들지만, 어떤 때는 날 비참하게도 하거든.

grâcieux(se) 상냥한 / 무보수의 / 우아한, 매력적인
humble 겸손한, 공손한 / 천한, 비천한

âne
(n. m.) 당나귀 / (비유) 바보, 어리석은 사람(= idiot, imbécile)

Saoul comme un âne 술에 완전히 취한 A2

예 Avant hier, j'ai rencontré Félicien dans la rue. Il était saoul comme un âne. Il ne m'a même pas reconnu. 그저께 길에서 펠리시엥을 만났는데 완전히 취했던걸. 나도 못 알아보던데.

avant-hier 그저께
saoul(e) 술 취한(=soûl(e))
reconnaître 알아보다, 기억해 내다

예 Je déteste prendre le métro le soir parce qu'il y a beaucoup de gens saouls comme des ânes. 혀가 꼬부라지게 취한 사람들 때문에 밤에 지하철 타는 거 싫어.

prendre + 정관사 + 교통수단 ~을 타다

On ne saurait faire boire un âne qui n'a pas soif (속담) 말을 물가로 끌고 갈 수는 있지만 물을 먹일 수는 없다 B1

예 A Je veux que mon fils devienne un médecin. C'est un job respectable et bien payé. Mais il semble qu'il ne s'y intéresse pas.
B Ben… on ne saurait faire boire un âne qui n'a pas soif. Laisse-le décider pour lui-même.

A 난 내 아들이 의사가 되었으면 좋겠어. 존경 받고 돈도 많이 버는 직업이니까. 근데 걔는 관심이 없나 봐.
B 평양 감사도 저 싫으면 그만인 거지. 그냥 스스로 결정하게 내버려 둬.

avoir soif 목마르다, 갈증나다
respectable 존경(존중)할 만한 / 훌륭한 / (수량이) 상당한, 꽤 큰(= grand)
s'intéresser à *qqch* ~에 관심을 갖다, ~을 흥미로워 하다

ange
(n. m.) 천사 / (성품이) 고귀한 사람

Ange gardien 수호자 A2

예 Il est prévenant, il s'occupe de moi. C'est mon ange gardien.
걔는 배려심도 많고, 날 잘 챙겨줘. 내 수호천사라니까.

prévenant(*e*) 세심한, 배려 깊은, 친절을 베푸는
s'occuper de *qqn* ~를 돌보다, 보살피다
s'occuper de *qqch* ~를 책임지다, 처리하다

예 Il n'y a pas d'ange gardien dans ma vie. Il n'y a que mon petit ami qui est le plus égoïste du monde.

내 인생에 수호천사는 없어. 세상에서 가장 이기적인 남자친구가 있을 뿐이야.

un égoïste 이기주의자

Comme un ange 완벽하게 A2

예 Il a une voix extraordinaire. Il chante comme un ange.

그 사람은 근사한 목소리를 가지고 있어. 정말 완벽하게 노래하더라.

extraordinaire 특별한 / 놀라운, 기이한 / 대단히 훌륭한

---

antenne

(*n.f.*) 안테나 / 방송 / (동물) 더듬이 / (비유) 촉각, 직감 / 지부, 지사, 지국

Avoir des antennes 직관력이 있다 / 감이 좋다 B1

예 Je suis sûre que Marie mijote quelque chose. Je dois avoir raison car j'ai des antennes. 마리가 뭔가 꿍꿍이속이 있는 게 틀림없어. 내 말이 맞을 거야. 내가 얼마나 감이 좋은데.

mijoter 약한 불로 익히다 / (구어) (일 따위를 신중하게) 준비하다, 꾸미다
avoir raison 옳다 ↔ avoir tort 틀리다

---

apparence

(*n.f.*) 외모(= aspect, air) / 기미, 기색 / 징후 / 겉모습, 겉 치레

Se fier[ne pas se fier] aux apparences 겉모습을 믿다[믿지 않다] B2

예 A Je ne veux pas sortir avec ce garçon. Il n'est pas beau.
   B Mais il ne faut pas se fier aux apparences. Il peut être quelqu'un de très bien.

A 나 그 남자애랑 사귀고 싶지 않아. 못생겼잖아.
B 겉모습만 봐서는 안 돼. 진짜 괜찮은 애일 수도 있잖니.

se fier à *qqn/qqch* ~을 신뢰하다, 믿다

예 Si tu échoues souvent dans la vie amoureuse, c'est parce que tu ne te fies qu'aux apparences. Il te faut voir d'autres qualités chez un homme.

네가 자꾸 사랑에 실패하는 건 외모만 보니까 그런 거야. 남자한테 있는 다른 장점을 봐야지.

échouer 실패하다 / 좌초하다

une qualité 질, 품질 / (사물의) 특성, 특질 / (사람의) 자질, 품성 / 장점

appel　　　(n. m.) 부름, 호출 / 호명 / 요청 / 소집 / 상소, 항고

Faire appel à *qqn/qqch* ～에 (도움 · 돈 등을) 요청하다 B1

예 Pour participer à la fête de samedi, j'ai besoin de 20 euros. Il me faut faire appel à maman car je suis fauché.*

토요일 파티에 가려면 20유로가 필요해. 아무래도 엄마한테 달라고 해야겠다. 난 지금 빈털터리거든.

avoir besoin de *qqn/qqch* ～이 필요하다, ~을 필요로 하다

fauché(*e*) 베어진 / (구어) 무일푼의, 빈털터리의 / 돈이 떨어진

예 En cas de besoin, tu fais appel à moi, O.K. ? 필요하면 연락해. 알았지?

un cas 일, 사실 / 사건 / 경우, 상황 / 요건, 요인

un besoin 필요(=nécessité) / 요구, 욕구(=exigence) / 부족, 결핍 / 곤궁

appétit　　　(n. m.) **식욕** / (비유) **욕구, 욕망**(= désir, envie) / **갈망** (= aspiration, soif)

Couper l'appétit à *qqn* ～의 식욕을 떨어 뜨리다 B1

예 Dans ce film, il y avait beaucoup de scènes très violentes, qui m'ont complètement coupé l'appétit.

그 영화에 정말 잔인한 장면이 많이 나왔어. 식욕이 완전히 떨어지더라.

couper 자르다, 베다 / 깎다 / 재단하다(=tailler) / (문장 등의 일부를) 삭제하다 / 나누다 / 조화를 깨뜨리다 / 떼어놓다, 격리시키다, 고립시키다 / 가로막다, 차단하다 / 끊다

예 On ne dit pas le mot "caca" à table car ça coupe l'appétit.

식탁에서는 똥 얘기 하는 거 아냐. 입맛 떨어지잖아.

un caca (어린애 말) 똥(=crotte, excrément) / 더러운 것

argent　　　(n. m.) 은 / 은제품 / 돈 / 재산

Argent liquide 현찰 A2

예 A Est-ce que tu as de l'argent liquide ?

B Non, je n'ai qu'une carte de crédit.

21

A 현찰 있어?
B 아니, 나 신용 카드밖에 없는데…

| liquide 액체의 / (비유) 원활한, 유연한 / 현금의, 현금성이 있는

예 La police a fait une perquisition au domicile d'un politicien et elle a trouvé une grande somme d'argent liquide.
경찰이 한 정치인의 집을 가택 수색했는데, 현찰로 큰 액수의 돈이 발견되었습니다.

    une perquisition (법) 가택 수색(= visite domiciliaire) / 조사, 심문
    un domicile 주거, 거처 / (법) 주소
    une somme (수학) 합 / (비유) 합계, 총계 / 금액 / 막대한 금액

art   (n. m.) 예술 / 미술

Le septième art 제7의 예술, 영화 B1

예 Aujourd'hui, le marché coréen du septième art est considéré comme l'une des meilleures cibles pour les investisseurs américains.
오늘날 한국 영화시장은 미국 투자자들에게 가장 매력적인 투자처 중의 하나로 여겨지고 있습니다.

    être considéré(e) comme ~로 여겨지다, 생각되다, 간주되다
    une cible 과녁, 표적, 목표, 대상
    un investisseur 투자가, 투자자

aspirine   (n. f.) 아스피린산 / 아스피린정

Blanc comme un cachet d'aspirine 얼굴색이 매우 창백한 B1

예 Mais Marie, qu'est-ce que tu as ? T'es blanche comme un cachet d'aspirine. Tu te sens mal ? 어머, 마리야. 무슨 일이니? 낯빛이 너무 창백해. 어디 아파?

| un cachet 도장, 스탬프 / 흔적, 특징 / 약포, 캡슐 / 사례금

assiette   (n. f.) 접시 / 요리 한 접시 / (옛) 자세, 상태(= position)

Être[ne pas être] dans son assiette 신체적, 정신적인 균형 또는 정상적인 상태에 있다[있지 않다] B1

예 Je suis désolée mais il vaut mieux reporter notre rendez-vous à plus tard. Aujourd'hui, je ne suis pas dans mon assiette.
미안한데, 아무래도 약속을 좀 뒤로 미루는 게 낫겠어. 오늘 몸이 안 좋아.

il vaut mieux +*inf.* ~하는 게 더 낫다
reporter *qqch* à *qqch* ~을 ~로 연기하다, 미루다

예 A Lundi prochain, je vais voir Philippe. Tu viens avec moi ?

B Non, je ne suis pas dans mon assiette en sa présence. Tu le vois toute seule.

A 다음 주 월요일에 필립 만날 거야. 같이 갈래?
B 아니, 난 걔랑 있으면 편하지 않아. 그냥 혼자 봐.

prochain(*e*) 다음의 / 가까운, 임박한

attendre
(*v. tr.*) **기다리다 / 믿다, 신뢰하다**(= compter sur) **/ 예측하다**(= prévoir) **/ 대비하다**

Attendre son heure 기회가 올 때까지 인내심을 가지고 기다리다 A2

예 T'inquiète pas, ma chérie. Non seulement tu as bien travaillé mais aussi tu as obtenu un bon résultat avec tes clients. Je suis sûr que tu vas avoir de la chance cette année. Tu n'as qu'à attendre ton heure.

여보, 걱정하지 마. 당신 열심히 일하기도 했지만, 고객들이랑 좋은 결과를 얻었잖아. 올해에는 분명히 기회가 올 거라고 확신해. 기다리기만 하면 된다고.

s'inquiéter de *qqn/qqch/inf.* 걱정하다, 신경 쓰다
non seulement~ mais aussi~ ~뿐 아니라 ~도
avoir de la chance 운이 좋다
cette année 올해 cf. ce mois 이번 달 / cette semaine 이번 주 / cette nuit 오늘 밤

attention
(*n. f.*) **주의(력), 조심, 긴장 / 관심**

Attention les yeux ! 조심해! A2

예 Maintenant, je vais vous montrer notre chiffre d'affaire de cette année. Vous allez constater qu'il est en chute libre. Attention les yeux ! 이제 여러분께 올해의 총 매상고를 보여드리겠습니다. 수치가 하락하고 있다는 걸 보시게 될 겁니다. 자, 조심하세요!

aller +*inf.* (근접 미래) ~할 것이다 / ~할 작정이다
constater 확인하다, 인정하다 / 증명하다 / 확신하다

aujourd'hui
(*adv.*) **오늘 / 오늘날, 요즈음**(= actuellement, maintenant)

C'est pas d'aujourd'hui 오래된 일이야, 옛날 일이야 A2

예 A Je ne savais pas que tu fumais.

B Ah, ça ? C'est pas d'aujourd'hui. Mais je ne fume que quand je suis énervée.

A 너 담배 피우는 줄 몰랐어.
B 아, 이거? 꽤 됐는데… 그래도 스트레스 받을 때만 피워.

ne~que ~만
énervé(e) 신경질이 난, 짜증난, 흥분한, 신경이 곤두선

aussitôt | (adv.) 곧, 곧장 / 즉시, ~하자마자

Aussitôt dit, aussitôt fait / Sitôt dit, sitôt fait 말하자마자 행하다 `A2`

예 Quoi ? Tu as déjà fait ta valise pour partir ? Aussitôt dit, aussitôt fait ! Quelle rapidité ! 뭐? 벌써 짐을 다 쌌다고? 말하자마자 해치우는구나! 정말 빠르네.

faire sa valise 짐을 꾸리다, 떠날 채비를 하다
une rapidité 빠름, 신속함, 민첩성

예 Tu es encore devant l'ordinateur ? Je t'ai dit de faire tes devoirs d'abord ? Tu as déjà entendu l'expression "aussitôt dit, aussitôt fait", n'est-ce pas ? 아직도 컴퓨터 앞에 있는 거니? 숙제 먼저 하라고 했을 텐데…. "말하자마자 행동하다"라는 말 들어봤지?

faire ses devoirs 숙제하다

auteur | (n. m.) 창조자(= créateur) / 작가, 저자 / 제조가 / 주동자, 장본인 / (사건의) 범인

L'auteur de mes[ses] jours 나의[그의] 아버지 `B1`

예 A C'est qui ce monsieur avec qui tu parlais tout à l'heure ? Il te ressemble. C'est ton frère aîné ?

B Non. C'est l'auteur de mes jours.

A Mais il a l'air si jeune pour être ton père.

A 조금 아까 얘기 나누던 사람 누구야? 너랑 닮았던데? 형이야?
B 아니, 우리 아버지야.
A 와, 아버지라기엔 너무 젊어 보이신다.

tout à l'heure 조금 전, 아까 / 조금 이따가, 잠시 후
ressembler à qqn ~를 닮다, ~와 비슷하다
avoir l'air + 형용사 ~해 보이다, ~처럼 보이다

autre
(pron. ind.) 다른 사람 / 다른 것

Entre autres 그들 중, 그것들 중, 그중에서도 특히 **B1**

예 A Si tu étais à Paris, tu as vu Monsieur Choi ?

B Oui, je l'ai vu entre autres. Il va bien.

A 파리에 있었으면 최 선생님도 봤겠네?
B 응, 사람들 틈에서 봤지. 잘 지내시더라.

avaler
(v. tr.) 삼키다, 먹다(= manger) / (비유) (말을) 삼키다 / 탐독하다

Dur à avaler 참기 힘든 **A2**

예 J'ai quitté mon petit ami et perdu mon job. Comment ai-je pu en arriver là ?
C'est vraiment dur à avaler.

남자친구랑 헤어졌는데 일자리까지 잃었다니, 어떻게 이런 지경이 되었는지 모르겠어. 정말 견디기 힘들다.

　en arriver là ~지경에 이르다

avec
(prép.) ~와 함께, ~와 같이, ~랑

Avec ça 게다가, 그리고, 덧붙여(= de plus) **A2**

예 Donc, pour demander ma carte de séjour, il me faut le passeport, le bail, la
quittance de loyer, la facture d'EDF ou de Telecom, et avec ça ? 그러니까 체류증
신청을 위해서 여권, 임대차 계약서, 집세 영수증, 전기세나 전화세 고지서가 필요하다는 거죠? 그 밖에는요?

　pour + *inf.* (목적) ~하기 위해서, ~을 목적으로
　un bail *(n.m.)*임대차(부동산) 계약서 / 세 / (구어) 오랜 기간
　une quittance 영수증, 수령증, 지불 증서

예 Alors madame, vous voulez des poireaux, des carottes, des oignons et un peu
de champignons ? Et avec ça ?

자, 파, 당근, 양파, 그리고 버섯 조금 원하시는 거죠? 그리고 또 뭘 드릴까요?

　un poireau (식물) 파 / (구어) 사마귀
　une carotte (식물) 당근
　un oignon (식물) 양파 / 둥근파
　une champignon (식물) 버섯 / (복수) 버섯류의 총칭 / 균류

avoir

(v. tr.) 가지다, 소유하다 / 지니다(= posséder) / 가지고 [데리고] 있다

N'avoir qu'à ~하기만 하면 된다 B1

예 Si tu as envie de me quitter, tu n'as qu'à me quitter. C'est pas* la peine de raconter des histoires. 나하고 헤어지고 싶으면 그냥 그러면 돼. 거짓말할 필요까지는 없어.

> avoir envie de + *inf.* ~하고 싶다(= vouloir + *inf.*)
> Ce (n')est pas la peine de + *inf.* ~할 필요가 없다 / ~하지 않아도 된다

예 A J'ai presque terminé mes devoirs. J'ai du temps, j'ai des idées et je n'ai qu'à les réaliser.

B Tu parles…

A 나 숙제 거의 다 했어. 시간도 있고, 아이디어도 있으니까 쓰기만 하면 돼.
B 말은….

> réaliser 실현[실행]하다 / 실감하다, 깨닫다 / 현실화하다, 구체화하다

B

bagage　　(n. m.) 짐 / 가방 / 수하물

Plier bagage 떠나다, 가버리다(= s'en aller, partir) B1

예 A Qu'est-ce que tu fais ?

　 B Je plie bagage. J'en ai marre de rester comme ça. Je te quitte.

　 A 뭐 하는 거야 ?
　 B 짐 싸잖아. 난 이렇게 있는 거 이제 지겨워. 우리 헤어져.

　 en avoir marre de ~하는 것이 지겹다 / ~하는 것에 질리다
　 quitter ~를 떠나다, ~와 헤어지다

예 J'ai la tête embrouillée avec tous mes problèmes. J'aimerais bien plier bagage.
　 나 이런저런 문제들 때문에 머리가 복잡해. 떠나고 싶어.

　 embrouillé(e) (실타래가) 얽힌 / (문제 등이) 복잡한 / 골치가 아픈 / (날씨가) 흐린

Prendre[amener] *qqn* **dans ses bagages avec soi** 항상 데리고 다니다 A2

예 Laurent ne peut supporter qu'il se sépare de son chien. Il le prend donc dans
　 ses bagages même quand il fait un voyage d'affaires.
　 로랑은 자기 개랑 떨어지는 걸 참지 못해. 그래서 사업차 여행을 할 때도 항상 데리고 다녀.

　 se séparer de 떨어져 나가다, 헤어지다 / 갈라지다, 나눠지다
　 faire un voyage 여행하다
　 un voyage d'affaires 사업 여행, 비즈니스 여행

baguette　　(n. f.) 막대기, 지팡이 / 바게트 빵

D'un coup de baguette magique 마술에 걸린 듯, 눈 깜짝할 사이에 B1

예 Oh mon Dieu ! Tu as vu Cathy ? Elle a changé d'un coup de baguette magique.
　 세상에, 카티 봤어? 마술에 걸린 것처럼 변했더라.

　 magique 마법의, 마술의 / (비유) 신기한, 불가해한 / 매혹하는, 경이로운 / 신비로운

bail　　(n. m.) 임대차 (부동산) 계약서 / (구어) 오랜 시간[기간]

Ça fait un bail 오래되었다, 오랜만이다 B1

27

예 Ça fait un bail qu'on ne s'est pas vus. 우리 못 본 지 정말 오래됐죠.

　se voir (재귀적) 자신의 모습을 보다 / 자신이 ~라는 것을 알다 / 자신이 ~라고 상상하다, 마음속에 그리다 / (어떤 상태에) 빠지다 / (상호적) 서로 만나다 / 교제하다

예 Ça fait un bail que j'ai terminé mes études. Étudier m'est un peu étranger maintenant. 학교 졸업한 지 오래되어서 이제는 공부하는 게 좀 낯설어요.

　étrang*er(ère)* 외국(인)의 / 외교의 / 외부의 / 낯선, 생소한

baiser　*(n. m.)* 입맞춤, 키스

Baiser de Judas 거짓 입맞춤 / 배신 **B1**

예 Il avait l'air triste et m'a donné le baiser d'adieu. Mais je sais bien que c'était un baiser de Judas.
그는 슬픈 듯 나에게 이별의 키스를 했어. 하지만 난 그게 거짓 입맞춤이라는 걸 알아.

　avoir l'air + 형용사　~해 보이다, ~처럼 보이다
　un baiser d'adieu　이별의 키스, 작별의 입맞춤

예 Dans la vie, fais attention aux gens qui te donnent des baisers de Judas.
인생에서 너에게 거짓 키스를 보내는 사람들을 조심해.

　une attention　주의 / 조심 / 관심 / 배려

balai　*(n. m.)* 비, 빗자루

Coup de balai (갑작스러운) 해고, 집단 해고 **B1**

예 Presque la moitié des employés était renvoyée. C'était un coup de balai ignoble !
직원의 거의 반이 해고당했어. 비열한 해고 아니니!

　renvoyer　돌려보내다, 해고하다, 면직하다
　ignoble　천한, 상스러운(=infâme) / 불쾌한, 역겨운(=dégoûtant) / 비열한

balancer　*(v. tr. et int.)* 흔들다 / 버리다, 해고하다 / 저울질하다, 비교하다

S'en balancer* (구어) 중요하지 않게 생각하다, 신경쓰지 않다, 무시하다(= s'en moquer) **B2**

예 Le plus important dans la relation de couple, c'est la confiance. Le reste, je m'en balance. 부부 사이에서 가장 중요한 건 신뢰야. 나머지는 대수롭지 않아.

une relation 관계, 연관, 관련 / 교류
une confiance 신뢰, 믿음 / 자신감 / 확신

balle
(n.f.) 공 / 총알

Renvoyer la balle à *qqn* ~에게 반격을 가하다 / 응수하다 / 책임을 돌리다 `B2`

예 J'ai renvoyé la balle aussitôt que j'ai reçu sa critique. Il en avait l'air tout embarrassé. 그의 비난을 받자마자 바로 반격했거든. 엄청 당황한 것 같더라.

embarrassé(*e*) 곤란한, 당황한, 거북한 / 혼란스러운

bande
(n.f.) 띠, 밴드 / 필름, 테이프

Bande dessinée 만화 `A2`

예 Mon petit fils de sept ans adore la B.D. 제 일곱 살짜리 어린 아들은 만화를 엄청 좋아해요.

la B.D. (구어) 만화['la Bande dessinée'의 약어]

예 Il y avait une époque où la B.D. était mal considérée en Corée. 한국에서는 만화가 좋지 않게 여겨지던 시절이 있었어요.

considérer 고려하다, 검토하다 / 여기다, 간주하다 / 주시하다 / 관찰하다

basket
(n.f.) (끈을 매는) 운동화

Être bien dans ses baskets[à l'aise] (구어) 편하다, 느긋하다 `B1`

예 J'aime ma chambre, ce petit coin à moi. Une fois rentrée là-dedans, je me sens bien dans mes baskets.
나는 내 방, 이 작은 나만의 공간이 참 좋아. 일단 들어앉으면 정말 편안하거든.

un coin 모서리, 모퉁이 / 구석, 구석진 장소 / 코너
une fois + 동사의 과거분사 일단 ~하면

beau, bel, belle
(adj. et adv.) 아름다운, 잘생긴 / 좋은, 훌륭한

Beau comme un ange[un astre, un camion, un cœur, un dieu, le jour] 아주 잘생긴 `A2`

예 Won Bin, l'acteur coréen, est beau comme un ange. 한국 배우 원빈은 정말 잘생겼어.

Avoir beau + *inf.* ~해봐야 소용없다 B1

예 Tu as beau pleurer comme ça. C'est fini avec lui.
너 그렇게 울어봐야 소용없어. 걔랑은 끝난 거라고.

   fini(*e*) 끝난, 완결된, 완성된 / 유한한(=limité)

berger(ère) (*n.*) 목동 / 양치는 사람

Étoile du berger 목동의 별, 금성 A2

예 Regarde cette étoile là-bas qui brille ! C'est l'étoile du berger.
저기 반짝반짝 빛나는 별을 봐. 저게 금성이야.

   là-bas 저기
   briller 빛나다, 빛을 발하다 / 반짝이다 / 환하다 / (비유) 뛰어나다 / 눈에 띄다

béton (*n. m.*) 콘크리트 / (비유) 견고함, 확실함

C'est du béton* (구어) 확실하다, 믿을 만하다 B1

예 Oui, j'ai écouté tous ses témoignages. C'est du béton. Pas de doute.
응. 그 사람 증언 다 들었는데, 믿을 만해. 의심할 여지가 없더라.

   un témoignage 증언 / 증거 / 표시
   un doute 의심, 의혹 cf. avoir un doute sur ~에 대해 의심하다, 의문을 갖다

bien (*n. m.*) 선, 선행 / 이득

Faire du bien à *qqn* ~에게 좋은 일을 하다 / ~를 도와주다 A2

예 Vous reposer à la campagne, ça vous fera du bien.
시골에서 쉬는 것이 당신에게 도움이 될 거예요.

   se reposer 쉬다, 휴식을 취하다 / 일을 하지 않다 / (신체의 일부를) 쉬게 하다
   une campagne 농촌, 밭 / 시골 / 들, 평야 / 캠페인 / 답사, 조사

예 Le vent frais, ça fait toujours du bien. 신선한 바람은 언제나 좋아.

   frais(*îche*) 서늘한, 쌀쌀한(=frisquet) / 찬, 시원한 / 상쾌한

blague
(n.f.) 농담 / 장난, 조롱

Sans blague 그럴리가, 농담이겠지 `A2`

예 Quoi ? Tu te maries avec Sara ? Sans blague ! 뭐? 네가 사라랑 결혼한다고? 농담이겠지!

　se marier avec *qqn* ~와 결혼하다

예 A Il dit qu'il m'a trompée parce que je l'ai méprisé.

　B Sans blague !

　A 그이 말이 내가 자기를 무시해서 바람피운 거래.
　B 말도 안 돼.

　tromper 속이다 / 배신하다, 바람을 피우다 / (추격·감시를) 피하다, 따돌리다
　mépriser 무시하다, 대수롭지 않게 여기다 / 경멸[멸시]하다, 깔보다

bois
(n. m.) 숲(= forêt) / 나무, 목재 / 장작

Belle au bois dormant 잠자는 숲속의 공주 `A2`

예 *La Belle au bois dormant* est mon conte de fées préféré.

　잠자는 숲속의 공주는 내가 제일 좋아하는 동화야.

　dormant(e) (드물게) 잠자는 / (비유) 잠재하는, 숨겨진 / 잔잔한, 움직이지 않는 / (물이) 고여 있는 (=stagnant)
　un conte (사건·모험 등의) 이야기 / 짧은 이야기, 설화 / 동화 / 콩트
　une fée 요정, 선녀
　préféré(e) 좋아하는, 선호[총애]하는

bonheur
(n. m.) 행복 / 운 / 기쁨, 즐거움

L'argent ne fait pas le bonheur (속담) 돈이 있다고 행복한 것은 아니다, 돈이 행복을 만들지는 못한다 `A2`

예 Ne sois pas trop découragé. L'argent est important mais ne fait pas le bonheur.

　너무 실망하지 마. 돈이 중요하긴 해도 행복을 만드는 건 아니야.

　sois 'être' 동사의 2인칭 단수 명령법
　découragé(e) 낙심한, 의기소침한, 실망한, 용기를 잃은

예 On dit que l'argent ne fait pas le bonheur mais je pense que la plupart du temps, l'argent fait le bonheur.

　사람들은 돈이 행복을 만들지 않는다고 하지만 내 생각엔 많은 경우 돈이 행복을 만드는 것 같아.

　la plupart 대부분, 대다수, 거의 모두

31

bonjour
(*n. m.*) 안녕, 안녕하십니까

Simple comme bonjour 매우 단순한, 간단한, 쉬운 A2

예 Tu ne sais pas encore la conjugaison des verbes du premier groupe ? C'est simple comme bonjour. 아직도 1군 동사의 동사 변화를 모른단 말이니? 너무 간단한 거잖아.

> une conjugaison (동사의) 변화(표), 활용(표)

borne
(*n. f.*) 한계, 제한 / 경계 / 정도

Dépasser les bornes 한계를 뛰어넘다 / 도가 지나치다 B1

예 Arrêtez-vous là. Vous dépassez les bornes. 그만 멈추세요. 도가 지나치시네요.

> dépasser 앞지르다, 추월하다 / 지나다, 통과하다 / 넘다, 초과하다
> s'arrêter 멈춰 서다, 쉬다 / 끝나다 / (마음을) 정하다, (뜻을) 굳히다

예 Tu peux t'exprimer comme tu veux mais il ne faut pas dépasser les bornes. La liberté de parler ne te donne pas la liberté d'insulter les autres.
네가 원하는 대로 의사 표현을 할 수 있지만 절대 도가 지나치면 안 돼. 말할 수 있는 자유가 타인을 모욕하는 자유까지 주는 건 아니야.

> s'exprimer (자신의 생각을) 표현하다 / 나타내다, 표시하다 / (~이) 표현되다
> une liberté 자유, 자유로움 / 편안함 / 권리
> insulter 욕하다, 모욕하다(= injurier)

bouche
(*n. f.*) 입 / 입매

Bouche bée[béante] 입을 크게 벌리고, 아연실색하여 B2

예 Il restait bouche bée. 그는 아연실색한 채 있었다.

> béant(*e*) 많이 열린 / 벌어진 / (사람이) 입을 크게 벌린 / 눈을 크게 뜬

De bouche à oreille 직접(= sans intermédiaire) / 귓속말로, 은밀히(= sans publicité) B1

예 Si tu as quelque chose à me dire, dis-le-moi de bouche à oreille.
할 말 있으면 나한테 직접 해.

> un intermédiaire 중개, 중매 / 중개물 / 중재, 개입 / 매개(체)
> une publicité 광고, 선전 / 공개(성) / 공시

32

bouder | *(v. int.)* 토라지다, 뿌루퉁하다 / (~을) 싫어하다

Bouder contre son ventre[*] 토라져서 밥을 먹지 않다 **B2**

예 A Où est Simon ? Il ne prend pas le dîner ?

B Il est dans sa chambre. Il boude contre son ventre. Laisse-le.

A 시몽은 어디 있지? 저녁 안 먹어?
B 제 방에 있어요. 토라져서 밥 안 먹는대요. 그냥 내버려 둬요.

un ventre 배, 복부 / (사물의) 볼록한 부분, 하위 부분
laisser 남기다, 내버려 두다 / 그대로 두다

bouffe | *(n. f.)* (구어) 먹기, (간단한) 식사 / 요리

Se faire une (petite) bouffe 간단하게 식사하다 **B2**

예 Ce samedi, tu peux venir à l'anniversaire de Lisa ? On va se faire une petite bouffe ensemble. 이번 토요일 리자 생일 파티에 올 수 있지? 우리 같이 간단하게 식사할 거야.

un anniversaire 생일 cf. Joyeux anniversaire! 생일 축하해!

예 Je veux manger léger. On peut se faire une bouffe, chérie ?
나 저녁 가볍게 하고 싶은데… 여보, 간단하게 먹어도 되지?

manger léger 가볍게 먹다
un(e) chéri(e) 애지중지하는 사람, 지극히 사랑하는 사람[특히 부부간의 애칭]

bout | *(n. m.)* (시간 · 공간의) 끝 / 한계 / 조각 / (물건의) 끝

Au bout de ~의 끝에(= à la fin de) / 후에(= après) **B1**

예 Au bout de la rue, il y a un café où on peut boire un thé indien.
길 끝에 카페가 있는데, 거기서 인도 차를 마실 수 있어요.

indien(ne) 인도의 / 아메리카 인디언의

예 Au bout d'un moment, il est entré tout mouillé. 잠시 후 그가 비에 완전히 젖은 채 들어왔다.

mouillé(e) (물 · 비에) 젖은 / 비의

bras | *(n. m.)* 팔 / 힘 / 권력

Baisser les bras 전의를 상실하다, (경기를) 포기하다 `B1`

[예] Il a voulu continuer son match mais a dû baisser les bras. Ses blessures étaient trop graves. 그는 시합을 계속하고 싶어했지만 결국 포기해야만 했어. 상처가 너무 심했거든.

> devoir ~해야 한다 / ~함에 틀림없다
> une blessure 상처, 부상 / 타격 / 고통
> grave 심각한(=sérieux) / 중대한, 중요한(=important) / (소리가) 낮은

[예] Yves mérite d'être respecté malgré ses résultats médiocres car il n'a quand même pas baissé les bras.
별로 좋지 않은 결과에도 불구하고 이브는 존경 받을 자격이 있어. 어쨌든 포기하지는 않았잖아.

> mériter de +*inf.* 받을 만하다, ~할 가치가 있다 / ~할 자격이 있다
> un résultat 결과, 성과 / 해답 / 성적 / 결과물
> médiocre 보잘것없는, 열악한 / 초라한 / 시시한 / 중간의, 보통의(=moyen)

À bras ouverts 팔을 활짝 벌리고, 열렬히 `B2`

[예] Tout le monde m'a reçu à bras ouverts. J'ai failli pleurer.
모든 사람들이 나를 열렬히 환영해 줬어. 거의 울 뻔했다니까.

> faillir +*inf.* ~할 뻔하다

---

bruit *(n. m.)* 소리, 소음, 시끄러움 / 소문

Faire du bruit 시끄럽게 하다 / 소란을 피우다 / 큰 반향을 일으키다 `A2`

[예] Mon voisin est insupportable. Il fait du bruit toute la nuit, sans arrêt.
우리 이웃집 남자는 정말 참아줄 수가 없어. 밤새 쉬지도 않고 소란을 피워.

> insupportable 참을 수 없는, 견딜 수 없는(=intolérable) / 아주 불쾌한, 끔찍한, 지긋지긋한
> un arrêt 멈춤, 정지 / 정류장(=station) / (법) (파기원의) 결정, 판결 / 포고 / 저지 / 결정, 판단

[예] Dans ma classe, il est défendu de faire du bruit sans permission.
내 수업에서는 허락 없이 시끄럽게 구는 거 금지야.

> défendre à *qqn* de +*inf.* ~에게 ~하는 것을 금하다, 금지하다
> une permission 허가, 허용, 승인(=autorisation)

cachette *(n.f.)* 숨는 장소, 은신처

En cachette 숨어서, 몰래, 비밀로 **A2**

예 Quand j'étais amoureuse de lui, je le regardais en cachette presque tous les jours. Qu'est-ce que tu veux ? Je suis très timide.

내가 걔 좋아했을 때 거의 매일 숨어서 지켜봤는데…. 뭐, 어쩌라고? 내가 수줍음이 좀 많잖아.

> être amoureux(se) de *qqn/qqch* ~와 사랑에 빠지다
> tous les jours 매일, 날마다
> timide 우유부단한 / 소심한, 수줍음을 타는, 내성적인 / 겁 많은

예 J'ai l'impression que Roger mijote quelque chose en cachette.

로제가 몰래 무슨 일을 꾸미는 것 같아.

> mijoter 약한 불에서 천천히 익히다 / 정성 들여 만들다 / (구어) 일을 꾸미다, 준비하다

cadavre *(n. m.)* 시체 / 잔해

Sentir le cadavre 상황[사태]이 좋지 않은 것을 감지하다 **B1**

예 Ça sent le cadavre. 사태가 악화되어 가는 것 같아.

> sentir 느끼다, 지각하다 / 의식하다, 감지하다 / 예감하다, 직감하다(=deviner, pressentir) / 감상하다
> (=goûter, apprécier)

cadeau *(n. m.)* 선물 / 증정품

C'est cadeau[*] 공짜다(= C'est gratuit) **A2**

예 A Combien dois-je payer pour cette brochure ?

B Rien. C'est cadeau.

A 이 팸플릿 얼마 드리면 돼요?
B 안 주셔도 됩니다. 공짜예요.

> devoir à *qqn* ~에게 빚이 있다
> payer 지불하다, 돈을 내다
> une brochure 소책자, 팸플릿(= livret)

calmer (se)   *(v. pron.)* 고요해지다 / 진정하다 / 평상심을 되찾다

On se calme ! 진정합시다! `B1`

예 O.K. J'ai compris votre mécontentement. On se calme maintenant.
알겠어요. 여러분들의 불만을 이해했으니, 이제 좀 진정합시다!

> un mécontentement 불만족 ←→ un contentement 만족

carotte   *(n. f.)* 당근

Poil de carotte 빨간 머리, 빨간 머리의 아이 `B1`

예 Est-ce que tu as déjà lu *Poil de carotte* de Jules Renard ?
너 쥘 르나르의 〈홍당무〉를 읽어 봤어?

> lire (책을) 읽다 / 낭독하다 / (생각 등을) 읽어내다, 알아내다

cerveau   *(n. m.)* 뇌 / 두뇌, 지능 / 머리가 좋은 사람

Se creuser le cerveau[la cervelle, l'esprit, la tête] 머리를 쥐어짜다 `B2`

예 Attends un peu. Tu ne vois pas que je me creuse le cerveau ?
좀 기다려 봐. 머리 쥐어짜고 있는 거 안 보여?

> se creuser 파지다, 구멍이 생기다 / 깊이 생각하다

예 Tu vas perdre tous tes cheveux si tu continues à te creuser le cerveau comme
ça. 그렇게 머리를 쥐어짜다가는 머리가 다 빠지겠다.

> perdre (물건) 잃어버리다, 상실하다 / 놓치다 / (시합) 지다 / (길을) 잃다

cervelle   *(n. f.)* 골 / 두뇌, 지능 / 생각

Tête sans cervelle 생각 없는 사람, 경솔한 사람 `B1`

예 Je ne peux supporter Michel. C'est une tête sans cervelle.
난 미셸을 참아줄 수가 없어. 어쩜 그렇게 경솔하니.

> supporter 지탱하다, 받치다 / 감당하다 / 견뎌내다, 받아들이다, 참다(= accepter, endurer)

예 Une tête sans cervelle, c'est peu charmant. 생각 없는 사람은 매력이 없어.

> peu 거의 ~않다, 별로 ~하다
> charmant(*e*) 매력적인 / 호감이 가는

36

cesse
(n.f.) 중지, 중단

Sans cesse 끊임없이, 계속 `A2`

예 Oh ma chérie, je pense à toi depuis ton départ. Je ne pense qu'à toi sans cesse.
자기야, 자기가 떠난 뒤로 자기 생각해. 줄곧 자기만 생각해.

> mon chéri, ma chérie 아이, 연인, 배우자에 대한 애칭
> ne ~ que ~만
> penser à ~을 생각하다, ~에 대해 생각하다

예 Il y a dans mon bureau un collègue qui me harcèle sans cesse. Tu penses que je dois porter plainte contre lui ? 사무실에 계속해서 나를 괴롭히는 동료가 있어. 고소해야 할까?

> un(e) collègue 동료, 동직자
> harceler 집요하게 공격하다 / 귀찮게 굴다, 괴롭히다 / 들볶다
> une plainte 불평, 불만 / 원망 / (법) 고소, 제소

Sans fin ni cesse 쉬지 않고, 계속 `B2`

예 Il fait des bêtises sans fin ni cesse. 쟤는 바보 같은 짓을 쉬지도 않고 계속 해요.

> faire des bêtises 바보같이 굴다, 어리석은 행동을 하다

예 Dans la vie, il faut s'efforcer de s'aider sans fin ni cesse.
인생에서는 끊임없이 스스로를 돕도록 노력해야 합니다.

> s'efforcer 노력하다, 애쓰다 / 애써 ~하다
> s'aider 서로 돕다, 스스로를 돕다

chair
(n.f.) 살, 살갗 / 육신, 육체

Avoir la chair de poule (추위 · 무서움 등으로) 살갗에 소름이 돋다 `B1`

예 Quand j'ai vu sa véritable personne, j'ai eu la chair de poule.
내가 그 사람의 진정한 모습을 알게 되었을 때, 정말 소름이 돋았어.

> une poule 암탉 ↔ un coq 수탉

예 C'est déjà l'automne. Le matin et le soir, le temps s'est bien rafraîchi. Regarde ma chair de poule ! 벌써 가을이야. 아침저녁으로 날씨가 선선해졌어. 나 닭살 돋은 것 좀 봐.

> se rafraîchir 서늘해지다 / 갈증을 풀다 / (비유) (생각 등을) 새롭게 하다

chaise
(n.f.) (팔걸이 없는) 의자

Entre deux chaises 불확실한[불안정한, 곤란한] 상황에 처해 있다 `B2`

예 Je suis entre deux chaises. Je ne sais pas quoi faire.
난 좀 미묘한 상황에 처해 있어. 뭘 해야 할지 모르겠어.

| savoir 알다 / 의식하다 / (~+*inf.*) ~할 줄 알다

예 Avec cette affaire, je me trouve entre deux chaises car je connais les deux
adversaires. Je veux qu'elle finisse aussi vite que possible. 그 일 하면서 내가 아주
불편한 상황에 놓이게 되었어. 양쪽 모두 내가 아는 사람들이거든. 일이 빨리 끝났으면 좋겠어.

| un(*e*) adversaire 반대자, 적수 / 상대자 / 적
| vouloir que + *subj.* ~하는 것을 원하다

---

champ   (*n. m.*) 밭 / 들판 / 넓은 장소 / 영역, 범위

Sur-le-champ 즉시, 당장(= aussitôt, immédiatement, tour de suite) `B1`

예 Il n'a pas répondu sur-le-champ. 그는 즉각적으로 대답하지 않았다.

| aussitôt 곧, 즉각, 곧장
| immédiatement 바로 / 즉각, 당장 / (철학) 직접적으로

예 Il faut régler ce problème sur-le-champ. Sinon cela risque de ruiner notre
réputation. 당장 그 문제를 해결해야 해. 그렇지 않으면 우리 평판을 망칠 위험이 있어.

| risquer de + *inf.*/que + *subj.* ~할 위험이 있다, ~할 우려가 있다 / ~할지도 모른다
| ruiner 파산시키다 / 손상시키다, 실추시키다 / (희망 따위를) 무너뜨리다 / 망치다
| une réputation 명성 / 평판 / 소문 / 인기

---

chance   (*n. f.*) 운, 행운 / 확률, 가능성(=possibilité)

Par chance 우연히, 운 좋게 `A2`

예 J'ai perdu toutes mes affaires y compris mon passeport. Mais par chance, j'ai
rencontré Monsieur Lee dans la rue. Il travaille à l'Ambassade de Corée à Paris.
여권 포함해서 소지품을 다 잃어버렸어. 다행히 길에서 이 선생님을 만났지 뭐야. 그분 파리 한국 대사관에서
일하시잖아.

| y compris ~을 포함해서, ~까지
| l'Ambassade de Corée 한국 대사관

예 J'ai par chance rencontré mon mari à l'âge de 40 ans.
내 나이 마흔에 다행히도 남편을 만났어.

| un âge 나이, 연령 / 시기 / 세대 / 노령, 노년

Porter chance 행운을 가져다주다(가져오다) `A2`

예 On dit que le trèfle à quatre feuilles porte chance. 네잎 클로버는 행운을 가져다준다고 해.

> On dit que +*ind.* ~라고 하다, 사람들이 ~라고 말하다

예 Ma chérie, c'est toi qui me portes chance, tu sais ? Je suis la personne la plus chanceuse du monde.
자기, 나에게 행운을 가져다주는 건 자기야. 알지? 난 세상에서 가장 운 좋은 놈이야.

> chanceu*x(se)* 행운의, 운 좋은

---

chapeau
(*n. m.*) 모자 / (기사의) 서문, 첫 문단

Porter le chapeau 책임을 지다, 혐의가 있다 `B1`

예 Il devrait porter le chapeau à cause de ses erreurs. Je pense que c'est juste.
실수한 것 때문에 걔가 책임을 져야 할 거야. 당연한 거라고 생각해.

> une erreur 실수 / 잘못, 오류 / 실책, 과실
> penser que +*ind.* ~라고 생각하다, ~인 것 같다
> juste 정당한, 당연한

예 Je n'ai jamais vu en Corée que le président de l'entreprise porte le chapeau. Il rejette toujours sa faute sur ses employés.
한국에서는 기업의 대표가 책임지는 걸 본 적이 없어. 항상 자기가 고용한 사람들에게 책임을 전가한다.

> rejeter 되던지다 / 내던지다 / 버리다(=jeter) / 거절[거부]하다 / ~의 탓으로 돌리다, 전가하다
> un(*e*) employé(*e*) 종업원, 직원, 사무원

---

chat(*te*)
(*n.*) 고양이, 고양이과 동물

Avoir un chat dans la gorge 목이 잠겨 있다[쉬어 있다] `B2`

예 Tu as un chat dans la gorge. Tu es enrhumée ? 목이 잠겼네. 감기 걸렸어?

> être enrhumé(*e*) 감기 걸리다, 감기 기운이 있다

---

chaud
(*n. m.*) 뜨거움, 따뜻함 / 더위

Avoir chaud 덥다 / (비유) 겁나다 `A2`

예 J'ai très chaud, pas toi ? 난 더운데, 넌 아냐?

> le chaud 뜨거움 / 따뜻함 / 더위

예 Tout l'été, j'avais très chaud chez moi parce que le climatiseur était en panne.
여름 내내 집에서 무척 더웠어. 에어컨이 고장났었거든.

　　un climatiseur 실내 공기 조절기 / 에어컨
　　être en panne 고장나다 / 중단되다 / (구어) 부족하다

chez　　(prép.) (~의) 집에(서) / (~의) 가게[회사]에서 / (~에게) 있어서

Faites comme chez vous (몸과 마음을) 편안하게 하세요 `A2`

예 Venez par ici. Faites comme chez vous. Je vous offre quelque chose à boire ?
이리로 오세요. 편하게 계세요. 뭐 마실 것 좀 드릴까요?

　　par ici 이리로, 여기로
　　offrir 제공하다, 주다 / 제안하다 / 바치다
　　quelque chose à boire 마실 것 cf. quelque chose à manger 먹을 것

chic　　(n. m.) 솜씨 / 재주 / 멋, 유행

Bon chic bon genre(약자=B.C.B.G.) 멋진, 고상한 `B1`

예 C'est un restaurant bon chic bon genre. 세련된 식당이네.

　　un genre 종류, 유형(=espèce, type) / 장르, 양식 / 행동 방식, 태도 / 취미, 취향 / 스타일, 풍

예 Je vais rénover la cuisine, disons du style bon chic bon genre.
음…, 말하자면 좀 고상한 스타일로 주방을 리모델링하고 싶어요.

　　rénover 개축하다, 새롭게 하다 / 개혁하다, 혁신하다

chien　　(n. m.) 개 / (경멸) 비겁한[비열한] 사람 / (욕설) 개 같은 놈

Temps de chien 아주 나쁜 날씨(= chien de temps) `A2`

예 Quel temps de chien ! Ne sortons pas aujourd'hui.
날씨 정말 끔찍하다! 오늘은 외출하지 말자.

　　un temps 시간 / 때 / 기간 / 사이, 틈

예 Quel temps de chien ! La saison des pluies ne se terminera jamais.
날씨 정말 끔찍하네요. 장마가 절대 끝나지 않으려나 봐요.

　　se terminer 끝나다, 종료되다, 완료되다

chinois

(n. m.) 중국어 / (구어) 이해할 수 없는 말, 횡설수설하는 말

C'est du chinois 무슨 말인지 모르겠군 A2

예 Il m'a expliqué très longtemps, mais c'était du chinois. Je n'ai rien compris.

나한테 되게 오랫동안 설명했는데, 통 모르겠더라. 하나도 이해 못했어.

> expliquer 설명하다, 이해시키다 / 밝히다 / 변명하다 / 해명하다
> comprendre 이해하다, 알다 / 포함하다, 포함시키다

예 Le terme d'internet est du chinois pour moi. Je commence à vieillir peut-être.

나한테 인터넷 용어는 외계어야. 어쩌면 내가 늙기 시작했는지도 모르지.

> un terme 기한, 기일 / 끝, 종말 / 말, 단어 / 표현 / 용어
> vieillir 늙다, 나이 먹다 / 노쇠하다 / 시대에 뒤지다

chose

(n. f.) 것, 일 / 사항 / 사물 / 말, 이야기

Parler de choses et d'autres 이런저런 이야기를 하다, 다양한 주제로 말하다 B1

예 A Alors, qu'est-ce que vous avez fait ?

B Ben… on a parlé de choses et d'autres. C'était pas mal.

A 그래서, 뭐 했는데?
B 뭐, 그냥 이런저런 얘기했지. 나쁘진 않았어.

> C'était pas mal 꽤 괜찮다, 좋다(=C'était assez bien)

예 On a besoin d'un ami avec qui on parle de choses et d'autres.

사람들은 이런저런 이야기를 할 친구가 필요해.

> un besoin 필요(=nécessité) / 요구, 욕구(=exigence, envie)
> une exigence 요구, 요청 / 욕망(=désir) / 엄격함 / 제약, 의무사항

C'est chose faite 끝났다, 다 마쳤다(= la chose est faite) B1

예 A Tu ne vois pas Marie après la dispute ?

B Non, elle et moi, c'est chose faite.

A 마리, 싸우고 안 보는 거야?
B 안 봐. 개랑 나는 다 끝났어.

> une dispute 말다툼, 언쟁, 논쟁 / 싸움 / 투쟁, 쟁취

clair(e)

(adj.) 밝은, 환한 / 맑은 / 연한

C'est clair* 확실하다, 명백하다 A2

예 Annie ne va pas venir à l'association des anciens élèves parce qu'elle est trop fière. C'est clair !

안니는 너무 자존심이 강해서 동창회에 오지 않을 거야. 확실해!

- une association 협회, 단체, 조합 / 회(=organisation) / 참가, 참여 / 제휴, 동맹
- ancien(ne) 오래전부터 있는 / 골동의 / 이전의 / 고대의
- un(e) élève 학생 / 제자, 문하생
- fier(ère) (문어) 자존심이 강한 / 자랑스럽게 생각하는, 만족해하는

Clair comme le jour 당연(확실)한 일이다(= évident) B1

예 C'est le concierge du bâtiment qui est l'auteur du crime. C'est clair comme le jour. 범인은 건물 수위야. 확실해.

- un concierge (건물의) 관리인, 수위, 문지기(=gardien)
- un bâtiment 건물 / 건축물
- un auteur du crime 범행의 주모자, 범인

classe　　(n. f.) 계급 / 종류 / 등급 / 반, 학급 / 수업 시간

Avoir de la classe 품위가 있다 / 훌륭하다 A2

예 Yuna Kim est non seulement une patineuse talentueuse mais aussi une jeune fille qui a de la classe.

김연아는 엄청나게 재능 있는 스케이터일 뿐 아니라 품위 있는 여성이기까지 하지.

- un(e) patineur(se) 스케이터 / 스케이트 타는 사람

예 Avoir la richesse est difficile mais avoir de la classe l'est encore plus.

부를 갖는 것은 어렵지만, 품위를 갖는 것은 더 어려운 일이야.

- une richesse 부, 부유함 / 호화로움, 화려함

clin d'œil　　(n. m.) 눈짓, 윙크

En un clin d'œil 눈 깜짝할 사이에(= en un instant) B1

예 Il était juste devant moi, mais a disparu en un clin d'œil.

바로 내 앞에 있었는데, 눈 깜짝할 사이에 사라졌어.

- devant ~앞에 ↔ derrière ~뒤에

cœur
(n. m.) 심장 / 가슴 / 중심부 / 마음

Avoir mal au cœur 구역질나다, 메스껍다(= avoir des nausées) `B1`

예 Ce film est trop violent. J'ai eu mal au cœur. 그 영화 너무 폭력적이야. 구역질나더라.

> une nausée 구역, 구토(=haut-le-cœur), 메스꺼움 / 혐오감, 불쾌감

예 Je n'ai rien mangé de toute la journée et j'ai mal au cœur.
하루 종일 아무것도 안 먹었더니 속이 메스꺼워.

> une journée 하루, 낮 동안 / 날, 하루

Par cœur 외워서, 암기해서(= de mémoire) `B1`

예 Je connais par cœur la "Tristesse" d'Alfred de Musset.
나는 알프레 드 뮈세의 시 "슬픔"을 암기하고 있어요.

> une tristesse 슬픔(=chagrin)

De tout mon cœur 온 마음을 다해서(= avec toute la sincérité de l'émotion) `B1`

예 Je vous aime de tout mon cœur. 온 마음을 다해서 당신을 사랑합니다.

> une sincérité 솔직함, 진실함(=franchise, loyauté) / 확실성, 진정성
> une émotion 감정, 감동, 감격, 흥분 / (마음의) 동요 / 혼란

예 Tu lui fais tes excuses de tout ton cœur. Alors il les acceptera.
마음을 다해서 그에게 사과해. 그럼 받아주겠지.

> une excuse 변명, 해명 / 사과의 말 / 구실, 핑계(=prétexte)
> un prétexte 구실, 핑계
> accepter 받아들이다 / 수락하다 / 동의하다, 승인하다 / (~로서) 받아들이다

colère
(n. f.) 화, 분노

En colère 화가 난, 분노한 `A2`

예 Je ne veux rien dire pour le moment. Je suis en colère contre toi.
지금은 아무 말도 하고 싶지 않아. 나 너한테 화났어.

> pour le moment 지금으로서, 현재는

예 Il s'est mis en colère contre moi parce que j'avais violé de nouveau notre promesse.
그는 내가 약속을 또 어긴 것 때문에 화를 냈어.

> violer 위반하다, 침해하다 / 어기다 / 누설하다, 폭로하다
> une promesse 약속(=engagement, parole) / 계약

colle   *(n. f.)* 풀, 접착제 / (은어) 어려운 문제

Poser une colle 어려운 문제를 내다(= poser une question difficile) **B2**

예 A Alors, c'était comment l'examen ?

    B Horrible ! On nous a posé une colle.

    A 자, 시험은 어땠니?
    B 끔찍했어. 너무 어려운 문제를 냈더라고.

> horrible 끔찍한, 소름끼치는(=affreux, effrayant) / 몹시 나쁜 / 추한 / 혐오스러운 / 극심한, 지독한 / 과
> 도한(=excessif)

예 Tu veux que je te parle de la politique coréenne ? Tu me poses une colle, là.

한국 정치에 대해서 얘기해 달라고? 나한테 어려운 문제를 내네.

> la politique 정치 / 정치학

commande   *(n. f.)* 주문, 주문품 / 조종 / 지휘

Sur commande 주문에 의한, 맞춤의 **B1**

예 Je préfère le costume sur commande à celui de confection.

난 기성복보다 맞춤복이 더 좋던데.

> préférer A à B B보다 A를 더 좋아하다, B보다 A를 선호하다
> un costume (남자의) 정장, 양복(=un complet)
> une confection 제작, 건설, 완공 / 작성, 제정 / 만들기, 제조 / (옷 따위의) 기성복
> celui (대명사) (사람 · 사물의 대리) 그 사람, 그것

comme   *(conj. et adv.)* ~처럼, ~같이 / (자격) ~로서

C'est comme ça ! 그런 거야!(= C'est ainsi !) **B1**

예 C'est comme ça ! On ne peut rien y changer. 그냥 그런 거야. 아무것도 바꿀 수 없다고.

> ainsi 이렇게, 그처럼, 그와 같이(=de cette façon) / 그렇기 때문에 / 따라서

Comme ci comme ça* 그럭저럭, 그저 그런(= ni très bien ni très mal) **A2**

예 A Alors, ça va aujourd'hui ?

    B Ben… comme ci comme ça. Je n'ai pas bien dormi.

    A 오늘 어떠니?
    B 뭐, 그냥 그래요. 잠을 잘 못 자서요.

> dormir 자다, 잠들다 / 활동하지 않다, 게으름 피우다 / 잠재되어 있다, 숨겨져 있다

commencement
(n. m.) 시작, 시초(= début) / 초기 단계, 기초

Au commencement 최초로, 처음에 `A2`

예 Au commencement, ça n'a pas bien marché. 처음에는 일이 잘 안 됐었죠.

| marcher 걷다 / 일이 진행되다 / (구어) 동의하다

예 Au commencement de mon séjour à Paris, tout m'était étranger et difficile.
파리 체류 초기에는 모든 것이 낯설었고 어려웠어.

| un séjour 체류, 체재 / 체류 (기간) / 거실

Il y a (un) commencement à tout. 모든 일에는 처음이 있는 법이다. 처음부터 잘 할 수는 없다 `B1`

예 Je vais faire mieux la prochaine fois. Il y a commencement à tout, n'est-ce pas ? 다음번에는 더 잘 할 거예요. 처음부터 잘 할 수는 없는 거잖아요. 안 그래요?

| la prochaine fois 다음 번 ←→ la fois dernière 지난 번

comment
(adv. et conj.) 어떻게(= par quel moyen) / (이유 · 원인) 왜(= pourquoi) // (놀라움 · 분노) 뭐! 뭐라고!

Et comment ! 물론이지!(= Bien sûr !, Mais comment donc !) `B1`

예 A Tu vas venir demain, n'est-ce pas ?

B Et comment !

A 내일 올 거지?
B 물론!

compagnie
(n. f.) 동행, 함께 있음 / 회사(= société)

En compagnie de ~와 함께(= avec d'autres personnes) `B1`

예 À ce moment-là, Philippe était en compagnie de sa mère.
그때 필립은 엄마랑 같이 있었어.

| à ce moment-là 그때, 그 당시에

예 En compagnie de mes amis, je suis toujours rassuré et sûr de moi.
친구들과 함께 있을 때 나는 항상 자신감이 넘쳤어.

| rassuré(e) 안심되는 / 안심하는

Tenir compagnie à 함께 있다, 옆에 있다[머물다](= rester auprès de *qqn*) `B1`

예 Notre petit chien tient toujours compagnie à ma grand-mère.

우리 강아지는 항상 할머니 곁에 있습니다.

| auprès de ~곁에, 옆에

compte

(n. m.) 셈, 계산 / 통장 계좌 / 설명, 보고

Se rendre compte de ~을 이해하다, 깨닫다, 납득하다(= s'apercevoir, constater avec clarté) B1

예 Enfin, je me suis rendu compte que j'aimais toujours Alice.

이제야 내가 늘 알리스를 사랑했다는 걸 깨달았어.

s'apercevoir 깨닫다, 느끼다, 알아차리다(=constater, remarquer) / 자신의 모습을 보다 / (수동적) 눈에 띄다 / (상호적) 서로 보다

constater 확인하다, (사실임을) 인정하다(=reconnaître) / 증명하다 / (확인 사항을) 기재[기록]하다

une clarté 빛 / 맑음, 투명함 / 명료성, 명확성(=netteté, précision) / 명석함

예 Alors, tu te rends compte de ce que tu lui as fait ? Tu devrais éprouver de la honte. 이제 걔한테 무슨 짓을 했는지 알겠어? 넌 수치스러움을 느껴야 할 거야.

éprouver 시험하다 / 시련[고통]을 겪게 하다 / (감정·감각을) 느끼다(=ressentir)

la honte 치욕, 불명예 / 수치심, 창피함(=confusion)

congé

(n. m.) 헤어짐, 작별 / 휴가 / (법) (임대 계약의) 해제 / 해고

Prendre congé de ~에게 작별 인사를 하다 A2

예 A Bon, il est tard. Je prends congé de tout le monde.

B Oh non, déjà ?

A 자, 늦었으니 이제 작별 인사를 해야겠네요.
B 어머, 벌써요?

Il est tard (시간이) 늦었다

tout le monde 모든 사람

예 Chéri, il est temps de prendre congé de tes amis. Tu as encore du temps demain pour t'amuser avec eux, n'est-ce pas ?

자, 친구들한테 작별 인사할 시간이야. 내일도 또 놀 시간이 있을 거야. 그렇지?

| s'amuser 즐기다, 놀다(= se divertir, jouer) / 방탕한 생활을 하다

46

connaissance　*(n.f.)* 지식 / 알기 / 이해

Faire connaissance avec ～와 사귀다, ～와 (처음) 만나다 `B1`

예 A Tu connais Madame Kim ?

　B Oui, j'ai fait connaissance avec elle à la fête de Monsieur Dupont.

　A 김 여사를 알아?
　B 응, 뒤퐁 씨 파티에서 만났어.

　│ connaître　알다 / 식별하다, 알아보다 / 인식하다
　│ une fête　축제, 파티 / 기념일 / 잔치

예 En faisant connaissance avec Lito, ma vie parisienne a commencé à changer. Elle m'a donné une chance d'entrer dans sa communauté grecque.

리토와 알게 되면서 내 파리 생활이 변하기 시작했어. 그녀는 내가 그리스 공동체에 들어갈 기회를 주었지.

　│ une communauté　공동체 / 사회, 단체 / 교단 / 공통성, 일치
　│ grec(*que*)　그리스(Grèce)의

conscience　*(n.f.)* 의식 / 인식, 깨달음 / 양심, 마음

En conscience 솔직히 말해서, 진실되게, 양심에 거리낌 없이(= en vérité) `B1`

예 C'est la vérité. Je vous le dis en conscience.

그게 진실이에요. 제가 솔직하게 말씀드리는 겁니다.

　│ une vérité　진리 / 참 / 진실 / 사실, 진상 / 실상 / 본질 / (종교적) 진실

continuation　*(n.f.)* 연속, 계속 / 연장

Bonne continuation ! 잘 해보세요![가끔 비꼼의 의미] `B1`

예 O.K. Bonne continuation sans moi ! 좋아요, 저 없이 잘 해보세요!

　│ sans　~없이 ↔ avec　~와 함께

예 Tu te trouves encore accroché aux jeux-vidéo après avoir jeté ton cartable. Tu as fait tes devoirs ? Bien sûr que non. Bonne continuation, mon lapin. 책가방은

집어던지고 또 비디오 게임에 매달려 있구나. 숙제는 했니? 물론 안 했겠지. 계속 그렇게 해, 우리 아들.

　│ accroché(*e*)　매달려 있는 / 집착하는
　│ un cartable　책가방(= serviette)
　│ un(*e*) lapin(*e*)　토끼 / 가까운 사람에 대한 애칭

conversation (*n. f.*) 대화 / 담화, 회담

Faire la conversation avec[à] *qqn* ~와 대화하다 A2

예 Je peux venir plus tard ? Car maintenant je fais la conversation avec mon client.
제가 좀 나중에 가도 될까요? 지금 손님이랑 대화 중이라서요.

plus tard 조금 후, 나중에, 후에
un(*e*) client(*e*) 손님, 고객

côté (*n. m.*) 옆, 옆구리, 옆면 / 곁 / 쪽

À côté de ~옆에, ~가까이에 A2

예 Reste à côté de moi. 내 옆에 있어.

rester (같은 장소에) 있다 / 여전히 ~하다

De mon côté 나로서는, 나에게 있어서는(= en ce qui me concerne, quant à moi) A2

예 Anne est forte en mathématiques. Mais de mon côté, je les déteste.
안느는 수학을 엄청 잘해요. 하지만 저는 수학이 싫어요.

fort(*e*) 힘센, 강한 / (몸이) 건강한(= puissant, vigoureux) / (물건이) 견고한(= solide) / 우수한, 뛰어난, 유능한 / 강력한, 유력한
concerner ~에 관계되다, 관련되다
quant à ~에 관해서는, ~으로서는, ~으로 말하자면
les mathématiques (흔히 복수) 수학

예 Beaucoup de monde pense que le rock est bruyant mais, de mon côté, je le trouve dynamique. 많은 사람들이 록 음악이 시끄럽다고 여기지만, 나는 다이내믹하다고 생각해요.

le rock 로큰롤(= rock and roll) / 록 음악 / 록 댄스
bruyant(*e*) 큰 소리를 내는, 시끄러운, 소음을 내는
dynamique 역동적인 / 적극적인, 활동적인

coude (*n. f.*) 팔꿈치

Coude à coude 팔꿈치를 맞대고 / 함께, 같이, 협력하여 A2

예 Nous avons travaillé coude à coude pour franchir cette période difficile.
우리는 그 어려운 시기를 극복하기 위해 협력하여 일을 했습니다.

franchir 뛰어넘다, 건너다 / (어려움·한계를) 극복하다, 넘다(= dépasser)
une période 기간(= durée) / 시기(= époque)

48

coup　*(n. m.)* 부딪침, 충격 / 때리기, 치기 / (뜻밖의) 일, 사건

Coup d'essai　시도(= tentative)　**A2**

예　J'ai fait plusieurs coups d'essai sans résultat.　여러 번 시도했지만 별 소득이 없었어.

> une tentative　시도, 기도 / (법) 미수죄

Coup dur　(구어) (뜻밖의) 사고, 견디기 힘든 고통[어려움](= évènenement imprévu, brusque, et difficile à supporter)　**A2**

예　Je n'avais ni job ni argent ni amis. C'était un coup dur.
직업도 돈도 친구도 없었어. 큰 시련이었지.

> un évènenement　사건, 일어난 일 / 대사건 / 정세, 시국 / 사태 / 행사, 이벤트
> imprévu(e)　예견[예측]하지 못한, 뜻밖의(= inattendu)
> brusque　거친, 난폭한(= brutal, violent) / 갑작스런, 돌연한, 뜻밖의(= imprévu, subit)
> ni~ ni~　~도 없고[아니고] ~도 없다[아니다]

예　À chaque fois que je me trouvais face à un coup dur, je me démoralisais et perdais courage.　고통 앞에 설 때마다 난 좌절하고 용기를 잃곤 했어.

> se démoraliser　풍기가 문란해지다 / 사기가 꺾이다

À coup sûr　틀림없이, 반드시(= avec certitude)　**B1**

예　C'est à coup sûr André qui est le premier de notre classe.
우리 반 일등은 분명히 앙드레일 거야.

> la certitude　확실함, 틀림없음 / 확신
> une classe　계급 / 층, 종류 / 등급(= grade) / 품위, 기품, 세련 / 수업, 수업 시간(= cours, leçon)

예　Cette fois, tu achèves l'affaire à coup sûr.　이번에는 확실히 일 매듭지어.

> achever　완성하다 / 끝마치다(= terminer, finaliser) / 마침내 ~하다

Sur le coup　바로, 그 자리에서　**B1**

예　Il a eu un accident de voiture l'année dernière. Et malheureusement il a été mort sur le coup.　그 사람 작년에 자동차 사고를 당했잖아. 불행하게도 그 자리에서 죽었대.

> l'année dernière　작년 ↔ l'année prochaine　내년

Tout à coup　갑자기(= tout d'un coup, soudain)　**A2**

예　J'étais dans le salon, tranquillement. Mais tout à coup, quelqu'un a crié.
나는 그냥 편안하게 거실에 있었거든. 그런데 갑자기 누군가 소리를 지르는 거야.

> tranquillement　조용히, 평온하게(= calmement, paisiblement) / 안심하고 / 침착하게, 태연히
> crier　고함치다, 외치다 / 울다, 울부짖다 / 큰 소리로 말하다, 목청을 높이다 / 소란을 피우다 / (새 · 짐승이) 울다, 짖다

예 A Je ne sais pas pourquoi mais il me paraît tout d'un coup séduisant.

B Je sais pourquoi: parce qu'il est devenu riche.

A 왠지 모르겠지만 그 남자가 갑자기 매력적으로 보여.
B 난 왠지 알아. 그 남자가 부자가 되어서 그래.

séduisant(e) 매력적인(=charmant) / 마음에 드는 / 마음을 끄는

---

courage · (n. m.) 용기 / 열의 / 대담함

Bon courage ! 힘 내!, 용기를 가져!

예 La prochaine fois, tu vas y arriver. Bon courage ! 다음번에는 잘 하겠지. 기운을 내!

y arriver ~에 이르다, 잘 해내다

---

courant · (n. m.) (물·액체의) 흐름 / 통풍 / 유통 / 기간

Être au courant de *qqc* que + *ind.* ~을 알고 있다 **B1**

예 Je suis déjà au courant de ton plan. Ne mens donc pas.
나는 이미 네 계획을 알고 있어. 그러니 거짓말하지 마.

mentir 거짓말하다 / (진실, 사실을) 왜곡하다

---

coûter · (v. intr.) 비용이 ~이다, 값이 ~나가다

Ça ne coûte rien 공짜다, 비용이 들지 않다 **B1**

예 Ça ne coûte rien d'essayer. 노력하는 데 돈 드는 건 아니잖아.

essayer 애쓰다, 시도하다, 노력하다 / (옷) 입어보다

예 Je ne peux accepter ce cadeau car je t'ai aidé avec plaisir. En plus, ça ne m'a rien coûté. Ne sois pas trop préoccupé.
호의로 도와준 거니까 이 선물 받을 수 없어. 게다가 뭐 돈 든 것도 아니고, 너무 신경 쓰지 마.

préoccupé(e) 걱정하는, 근심하는(=soucieux) / 전념하는(=absorbé)

Coûte que coûte 어떤 값을 치르더라도, 무슨 일이 있어도, 반드시 **B2**

예 Je suis dans une situation difficile mais je vais finir mes études coûte que coûte.
지금 어려운 상황에 있긴 하지만, 무슨 일이 있어도 공부는 끝내겠어요.

une situation 위치, 입지 / 방위 / (개인의) 입장, 처지 / 상황 / 국면

danger

(n. m.) 위험(= risque) / 염려, 걱정

(Il n'y a) pas de danger que + *subj.* (구어) ~할 염려[걱정]는 없다 B2

예 Il n'y a pas de danger que je la voie encore. 내가 그녀를 또 볼 염려는 없다.

 voie 'voir' 동사의 1인칭 단수 접속법 현재

date

(n. f.) 날짜, 연월일 / 시기, 연대, 시대

De longue date 오래전부터(의) (= depuis très longtemps) A2

예 A Vous le connaissez bien ?

 B Oui, c'est un ami de longue date.

 A 그 사람 잘 아세요?
 B 네, 오래된 친구예요.

 le 그를[3인칭 단수 직접 목적어, 남성형]

début

(n. m.) 시작, 처음 / 데뷔 / 발단

Faire ses débuts 데뷔하다, 첫발을 내딛다 B1

예 Récemment, mon frère a fait ses débuts comme photographe.
 최근 내 동생은 사진작가로 데뷔했어.

 récemment 최근 들어, 최근에(= dernièrement) / 근래

déclarer

(v. tr.) 표명하다, 진술하다 / 선언하다, 알리다

Vous n'avez rien à déclarer? 신고하실 것 없습니까?[세관에서 또는 애정 표현을 종용하기 위해서 쓰일 수 있음] B1

예 A Vous n'avez rien à déclarer ?

 B Non, non, rien du tout.

51

A 신고하실 것 없습니까?
B 아니요, 전혀 없는데요.

| rien du tout 전혀, 아무것도 ~아니다

défaut
(n. m.) 부족 / 결여 / 단점

À défaut de ~이 없으면, ~하지 않아서[않으면] B2

예 À défaut de café, je prendrai du thé. 커피 없으면 그냥 차로 할게요.

| prendre 잡다, 붙들다 / 먹다, 들다 / 취하다 / (교통수단을) 타다

예 Qu'il dise vrai ou non, il a échoué à défaut de patience. En fait, c'était un jeu de persévérance.

그가 진실을 말하든 말든, 그는 인내력이 없어서 실패한 거야. 사실 참을성의 문제였으니까.

| que+*subj.* (양보) ~이든 아니든
| échouer 실패하다 / (일이) 실패로 돌아가다, 수포로 돌아가다
| la patience 참을성, 인내, 끈기
| la persévérance 참을성, 인내, 끈기(=ténacité) / 투지

défense
(n. f.) 방어 / 보호 / 옹호, 변호 / 지지

Légitime défense 정당방위 B1

예 Ça va aller. Ne t'inquiète pas ! C'était de la légitime défense.

잘될 거야. 걱정하지 마. 정당방위였잖아.

| légitime 적법한, 합법적인 / 정당한, 당연한(=équitable, juste)

défi
(n. m.) 도전, 도발 / 무시, 멸시

Mettre *qqn* **au défi de**+*inf.* ~에게 ~하라고 도발하다 B2

예 Je te mets au défi de le prouver. 증명할 수 있으면 증명해 봐.

| prouver 증명하다, 입증하다 / ~의 증거를 내보이다

dégât
(n. m.) 해, 피해, 손해 / (정신적인) 타격 / (구어) 난장판 / 최악의 사태

Limiter les dégâts 최악의 사태를 막다(= éviter le pire) B2

예 Je m'inquiète de la forte radioactivité à Fukushima. Il faut absolument limiter
les dégâts. 난 후쿠시마 방사능이 너무 걱정돼. 정말 최악의 사태는 막아야 할 텐데.

> s'inquiéter de *qqn/qqch/inf.* ~을 걱정하다, 신경 쓰다 / 염려하다
> la radioactivité 방사능, 방사성
> limiter 제한[한정]하다

---

délai   *(n. m.)* 기한, 기일 / 유예 (기간) / 지체(함)

Dans un délai de + 기간 ~의 기간 안에 B1

예 A Il faut terminer mes études dans un délai de cinq ans. Cela me donne beaucoup
de fatigue.

   B Si tu veux mener à bien ton projet, il te faut tout d'abord te débarrasser du
stress. C'est la clef de la réussite.

A 나 5년 안에 공부 다 끝내야 돼. 생각만 해도 엄청 피곤해.
B 계획을 이루고 싶으면 일단 스트레스를 해소해야 해. 그게 성공의 열쇠야.

> arriver à *qqch* (상태 · 목표 · 수준에) 이르다, 도달하다(= atteindre à, parvenir à) / (~에) 닿다
> tout d'abord 우선, 앞서, 먼저 / 원래, 본질적으로(= essentiellement)
> se débarrasser de *qqch* 처분하다, 치우다 / 벗다/ 내려놓다 / 청산하다 / 쫓아버리다 / 제거하다 / 해임
> 하다(= éliminer)
> le stress 스트레스, 긴장

Sans délai 지체 없이, 즉시, 바로(= tout de suite, immédiatement) B1

예 Envoyez votre C.V. au service du personnel sans délai.
당신의 이력서를 즉시 인사부에 보내세요.

> C.V. 이력서(= curriculum vitae)
> service du personnel 인사부(= direction du personnel)

---

demain   *(adv. et n. m.)* 내일 / 곧, 가까운 미래에 // 미래, 장래

Demain, il fera jour 내일도 날이다. 서두를 필요가 없다 B2

예 Il vaut mieux attendre un peu plus. Demain, il fera jour.
조금 더 기다리는 게 낫겠어. 오늘만 날이 아니잖아.

> Il vaut mieux + *inf.* ~하는 게 낫다

Jusqu'à demain 내일까지 / (구어) 오래도록 A2

예 C'est maintenant ou jamais. Je ne vais pas t'attendre jusqu'à demain.
지금 아니면 또 기회가 없을 거야. 내가 널 언제까지나 기다리지는 않을 테니까.

| C'est maintenant ou jamais 지금이 다시 없는 기회이다, 지금이 호기다

demi(e) · (adj. et n. m.) 절반(의)

À demi (절)반(= à moitié) / 미완성의, 어중간하게 B1

예 Ne fais pas ton travail à demi. Achève-le ! 일을 중도에서 멈추지 마! 완결하라고!

| achever 완성하다 / 끝마치다(=terminer, finaliser) / 마침내 ~하다 / 파산[파멸]시키다

À malin, malin et demi (속담) 뛰는 놈 위에 나는 놈 있다 B1

예 Je ne savais pas qu'il me trahirait comme ça. À malin, malin et demi !
난 걔가 그런 식으로 날 배신할 줄 몰랐어. 뛰는 놈 위에 나는 놈 있다더니!

| malin(gne) 악의 있는 / 꾀바른, 약삭빠른 / 영리한
| trahir 배반[배신]하다 / 저버리다 / 바람을 피우다 / 왜곡[곡해]하다

dent · (n. f.) 이, 치아 / (동물의) 이빨

Armé(e) jusqu'aux dents 완전히 중무장한 B1

예 Les soldats sont armés jusqu'aux dents. 병사들은 완전히 중무장했습니다.

| armé(e) 무장한 / 무력을 사용하는, 무기를 갖고 있는 / (비유) ~을 끼운, 설치한

départ · (n. m.) 출발 / 시작, 개시

Être sur le départ 떠날 준비가 되어 있다(= prêt à partir) B1

예 Je ne suis pas sur le départ. Il me faut encore du temps.
나 아직 떠날 준비가 안 됐어. 시간이 좀 더 필요해.

| Il faut à qqn qqch ~에게 ~이 필요하다

Dès le départ 처음부터(= dès le début) B1

예 Ça a bien marché dès le départ. 처음부터 일이 잘 진행되었어.

| Ça marche bien! 일이 잘 진행되다

54

dépens
(n. m. pl.) 비용 / (법) 소송 비용

Aux dépens de *qqn/qqch* ~의 비용으로 / (비유) ~에 피해를 입혀가며, ~을 희생시켜 `B2`

예 Il a plus de trente ans mais vit encore aux dépens de ses parents. C'est pas pitoyable ? 서른이 넘었는데 아직도 부모님 신세를 지고 있다니, 측은하지 않니?

> plus de ~이상의 ↔ moins de ~이하의

dérobée
(adv.) 몰래, 비밀리에

À la dérobée 몰래, 비밀리에(= sans se faire voir[remarquer]) `B2`

예 Chaque nuit, quelqu'un me regarde à la dérobée en face de chez moi.
밤마다 집 앞에서 누군가 나를 몰래 쳐다보고 있어.

> en face de ~의 앞에서, ~의 정면에서

dessin
(n. m.) 데생, 그림 / 윤곽(선)

Faire un dessin à *qqn* ~에게 잘 설명하다 `B1`

예 Tu veux que je te fasse un dessin ?* 설명해 줘?

> vouloir que + *subj.* ~하길 원하다

dessous
(adv. prép. et n. m.) ~밑에, ~아래 // 바닥 / (비유적) 이면, 내막

Au-dessous de ~아래에, ~밑으로, ~미만의 `A2`

예 Je ne peux pas vendre ça au-dessous de 20 euros. C'est une offre spéciale, vous savez ? 20유로 밑으로는 팔 수 없습니다. 이미 특가 판매라고요. 아세요?

> une offre 제의, 제안 / 제공 / 공급

détail
(n. m.) 세부 / 내역 / 소매(↔도매)

En détail 상세히(↔ en gros 대강) `A2`

예 Alors, je t'explique en détail. Cette fois, écoute-moi bien.
그러면 내가 상세하게 설명해 줄게. 이번에는 잘 들어야 돼.

| en gros 도매로, 대량으로 / 대강, 대체로

diable
(n. m.) 악마(= démon) / 마귀 / 장난꾸러기, 말썽꾸러기

Fiche le camp au diable* ! 가버려, 꺼져(= Va-t-en !) `B1`

예 Ne m'énerve pas comme ça et fiche le camp au diable !
짜증나게 하지 말고 저리 가라고!

| au diable 멀리
| énerver *qqn* ~을 신경질[짜증]나게 하다

diamant
(n. m.) 다이아몬드 / (비유) 순수한 것, 단단한 것

Dur[pur] comme le diamant 매우 단단한[순수한] `A2`

예 Stella a une voix pure comme le diamant. 스텔라는 정말 순수한 목소리를 가지고 있어.

| une voix 목소리

dieu
(n. m.) (D~) (기독교의) 하느님 / (다신교의) 신 / 놀라움, 감탄, 노여움, 저주를 나타내는 감탄사

Beau comme un Dieu 매우 잘생긴(=très beau) `A2`

예 Qui c'est celui-là à côté de Thomas ? Il est beau comme un Dieu !
토마 옆에 있는 저 남자 누구야? 너무 잘생겼다!

| à côté de ~의 옆에 / ~와 이웃인 / ~의 가까이에

Mon Dieu ! 저런! 세상에! 말도 안 돼!(= Grand Dieu !, Juste Dieu !, (Sacré) nom de Dieu !) `A2`

예 Mon Dieu ! Qu'est-ce qui s'est passé en mon absence ?
세상에! 내가 없던 사이에 무슨 일이 있었던 거야?

| en l'absence de *qqn/qqch* ~이 없을 때에, ~이 없어서 / ~의 부재중에

56

différence   *(n.f.)* 다름, 차이 / 구별

Faire la différence 구별하다 / 차이가 뚜렷하다 `B1`

예 A Voir Yuna Kim à la télé et sur la glace, ça fait une grande différence. Avec la vitesse énorme, l'élégance absolue et la meilleure technique de patinage, elle est top du top*. Je pense que je suis amoureux d'elle.

B Tu n'es pas le seul.

A 김연아 선수를 TV에서 보는 것과 얼음 위에서 직접 보는 건 엄청 큰 차이지. 그녀는 굉장한 스피드와 절대적인 우아함, 최고의 스케이팅 기술을 가진 최고 중의 최고야. 나 아무래도 사랑에 빠진 것 같아.
B 너만 그런 거 아니거든!

> patiner sur la glace   (얼음 위에서) 스케이트를 타다
> le patinage (artistique)   (피겨) 스케이팅
> le[la, les] meilleur[e, es]   최고의['bon'의 최상급]

dire   *(v. intr.)* 말하다, 이야기하다

À vrai dire 사실대로 말하면(= À dire vrai) `A2`

예 À vrai dire, je ne peux plus supporter Monsieur Lee. En tant que président, il est incapable. Il m'écœure. C'est quand la fin de son mandat ? 사실대로 말하면 더이상 이 선생님을 참아줄 수가 없어. 회장으로서 너무 무능력해. 구역질이 날 것 같아. 언제가 임기 만료야?

> supporter   참다, 견디다 / 버티다
> être[in]capable de   ~을 할 수 있다[없다], ~할 능력이 있다
> écœurer   구역질나게 하다 / 불쾌하게 하다
> un mandat   위임, 위탁 / 권한, 임무, 직무

Autrement dit 달리 말하면, 달리 표현하자면(= en d'autres termes, en s'exprimant autrement) `A2`

예 Je ne veux pas que tu t'en ailles. Autrement dit, je veux que tu restes.
네가 가는 거 원치 않아. 달리 말해서 네가 그냥 있었으면 좋겠어.

> un terme   기한, 기일 / 지불 기일(= délai, échéance) / 끝, 종말(= bout, fin)
> s'exprimer   (언어 · 행동 따위로) 자신의 생각을 나타내다 / 자신을 표현하다 / 표현되다

On (le) dirait 그런 것 같아요 `B1`

예 A La situation dans le monde arabe restera troublée un moment.

B On le dirait.

A 중동 지역의 상황이 한동안은 혼란스러울 것 같아.
B 그렇겠지.

> troublé(e)   흐려진 / 혼란스러운 / 불안한 / 흐린

Pour ainsi dire 말하자면(= autant dire) B1

예 Il a pour ainsi dire accepté ma proposition. Je n'ai qu'à préparer la présentation.
말하자면 내 제안을 받아들인 거나 마찬가지야. 난 그냥 프레젠테이션만 준비하면 돼.

> une proposition 제안, 제의 / (언어) 절
> n'avoir qu'à + *inf.* ~하기만 하면 되다

Vouloir dire 의미하다, 뜻하다(= signifier) A2

예 Je ne peux rien comprendre. Qu'est-ce que tu veux dire ?
전혀 이해를 못하겠어. 무슨 뜻이야?

> rien 아무것도, 무엇도

Cela va sans dire 두말할 필요도 없다, 당연한 일이다 B1

예 S'il continue à agir ainsi avec elle, elle va le quittter définitivement. Cela va
sans dire. 계속 그런 식으로 그녀를 대하면 결국 떠나버리고 말 거야. 뻔하지 뭐.

> agir avec *qqn* ~을 대하다 / 대접하다
> définitivement 결정적으로, 확정적으로 / 결국, 마침내, 요컨대(= en définitive)

---

distance
(n. f.) (거리상·시간상) 차이, 간격 / (비유적) 차이, 격차

Garder[conserver, prendre, tenir] ses distances avec *qqn* ~와 거리를 두다 B1

예 Tu devrais garder la distance avec ce garçon. C'est un coureur de jupons.
그 남자애랑 적당히 거리를 두는 게 좋을 거야. 걔 바람둥이야.

> devrais 'devoir(~해야 한다)' 동사의 2인칭 단수 조건법 현재[완곡한 표현을 위해 사용됨]
> un coureur de jupons 바람둥이

---

doigt
(n. m.) 손가락

Montrer[désigner] *qqn* **du doigt** ~을 손가락질하다, 비난하다 / 조롱하다 B2

예 On montre les autres du doigt trop facilement. 사람들은 너무 쉽게 다른 사람들을 비난해.

> désigner 가리키다 / 지정하다 / 지시하다, 나타내다 / 임명하다(= nommer)

---

dommage
(n. m.) 손해, 손실, 손상(= dégât, perte) / 유감스러운[안타까운] 일

C'est (bien) dommage ! 유감스럽네요! 안타까운 일이네요! `A2`

예 Tu ne peux vraiment pas venir avec nous ? C'est bien dommage !
우리랑 정말 같이 못 가? 너무 아쉽네!

| une perte 잃음 / (복수) 인명 피해 / 손실(=dégât, dommage) / 손해, 적자 / 낭비 / 허비

---

donner (v. tr.) 주다, 제공하다

Donner à + inf. ~할 것을 주다 `B1`

예 A Pourquoi aimez-vous lire ?

B Parce que la lecture me donne toujours à penser.

A 당신은 왜 책 읽는 것을 좋아하나요?
B 왜냐면 독서는 항상 생각할 거리를 주니까요.

| une lecture 독서, 강독, 읽기

---

dormir (v. intr.) 자다, 잠들다 / 게으름 피우다

Dormir debout (비유) 졸리다 `B1`

예 Oh là là ! Ça fait dix minutes que tu travailles et maintenant tu dors debout ?
이런, 공부한 지 십 분 만에 벌써 졸린 거야?

| Oh là là (고통·놀라움 등의 표현) 세상에, 저런, 이럴 수가, 아이고, 아야…

---

dos (n. m.) 등

Tourner[montrer] le dos à *qqn/qqch* ~에게서 도망치다 / ~에게 등을 돌리다 / ~와 교제를 끊다 `B1`

예 Il ne faut pas tourner le dos à tes amis quand ils ont besoin de toi.
친구들이 너를 필요로 할 때 모르는 척하면 안 돼.

| avoir besoin de *qqn/qqch* ~을 필요로 하다

---

douce (n. f.) (구어) 애인, 아내

En douce (구어) 몰래, 은밀히(= en secret, en cachette) `B1`

예 Pourquoi est-il parti comme ça en douce ? Il n'a même pas dit au revoir !
왜 그렇게 몰래 떠났지? 나한테 작별 인사도 안 했어!

   | dire au revoir 작별 인사를 하다, 안녕이라고 말하다

예 Eric est-il encore sorti en douce de son bureau hier ? A-t-il perdu la boule* ou
quoi ? 에릭, 어제 또 사무실에서 몰래 빠져나갔다며? 정신이 있는 거야, 없는 거야?

   | une boule 공 / (비유) 머리(=tête)*
   | perdre la boule 미치다, 정신이 나가다, 머리가 돌다

douceur   (n. f.) 단맛 / 감미로움, 온화함, 부드러움

En douceur 조용히, 슬그머니, 살며시 **B1**

예 O.K. C'est décidé. On va le faire. Mais on fait ça en douceur, d'accord ?
좋아, 결정됐으니까 하는 거야. 하지만 조용히 하자고, 알겠지?

   | décidé(e) 결단력 있는 / 단호한(=résolu, ferme) / 결정된, 확정된 / 확실한(=net, certain)
   | le 중성대명사[앞 문장 전체를 받음]

douche   (n. f.) 샤워 / 샤워실

Prendre une douche 샤워하다(= passer sous la douche) **B1**

예 Je préfère prendre une douche le soir. 나는 저녁에 샤워하는 게 좋아요.

   | le soir 저녁마다, 저녁에

예 Dans notre immeuble, il est interdit de prendre une douche après 23 heures.
L'ensemble résidentiel est vieux et peu insonorisé. 우리 건물에서는 밤 11시 이후에 샤워
하는 게 금지되어 있어요. 아파트가 오래되어서 방음이 거의 안 되거든요.

   | résidentiel(le) 주택용의
   | insonorisé(e) 소리가 들리지 않는, 방음된, 방음 장치가 된

doute   (n. m.) 의심, 의혹

Il n'y a pas de doute 확실하다, 명백하다(= Nul doute / Aucun doute) **A2**

예 À mon avis, c'est Alice qui a fait courir cette rumeur. Il n'y a pas de doute.
내 생각에 그 소문을 낸 건 알리스가 틀림없어. 확실해.

à mon[son] avis 나의[그의, 그녀의] 생각에는

faire courir une rumeur 소문을 퍼뜨리다

[예] Elle m'aime. Il n'y a pas de doute. C'est vrai que je suis chic et charmant.
그녀는 날 사랑해. 확실해. 내가 멋지고 매력적인 건 사실이니까.

chic (불변) 멋진, 세련된 / (구어) 멋있는, 근사한

charmant(*e*) 매력 있는, 유쾌한, 호감이 가는

Sans doute 아마, 어쩌면(= probablement) A2

[예] Elle viendra sans doute demain ou après-demain. 아마 내일이나 모레쯤 올 것 같은데.

après-demain (복수 불변) 내일모레

[예] A Yuna remportera-t-elle le premier prix cette fois aussi ?

B Sans doute. Non. Sans aucun doute.

A 연아가 이번에도 1등을 하겠지?
B 아마. 아니, 틀림없이 그럴 거야.

remporter (가져왔던 것을) 가져가다 / 다시 갖다 놓다 / 획득하다 / (상을) 타다, (성공을) 거두다
un prix 값, 가격 / 요금 / 임금 / (복수) 물가
sans aucun doute 확실히, 틀림없이, 분명히(=certainement)

---

drap (*n. m.*) 침대시트 / 타월, 수건

Se mettre[se glisser] entre ses draps 잠자리에 들다(= se coucher) B2

[예] J'ai sommeil. Je vais maintenant me mettre entre mes draps.
나 졸려. 이제 잠자러 가야겠어.

avoir sommeil 잠이 오다 / 졸리다
se mettre[se glisser] au plume* / dans le plume* / dans les plumes* (구어) 잠자리에 들다
être[se mettre, se trouver] dans de beaux draps 곤란한 상황에 놓이다, 궁지에 빠지다

---

droite (*n. f.*) 직선 / 오른편, 우측 / 우익, 우파

De droite et de gauche 여기저기, 사방팔방으로(= de tous côtés) B2

[예] Je te cherchais un peu partout, de droite et de gauche.
너 여기저기 사방팔방으로 찾아다녔잖아.

partout 사방에, 도처에, 어디든지, 여기저기
chercher 찾다 / 모색하다 / 추구하다

drôle

(adj.) 재미있는(= amusant) / 이상한, 놀라운, 기이한, 별난(= bizarre)

Ce n'est pas drôle de + *inf.* (구어) ~하는 것은 곤란하다. 기분 좋은 일이 아니다 `B1`

예 Ce n'est pas drôle de préparer des examens tout le week-end.
주말 내내 시험 준비 하는 게 썩 기분 좋은 일은 아니야.

> tout le week-end 주말 내내 cf. toute la journée 하루 종일 / tout le mois 한 달 내내 / toute l'année 일 년 내내

durer

(v. intr.) 지속되다, 계속되다 / 견디다, 참다

Ça ne peut plus durer 더 이상 참을 수 없다. 더 이상은 안 된다 `B1`

예 A Ça suffit ! Ça ne peut plus durer comme ça !

　B Qu'est-ce que tu vas faire alors ?

　A 이젠 됐어! 더 이상은 못 참겠다!
　B 그래서 어떻게 할 건데?

> Ça suffit (comme ça) ! (구어) 그만해 둬! 이만하면 됐어!

예 Je dois m'arrêter à une résolution pour m'en sortir. Me trouver toujours en déficit, ça ne peut durer.
궁지에서 벗어나려면 해결책을 찾아야 해. 항상 적자에 있는 건 더 이상 참을 수가 없어.

> s'en sortir 궁지에서 벗어나다 / 간신히 수지를 맞추다
> s'arrêter 멈춰 서다 / 쉬다 / 끝나다 / 체제하다 / 선택하다, 결정하다
> un déficit 적자, 결손 / 적자 상태 / 부족(=insuffisance)

eau
(n.f.) 물

[Il] y a de l'eau dans le gaz (구어) 분위기가 좋지 않다 **B2**

예 Non, je ne peux pas aller au cinéma avec toi. Je dois rentrer chez moi avant le dîner. Ces jours-ci, y a de l'eau dans le gaz à la maison.
안 돼, 너랑 영화 보러 못 가. 저녁식사 전에 집에 가봐야 돼. 요새 집 분위기가 영 안 좋아서….

> aller au cinéma 영화 보러 가다, 영화관에 가다
> ces jours-ci 요즘(=aujourd'hui)

예 Le jour de *Chuseok*, il y avait de l'eau dans le gaz chez moi. Je déteste les jours de fête. 추석 날 우리 집 분위기 아주 험악했어. 난 명절이 정말 싫어.

> une fête 축제일, 명절 / 기념일 / 잔치 / 축제 / 파티

écart
(n. m.) 차이, 간격 / 편차 / 일탈 / 떨어짐

À l'écart [de] [~에서] 떨어져서, 따로 **B1**

예 J'étais à l'écart d'eux mais j'ai tout entendu. 나 걔네들하고 좀 떨어져 있었지만 다 들었어.

> un écart (시간·공간적) 차이, 간격, 거리, 벌어짐 / 편차, 격차

échapper
(v. tr.) (à) (~을) 모면하다, 피하다

L'échapper belle 위험[위기]를 겨우 모면하다 **B1**

예 Fukushima a été contaminé par la radioactivité quelques jours après notre départ. Nous l'avons échappé belle.
우리가 떠나고 며칠 뒤 후쿠시마가 방사능에 오염됐어. 간신히 모면한 셈이지.

> contaminer 오염시키다 / (전염병을) 옮기다 / (비유) 나쁜 영향을 주다
> la radioactivité 방사능
> un départ 출발 / 시작(=commencement, début)

예 Quoi ? Il y a eu un attentat à la station de métro Saint-Michel ? Mais j'étais là il y a une minute. Mon Dieu ! Je l'ai échappé belle.
뭐? 셍 미셸 역에서 테러가 있었다고? 나 좀 전에 거기 있었는데? 겨우 피했네.

63

| un attentat (범죄의) 시도, 습격 / 음모 / 테러 행위(시도)
| un carrefour 교차로 / 사거리 / 분기점 / 교차점 / 갈림길

échec   *(n. m.)* 서양 장기, 체스 / 어려움, 궁지 / 실패

Faire échec à *qqch* (계획 · 기도 등을) 저지하다, 막다 **B2**

예 Il faut faire échec au massacre de la forêt surtout en Asie et en Afrique.
특히 아시아와 아프리카에서 행해지는 산림 훼손을 막아야 합니다.

| un massacre 살육, 학살 / 훼손

écho   *(n. m.)* 메아리, 울림 / 반향 / 소문, 풍문

À tous les échos 여기저기에서, 사방에서(= dans toutes les directions) **B2**

예 Les gens appelaient au secours à tous les échos. C'était horrible !
사람들이 사방팔방에서 살려 달라고 외쳐댔습니다. 정말 끔찍했어요!

| appeler[crier] au secours 도와 달라고[살려 달라고] 외치다

예 La rumeur que Marion s'est mariée s'est répandue à tous les échos.
마리옹이 결혼했다는 소문이 도처에서 들리네요.

| une rumeur 소문, 풍문 / 웅성거림 / 떠들썩한 소리, 소음

éclair   *(n. m.)* 번개 / 섬광 / (비유) (재능의) 천재성

Comme l'éclair 매우 빠르게(= très rapidement) **A2**

예 Il court comme l'éclair. Il va sûrement remporter le premier prix.
그는 정말 빨리 달려. 분명히 일등할 거야.

| courrir 달리다, 뛰다
| sûrement 확실하게 / 틀림없이, 분명히 / 당연히
| remporter (다시) 가져가다 / 획득하다, 쟁취하다 / (상을) 타다
| le premier prix 일등상

예 Après ses études, il a eu des succès répétés comme l'éclair. Maintenant c'est un industriel renommé. 학업을 마친 뒤 그는 전격적으로 성공을 거듭했지. 지금은 이름 있는 기업가야.

| un(*e*) industriel(*le*) 산업의, 공업의 / n. 실업가, 기업가
| renommé(*e*) 이름이 잘 알려진, 명성이 높은 / (~으로) 유명한 / n.f. 명성, 명망

éclater
(v. tr.) 터뜨리다 / 해체하게 하다

Éclater de rire 웃음을 터뜨리다 **A2**

예 J'ai dit à Emma ce qui s'est passé hier. Elle a éclaté de rire.
엠마한테 어제 무슨 일이 있었는지 얘기해 줬어. 막 웃더라.

dire à *qqn qqch* ~에게 ~을 말하다, 말해 주다

écran
(n. m.) 칸막이, 가리개 / 스크린, 화면

Le petit écran 텔레비전 **A2**

예 C'est une vedette du petit écran. 저 사람은 TV 스타야.

une vedette 인기 배우, 인기 연예인, 스타

ㅌ

effort
(n. m.) 노력, 수고

Avec effort 힘들여서, 어렵게(= difficilement) **A2**

예 Il parle, mais avec effort. 말은 하는데, 힘겹게 하더라.

difficilement 어렵게, 겨우, 간신히, 힘들게

Faire un effort 분발하다, 노력하다 **B1**

예 Je sais bien que c'est dur. Mais il faut que tu fasses un effort.
어렵다는 거 잘 알아. 하지만 노력을 해야지.

dur(*e*) 단단한(=solide) / 거친 / 어려운, 힘든
Il faut que + *subj.* ~해야 한다

예 Je ne suis peut-être pas le meilleur candidat. Mais je vous assure que je suis
quelqu'un qui fait toujours tous ses efforts.
제가 최고의 지원자가 아닐지 모르지만, 단언컨대 저는 언제나 노력하는 사람입니다.

un(*e*) candidat(*e*) 후보, 지원자(= prétendant)

égal(e)
(adj.) 같은, 동등한 / 평등한 / 무관심한

Ça m'est égal 나와는 관계없는 일이다, 상관없다 **B1**

예 A Qu'est-ce que tu veux ? Du jus d'orange ou du jus de pomme ?

B Oh... ça m'est égal. Du jus de pomme, peut-être ?

65

A 뭐 마실래? 오렌지 주스 아니면 사과 주스?
B 어… 상관없는데…. 사과 주스로 할까?

> vouloir 원하다, 바라다 / 필요로 하다 / 요구하다
> peut-être 어쩌면, 아마도

égard   *(n. m.)* 고려, 참작 / 존경, 경의

À l'égard de ～에 관해서, ～에 대하여 B1

예 Pourquoi est-ce que vous êtes si sévère à l'égard de Mademoiselle CHOI ?
어째서 최 양에 대해서는 그렇게 엄격하신 건가요?

> sévère 엄격한, 엄한, 신랄한

À cet égard 그 점에 대해서는, 그러한 관점에서는(= de ce point de vue) B1

예 Je n'ai rien fait de mal à cet égard. 그 점에 있어서 전 잘못한 게 아무것도 없어요.

> un point de vue 관점

예 À cet égard je n'ai aucune excuse. Je suis coupable.
그 점에 있어서는 변명의 여지가 없어요. 제가 잘못했습니다.

> coupable 잘못을 저지른, 죄를 지은 / 잘못한, 유죄의(= fautif)

éléphant   *(n. m.)* 코끼리 / (구어) 뚱뚱한 사람

Avoir une mémoire d'éléphant 기억력이 뛰어나다 / 원한을 잊지 않다 B1

예 Cet enfant a une mémoire d'éléphant. Il se souvient de tout.
이 아이는 기억력이 뛰어나요. 모든 걸 다 기억한답니다.

> une mémoire 기억(력) / 기념, 추억 / (고인의) 명성, 평판
> se souvenir de *qqn/qqch* ～을[~에 대해] 기억하다, 떠올리다

예 J'ai une mémoire d'éléphant. Un jour tu vas payer cher tes mensonges.
잊지 않을게. 언젠가 네 거짓말에 대한 대가를 톡톡히 치르게 될 거야.

> payer cher 비싸게 값을 치르다, 대가를 치르다
> un mensonge 거짓말 / 기만 / 지어낸 말 / 환상, 착각

emballer   *(v. tr.)* 짐을 싸다, 포장하다 / (구어) 열광시키다 / (구어) 야단치다

Emballez, c'est pesé ! 다 끝났어!. 다 된 거나 다름없어!(= C'est terminé, C'est dans la poche*) **B2**

예 A L'échéance va arriver à son terme. Tu crois que tu peux terminer ton travail dans les délais ?

B Bien sûr. Emballez, c'est pesé !

A 기한이 곧 다가오는데 만기 내에 일을 끝낼 수 있을 것 같니?
B 당연하지! 다 된 거나 다름없어!

peser (무게를) 달다 / 깊이 생각하다(=considérer) / 평가하다(=estimer)
une échéance (계약의) 만기일 / 지불 기한 / (비유) (어떤 일의) 끝 / 기일의 도래
un délai 기한, 기일 / 유예 (기간), 연장(=prolongation)
dans les délais 기한 내에

E

emploi (n. m.) 사용 / 용도 / 일, 직장

Emploi du temps 시간표, 일과 **A2**

예 Je ne sais pas si je peux te voir demain. Cette semaine, j'ai un emploi du temps très chargé. 내일 널 볼 수 있을지 모르겠어. 이번 주는 일정이 너무 꽉 차 있어.

chargé(e) 짐을 실은 / 충전한 / 가득 찬 / 책임이 있는

encre (n.f.) 잉크 / (오징어의) 먹물

Noir comme (de) l'encre 검은, 깜깜한, 어두운(= très noir) **A2**

예 Dehors il fait noir comme de l'encre. 밖은 칠흑처럼 깜깜하네요.

dehors 밖에, 밖에서

enfant (n.m) 아이, 아동 / 자식, 자녀

C'est un jeu d'enfant 그것은 매우 쉬운 일이다 **B1**

예 A Le calcul intégral n'est pas difficile. C'est plutôt un jeu d'enfant.

B C'est toi qui le dis !

A 적분은 어렵지 않아. 오히려 되게 쉬운 건데.
B 그건 네 얘기고!

le calcul intégral (수학) 적분
plutôt 오히려, 차라리 / (구어) 매우

Enfant gâté 응석받이 B1

예 À cause des parents qui sont irraisonnables, ils deviennent des enfants gâtés.
무분별한 부모들 때문에 아이들이 응석받이가 되는 거야.

| raisonnable 이성적인 ↔ irraisonnable 비이성적인

예 Elle boude encore ? Contre quoi ? C'est une enfant gâtée. Je te dis que tout ça, c'est de ta faute, chérie.
또 입이 나왔어? 뭣 때문에? 응석받이라니까. 말해 두지만, 이거 다 당신 때문이야, 여보.

| bouder contre ~에 뿌루퉁해지다, 토라지다(= faire la tête) / (구어) 토라져서 밥을 먹지 않다 / 고집부리다

Faire l'enfant 어린애처럼 굴다 A2

예 Tu pleurniches encore ? Ne fais pas l'enfant ! Tu as déjà 15 ans.
또 징징거려? 어린애처럼 굴지 마. 벌써 열다섯 살이잖니.

| pleurnicher (구어) 울다 / 훌쩍거리다 / 우는 소리를 하다 / 투덜거리다

예 Faire l'enfant à son âge, c'est hideux et même écœurant.
그 나이에 어린애처럼 구는 건 징그러워. 불쾌하기까지 하다고.

| hideux(se) 망측한, 추한(= laid) / 보기 흉한
| écœurant(e) 구역질나게 하는(= dégoûtant) / 불쾌한, 역겨운(= répugnant)

---

ennuyeux(se) | (adj.) 지루한, 따분한 / 곤란한, 난처한

Ennuyeux à mourir[périr] 매우 지루한(= très ennuyeux, ennuyeux comme la pluie) B1

예 Je ne veux pas être seule avec Christian. Il est ennuyeux à mourir.
나 크리스티앙이랑 단둘이 있고 싶지 않아. 진짜 지루한 사람이야.

| périr 죽다(= mourir) / 사라지다, 없어지다(= s'anéantir) / 무너지다, 멸망하다(= crouler)

---

ensemble | (n. m.) 전체, 전부

Dans l'ensemble, dans son ensemble 전체적으로, 총괄적으로(= globalement, au total) / 전부, 모두(=totalement) B1

예 Habiter en banlieue a ses désavantages, mais dans l'ensemble je suis contente. 교외에서 사는 건 나름대로의 어려움이 있지만, 전체적으로는 만족스러워.

| globalement 총체적으로, 전반적으로
| totalement 완전히, 전적으로(= complètement, entièrement)
| un désavantage 단점, 결점 / 불리한 조건(= handicap)

68

envers
(n. m.) **(천 따위의) 안 / 숨겨진 부분, 내면 / 역, 반대**

À l'envers 뒤집어서 / 반대로 / 반대 방향으로 `B1`

예 Oh mon Dieu ! Ce n'est pas vrai ! Tu as compris tout à l'envers.
세상에! 그건 사실이 아니야! 전부 거꾸로 이해했구나.

> compris 'comprendre(이해하다)' 동사의 과거분사

envi
(adv.) **겨루어, 앞다퉈**

À l'envi (서로) 다투어, 겨루어 `B1`

예 Ils m'ont fait des compliments à l'envi. J'étais un peu embarrassée.
그들은 앞다퉈 나를 칭찬했어. 좀 민망하더라.

> faire des compliments à *qqn* ~을 칭찬하다

envie
(n. f.) **부러움 / 질투(= jalousie)**

Avoir envie de *qqch/inf.* ~을 가지고[하고] 싶다(= désirer) `B1`

예 J'ai envie de voir mes amies à Paris. 파리에 있는 친구들이 보고 싶어.

> désirer 원하다, 바라다 / 욕망[욕구]을 느끼다 / 갈망하다
> la jalousie 질투, 시기

예 J'ai envie d'un fauteuil de cuir pour mon nouvel appartement.
새 아파트에 놓을 가죽 소파가 있었으면 좋겠어.

> un fauteuil 안락의자, 팔걸이의자 / (극장의) 좌석
> un cuir 피혁, 가죽 / 가죽 제품

épaule
(n. f.) **어깨**

Donner un coup d'épaule à *qqn* (~를) 돕다(= aider *qqn*) `B1`

예 André m'a donné un coup d'épaule au jour du déménagement.
앙드레가 이사하는 날 도와줬어.

> un déménagement 이사, 이전

Hausser les épaules (경멸·무관심 등의 표현) 어깨를 으쓱해 보이다 `B1`

예 Au lieu de me répondre, elle a haussé les épaules.
내게 대답하는 대신 그녀는 어깨를 으쓱해 보였다.

au lieu de +*inf.* ~하는 대신, ~하기는커녕

épreuve (*n. f.*) 고난, 시련 / 시험 / 시합

À l'épreuve de ~에 견디는, ~에 저항하는(= en état de résister à) **B1**

예 C'est un homme courageux à l'épreuve de toutes les difficultés.
그는 모든 어려움을 견디는 용감한 사람이야.

résister à ~에 지탱하다, 버티다 / 견뎌내다
courageu*x*(*se*) 용감한, 담대한(=brave) / 과감한(=hardi)

équipe (*n. f.*) 팀 / 그룹, 패거리

Faire équipe avec *qqn* ~와 한 팀이 되다 **B1**

예 Quand on était en colonie de vacances, je faisais toujours équipe avec Sara.
여름 캠프에 갔을 때 난 항상 사라랑 한 팀이었어.

une colonie de vacances 하기 학교 / 여름 캠프

escargot (*n. m.*) 달팽이

Aller[avancer, marcher] comme un escargot 느릿느릿 가다[전진하다, 걷다] **A2**

예 Oui, ils avancent. Mais ils avancent comme un escargot.
네, 전진은 하고 있죠. 아주 느리긴 하지만요.

avancer 나아가다 / (일이) 진척되다 / 진보[발전]하다 / (시간이) 흐르다, 가다 / 앞서나가다

espèce (*n. f.*) (사람 · 사물의) 종류 / 녀석, 놈 / 화폐, 현금

Une espèce de ~같은 / 일종의 **A2**

예 Je ressens toujours avec lui une espèce de malaise.
나는 그 사람이랑 있으면 일종의 불편함 같은 게 느껴져.

ressentir (감정을) 느끼다, 품다, 가지다
une malaise (몸이) 불편함, 거북함(=indisposition, gêne) / (정신적인) 불안, 걱정(=inquiétude) / 불만

70

En espèces 현금으로(= en argent) `A2`

예 A Voulez-vous payer par carte de crédit ou par chèque ?

B En espèces. C'est possible ?

A 신용 카드로 지불하시겠어요, 수표로 지불하시겠어요?
B 현금으로요. 괜찮죠?

| une carte de crédit 신용 카드(=une carte bleue)
| un chèque 수표

---

esprit

(n. m.) 영혼 / 정신, 마음 / 지성 / 성격, 성향

Avoir l'esprit ailleurs 정신을 딴 데 팔고 있다 `B1`

예 Je m'inquiète pour Carla car ces jours-ci elle a l'esprit ailleurs en classe.
카를라가 걱정돼요. 요새 수업 시간에 영 집중을 못하더라고요.

| ailleurs 다른 곳에(서), 다른 곳
| s'inquiéter pour 걱정하다, 불안해하다(=s'alarmer, se tracasser) / ~을 신경 쓰다, 마음에 두다
| ces jours-ci 요즘, 요새(=aujourd'hui)

---

essai

(n. m.) 시험, 테스트 / 시도(= tentative) / 시행 / 습작 / 수필, 에세이

À l'essai 시험적으로, 시험 삼아 `B1`

예 J'engage Catherine à l'essai. Après, on va voir si elle est capable de régler les choses de manière responsable.
카트린을 시험 삼아 써보려고. 일을 책임 있게 해결할 수 있는지는 좀 봅시다.

| engager 고용하다 / 가입시키다 / 구속하다 / ~에게 책임을 지우다 / 정혼하다, 약혼하다
| être capable de +*inf.* ~할 수 있다, ~할 능력이 있다
| régler 해결하다 / (요금을) 내다, 치르다 / 지불하다 / 맞추다, 조정하다
| une manière 방법, 방식(=façon) / 수법, 투 / (복수) 거동, 태도 / 예의

étape

(n.f.) 숙박지, 휴식지 / 숙박, 휴식 / 여정 / 단계 / 기간

Étape par étape 점차, 차츰, 점진적으로(= d'étape en étape) `B1`

예 Au début de mon séjour en Espagne, c'était difficile mais la vie s'est améliorée étape par étape. 스페인에서 체류하던 초기에는 좀 힘들었지만, 삶이 차츰 나아졌어요.

au début de *qqch* ~의 시작에, ~의 초기에, ~의 시초에
s'améliorer 개선되다 / 향상되다, 더 나아지다

예 Pour bien réussir dans la société, essayez de tout faire étape par étape. Ne soyez pas gourmand. 사회에서 성공하려면 모든 것을 단계적으로 해야 해요. 너무 욕심내지 마세요.

réussir 성공하다, 잘 해내다, 좋은 결과를 얻다 / 출세하다
essayer de +*inf.* ~하려고 애쓰다, ~하려고 노력하다
gourmand(*e*) 미식의, 미식을 즐기는 / 욕심 많은, 탐욕스러운(=cupide)

état

(*n. m.*) (심신의) 상태 / 입장 / (일의) 상황 / 사태 / (법률·호적상의) 신분

État civil 호적 A2

예 Pour demander une carte de séjour, il me faut une fiche d'état-civil ?
체류증 신청하려면 호적이 있어야 하나요?

une carte de séjour 체류증

État d'esprit 정신 상태 A2

예 Sois généreux avec Geneviève. Après la rupture avec Albert, son état d'esprit n'est pas normal. Elle est très instable.
쥬느비에브한테 너그럽게 대해줘. 알베르랑 헤어지고 난 뒤 정신 상태가 정상이 아니야. 아주 불안해.

une rupture 끊어짐, 단절 / (계약 등의) 파기, 취소 / 헤어짐, 이별 / 파괴
instable 불균형한 / 불안정한, 변덕스러운 / 정서 불안의

État des lieux 차가 현황서[임대차 계약을 하는 경우 집안 또는 물건의 상태를 기입하는 서류] / 목록(= inventaire) A2

예 Demain matin, je dois rester à la maison pour l'état des lieux. Après l'emménagement il y a des tas de choses à faire. Je n'ai même pas encore rangé mes affaires. 내일 아침은 차가 현황서를 작성하기 위해서 집에 있어야 해. 이사 오고 나면 할 일이 정말 많아. 아직 짐도 정리 못했는데 말이야.

un emménagement (새로운 거처로의) 이사, 입주
un[des] tas de 다수의, 많은
ranger 정리하다, 정돈하다 / 배열하다(=classer)

Être[se mettre] dans tous ses états 몹시 흥분[당황]하고 있다(= très agité, affolé) B1

예 Calme-toi d'abord. Tu es dans tous tes états. Tu veux que je t'apporte un verre d'eau ? 우선 진정해. 너 너무 흥분하고 있어. 물 한 잔 가져다줄까?

agité(*e*) 흥분된, 들뜬 / 파도가 심한(=houleux) / 우여곡절이 많은(=mouvementé) / 기복 있는
affolé(*e*) 미친 듯한, 미칠 지경의
se calmer 고요해지다, 잔잔해지다 / 평정[냉정]을 되찾다 / 가라앉다

éternité
(n.f.) 영원 / 영원성 / 아주 긴 시간 / 오랜 기간

Il y a[ça fait] une éternité que + *ind.* ~한 지 오래되었다 B1

예 Il y a une éternité que je ne l'ai pas vue. Au fait, qu'est-ce qu'elle fait ?
   걔 본 지 정말 오래되었네. 그건 그렇고 뭐 한대?

   │ au fait 그건 그렇고 / 그런데 / 결국(= à ce propos, à ce sujet)

Étienne
(n. pr. m.) 에티엔[남성의 이름]

À la tienne, Étienne * 건배할 때 쓰는 말[특히 함께 있는 사람 중 에티엔이라는 이름의 사람이 있을 경우] B1

예 Maintenant, portons un toast. À la tienne, Étienne ! 이제 축배를 듭시다. 건배!

   │ un toast 축배, 건배 / 토스트빵

étincelle
(n.f.) 불똥, 불티 / 광채, 섬광 / (지성의) 번뜩임 / 불씨

Faire des étincelles (사람이) 눈부신 성과를 거두다 / (사물이) 세상을 시끄럽게 하다 B2

예 Pierre a fait des étincelles dans les affaires. Il s'est donné de la peine pour en arriver là. 피에르는 사업에서 눈부신 성과를 거뒀어. 거기까지 가기 위해 정말 애 많이 썼어.

   │ se donner de la peine[du mal] 노력을 하다, 노력을 기울이다
   │ en arriver (là) 거기까지 가다[오다] / 그런 지경에 이르다

être
(v. intr.) (사람이) 있다, 존재하다 / ~이다

Y être 알다, 이해하다(= comprendre, saisir par la pensée) B1

예 Mon Dieu ! Tu n'y es pas du tout ! 세상에! 전혀 이해를 못하는구나!

   │ saisir 붙잡다, 쥐다 / 체포하다(= arrêter) / (기회를) 잡다, 이용하다 / 파악하다, 이해하다 / 알아듣다, 알아차리다

éveil
(n. m.) 자각, 눈을 뜸 / 각성 (상태)

Être[se tenir] en éveil 경계하다, 정신 차리다 / 깨어 있다(= être attentif) B1

73

[예] La crise économique va commencer. Il faut qu'on se tienne en éveil.

경제 위기가 시작될 거야. 정신 차리고 있어야 해.

> attenti*f(ve)* 주의 깊은, 조심하는 / 세심한
> une crise 고비 / 발작 / (정치 · 경제적인) 위기, 난국
> économique 경제의, 경제상의 / 경제학의 / 경제적인, 싸게 먹히는

[예] La nuit, je suis toujours en éveil en marchant. Le taux de criminalité est élevé.

밤에는 걸으면서 항상 경계해. 범죄율이 높아졌잖아.

> une criminalité (집합적) 범죄(행위)

évidence | (*n.f.*) 명백함, 확실성 / 당연함

De toute évidence 확실히, 분명히(= avec une certitude, une évidence absolue) **B1**

[예] De toute évidence, il me déteste. Qu'est-ce que j'ai fait, moi ? 분명히 날 싫어해. 내가 뭘 어쨌다고?

> une certitude 확실함, 틀림없음 / 확인 / 확실성

Mettre en évidence 눈에 잘 띄게[보이게] 놓다(= faire apparaître très clairement) **B1**

[예] J'ai mis des clefs en évidence sur la table. Mais je ne peux pas les trouver.

열쇠, 탁자 위에 잘 놓았거든. 근데 못 찾겠어.

> apparaître 나타나다, 보이다(= paraître, se montrer) / 출현하다, 발생하다 / (비유) 드러나다, 확실해지다 / (속사와 함께) ~인 것처럼 보이다(= paraître, sembler)
> mis(*e*) 'mettre' 동사의 과거분사
> les 직접목적 보어 대명사 3인칭 복수. 여기서는 'des clefs'를 가리킴.

[예] Tu sors dans cette robe rouge ? Elle est très serrée, tu sais ? Tu te mets trop en évidence. 그 빨간 원피스 입고 나가게? 되게 타이트한 거 알아? 너 눈에 너무 띈다.

> serré(*e*) 죄는, 억눌린 / 몸에 착 달라붙는, 꽉 끼는(= ajusté) / 밀집한, 촘촘한(= dense, compact) / (비유) (말 · 문체 등이) 간결한, 밀도 있는
> se mettre en évidence 남의 눈에 띄도록 하다

excellence | (*n.f.*) 뛰어남, 우수함, 탁월함

Par excellence 특히 / 전형적인 의미로, 훌륭하게 **B1**

[예] Paris est une ville classique par excellence. Il y a beaucoup de monuments qui datent de très longtemps.

파리는 전형적으로 고전적인 도시다. 오래 전 세워진 기념물들이 많이 있다.

classique 전형적인 / 고대의, 고전의 ↔ moderne 현대의, 현대적인

un monument 기념물, 건축물 / 기념비 / 유적 / (구어) 굉장히 큰 물건[사람]

dater de ~부터 시작되다 / ~로 거슬러 올라가다(=remonter)

excès　　(n. m.) 초과, 여분 / 과다, 과잉, 넘침 / 과도함, 지나침

À[Jusqu'à] l'excès 과도하게, 도를 지나쳐서(= trop, excessivement) B1

예 Boire à l'excès n'est pas bien pour la santé. 과음하는 것은 건강에 좋지 않습니다.

excessivement 지나치게(=trop) / 매우, 몹시(=tout à fait)

boire 마시다 / 물[술]을 마시다 / (비유) (모욕 따위를) 받아들이다, 꾹 참다(=endurer, souffrir)

Sans excès 도를 넘지 않고, 적당히(↔ avec excès 과도하게) B1

예 Travailler sans excès est aussi une qualité qu'il possède.
지나치지 않게 일하는 것 역시 그가 가진 장점입니다.

une qualité 품질 / (사물의) 특성, 특질 / (사람의) 품성 / 장점(=don, mérite) / (사회적) 신분, 자격, 지위

posséder 가지다, 지니다, 소유하다 / 알고 있다, 파악하다 / (~의) 마음을 사로잡다

excuse　　(n. f.) 변명, 해명 / 사과, 사과의 말 / 핑계

Faire[Présenter] des excuses[ses excuses] à *qqn* ~에게 사과하다, ~에게 사과의 말을 하다 A2

예 Fais des excuses à ton ami Jacques. Il t'attend depuis une heure.
네 친구 자크한테 사과하렴. 한 시간 전부터 널 기다렸어.

depuis ~이래(로) / ~부터 / ~이후로

exemple　　(n. m.) 예, 예문, 본보기 / 전형, 표본 / 모범

Donner l'exemple 모범을 보이다 A2

예 Yuna Kim a donné l'exemple à tous les petits patineurs avec son courage, sa grâce et ses efforts constants.
김연아는 그녀의 용기, 재능, 그리고 꾸준한 노력으로 모든 어린 스케이터들에게 모범을 보였습니다.

un(e) patineur(se) 스케이트 타는 사람, 스케이터

une grâce 은혜, 친절 / 호의 / (신의) 은총, 축복 / 용서, 자비 / (천부적인) 재능

constant(e) 변함없는, 항구적인(=durable) / 일정한, 지속적인

75

Par exemple 예를 들어, 예컨대 / 하지만, 그렇다고는 하지만 / 설마, 천만에, 농담이 아니야 `A2`

예 Je voudrais entrer à la faculté des sciences. J'aimerais être étudiant en mathématiques ou en chimie, par exemple.
나는 이과 대학에 들어가고 싶어. 예를 들어 수학이나 화학을 전공했으면 해.

> une faculté 능력, 재능 / 권리, 권한 / 학부, (단과)대학
> une science 학문, 과학 / (복수) 이과 / (지식에서 얻은) 수완, 기술(=art, technique)
> la chimie 화학

예 Ça, par exemple ! Nous avons remporté le match ! 이럴 수가! 우리가 시합에 이겼어!

> remporter un match 시합에 이기다

---

extrême	*(adj. et n. m.)* 끝의 / 극단의, 극단적인 / 심한 / 과격한 // 극도, 극단 / 절정

Pousser[Porter] à l'extrême 극단으로 몰고 가다(= pousser à bout) `B1`

예 Tu pousses tout à l'extrême. Essaie de garder le juste milieu.
넌 뭐든지 극단으로 몰고 가. 중도를 지키도록 해 봐.

> un milieu 한가운데, 중앙 / 중도, 절충 / 환경 / 계층, 신분

예 Ne me pousse pas à l'extrême. Je me retiens avec beaucoup d'efforts.
날 극단으로 내몰지 마. 지금 꾹 참고 있으니까.

> se retenir 붙잡다, 매달리다 / 참다, 자제하다

face　(n. f.) 얼굴, 낯 / 앞면 / 모습 / 양상, 국면

En face de 정면으로, 맞대고 / ~의 맞은편에 / 직면하여 `A2`

예 J'habite en face du café 'Chez Martine'. 저는 '셰 마르틴' 카페 맞은편에서 삽니다.

Face à face 마주 보고 `A2`

예 Ils se sont regardés face à face un moment, puis ils se sont embrassés. C'était la scène très touchante. 그들은 한순간 서로 마주보더니 껴안았어. 감동적인 장면이었지.

> s'embrasser 서로 껴안다, 서로 입 맞추다
> touchant(e) 감동적인, 뭉클한, 감동을 불러 일으키는

Faire face ~와 마주 대하다 / ~에 대항하다, 대처하다 `B1`

예 Arrête de te plaindre. Il faut faire face comme un homme.
불평 그만하고 남자답게 대처해.

> arrêter de +inf. ~하는 것을 멈추다, 끊다
> se plaindre de qqn/qqch ~에 대해 투덜대다, 불평하다 / 항의하다

ㅍ

fâcher (se)　(v. pron.) 화내다, 분개하다

Se fâcher tout rouge 몹시 화내다(= être dans une violente colère) `B1`

예 Je ne sais pourquoi elle s'est fâchée tout rouge. Maintenant elle ne m'appelle même pas. 나는 그녀가 왜 그렇게 화를 냈는지 모르겠어. 이제 전화도 안 해.

> appeler 부르다 / 명명하다(=nommer) / 호명하다 / 전화하다 / 초래하다

facile　(adj.) 쉬운, 용이한

Facile à +inf. ~하기 쉬운 `A2`

예 C'est facile à dire, mais difficile à faire ! 말하기는 쉬워도 하기는 어렵지!

façon　(n. f.) 방법, 방식 / 수법, 식 / 태도, 행동

De toute(s) façon(s) 어쨌든, 어쨌거나, 하여간(= inévitablement) A2

예 Ce n'est pas mal, c'est vrai. Mais de toute façon ce n'est pas suffisant pour arriver au niveau nécessaire.

나쁘진 않아요, 그렇긴 한데, 어쨌든 필요한 수준에 이르기에는 충분하지 않습니다.

inévitablement 불가피하게, 필연적으로
suffisant(e) 충분한 / 만족스러운
arriver à ~에 이르다, 도달하다(= atteindre à, parvenir à)
un niveau 정도, 수준 / 수위 / 수평 / 지위, 계층

Sans façon(s) (예의 바른 거절을 위한 표현으로) 격식을 차리지 않고, 허물없이 / 소탈한 B1

예 Ce n'est pas la peine de trop préparer. Notre invité est un homme sans façon.

너무 많이 준비할 필요는 없어요. 초대한 사람이 소탈하신 분이라.

ce n'est pas la peine de + *inf.* ~할 필요가 없다

---

faim (*n. f.*) 배고픔, 허기 / 기근, 기아(= famine)

Avoir faim 배고프다 A2

예 Maman, j'ai faim. Il y a quelque chose à manger ? 엄마, 나 배고파. 뭐 먹을 것 좀 있어요?

une famine 기근, 기아, 굶주림
quelque chose à manger 먹을 것
quelque chose à boire 마실 것
cf. avoir une faim de loup (구어) 배가 몹시 고프다

Crever[mourir] de faim 배고픔으로 고통 받다 / 몹시 허기지다 B1

예 Je n'ai rien mangé depuis ce matin. Je meurs de faim.

오늘 아침부터 아무것도 못 먹었더니 배고파 죽겠어.

depuis ~이래로, ~이후로

---

faire (*v. tr.*) 만들다 / 발생시키다 / 이루다, 구성하다

Ça ne fait rien 괜찮다, 아무래도 좋다, 상관없는 일이다(= ça n'a aucune importance) A2

예 A Je suis en retard. Je suis désolée.

B Ça ne fait rien. Ce matin il y avait des bouchons un peu partout dans la ville. C'est pas de ta faute.

A 늦었어요, 죄송합니다.
B 괜찮아. 오늘 시내 여기저기에서 차가 막혔잖아. 네 잘못이 아니야.

être en retard ~에 늦다, 지각하다 / ~이 지체되다

un bouchon 마개 / 교통 체증(=embouteillage), 교통 혼잡

c'est (de) sa faute (구어) 그것은 그의 책임[잘못, 탓]이다

Ça fait + 횟수 + que + *inf.* ~한 것은 ~번째다 A2

예 Ça fait trois fois que je visite Paris. C'est une ville magnifique.

파리에 온 건 세 번째예요. 정말 근사한 도시지요.

visiter 방문하다, 들르다

Il n'y a rien à faire 불가능하다, 할 일이 남아 있지 않다 B1

예 J'ai fait tout ce que je pouvais faire. Il n'y a plus rien à faire.

나는 내가 할 수 있는 일은 다 했어. 더 이상은 할 일이 아무것도 남아 있지 않아.

Ce qui est fait est fait 전혀 바꿀 수 없다, 돌이킬 수 없다 B1

예 A Ne pourrais-je pas recommencer depuis le début ?

B Non. Ce qui est fait est fait. Accepte le résultat et pense plutôt à ce que tu vas faire à l'étape prochaine.

A 처음부터 다시 시작할 수 없을까?

B 안 되지. 이미 상황은 돌이킬 수 없어. 결과를 받아들이고 차라리 다음 단계에서 할 일을 생각해.

plutôt 오히려, 차라리

une étape 여정 / 숙박지, 휴게지 / 단계 / 기간, 시기

fait *(n. m.)* 일, 사건 / (신문의) 기사 / 사실 / 본론, 요점

Fait divers (신문의) 사회면 (기사) A2

예 J'ai lu cette histoire dans un fait divers du *Monde*.

그 이야기를 *르몽드* 신문의 사회면에서 읽었어.

lire 읽다 / 낭독하다 / 해독하다

Au fait 그런데 / 결국(= à ce propos, à ce sujet) B1

예 Au fait, quand est-ce que tu pars ? Demain ou après-demain ?

그건 그렇고, 넌 언제 떠나? 내일 아니면 내일모레?

l'après-demain 내일모레

De fait 실제로(= effectivement) / 사실 B1

예 Je n'avais pas envie d'aller à l'école. De fait, je suis resté à la maison sous prétexte de maladie. 학교 가기 싫어서, 실제로 아프다는 핑계로 집에 있었어.

avoir envie de +*inf.* ~하고 싶다, ~하기를 원하다, ~하기를 갈망하다

sous prétexte de *qqch* ~라는 구실로[핑계로]

Tout à fait 완전히, 대단히, 매우 A2

예 Je suis tout à fait d'accord avec toi. Cette fois-ci, il a tort.

네 의견에 전적으로 동의해. 이번에는 걔가 틀렸어.

être d'accord avec *qqn* ~의 의견에 동의하다

avoir tort 틀리다 ↔ avoir raison 옳다

예 A Tu m'apportes ton soutien dans l'élection, n'est-ce pas ?

B Tout à fait.

A 선거에서 나 지지해 줄 거지, 그렇지?
B 당연하지.

un soutien 받침대, 지지물 / 후원 / 옹호, 지지, 지원, 원조 / 지지자

une élection 선출, 선발 / 선거

falloir | (*v. impers.*) 필요하다 / ~해야 한다, ~할 필요가 있다

Il faut + *inf.* ~해야 한다 A2

예 Il faut bien étudier. Sinon, tu vas échouer à l'examen final.

열심히 공부해야 해. 그렇지 않으면 최종 시험에서 떨어지고 말 거야.

sinon 그렇지 않으면(=autrement) / ~을 제외하고는, ~이 아니고는 / ~이 아니라도 / ~이 아니면

échouer 실패하다 / (일이) 실패로 돌아가다/ (일을) 그르치다

Comme il faut 훌륭히 / 정확히 / 품위 있게 A2

예 Je suis sorti avec Thomas hier soir. Il s'est conduit comme il fallait. Je me suis bien amusée. 어제저녁 토마랑 데이트했어. 품위 있게 행동하더라. 꽤 즐거웠어.

se conduire 처신하다, 행동하다(=se comporter)

s'amuser 즐기다, 놀다(=se divertir, jouir)

famille | (*n. f.*) 가족, 가정 / 가문, 혈통 / 집단, 일파

En famille 가족끼리, 가족이 모여서, 가족과 함께 A2

예 Ce week-end je vais partir en pique-nique en famille.

이번 주말에 나는 가족과 함께 소풍갈 거야.

un pique-nique 피크닉, 소풍

faute
(n. f.) 부족 / 잘못, 실수 / 위반 / 죄 / 실책

Faute de 모자라서, 결핍되어(= par manque de) / 그렇지 않으면(= sinon, autrement) `A2`

[예] Faute de patience, il est sorti sans l'avoir vue.
인내심이 모자라서 그녀를 보지 않은 채 나가버렸다.

> un manque 결핍, 부족(=défaut)
> la patience 인내심, 참을성, 끈기

[예] Tenez bien votre promesse, faute de quoi vous serez considéré comme irresponsable. 약속을 잘 지키세요. 그렇지 않으면 무책임한 사람으로 여겨질 겁니다.

> tenir sa promesse 약속을 지키다 cf. faire une promesse 약속을 하다
> être considéré comme ~로[처럼] 여겨지다[생각되다]

Sans faute 틀림없이, 분명히(= à coup sûr, d'une manière certaine) `A2`

[예] Dès que je serai à Paris, je t'appellerai sans faute.
파리에 도착하자마자 너한테 꼭 전화할게.

> dès que ~하자마자

[예] A Demain, c'est mon anniversaire. Venez dîner à la maison à huit heures.

B O.K. ! Je viendrai sans faute.

A 내일 제 생일이에요. 8시에 저희 집으로 식사하러 오세요.
B 알았어요! 꼭 갈게요.

> un anniversaire 기념일 / 생일

fauteuil
(n. m.) 안락의자 / 좌석

Dans un fauteuil 쉽게, 어렵지 않게(= avec facilité, sans peine) `B1`

[예] Il a réussi dans un fauteuil. 그는 쉽게 성공했다.

> une facilité 쉬움, 용이함 / 편의 / 유창함 / 유복함 / (성격) 유순함
> une peine 벌 / 고통, 아픔 / 수고, 노력(=effort) / 곤란, 어려움(=embarras)
> un embarras 곤경 / (경제적) 곤란 / 걱정거리 / 불편함 / 교통 장애

fer
(n. m.) 쇠, 철 / 철도(= chemin de fer) / 다리미(= fer à repasser) / 철분

Battre le fer quand il est chaud 쇠는 뜨거울 때 내리친다, 기다리지 않고 상황을 이용하다 `B1`

[예] Voilà une meilleure chance pour toi. Il faut battre le fer quand il est chaud.

자 이제 너한테 더 좋은 기회가 왔어. 쇠는 뜨거울 때 내리쳐야 한다고!

　|　battre 때리다, 치다 / 섞다 / 부딪치다, 두드리다 / 이기다, 쳐부수다

[예] Tu as eu un meilleur bulletin ce semestre. Allez ! Redouble d'efforts. Il faut battre le fer quand il est chaud.

이번 학기에 성적이 올랐구나. 자, 더욱 노력해. 쇠는 뜨거울 때 내리쳐야 하거든.

　|　un bulletin （공적인) 보고서 / (학교의) 성적표(=bulletin scolaire) / (신문의) ~란, ~면 / 투표용지
　|　un semestre 6개월, 반년 / 학기
　|　redoubler d'efforts 더욱 노력하다

---

fête	(n. f.) 축제 / 기념일 / 파티

Faire la fête 파티하다 / 한바탕 잘 어울려 놀다 / 방탕한 생활을 하다 **A2**

[예] Ce samedi, on fait la fête pour célébrer la venue de Stella en Espagne.

이번 토요일에 스텔라가 스페인에 온 걸 기념하기 위해 파티를 할 거야.

　|　célébrer （식을) 올리다 / 기념하다, 축하하다
　|　une venue 오기 / 도래, 도착 / 탄생(=naissance)

---

feu	(n. m.) 불 / 화재 / 발포, 사격 / 불꽃, 폭죽

Feu d'artifice 불꽃, 폭죽 **A2**

[예] Chaque année, il y a le feu d'artifice au jour de la fête nationale, le 14 juillet.

매년 혁명을 기념하는 날에는 불꽃 축제가 진행됩니다.

　|　chaque année 매해, 매년
　|　une fête nationale 국경일

Avoir[donner] le feu vert 허락을 받다[하다] **B1**

[예] Je peux voyager seul à partir de ces vacances. Mes parents m'ont donné le feux vert. 난 이번 방학부터 혼자 여행해도 돼. 부모님이 허락하셨어.

　|　à partir de ~부터, ~로부터

---

ficher	(v. tr.) 박다 / 쑤셔 넣다 / (구어) 하다(= faire) / 주다 (= donner) / 두다(= mettre) / 내던지다, 팽개치다

Ficher le camp 도망치다, 달아나다 B1

예 Tu m'emmerdes** ou quoi ? Fiche le camp ! * 나 열 받게 하는 거야, 뭐야? 꺼져!

> emmerder （구어） 성가시게 하다, 귀찮게 하다(=embêter, importuner)
> embêter （구어） 지겹게 만들다, 따분하게 하다 / 귀찮게 굴다 / 곤란하게 하다
> importuner （문어） 귀찮게 굴다, 괴롭히다

Je m'en fiche * 아무렴 어때, 관심 없어 B1

예 Qu'il sorte avec une autre fille ou pas, je m'en fiche. Lui et moi, c'est déjà fini.
걔가 다른 여자애랑 사귀든 말든 관심 없어. 걔랑 나랑 이미 끝났는데, 뭐.

> que +*subj.* （양보） ~이든 아니든, ~하든 말든, ~하더라도
> s'en ficher 박히다, 꽂히다 / 몸을 던지다 / (어떤 상태에) 놓이다 / 놀리다 / 무시하다

---

figue   (*n. f.*) 무화과

Mi-figue mi-raisin 애매한, 이것도 저것도 아닌, 좋기도 하고 나쁘기도 한 B2

예 Oui, il nous a accueillis, mais c'était un accueil mi-figue mi raisin.
그래, 뭐 우리를 받아주기는 했는데, 그게 좀 애매했어.

> accueillir 접대하다, 맞이하다 / 데리러 나오다 / 환대하다
> un accueil 접대 / 수용 / 안내
> un raisin 포도(알)

---

fil   (*n. m.*) 실 / 선, 줄 / 전선

Un coup de fil (구어) 전화, 통화(= un appel téléphonique) A2

예 Tu attends un peu ? Je vais passer un coup de fil, d'accord ?
조금만 기다릴래? 전화 한 통화만 할게. 괜찮지?

> passer un coup de fil[téléphone] 전화를 걸다(=téléphoner, appeler)

예 Je suis désolée mais je vais m'absenter un moment pour un coup de fil.
죄송하지만 전화 한 통 하게 잠깐 자리 좀 비울게요.

> s'absenter (자리를) 비우다, 잠시 떠나다 / 나가다 / (자리에) 없다

Au fil de ～의 흐름에 따라(= tout au long de) B1

예 Au fil des années, Yuna devient de plus en plus belle.
연아는 해가 갈수록 점점 더 예뻐지네.

> de plus en plus 점점 더 ↔ de moins en moins 점점 덜

fin

(n.f.) 끝, 종말 / 결론 / 엔딩

À la fin 결국, 마침내(= en définitive, finalement) `A2`

예 Il se heurtait à beaucoup de difficultés, mais finalement il a réussi.
많은 어려움에 봉착했지만, 그는 결국 성공했어.

> se heurter à ~에 부딪치다
> une difficulté 어려움, 난관 / 장애

Sans fin 한없이, 계속(= sans cesse, sans s'arrêter, interminablement) `A2`

예 Il m'énerve, mon grand frère. Il se mêle sans fin de tout ce qui me concerne.
J'en ai vraiment marre.
오빠 때문에 짜증나 죽겠어. 내 일에 계속 참견해. 진짜 지겨워.

> interminablement 끝없이
> énerver *qqn* ~를 짜증나게[신경질 나게] 만들다(= agacer)
> se mêler de ~에 참견[간섭]하다
> concerner *qqn* ~와 관계되다, ~에 관한 것이다

Mettre fin à ses jours[sa vie] 스스로 목숨을 끊다, 자살하다(= se suicider) `B1`

예 J'ai entendu dire qu'il avait mis fin à ses jours l'année dernière. C'est trop triste.
그 남자 작년에 스스로 목숨을 끊었다고 들었어. 너무 슬프지.

> entendre dire que ~라는 (얘기를) 듣다

finir

(v. intr.) 끝나다, 만기가 되다 / 그치다, 멈추다(= cesser)

Tout est bien qui finit bien 끝이 좋으면 다 좋다 `A2`

예 En tout cas, vous vous êtes réconciliés, n'est-ce pas ? Alors, c'est bon ! Tout
est bien qui finit bien.
어쨌든 너희들 화해한 거잖아. 안 그래? 그럼 됐지, 뭐! 끝이 좋으면 다 좋은 거야.

> se réconcilier 서로 화해하다

예 A C'était comment la vie aux États-Unis ?

B Difficile. Très dure. Mais tout est bien qui finit bien. J'ai obtenu mon diplôme
et maintenant je suis à Séoul.

A 미국 생활 어땠어?
B 어려웠지. 진짜 힘들었어. 하지만 끝이 좋으면 다 좋은 거야. 학위 받았고 지금은 서울에 있으니까.

> dur(*e*) 단단한(= solide) / 거친 / 딱딱한 / 곤란한, 어려운, 힘든 / 가혹한 / 엄격한, 냉혹한(= sévère)
> obtenir 획득하다, 얻다(= acquérir) / 얻어내다

fleur

(n.f.) 꽃

Comme une fleur (구어) 아주 쉽게 B1

예 Demande à Michèle de t'aider. Elle fait tout comme une fleur. Génial, non ?

미셸한테 도와 달라고 해. 뭐든지 엄청 쉽게 해. 끝내주지 않니?

> demander à *qqn* de +*inf.* ~에게 ~해 달라고 부탁하다[요구하다]
>
> génial(*e*) 천재적인 / 뛰어난, 훌륭한(=excellent, extraordinaire) / 기발한

예 A Pourquoi es-tu méchante comme ça avec Emma ?

B Pour parler franchement, je crois que je suis un peu jalouse. Tout est difficile pour moi mais elle fait ça comme une fleur. Je suis vraiment mauvaise.

A 너 왜 엠마한테 그렇게 못되게 구니?

B 솔직히 말하면 내가 좀 질투하는 것 같아. 나한테는 모든 게 어려운데, 걔는 그걸 너무 쉽게 하니까. 나 정말 나빠.

> méchant(*e*) 악독한, 심술궂은 / 냉혹한(=cruel, dur) / 못된
>
> franchement 단호하게, 주저 없이(= sans hésitation) / 명료하게, 분명하게(=clairement) / 솔직하게, 숨김없이, 털어놓고
>
> jaloux(*se*) 질투[시기]하는, 시샘하는
>
> mauvais(*e*) 나쁜 / 시시한, 형편없는 / (기능이) 약한 / 악한

ㅍ

foi

(n.f.) 믿음, 신뢰, 신용

Bonne[mauvaise] foi 정직(= franchise), 성실(= loyauté ↔ déloyauté) A2

예 Mais pour le convaincre, il faudrait prouver ta bonne foi.

그 사람 설득하려면 네가 선의를 갖고 있다는 걸 증명해야 할 거야.

> convaincre 설득하다, 납득시키다(=persuader)
>
> prouver 증명[입증]하다 / (~의) 증거[표시]이다

fois

(n.f.) 번, 회

Pour une fois 예외적으로(= exceptionnellement), 한 번만, 이번만 A2

예 Sois gentil pour une fois. 한 번이라도 좀 친절해 봐.

> sois 'être' 동사의 2인칭 단수 명령법

Pour la première[dernière] fois 처음[마지막]으로 A2

예 A Vous êtes déjà allée en France ?

B Non, c'est la première fois. Je suis toute excitée.

A 프랑스 가본 적 있으세요?
B 아니요. 이번이 처음이에요. 정말 기대돼요.

| en France 프랑스에서 / en Corée 한국에서 / au Japon 일본에서

예 En 2003, j'ai rendu viste à mon directeur de doctorat pour la dernière fois.
2003년에 저는 마지막으로 박사 학위 지도 교수님을 방문했습니다.

rendre visite à *qqn* ~를 방문하다
un(*e*) direc*teur*(*trice*) 우두머리 / 지도자 / 교장 / 이사 / 중역
le doctorat 박사 학위

À la fois 한꺼번에, 동시에(= en même temps) A2

예 Il est... comment dire... passionné et indifférent à la fois. Un type difficile à comprendre. 그 남자는 뭐랄까…. 정열적이면서도 무심하다고 해야 하나…. 이해하기 어려운 타입이야.

passionné(*e*) 정열적인, 열렬한 / 열정적인
indifférent(*e*) 무관심한 / 중립적인 / 관심없는 / 무감동한

Il était une fois 옛날 옛날에 ~이 있었다 A2

예 Il était une fois une princesse qui s'appelait Blanche-Neige.
옛날 옛날에 백설 공주라는 이름의 공주가 있었습니다.

s'appeler 이름이 ~이다, ~라고 불리다
Blanche-Neige 백설 공주

folie   (*n. f.*) 광기, 광증 / 비이성, 불합리

À la folie 광적으로, 열정적으로(= follement, passionnément, intensément, d'une manière déraisonnable) A2

예 Catherine, je t'aime. Je t'aime à la folie. Épouse-moi.
카트린 사랑해. 미치도록 널 사랑해. 나랑 결혼해 줘.

intensément 강렬하게, 심하게 / 심도 있게
déraisonnable 사리에 어긋나는, 비상식적인, 비이성적인

Faire une folie[des folies] 과도한 지출을 하다 B1

예 Oh, Mon Dieu ! Tu as acheté ça pour moi ? Tu as fait des folies !
어머, 세상에! 나한테 주려고 산 거야? 너 돈 너무 많이 썼다!

| Mon Dieu ! 저런! 세상에! 어머나![놀라움, 찬탄, 분개, 저주 따위를 나타내는 감탄사 =Grand Dieu !]

예 Quand je suis stressée, j'ai envie de faire des folies. C'est une mauvaise habitude. 난 스트레스 받을 때 막 돈을 쓰고 싶어. 나쁜 버릇이지.

　stresser ~에게 스트레스를 일으키다[주다]

fond
(n. m.) 바닥 / 깊은 곳 / 극단, 극한 / 안쪽, 속 / 근본, 본질, 핵심 / 기초, 토대(= base)

À fond 완전히, 철저히(= complètement, extrêmement) B2

예 Je dresse des projets avec Sandrine depuis très longtemps mais je ne la connais pas à fond.
내가 상드린이랑 아주 오래 전부터 설계를 해오고 있지만, 그녀를 완전히 알지는 못 해.

　dresser un projet 설계도를 작성하다

Au fond 사물의 본질을 생각할 때, 사실상(= dans le fond) B2

예 Tout a l'air tragique dans cette affaire mais il nous reste au fond quelque chose de positif. 이 일에 있어서 모든 것이 비극적으로 보이지만, 실상 긍정적인 부분도 있어.

　tragique 비극적인, 슬픈
　il reste… (비인칭) ~이 남아 있다

force
(n. f.) 힘, 체력 / 활력 / 세력, 영향력

À force (구어) 결국, 마침내(= à la longue) B1

예 À force, j'ai obtenu mon diplôme en France. 결국 나는 프랑스에서 학위를 받았어.

　obtenir 획득하다, 얻다 / 얻어내다

À force de *qqch/inf.* ~의 힘으로, 덕분에 / ~한 나머지 B2

예 J'ai mal aux jambes à force de marcher toute la journée.
하루 종일 걸어서 다리가 아프네.

　avoir mal à ~가 아프다
　toute la journée 하루 종일 cf. tous les jours 매일, 날마다

예 À force de patience et d'efforts, Yang a remporté la médaille d'or aux Jeux olympiques de Londres. 인내와 노력으로 양 선수는 런던 올림픽에서 금메달을 땄습니다.

　une médaille 메달 / 목걸이 / 흉장
　cf. médaille d'argent 은메달 / médaille de bronze 동메달

fou, fol, folle
(adj. et n.) 미친 / 미친 듯한, 광적인 / 열중한, 열광한

Comme un fou 미친 듯이, 맹렬히, 열렬히(= exagérément) A2

예 Il m'a critiqué comme un fou malgré la dissuasion des autres.
그는 다른 사람들의 만류에도 불구하고 나를 맹렬히 비난했다.

| une dissuasion 만류, 억제

Fou de joie 몹시 기쁜 A2

예 Comment ? Ma Stella viendra à Paris ces vacances d'été ? Je suis fou de joie ! 뭐라고? 내 스텔라가 이번 여름방학 때 파리에 온다고? 정말 기뻐!

| la joie 기쁨, 환희

foudre
(n. f.) 벼락 / 격노, 격렬한 비난

Coup de foudre 벼락, 낙뢰 / 한눈에 반하기 B1

예 Je l'ai rencontré dans un train lors de mon voyage en Europe. Ce fut un coup de foudre. 나는 그를 유럽 여행 때 기차에서 만났어. 보자마자 한눈에 반했지.

| un coup 부딪침, 충격 / 치기, 때리기
| lors de ~할 때에

예 Ça n'existe pas le coup de foudre. C'est juste un effet chimique. Crois-moi.
한눈에 반하는 건 없어. 그건 다만 화학적 효과일 뿐이지. 내 말 믿어.

| un effet 결과(= résultat) / 효과 / 실행, 이행(= exécution, réalisation)
| chimique 화학의, 화학적인
| croire *qqn* ~의 말을 믿다, ~를 믿다

fouetter
(v. tr.) 채찍[회초리]으로 때리다 / 자극하다, 흥분시키다

Fouetter le sang 피를 끓게 하다, 자극하다(= stimuler) B2

예 Le football fouette le sang des hommes. Il les met facilement dans un état d'excitation. Mais moi, j'aime pas.
축구는 사람들을 자극하지. 쉽게 흥분 상태로 밀어 넣기도 하고. 근데 난 별로야.

| stimuler 격려하다, 용기를 주다(= encourager) / 자극하다, 활발하게 하다, 촉진시키다
| un état (심신의) 상태 / 입장, 처지 / 사태, 상황
| une excitation 자극[선동·격려]하기 / 흥분 / (정신적) 혼란

foule *(n.f.)* 군중 / 대중 / 다수, 많음

En foule 많이, 대량으로(= en grand nombre, en masse) `B2`

예 Les gens sont venus au concert en foule. C'était super cool !

사람들이 콘서트에 엄청 많이 왔어. 진짜 좋았어!

> une masse 덩어리(=bloc) / 더미(=tas) / 총체 / 총량 / 전체 / (구어) 다량, 다수
> super cool (구어) 진짜 멋진, 근사한

예 La délinquance est en forte progresseion maintenant. Il faut que les jeunes femmes aillent en foule un peu tirées par les cheveux, surtout la nuit.

지금 범죄가 크게 증가하고 있습니다. 젊은 여성들은 특히 밤에는 억지로라도 여러 명이 함께 다녀야 합니다.

> une délinquance (집합적) 범죄 cf. délinquance juvénile 청소년 범죄
> une progression 발전, 확대, 증가 / 진행, 전진
> aillent 'aller' 동사의 3인칭 복수 접속법 현재
> tiré(e) par les cheveux 억지로 / 강제로 / 어쩔 수 없이

foutre *(v. tr.)* (속어) 하다(= faire) / 두다(= mettre) / 내던지다, (= jeter)

Foutre le camp 귀찮게 굴지 마, 쓸데없는 참견 마(= foutre la paix) `B1`

예 Je m'occupe jamais de tes oignons, non ? Fous-moi le camp !

내가 네 일에 절대 참견 안 하지, 응? 꺼져!

> Occupe-toi de tes oignons ! (구어) 네 걱정이나 해라!

Se foutre de *qqch*/**que** + *subj.* 아랑곳하지 않다, 신경 쓰지 않다 `B2`

예 Je me fous qu'il parte ou qu'il reste. C'est pas mes affaires.

그가 떠나든지 남든지 신경 안 써. 내 일도 아닌데 뭐.

> une affaire 일 / 용건 / 관심사 / 사건 / 거래 / 사업

franc(*che*) *(adj.)* 솔직한, 숨김없는, 거침없는 / 명백한, 공공연한 / 자유분방한

Franc comme l'or 매우 솔직한, 전혀 숨김이 없는(= très franc) `A2`

예 Je crois qu'il y a un malentendu entre toi et Cathy. Parle avec elle. Elle est franche comme l'or.

내 생각에 너랑 카티 사이에 오해가 있는 것 같아. 얘기를 해 봐. 카티는 굉장히 솔직한 애야.

> un malentendu 오해, 불화, 알력, 불일치(=désaccord)

français(e)
(adj.) 프랑스의, 프랑스인의

À la française 프랑스 방식으로, 프랑스 식으로(= à la manière française) **B1**

예 A Tu as quel âge à la française ?

B Je n'ai que vingt ans à la française. Mais à la coréenne j'ai vingt-deux ans.

A 프랑스 식으로 몇 살이야?
B 프랑스 식으로는 스무 살밖에 안 됐어. 하지만 한국 식으로는 스물두 살이야.

avoir 숫자 ans ~살이다
à la coréenne 한국 식으로

frère
(n. m.) 남자 형제 / 형 또는 아우 / (형제 같은) 친구, 이웃 / 동포

Se ressembler[s'aimer] comme des frères 많이 닮다[사랑하다] **A2**

예 A Charles et Arthur se ressemblent comme des frères. On dirait que ce sont des frères.

B Ce sont des frères.

A C'est pas vrai ! Pour de vrai ?

A 샤를이랑 아르튀르는 정말 많이 닮았어. 꼭 형제 같아.
B 형제야.
A 말도 안 돼! 정말로?

se ressembler 서로 닮다, 비슷하다
c'est pas vrai! (구어) 그럴 리 없어! 말도 안 돼!
pour de vrai (구어) 정말로, 실제로(= vraiment)

froid
(n. m.) 냉기, 한기, 추위

Avoir froid 추워하다, 추위를 타다 **A1**

예 J'ai très froid. Pas toi ? 난 되게 추운데. 넌 아냐?

avoir froid 춥다 ↔ avoir chaud 덥다

Avoir[donner, faire] froid dans le dos ~에게 겁을 주다, ~의 등골을 오싹하게 하다 **B2**

예 Mon voisin à côté a l'air très bizarre. Chaque fois que je le vois, il me donne froid dans le dos. 내 옆집 남자는 정말 이상한 것 같아. 볼 때마다 등골이 오싹해진다니까.

à côté 옆의 / 옆에 있는
chaque fois que + 주어 + 동사(직설법) ~ 할 때마다

Il fait froid 날씨가 춥다 [A2]

예 Oh là là ! Qu'est-ce qu'il fait froid ! Il fait combien de degrés aujourd'hui ?

세상에! 진짜 춥다! 오늘 몇 도야?

| un degré 정도 / 계급 / 등급 / 학위 / (기온 · 각도 · 위도 · 경도 등의) 도

---

fumée   （n. f.）연기 / 매연 / 김, 증기 / (문어) 덧없는[허무한] 것

Il n'y a pas de fumée sans feu (속담) 아니 땐 굴뚝에 연기 날까 [B1]

예 A Est-ce que Stella sort avec Daniel ?

B Ben… je ne sais pas. Elle a dit non, mais il n'y a pas de fumée sans feu.

A 스텔라, 다니엘이랑 사귀니?
B 글쎄, 잘 모르겠어. 아니라고는 했는데, 아니 땐 굴뚝에서 연기가 나겠어?

| un feu 불 / 화재 / 발포, 사격

---

fur   （n. m.）(옛) 비율, 비례

Au fur et à mesure ～와 동시에, ～에 따라서(= à mesure, dans la même mesure, dans la même proportion, en même temps) [B1]

예 Au fur et à mesure que le temps passe, j'éprouve le besoin de faire du sport.

시간이 지남에 따라 운동할 필요성을 느낍니다.

| éprouver 시험하다(=essayer) / (감정 · 감각 등을) 느끼다 / 겪다, 경험하다 / 당하다(=subir)

ㄱ

gaffe (*n. f.*) 다음의 숙어로 사용됨

Faire gaffe 주의[조심]하다(= faire attention, se méfier) B1

예 Elle est toujours en train de casser du sucre sur le dos de quelqu'un. Fais gaffe !
개는 항상 남의 등 뒤에서 딴소리하니까 조심해.

> casser du sucre sur le dos de quelqu'un 남의 등 뒤에서 딴소리를 하다

gant (*n. m.*) 장갑

Être souple comme un gant (성격이) 온순하다, 고분고분하다 B2

예 Elle est souple comme un gant. C'est sa qualité naturelle.
그녀는 정말 고분고분해. 타고난 성품이야.

> souple 유순한, 융통성이 있는 / 유연한, 부드러운

garçon (*n. m.*) 소년, 사내아이 / 젊은이, 청년

Beau[joli] garçon 미남자 A1

예 C'est qui, ce beau garçon là-bas ? 저기 저 잘생긴 남자 누구야?

> là-bas 저기에(서), 그곳에(서) ↔ ici 여기

Garçon manqué 사내아이 같은 여자아이, 사내답지 않은 남자아이 B1

예 Elle est jolie mais c'est un garçon manqué. 예쁘긴 한데, 왈가닥이야.

> manqué(*e*) 실패한, 놓친 / 되다 만

예 Quand j'étais petite, les habitants de mon quartier m'ont appelée le garçon manqué. 내가 어렸을 때 동네 사람들이 나를 왈가닥이라고 불렀어.

> un(*e*) habitant(*e*) 주민, 거주자 / 입주자 / 서식자

garde (*n. f.*) 보관 / 감시 / 경계, 경비 / 보호 / 방어

Être[se mettre, se tenir] en garde[sur ses gardes] 방심하지 않다, 조심하다, 경계하다 B2

예 Mets-toi toujours en garde dans le métro à Paris. Il y a des pickpockets.
파리 지하철에서는 항상 조심해 해. 소매치기가 있거든.

| un pickpocket 소매치기

예 Au mois de mars, je suis sur mes gardes pour ne pas attraper la grippe. Le temps est si capricieux. 3월에는 감기 걸리지 않도록 조심해. 날씨가 워낙 변덕스러워야 말이지.

| capricieux(se) 변덕스러운 / 변화무쌍한

---

gâteau　　(n. m.) 과자, 케이크 / (비유) 이득(= profit)

C'est du gâteau ! (구어) 그거 참 쉽군! 그건 누워서 떡 먹기다!(= C'est facile !) B1

예 Faire un puzzle, c'est du gâteau ! 퍼즐 맞추는 거는 누워서 떡 먹기지!

| un puzzle 퍼즐 게임

---

gauche　　(n. f. et adj.) 왼쪽(의), 좌측(의) / 좌파(의)

Avoir[mettre] de l'argent à gauche (구어) 돈을 몰래 모으다(= économiser, épargner) B2

예 Mon ami Alain a payé lui-même ses droits d'inscription universitaire. Il a travaillé chaque vacances et avait de l'argent à gauche.
내 친구 알랭은 자기가 대학 등록금을 냈어. 방학마다 일해서 돈을 좀 모았대.

| des droits d'inscription universitaire 대학 등록금

---

géant　　(n. m.) 거인 / 거인 같은 사람 / 거장, 대가 / 천재

À pas de géant 매우 빨리(= très vite) B1

예 La Corée est un pays qui a progressé à pas de géant. 한국은 매우 빨리 성장한 국가이다.

| progresser 발전하다, 진보하다 / 증대하다 / 향상하다 / 진전되다 / 성장하다

---

gêne　　(n. f.) (신체적) 제약, 장애 / 불편, 곤란 / 어려움 / 거리낌

Sans gêne 스스럼없이, 거리낌 없이(= indiscrètement) [B1]

예 Parlez sans gêne. Je suis prêt à vous écouter.

툭 터놓고 말씀하세요. 저는 당신 얘기를 들을 준비가 되어 있습니다.

　│ être prêt à + *inf.* ~할 준비가 되어 있다

---

général(e) | *(adj.)* 일반적인, 보편적인 / 전반적인 / 총체적인

En général 일반적으로, 보통(= d'une manière globale, dans la plupart des cas) [A2]

예 En général, je me lève tôt, mais ce matin j'étais trop fatigué et restais allongé longtemps dans mon lit.

보통은 일찍 일어나는데, 오늘 아침에는 너무 피곤해서 침대에 오래 누워 있었어.

　se lever　(막이) 오르다 / 일어서다 / (잠자리에서) 일어나다 / (해·달이) 뜨다 / (바람이) 불다
　tôt　일찍 / 빨리 ↔ tard 늦게
　allongé(*e*)　(길게) 누워 있는 / 긴, 길쭉한

---

genou | *(n. m.)* 무릎

Être[se mettre] aux genoux de *qqn*[à ses genoux] ～에게 무릎을 꿇다, ～에게 빌다 [B2]

예 Mets-toi à mes genoux. Mon équipe a gagné contre la tienne ! Je suis champion !

무릎을 꿇어라! 우리 팀이 너희 팀한테 이겼으니까, 내가 챔피언이다!

　gagner　(돈을) 벌다 / (복권에) 당첨되다 / 얻다, 획득하다 / (상을) 받다 / (상금을) 타다 / (싸움 등에서) 이기다, 승리하다

Être sur les genoux 몹시 지치다, 피곤하다 [B2]

예 Je suis désolée mais on peut reporter notre rendez-vous à un autre jour ? Je suis sur les genoux aujourd'hui.

미안한데, 약속 다른 날로 미룰 수 있을까? 오늘 너무 지쳐서 그래.

　│ reporter　도로 가져가다 / 연기하다 / (비유) (과거를) 떠올리다 / 옮기다, 이동시키다

---

genre | *(n. m.)* 종류 / 종류, 유형(= espèce, type)

Ce n'est pas mon[ton, son...] genre 그건 내[네, 그의, 그녀의~] 취향에 맞지 않다 [A2]

예 Ce n'est pas mon genre de flatter mes supérieurs.

윗사람한테 아부하는 건 내 취향이 아니야.

| flatter *qqn* ~에게 아부하다(=encenser *qqn*, aduler *qqn*, lécher les bottes à *qqn**)

gorge   *(n.f.)* 목 / 목구멍 / 협곡

À pleine gorge 큰 소리로, 목청껏(= de toutes ses forces) `B1`

[예] Je l'ai appelé à pleine gorge mais il ne m'a pas entendu.
목청껏 그를 불렀지만, 내 소리를 듣지 못했어.

| appeler 부르다, 청하다, 오게 하다(=interpeller) / 이름을 부르다 / 전화하다 / 초래하다, 야기하다

Avoir un chat dans la gorge 목이 쉬다, 목이 막히다 `B1`

[예] Je ne peux assurer le cours de cet après-midi. J'ai un chat dans la gorge et me sens enrhumée. 오늘 오후 수업은 장담할 수가 없겠네요. 목도 쉬고 감기 기운도 있어서요.

| assurer 단언하다, 보증하다(=affirmer, certifier) / 약속하다, 보장하다(=garantir) / 견고하게 하다
| un(e) chat(te) 고양이 / (애칭) 너, 당신 / 술래잡기 놀이

goût   *(n. m.)* 맛, 미각 / 식욕 / 기호, 취향 / 의견, 견해

G

À mon[ton, son…] goût 내 의견으로는(= à mon avis) `B1`

[예] À mon goût, cette robe est un peu trop décolletée. Elle en laisse trop voir.
내 취향에는 그 드레스 너무 많이 파였어. 노출이 좀 심하다고 할까…

| décolleté(*e*) 옷깃을 넓게 튼 / 목·어깨·가슴을 드러낸 / (비유) 노골적인

De bon[mauvais] goût 좋은[나쁜] 취향의 `B1`

[예] Myriam porte des vêtements très chers mais à vrai dire, ce sont souvent des vêtements de mauvais goût. 미리암은 비싼 옷을 입기는 하는데, 솔직히 옷들이 좀 별로야.

| à vrai dire 사실, 사실을 말하자면(=à dire vrai)

Prendre goût à *qqch* ~을 좋아하게 되다(= se mettre à l'aimer) `B2`

[예] Non, je ne veux pas arrêter mon travail. Je viens de commencer à y prendre goût. 싫어. 일 그만두고 싶지 않아. 이제 막 좋아지기 시작했는데.

| venir de +*inf.* 막 ~하다
| commencer à +*inf.* ~하는 것을 시작하다

Chacun ses goûts (속담) 십인십색[누구나 자기만의 취향을 가질 수 있다는 의미] `B1`

[예] A Horrible ! Un chemisier jaune et une jupe verte ? C'est un cauchemar, un vrai cauchemar !

B Oh, laisse-la tranquille ! Chacun ses goûts. Et moi, j'aime bien.

A 끔찍하다! 노란색 블라우스에 초록색 치마라니! 이건 악몽이야, 진짜 악몽이라고!
B 그냥 내버려 둬. 다 자기 취향이 있는 거지. 난 괜찮은데.

| un cauchemar 악몽 / (구어) 두통거리, 성가신 대상
| laisser *qqn* + 속사 ~을 ~인 채 그대로 두다, ~을 ~인 채 내버려 두다

---

goutte   *(n.f.)* 방울 / 소량, 미량

Avoir la goutte au nez (구어) 콧물을 흘리다, 콧물이 나오다 B1

예 Tiens ! j'ai la goutte au nez ! Suis-je enrhumée ? 어! 콧물 나오네! 감기 걸렸나?

| enrhumé(*e*) 감기에 걸린, 감기 기운이 있는

Goutte à goutte (비유) 조금씩, 천천히(= petit à petit) B1

예 Je veux vivre pleinement ma vie de jeunesse, c'est-à-dire goutte à goutte.
나는 내 젊은 시절을 충만하게 누리고 싶어. 조금씩 조금씩 말이야.

| pleinement 전적으로(= entièrement, totalement) / 완전히(= parfaitement) / 충분히
| une jeunesse 젊음, 청춘(시절) / 신선함

Se ressembler comme deux gouttes d'eau 서로 꼭 닮다 B1

예 Marie et Agnès se ressemblent comme deux gouttes d'eau. Elles sont en fait
très amies. 마리랑 아녜스는 정말 많이 닮았어. 실제로도 되게 친하고.

| se ressembler 서로 닮다, 비슷하다
| en fait 사실은, 실제는

---

grâce   *(n.f.)* 우아함, 기품 / 은혜, 친절 / 호의 / (신의) 은총, 자비

Grâce à ~ 덕분에, 덕택에 A2

예 J'ai réussi grâce à mes parents. Ils m'étaient dévoués corps et âme durant
toute leur vie. 저는 부모님 덕분에 성공했어요. 두 분은 저에게 평생 헌신하셨죠.

| être dévoué(*e*) à *qqn* ~에게 충실하다, ~에 헌신적이다
| corps et âme 몸도 마음도, 전심전력으로, 전심을 다해

---

grand-mère   *(n.f.)* 할머니, 조모님

Je te demande pas[Est-ce que je te demande] si ta grand-mère fait du vélo 네 일이나 신경 써(= Mêle-toi de tes affaires) B2

예 A Oh là là ! Quel chapeau ! Tu crois vraiment qu'il te va bien ?

　 B Je te demande pas si ta grand-mère fait du vélo, n'est-ce pas ？ Occupe-toi de tes affaires, OK ?

A 세상에! 웬 모자! 정말 너한테 어울린다고 생각해?
B 남의 일에 왜 감 놔라 배 놔라 해? 네 일이나 신경 쓰셔, 알겠어?

> faire du vélo 자전거를 타다
> s'occuper de ~을 돌보다 / ~에 전념하다, 관심을 두다 / 걱정하다

---

gras(se) 　(adj.) 지방의, 지방질의 / 살찐, 뚱뚱한 / 기름 묻은, 기름진

Faire la grasse matinée 늦잠 자다 B1

예 J'adore faire la grasse matinée le week-end. Enfin tous les jours.
난 주말에 늦잠 자는 거 엄청 좋아해. 사실 매일 늦잠 자는 거 좋아해.

> une matinée 아침나절, 오전 중 ↔ une soirée 저녁나절, 저녁 중
> tous les jours 매일, 날마다

---

gré 　(n. m.) 기호 / 의향, 의사 / 마음에 내키는 것

Bon gré mal gré 좋든 싫든 간에(= volontairement ou de force) B2

예 Heureusement, Alain a accepté bon gré mal gré notre proposition.
좋든 싫든 다행히도 알랭은 우리의 제안을 받아들였어.

> volontairement 자발적으로, 자신의 의지로, 스스로 / 고의로 / 단호하게
> de force 힘으로, 억지로
> heureusement 다행히(도) ↔ malheureusement 불행히(도)
> une proposition 제안, 제의(= offre) / 주장 / 명제, 정리 / (언어) 절

---

grève 　(n. f.) 동맹 파업, 스트라이크

Faire la grève, être[se mettre] en grève 파업하다 B1

예 Tous les transports en commun à Séoul sont en grève. Les Séouliens sont en proie à l'anarchie depuis deux semaines.
서울의 모든 대중교통이 파업을 했다. 서울 시민들은 두 주 전부터 극심한 혼란의 희생양이 되었다.

97

un transport en commun 대중교통

un(e) Séoulien(ne) 서울 사람, 서울 시민

être en proie à *qqch* ~에 시달리다, 사로잡히다 / ~에 휩싸이다

une anarchie 무정부 상태 / 무질서, 혼란, 혼미

grimace   *(n. f.)* 찌푸린 얼굴 / (여러) 얼굴 표정

Faire la grimace 싫은 표정[얼굴]을 하다 `B1`

예 Bon ! Onze sur vingt n'est pas une très bonne note. Mais ce n'est pas la peine de faire la grimace car vous avez votre moyenne quand même. 자! 20점 만점에 11점이 아주 좋은 점수는 아니지만, 그렇다고 얼굴 찌푸릴 필요는 없어요. 어쨌든 통과했으니까요.

une note 주석, 주해 / 문서 / 짧은 메모, 기사 / 고지서, 계산서 / 점수, 성적

une moyenne 평균 / 중간 점(수)

quand même 그래도, 그렇지만, 어쨌거나(=cependant, pourtant, tout de même)

gros   *(n. m.)* 가장 중요한 부분 / (상업) 도매

En gros 대략, 대체로(= dans l'ensemble, approximativement) `B1`

예 A Alors ? Comment est le studio ?

B Ben… très petit. 20 m² en gros. Mais il y a une grande fenêtre à travers laquelle on peut voir le Sacré-Coeur de Montmartre.

A 그래, 집은 어때?

B 어… 아주 좁아. 대략 20평방미터쯤. 하지만 큰 창문이 하나 있어서 몽마르트르 언덕 위 사크레 쾨르 성당이 보여.

un studio (예술가·사진사의) 작업실, 아틀리에 / 스튜디오, 촬영소 / (방 하나로 된) 단칸 아파트 / 소극장

approximativement 어림잡아, 대략, 거의(=à peu près)

un m² 제곱미터, 평방미터(=un mètre carré)

à travers ~을 통하여, ~을 매개체로

gueule   *(n. f.)* (짐승의) 입, 아가리 / (사람의) 입 / 얼굴, 낯짝 / (구어) 외관, 모양

Faire[tirer] la gueule à *qqn* (구어) (~에게) 싫은 표정을 짓다(= bouder, faire la tête) `B2`

예 Pourquoi me fais-tu la gueule ? Qu'est-ce qu'il y a encore ?

왜 입이 나와 있어? 또 무슨 일이야?

| bouder 뿌루퉁하다, 토라지다 / ~을 싫어하다, 불신하다

guise   *(n.f.)* **방법, 방식 / 양식**

À ma[ta, sa...] guise 자기 방식대로, 제멋대로(= selon mon[ton, son] désir, goût) **B2**

예 Si tu n'aimes pas ma façon, tant pis ! Cette fois-ci, je fais ça à ma guise. C'est moi qui décide.

네가 내 방식이 맘에 안 들어도 할 수 없어. 이번에는 내 뜻대로 할 거야. 결정하는 건 나니까.

| une façon 방식, 투(=manière) / 수법 / 태도, 행동

En guise de ~로(써) / ~대신에(= à la place de) **B2**

예 Au déjeuner, j'ai mangé un peu de fruits en guise de repas. Tu sais ? C'est pour le bien-être du corps.

점심에 식사 대신으로 약간의 과일을 먹었어. 몸의 편안함을 위해서랄까?

| un bien-être (정신·육신의) 행복, 안락, 평안 / 충족, 만족 / 복지, 안녕

G

habitude   (*n.f.*) 습관, 버릇 / 관습, 관례

D'habitude 평소에, 보통, 언제나 A2

예 C'est quelqu'un de très gentil d'habitude, mais hier il était bizarre.

보통은 되게 친절한 사람인데 어제는 이상했어.

> gentil(*le*) 친절한, 상냥한, 관대한 / (사람이) 사랑스러운, 귀여운(=aimable, joli) / 예쁜, 매력적인 / 착한, 얌전한

예 D'habitude, je ne bois pas d'alcool. Mais aujourd'hui, c'est ton anniversaire, et c'est l'exception qui confirme la règle.

평소에는 술을 마시지 않아. 하지만 오늘은 네 생일이고, 예외 없는 규칙은 없는 법이지.

> un alcool 알코올 / 알코올 음료 / 술
>
> confirmer 확인하다, 확증하다 / 확실히 하다, 견고히 하다

Comme d'habitude 보통 때처럼, 평소처럼 A2

예 Virginie est rentrée à la maison vers 7 heures du soir comme d'habitude.

비르지니는 여느 때처럼 저녁 일곱 시경에 집에 돌아왔다.

> vers ~의 쪽으로, ~을 향해서 / ~의 쪽에서 / ~경, ~무렵

예 Comme d'habitude, je suis allée au café pour boire un express mais un café au lait m'a mis en appétit sur place.

보통 때처럼 에스프레소를 마시려고 카페에 갔는데, 일단 가니까 카페라떼가 먹고 싶더라고.

> un express (복수 불변) 급행열차 / 에스프레소 커피(=café express, expresso)
>
> mettre *qqn* en appétit ~의 식욕을 돋우다 / ~의 욕망을 일깨우다
>
> sur place 움직이지 않고(=immobile) / 현장에서, 그 자리에서
>
> immobile 고정된, 부동의 / 변하지 않는 / 불변의

L'habitude est une seconde nature (속담) 습관은 제2의 본성이다 B1

예 A Il dit toujours du mal des autres dans leurs dos. Une mauvaise habitude, non ?

   B C'est plus qu'une mauvaise habitude car l'habitude est une seconde nature.

A 걔는 늘 남 등 뒤에서 험담을 하더라. 나쁜 습관 아니니?
B 나쁜 습관 이상이지. 습관은 제2의 본성이니까.

> une nature 자연 / 본성, 본질 / 성격, 기질, 성질 / 인격
>
> dire du mal des autres 남의 험담을 늘어놓다
>
> dans le dos de *qqn* ~의 뒤에서 / 몰래

haleine
(n.f.) 입김 / 숨, 숨결 / 호흡(=respiration)

Être hors d'haleine 숨이 차다[가쁘다] B2

예 Elle était hors d'haleine et ne pouvait pas dire un mot.

그녀는 숨이 차서 한 마디도 하지 못했어.

> hors (de와 함께) ~의 밖에서, ~을 지나[벗어나] / ~이 미치지 않는 곳에 / ~을 넘어선, ~의 범위 밖에

hasard
(n.m.) 우연, 우연한 일 / 요행

Au hasard 무턱대고, 되는대로(= à l'aventure / n'importe comment) B1

예 Je déteste Arnaud. Il dit et agit au hasard. Complètement enfantin selon moi.

난 아르노 싫어. 걔는 되는대로 말하고 되는대로 행동하더라고. 완전히 애 같아.

> agir 행동하다 / 처신하다, 움직이다
> enfantin(e) 어린이의 / 어린이를 위한, 아동용의 / 유치한(=infantile, puéril) / 단순한, 초보적인
> selon ~에 따라 / ~에 의하면 / ~의 관점으로 보아

예 A Qu'est-ce que tu as acheté pour Estelle ?

　 B Ben… un serre-tête ?

　 A Mais elle a des cheveux courts.

　 B J'en sais rien. Je suis allé au magasin et j'ai choisi un au hasard. Je déteste choisir des cadeaux.

A 에스텔 주려고 뭘 샀어?
B 어… 머리띠?
A 에스텔 머리 짧은데?
B 몰라. 가게 가서 그냥 되는대로 하나 고른 거야. 선물 고르는 거 정말 싫어.

> un serre-tête 머리띠 / 헤어밴드 / 비행모
> choisir 고르다, 선택하다 / (사람을) 뽑다, 선출하다(=élire) / 가리다, 선별하다 / 결정하다(=décider, opter)
> élire 선출하다, 뽑다 / 선택하다, 고르다 / 정하다, 선정하다
> opter 선택하다, 고르다, 정하다

Par hasard 우연히, 뜻밖에(= fortuitement, par accident) A2

예 Avant-hier, j'ai rencontré Jean par hasard. Il avait l'air un peu préoccupé.

그저께 우연히 장을 만났는데 좀 걱정스러워 보였어.

> fortuitement 우연히, 뜻밖에 / 우발적으로
> par accident 우연히 / 혹시
> avant-hier 그저께 ↔ après-demain 내일모레
> préoccupé(e) 걱정하는, 근심하는(=soucieux) / 몰두한, 전념한(=absorbé), (정신이) 팔려있는

101

예 Devant la gare de Venise, trois camarades d'école se sont retrouvés par hasard. Le monde est tout petit.

세 명의 동창생들은 베니스 역 앞에서 우연히 만났습니다. 세상은 참 좁지요.

> Venise 베네치아, 베니스
>
> un(e) camarade 동지, 동료 / (구어) 친구
>
> se retrouver 서로 다시 만나다 / (갈) 길을 찾다 / (비유) 갈피를 잡다, 앞뒤를 분간하다(= s'y reconnaître) / 자신을 되찾다 / 정신을 차리다 / (어떤 상황에) 다시 처하다, 다시 놓이다

hâte (n. f.) 서두름, 급함, 신속 / 초조함

À la hâte 서둘러서, 허둥지둥(= avec précipitation, très vite) **B1**

예 Elle est partie à la hâte comme si elle ne voulait plus rester avec moi.

그녀는 마치 나와는 더 이상 같이 있고 싶지 않은 듯 서둘러 떠났다.

> une précipitation 서두름, 화급함 / 성급함, 조급함
>
> comme si 마치 ~인 듯, ~인 것처럼

예 Habille-toi à la hâte ! On est déjà en retard. 빨리 옷 입어! 우리 이미 늦었어.

> s'habiller 옷을 입다 / 옷차림을 하다

En hâte 급히, 부랴부랴(= avec une grande rapidité) **B1**

예 Terminons notre travail en hâte. On n'a pas beaucoup de temps.

자, 서둘러서 일을 끝냅시다. 시간이 그리 많지 않아요.

> une rapidité 빠름, 신속함 / 민첩성

Avoir hâte de + *inf.* 속히 ~하고 싶어하다, 서둘러 ~하고 싶다 **B1**

예 Est-ce qu'il a beaucoup changé ? J'ai hâte de le revoir.

그 사람 많이 변했을까? 빨리 보고 싶다.

> revoir (사람을) 다시 만나다, 다시 보다 / 다시 체험하다 / 회상하다, 다시 생각하다 / 재검토하다, 수정하다 / 복습하다(= repasser, réviser)
>
> réviser 재검토하다 / 수정하다, 개정하다 / (기계 등을) 점검하다, 수리하다 / 복습하다 / (법) 재심하다 / (인쇄) 교정하다

예 J'ai hâte de recevoir des invités. Car j'ai préparé une fête absolument fabuleuse.

빨리 손님을 맞고 싶어. 완전히 근사한 파티를 준비했거든.

> un(e) invité(e) 초대 손님, 초청 받은 사람
>
> fabuleux(se) (문어) 전설의, 신화의(= légendaire, mythique) / (문어) 공상적인, 가공의(= chimérique, fictif) / 믿기 어려운, 엄청난(= incroyable, prodigieux) / (구어) 뛰어난, 특출한(= exceptionnel)
>
> chimérique 공상적인, 가공의 / 비현실적인 / 몽상의
>
> prodigieux(se) 놀라운, 비범한(= extraordinaire, étonnant) / 굉장한 / 경이로운

hauteur

(*n.f.*) 높이, 고도(=altitude) / 거만함, 오만함 / 우월(함)

À la hauteur de *qqn/qqch* ~와 같은 높이의 / ~와 견줄 수 있는 / ~을 감당할 만한 B2

예 Il faut voir les choses à la hauteur des enfants pour bien communiquer avec eux.
아이들과 소통하기 위해서는 그들의 눈높이로 사물을 보아야 합니다.

   communiquer avec *qqn* ~와 연락하다, 연락을 취하다 / ~와 소통하다

예 C'est une candidate compétente. Elle sera à la hauteur de sa tâche.
능력 있는 지원자입니다. 그녀는 자기 임무를 잘 감당할 거예요.

   un(e) candidat(e) 후보, 지원자(=prétendant)
   compétent(e) 권한[관할권]이 있는 / 유능한, 정통한(=expert) / (법률상) 자격이 있는 / 적임의
   une tâche 일, 과업(=besogne) / 임무, 의무(=devoir, mission)

heure

(*n.f.*) 시간 / 시각 / 시기 / 기회

À cette heure 지금, 현재(= maintenant, à présent) A2

예 Où peut-il être à cette heure ? 지금 그는 어디에 있을까?

   à présent 현재(는), 지금(은), 이제(는)

예 À cette heure, on doit discuter de cette question. Je suis le premier à faire un exposé. 이제 그 문제를 논의해야 합니다. 제가 가장 먼저 발표를 하겠습니다.

   discuter de[sur, à propos de] *qqch* ~에 대해 논의하다, 토론하다
   un exposé 보고, 설명, 분석 / (연구) 발표, 논술

De bonne heure (아침) 일찍(= très tôt) / 일찍부터 A2

예 Ces jours-ci je me lève de bonne heure pour assister à un cours d'espagnol.
요즘에는 스페인어 수업에 참석하려고 이른 시간에 일어나.

   assister à ~에 참석하다(=participer à)

예 Je me suis intéressé de bonne heure aux cultures culinaires du monde. Je suis donc devenu un écrivain voyageur.
나는 일찍부터 세계의 음식 문화에 관심이 많았어요. 그래서 여행 작가가 되었답니다.

   s'intéresser à ~에 관심[흥미]을 갖다
   culinaire 요리의
   un auteur 창조자(=créateur) / 창시자, 발명자 / 발기인 / 작가, 저자 / 제조자 / (범죄 · 사건의) 주모자,
   장본인, 범인 / (법) 권리 소유자

Tout à l'heure 곧, 조금 후에 / 방금, 조금 전에(= dans un moment, bientôt) A2

예 Alors, on se voit tout à l'heure ? 그럼 좀 있다 볼까?

   se voir (서로) 보다, 만나다 / (자신의 모습을) 보다

예 Je vais passer chez toi tout à l'heure. Tu veux que je t'apporte quelque chose ?
조금 후에 네 집에 들를게. 뭐 사다줄까?

> apporter *qqch* à *qqn* ~에게 ~을 가져다주다

histoire   *(n. f.)* 역사, 역사학 / 이야기 / 일, 사건

C'est toute une histoire ! 이야기하자면 길어진다 / 큰일이다 `B1`

예 Je veux te dire tout mais c'est toute une histoire. Enfin, c'est aussi un peu compliqué. 너한테 다 얘기해 주고 싶은데, 하자면 길어져서…. 뭐 좀 복잡하기도 하고.

> compliqué(*e*) 복잡한 / 어려운 / (사람이) 까다로운

C'est une toute autre histoire ! 그것은 완전히 별개의 문제다 `B1`

예 Pourquoi évoquer le nom de Yuna comme ça ? Et pourquoi c'est sur elle que tout retombe ? Laisse-la de côté. C'est une toute autre histoire ! 왜 갑자기 연아의 이름을 끄집어내는데? 왜 뭐든지 연아한테 갖다 붙여? 걘 그냥 내버려 둬. 완전 별개의 문제니까.

> évoquer 회상[상기]하다 / (문제 등을) 거론하다, 꺼내다 / (영혼·귀신을) 부르다
> laisser de côté *qqn/qqch* ~을 내버려 두다 / 등한시하다

Raconter des histoires 거짓말하다 `A2`

예 Tu me prends pour une idiote ? Arrête de raconter des histoires !
날 바보로 알아? 거짓말은 그만하라고!

> prendre *qqn* pour *qqn/qqch* ~를 ~으로 여기다
> arrêter de +*inf.* ~하는 것을 멈추다, 그만두다

예 Il ne faut jamais raconter des histoires. Une fois, ce sera suffisant pour trahir la confiance des gens. 절대 거짓말하면 안 돼. 사람들의 신뢰를 저버리기엔 한 번의 거짓말로 족해.

> suffisant(*e*) 충분한 / 만족스러운
> trahir 배반[배신]하다 / 저버리다, 실망시키다 / 바람을 피우다 / 드러내다, 나타내다(=divulguer, révéler)
> une confiance 신뢰, 신용(↔ défiance, méfiance) / 자신감 / 확신, 안심

hommage   *(n. m.)* 경의, 존경, 감사 / 찬사 / 헌정, 헌사

Rendre hommage à *qqn/qqch* ~에게 경의를 표하다 `B1`

예 Le long programme de Yuna Kim pour cette année s'intitule 'Hommage to Korea'. Elle veut ainsi rendre hommage à tous les Coréens qui l'ont soutenue jusqu'à maintenant. Touchant, non ? 이번 해 연아의 롱 프로그램 제목은 '한국에 대한 존경'이래. 그런 식으로 지금까지 자기를 성원해 준 모든 한국 사람들에게 경의를 표하고 싶대. 진짜 감동적이지 않니?

s'intituler 제목이 붙다, 제목이 ~하다 / 자칭[자처]하다

soutenir 떠받치다, 지탱하다 / 서 있게 하다 / 힘을 돋우다, 기운 나게 하다 / 원조하다 / 후원하다, 부양하다 / 지지하다, 옹호하다

touchant(*e*) 감동적인, 가슴 뭉클한 / 눈물겨운

[예] Dans son discours, le nouveau président a rendu hommage au retour de la démocratie. 새 대통령은 연설문에서 민주주의의 회귀에 경의를 표했다.

> un discours 연설, 강연 / 말 / 이야기, 담화(=conversation, dialogue)
> un retour 돌아옴, 귀환 / 귀로 / 복귀 / 반송 / 반성
> une démocratie 민주주의, 민주 정치 / 민주 국가

homme   (*n. m.*) 사람, 인간, 인류 / 남자 / 성인, 어른 / 인물

L'homme de sa vie (오래도록 기다리던) 사랑, 인생의 반려자, 짝 A2

[예] Je crois que j'ai enfin trouvé l'homme de ma vie. Ben… il était temps !
드디어 내 인생의 반려자를 만난 것 같아. 뭐… 그럴 때도 됐지.

> il est temps de +*inf.*/que +*subj.* (지금이야말로) ~해야 할 때다

[예] Il n'est pas facile de rencontrer l'homme de sa vie. Il faut un tour de magie.
인생의 반려자를 만나는 건 쉬운 일이 아니야. 마법이 필요해.

> la magie 마법, 마술 / 매력 / 매혹(=charme)

honneur   (*n. m.*) 명예, 체면 / 도의, 신의 / 존경, 존중 / 영광

Avoir l'honneur de + *inf.* ~할 영광을 갖다 B1

[예] J'ai l'honneur de vous présenter Monsieur Cassel, le président de notre compagnie. 우리 회사의 사장님이신 카셀 씨를 소개할 수 있어 영광입니다.

> une compagnie 동행 / 한패 / 회사(=société) / 단체

[예] J'ai eu l'honneur de travailler avec monsieur Kim à l'occasion d'un projet proposé par la municipalité. 시에서 제안한 계획을 위해 김 선생님과 일할 영광을 가졌습니다.

> à l'occasion de ~에 즈음하여 / ~을 위해서 / ~에 관하여
> proposer 제안(제의)하다, 권하다 / 제출[제시]하다 / 추천하다, 지명하다 / (문어) 내보이다(=montrer)
> une municipalité 시[읍·면]의 행정구역 / (옛) 시청, 읍[면] 사무소

honte   (*n. f.*) 치욕, 불명예 / 수치심, 창피함 / 수줍음

Faire honte à *qqn* ~에게 창피를 주다, 부끄럽게 하다 `B1`

예 **Comment oses-tu faire ça ? Tu me fais honte.** 어떻게 그런 일을 해? 너 정말 부끄럽다.

　　oser + *inf.* 감히 ~하다

예 **Mon oncle fait honte à la famille. C'est un homme sans travail et sans vision. Il passe toute la journée à faire des parties de cartes sur Internet.** 우리 삼촌은 집안의 수치야. 일도 없고 비전도 없는 사람이지. 하루 종일 인터넷에서 카드 게임을 하면서 시간을 보낼 뿐이야.

　　un oncle 백부, 숙부, (외)삼촌 / 고모(이모)부
　　une vision 시각, 시력 / 눈으로 보기 / 광경 / 이미지, 영상 / 비전, 전망 / 통찰력 / 사고방식, 견해 / 이해, 해석 / (초자연적인) 환영, 허깨비 / 환상 / 직관, 직감
　　passer le temps à + *inf.* ~하면서 시간을 보내다

---

hors
(prép.) ~을 지나, ~을 벗어나 / ~ 밖에, ~을 넘어선 / ~을 제외하고

Hors de soi 격노한, 흥분한, 광란의 `B1`

예 **Ce n'était qu'une simple dispute mais il était hors de lui. J'étais littéralement choquée.** 그냥 단순한 말다툼이었는데 미친 듯이 화를 내는 거야. 나 말 그대로 쇼크 먹었어.

　　une dispute 말다툼, 언쟁, 논쟁 / 투쟁 / 싸움
　　littéralement 글자 그대로 / 본래의 뜻으로 / 진정으로, 정말로
　　choquer 맞부딪치다 / (정신적으로) 타격을 주다, 감정을 상하게 하다(=blesser) / 충격을 주다

예 **Agnan me met hors de moi. Il vaut mieux que je ne le voie pas.**
아냥은 날 화나게 해. 보지 않는 게 낫겠어.

　　mettre *qqn* hors de soi ~를 화나게 만들다
　　il vaut mieux que + 주어 + 동사(접속법) ~하는 게 낫다
　　voie 'voir' 동사의 1인칭 단수 접속법 현재

---

humeur
(n.f.) 기분 / 기질, 성질 / 신경질, 화

Être de bonne[mauvaise] humeur 기분이 좋다[나쁘다] `B1`

예 **Tu es de très mauvaise humeur aujourd'hui. Qu'est-ce que t'as* ?**
너 오늘 기분 되게 안 좋구나. 무슨 일 있어?

　　Qu'est-ce que tu as ? 무슨 일이 있니?, 무슨 일이니?(=Qu'est-ce qui t'arrive ?, Qu'est-ce qui se passe ?)

예 **Mon grand-père est de très bonne humeur car il a gagné beaucoup d'argent aux courses de chevaux.** 할아버지가 기분이 참 좋으셔. 경마에서 돈을 많이 따셨거든.

　　une course 뛰기, 달리기 / 경기, 경주, 레이스 / 경마(=course de chevaux)

ici
(adv.) 여기에(서)

Ici-bas 이 세상[이승]에(서)(= sur terre, en ce bas monde) A2

예 Il était malheureux ici-bas. J'espère qu'il le sera moins dans un autre monde.
그는 이 세상에서 불행했습니다. 다른 세상에서는 덜 불행하기를 바랍니다.

> le 중성 대명사로 위의 예문에서는 형용사 'malheureux'를 받고 있다.

Par ici 이쪽으로, 이곳으로(= dans cette direction) A2

예 Voulez-vous me suivre ? C'est par ici. 저를 따라오시겠어요? 이쪽이에요.

> suivre 뒤따라가다, 쫓아가다 / 뒤따르다 / 추적하다, 뒤를 쫓다(=poursuivre) / 뒤에 위치하다

예 Si on allait voir Marlène ? Elle habite par ici. 마를렌을 보러 가면 어때? 이 근처에 사는데.

> aller+*inf* ~하러 가다

idée
(n.f.) 생각, 사고 / 상념 / 관념, 개념 / 아이디어 / 견해

Avoir une bonne[mauvaise] idée 좋은[나쁜] 생각이 있다 A2

예 A Comment pratiquer mon français ?

   B J'ai une bonne idée. Tu veux que je te présente mon ami français Henri ?

   A 어떻게 프랑스어 연습을 하지?
   B 나한테 좋은 생각이 있어. 내 프랑스 친구 앙리를 소개해 줄까?

> pratiquer 실천(실행)하다 / (직무를) 수행하다 / (활동을) 하다 / 실천하다 / 집행하다, 실제로 하다
> présenter *qqn/qqch* à *qqn* ~에게 ~을 소개하다

예 Adèle a toujours d'excellentes idées. Elle est géniale.
아델은 항상 탁월한 아이디어를 가지고 있어. 천재적이라니까.

> excellent(*e*) 훌륭한, 뛰어난, 탁월한(=admirable, parfait) / 선량한, 사람 좋은(=brave)

importance
(n.f.) 중요성, 중대성 / (수량·규모의) 크기 / 다수, 다량 / 위세, 권위

Ça n'a pas d'importance 그것은 별것 아니다 A2

예 Gagner beaucoup d'argent, ça n'a pas d'importance. L'essentiel, c'est de trouver une valeur à la vie.

많은 돈을 버는 건 별것 아니야. 중요한 건 인생의 가치를 발견하는 거라고.

> un essentiel 핵심, 요점, 주안점 / 주요 부분, 대부분
> une valeur (금전적) 가치, 값어치 / 가격 / 능력 / 중요성, 의미

importer
(v. intr.) 중요하다, 중대하다[부정법, 현재분사, 3인칭 단·복수에만 쓰임]

Peu importe ! 아무래도 좋아! 무슨 상관이야(= Qu'importe !) B1

예 A Tu pars en voyage ? Mais tu ne vas pas à la fête de Joseph ?

B La fête de Joseph ? Peu importe ! Je ne suis même pas proche de lui.

A 너 여행 가니? 조젭 파티에는 안 갈 거야?
B 조젭 파티? 아무래도 좋아! 나랑 친하지도 않은데 뭐.

> partir en voyage 여행을 떠나다
> peu importe[qu'importe] (à *qqn*) *qqch*/que + *subj.* (~에게) ~은 문제될 것 없다
> être proche de *qqn/qqch* ~에 가까운 / ~과 유사한, 비슷한(= semblable à) / ~와 가까운, 친한

예 Peu importe qu'il soit ami avec moi. Il aime quelqu'un d'autre.

나랑 친한 게 무슨 상관이야. 다른 사람을 좋아하는데.

> quelqu'un d'autre 누군가 다른 사람 cf. quelque chose d'autre (어떤) 다른 것

instant
(n. m.) 순간 / 현재, 이 순간

À l'instant 방금 / 곧, 당장(= tout de suite, sans délai) B1

예 A Patrick ! Je peux te voir une minute ? À l'instant même !

B D'accord. J'arrive.

A 파트릭! 잠깐 볼 수 있을까? 지금 당장!
B 네, 갑니다.

> un délai 기한, 기일 / 유예, 연장(= prolongation) / 유예 기간

Dans un instant 곧, 잠시 후에(= très bientôt) A2

예 Je vais voir Kathy dans un instant. Je lui transmets tes messages ?

나 조금 있다가 카티 만날 거야. 네 메시지 전해 줄까?

> transmettre 전하다, 전달하다 / 물려주다 / 건네주다, 전해주다 / 방송하다, 전파하다
> un message 전언, 메시지 / 친서 / (문학 작품 등에 담긴) 의도, 주장

[예] Nous sommes samedi. Dans un instant, «Le Défi infini» sera diffusé. Très joyeux !
토요일이야. 조금 후에 《무한도전》이 방송될 거야. 신난다!

un défi 도전, 도발(=provocation) / 결투 신청 / 반항 / 무시, 멸시
infini(e) 끝없는, 무한한 / 영원한, 무궁한
diffuser 흩트리다, 확산시키다(=disperser, répandre) / 방송하다 / 퍼뜨리다, 전파하다(=propager)
disperser 흩뜨리다 / 분산시키다 / 쫓다, 쫓아버리다
joyeux(se) 즐거운, 기쁜, 유쾌한(=gai, heureux) / 명랑한

Par instants 때때로, 가끔(= par moments, de temps en temps) `A2`

[예] Elle me manque par instants mais j'ai tourné la page. C'est fini.
가끔 그녀 생각이 나기도 하지만 이미 정리했어. 끝난 일이야.

tourner[feuilleter] la page 책장을 넘기다 / (비유) 과거를 잊다 / 새 출발하다

| instinct | *(n. m.)* 본능 / 직관(= intuition) / 감정 / 영감, 예감 / 재능, 적성 / 소질 |

D'instinct 본능적으로(= spontanément, naturellement) `B1`

[예] Je savais d'instinct que quelque chose n'allait pas bien.
본능적으로 뭔가 일이 잘 안 돼 가는 걸 알았어.

spontanément 자발적으로, 자연적으로 / 본능적으로, 무의식적으로
naturellement 자연히, 자연적으로 / 저절로, 쉽게 / 천성적으로, 본래 / 필연적으로, 당연히

| intention | *(n. f.)* 생각, 의향, 의도 / 목적 |

Avoir l'intention de + *inf.* ~할 생각[작정]이다 `A2`

[예] Ça fait six mois que j'étudie l'espagnol. J'ai l'intention d'aller à Madrid l'année prochaine. 스페인어 공부한 지 6개월째야. 내년에 마드리드에 갈 생각이야.

ça fait + 시간 + que 주어 + 동사 ~한 지 ~가 되었다

[예] Il avait l'intention de la draguer depuis le début. Il savait qu'elle était riche.
그는 처음부터 그녀를 꼬실 생각이었어. 부자라는 걸 알고 있었거든.

draguer (구어) (낚아채려고 ~에게) 접근하다 / (~의) 환심을 사려고 애쓰다 / 꼬시다

Dans l'intention de + *inf.* ~하기 위해, ~할 목적으로(= pour, afin de) `B1`

[예] J'économise l'argent dans l'intention d'entrer en 3e cycle de littérature espagnole.
나 스페인 문학 박사 과정에 들어가려고 돈을 저축하고 있어.

économiser 절약하다, 아껴 쓰다 / 저축하다

[예] Dans l'intention d'escroquer de l'argent, il s'est approché de moi. Et je me suis laissé prendre à son stratagème.

사기 칠 생각으로 나한테 접근했는데, 내가 그 수작에 넘어가 버렸어.

> escroquer 속여 빼앗다, 사취하다 / 사기치다
> s'approcher de *qqch/qqn* ~에 가까이 가다[오다], 다가가다, 접근하다 / ~와 가깝다, 비슷하다 / 서로 다 가서다, 친해지다
> se laisser prendre[tromper, duper, avoir] à *qqn* 속다

intérêt	(*n. m.*) 이자 / 수익 / 이익, 이득 / 이기심 / 욕심 / 호의, 공감 / 관심, 흥미

Y a* intérêt ! ~하는 것이 좋다[바람직하다](= c'est ce qu'il faut faire) `B1`

[예] Daniel, sois gentil avec ta grand-maman. Y a* intérêt !

다니엘, 할머니한테 친절해야지. 그러는 게 맞아.

> Il y a intérêt à +*inf.* (구어) ~하는 것이 좋다[바람직하다]

ironie	(*n. f.*) 빈정거림, 비꼬기 / 반어법, 아이러니

Ironie du sort 운명의 장난(= événement imprévu, généralement fâcheux) `B1`

[예] Quoi ? Tu te maries avec Jean ? Mais tu ne le détestais pas ? Quelle ironie du sort ! 뭐? 장이랑 결혼한다고? 싫어하는 거 아니었어? 참 운명의 장난이란!

> imprévu(*e*) 예측[예견]하지 못한, 뜻밖의
> fâcheu*x*(*se*) 유감스러운, 애석한(= déplorable, regrettable) / 좋지 않은, 난처한
> se marier avec *qqn* ~와 결혼하다
> un sort 저주, 주문 / 운명, 숙명(= destin, destinée) / 제비, 추천

J

---

jamais | *(adv.)* 결코[한 번도] ~않다, 조금도 ~않다, 언제나 ~않다

À jamais 영원히(= pour toujours) **A2**

예 Je t'aimais. Je t'aime. Je t'aimerai à jamais.
널 사랑했고, 지금도 사랑하고, 영원히 사랑할 거야.

| pour toujours 영원히, 영구히

예 Toi et moi, c'est fini et bien fini. À jamais ! 너랑 나랑 완전히 끝났어. 영원히 끝났다고!

| C'est fini et bien fini 완전히 끝났다

C'est le moment ou jamais ! 기회는 지금밖에 없다, 지금이야말로 기회다(= C'est l'occasion idéalement propice) **A2**

예 Voilà ! Marie est de nouveau célibataire. C'est le moment ou jamais ! Bon courage, mon garçon ! 자, 마리가 다시 싱글이 됐으니까 기회가 온 거야. 친구야, 용기를 내!

| idéalement 관념적으로 / 상상으로 / 이상적으로
| propice 순조로운, 유리한, 좋은 / 알맞은, 적절한
| de nouveau 다시(=à nouveau)
| un(e) célibataire 싱글, 미혼 / 독신자
| un courage 용기, 담력(=bravoure) / 열의 / 대담함

예 Stéphanie est là à la terrasse. Va lui parler un peu. C'est le moment ou jamais !
스테파니 저기 테라스에 있다. 가서 좀 얘기해 봐. 기회는 지금밖에 없어!

| une terrasse 테라스, 대형 발코니 / 평평한 지붕, 옥상

---

jardin | *(n. m.)* 정원, 뜰 / 화원

Jardin secret (사람의) 예민한 부분, 내밀한 감정 **B1**

예 A Mon Dieu ! J'ai jamais* imaginé que tu aimerais Adam. Incroyable !
   B Bienvenue dans mon jardin secret. Mais tu garderas mon secret, n'est-ce pas ?
   A Bien sûr ! Bouche cousue* !

A 세상에! 네가 아담을 좋아할 거라고는 상상도 못했어. 정말 놀랍다.
B 내 마음속에 들어온 걸 환영해. 근데 비밀 지켜줄 거지?
A 물론이지! 입 꼭 다물게.

111

la bienvenue 환영 / 접대

garder[tenir] un secret 비밀을 지키다

Bouche cousue ! (구어) 다른 소리 말아!, 조용히 하고 있어!, 비밀이야!

jeter　　(v. tr.) 던지다 / 버리다 / 내팽개치다 / 투척하다

Jeter l'argent par les fenêtres (비유) 돈을 헤프게 쓰다, 낭비하다 **B1**

[예] Elle est riche et jette l'argent par les fenêtres. Elle n'est pas faite pour toi.
그 여자는 부자라 돈을 헤프게 쓰더라. 너한테 맞는 여자는 아니야.

> être fait(e) pour *qqn/qqch/inf.* ~용으로[~하기 위하여] 만들어지다, ~에 알맞다

[예] J'ai dit adieu à mon habitude de jeter l'argent par les fenêtres. Je suis devenu tout autre. 낭비하는 습관을 버렸어요. 완전히 새 사람이 되었답니다.

> dire adieu à *qqch* ~을 포기하다, ~을 버리다

jeu　　(n. m.) 놀이, 유희 / 장난 / 연기 / 노름, 도박 / 작용, 영향

Vieux jeu (불변) 낡은, 구식의, 유행에 뒤떨어진(= démodé) **B1**

[예] Oui, je l'aime bien, mais il est un peu vieux jeu. 그래, 그 남자 괜찮기는 한데, 좀 구식이야.

> démodé(e) 유행에 뒤진, 시대에 뒤떨어진 / (구어) 구식의

[예] Mon père est vieux jeu. Il ne comprend pas la nouvelle génération.
우리 아빠는 구식이라 신세대를 이해 못하셔.

> une génération 생식 (기능) / (비유) 발생, 형성, 생성 / 자손 / 세대 / 발전 단계

Par jeu 장난으로, 놀이 삼아, 농담으로(pour s'amuser, en manière de plaisanterie) **B1**

[예] J'ai l'impression que Vincent sort avec toi par jeu.
내 느낌으로는 뱅상이 널 장난으로 만나는 것 같아.

> une plaisanterie 농담, 희롱 / 빈정거림, 야유(=raillerie) / 우스운 일, 하찮은 일
> une raillerie 익살, 농담 / 놀림, 조롱 / 빈정거림(=ironie, moquerie)
> une ironie 비웃기, 비꼬기 / (수사학) 반어법, 아이러니
> une moquerie 빈정거림, 조소 / 농담, 희롱의 말 / 놀림
> avoir l'impression que+주어+동사(직설법) ~라는 느낌을 가지다, ~라는 느낌이 들다

Entrer dans le jeu (일 따위에) 참가하다 / (비유) 개입하다, 합류하다(= participer à) **A2**

[예] Ne me dis pas que tu t'en fiches. Tu es déjà entré dans le jeu.
상관하지 않는다고 말하지 마. 너도 이미 끼어든 거니까.

| s'en ficher 관심 없다, 아랑곳하지 않다, 상관 않다

[예] J'aimerais bien moi aussi entrer dans le jeu. Je peux bien assumer mon rôle.

저도 합류하고 싶어요. 제 역할을 잘 할 수 있어요.

| assumer (책임·역할을) 맡다, 담당하다 / 수용하다, 받아들이다

C'est un jeu d'enfant ! 매우 쉽다(= C'est très facile !) A2

[예] Ne vous en faites pas. C'est un jeu d'enfant pour moi !

걱정 마세요. 저한테는 쉬운 일이에요.

| s'en faire (구어) 근심[염려]하다 / 신경 쓰다

---

jeun (à) | (*adj.*) 아무것도 먹지 않고 / 단식하여 / 공복에

À jeun 아무것도 먹지 않고(= l'estomac vide), 공복에(= sans avoir rien mangé) B1

[예] Puisque j'ai travaillé à jeun toute la journée, j'ai des vertiges.

하루 종일 아무것도 먹지 않고 일했더니 어지럽네.

| l'estomac 위 / 위가 있는 부분
| un vertige 어지러움, 현기증 / 혼란(스러움)

Job | (*n. pr.*) (성서의 인물) 욥

Paurvre comme Job 몹시 가난한 A2

[예] Ne demande rien à Étienne. Il est pauvre comme Job.

에티엔한테는 아무것도 요구하지 마. 걔 정말 가난해.

| pauvre (명사 뒤) 가난한, 빈곤한 / 부족한, 거의 없는 / (명사 앞) 불쌍한, 가엾은

[예] Maintenant, c'est un industriel qui a réussi, mais avant il était pauvre comme Job. Il n'avait même pas de quoi subvenir à ses besoins.

지금 그는 성공한 실업가지만, 전에는 엄청 가난했어. 끼니를 잇지 못할 정도였다니까.

| un(*e*) industriel(*le*) 실업가, 기업가
| subvenir à *qqch* ~의 비용을 대다 / ~을 원조[보조]하다
| un besoin 필요(=nécessité) / 요구, 욕구(=exigence, envie, désir) / 필요한 것 / (복수) 필수품, 생활비 / (흔히 복수) (구어) 생리적 욕구 / 부족, 결핍(=dénuement)
| un dénuement 가난, 궁핍(=misère, pauvreté) / 빈곤, 결여

joie
(n. f.) 기쁨, 즐거움

C'est pas la joie ! (구어) 그렇게 좋아할 상황이 아니군!(= la situation est désagréable, pénible, triste) **B1**

예 A Félicitations ! Tu as réussi l'examen ! Maintenant tu es étudiante en droit.

B Merci. Mais ce n'est pas la joie vu le coût des droits d'inscription.

A 축하해! 시험 통과했구나! 이제 법학과 학생이네.
B 고마워. 하지만 등록금 생각하면 상황이 좋은 것만은 아니야.

pénible 힘든, 고된 / 곤란한(=difficile) / 가슴 아픈, 비통한 / 참기 어려운, 고통스러운
une félicitation 축하, 축사 / (복수) 칭찬, 찬사
passer un examen 시험을 보다
le coût 비용, 경비 / 보상, 대가

joli(e)
(adj.) 예쁜, 귀여운 / 멋진 / 상당한

Joli comme un cœur 매력적인(=charmant), 보기 좋은(= agréable à regarder) **A2**

예 Cette fille est jolie comme un cœur. 그 소녀는 아주 매력적이야.

un cœur 심장, 가슴 / 하트 / 중심, 한 가운데 / 핵심 / 마음, 심정

예 Ma chienne a mis bas trois petits. Comme ils sont jolis comme un cœur !
우리 개가 새끼를 세 마리 낳았어. 얼마나 예쁜지!

mettre bas (짐승이) 새끼를 낳다(=accoucher)
accoucher de *qqn* ~을 낳다, 해산하다[동물에 대해서는 사용하지 않음]

jouer
(v. tr. et intr.) 놀다, 장난하다 / (놀이 · 게임을) 하다 / 도박을 하다 / (악기를) 연주하다 / 연기하다 / (비유) 작용[활동]하다, 효력[효과]을 미치다

Bien joué ! 잘했어! 성공했어!(= Bravo !, C'est réussi !) **A2**

예 A Alors mes garçons, vous avez gagné ?

B Oui madame, trois à un.

A Bravo ! Bien joué !

A 그래서, 시합은 이겼니?
B 네. 3대 1로요.
A 브라보! 잘했네!

réussi(e) 성공적으로 이루어진, 잘된 / 훌륭한, 뛰어난

À vous de jouer ! 당신 차례다! / (비유) 이제 당신이 나서야 할 때이다! A2

예 J'ai fourni des conditions favorables pour discuter. À vous de jouer !
내가 토론하기 좋은 상황은 만들어 놨으니, 이제 당신들 차례예요.

| fournir 공급하다 / 제공하다, 주다(= donner, offrir) / 제시하다, 제출하다
| favorable 호의적인, 유리한(= bienveillant) / 적절한, 이로운(= convenable, propice)

---

jour *(n. m.)* 하루, 날 / 낮 / 해 / 생애, 인생

Beau[belle] comme le jour 매우 아름다운(= d'une parfaite beauté) A2

예 C'est une femme extraordinaire. Elle est belle comme le jour.
굉장한 여자예요. 예쁘기는 또 어찌나 예쁜지.

| une beauté (사물의) 아름다움 / 미인, 미녀 / 아름다움, 고결함, 고귀함, 우아함

Jour et nuit 밤낮으로, 계속(= sans arrêt, continuellement) A2

예 C'est une fille très sérieuse. Elle travaille jour et nuit.
굉장히 진지한 아이예요. 쉬지도 않고 밤낮으로 공부한답니다.

| sérieu*x(se)* 신중한 / 신뢰할 수 있는 / 진지한 / 중대한, 심각한

예 Il pleut jour et nuit. On est en pleine saison des pluies.
밤낮으로 비가 내리네. 본격적인 장마철에 접어들었어.

| la pluie 비 / (비유) (비 오듯) 많은 것

Tous les jours 매일 A2

예 A Alors Stella, ça marche ton espagnol ?
　 B Oui, ça marche bien. J'étudie presque tous les jours, vous savez ?

A 그건 그렇고 스텔라, 스페인어는 잘 돼 가니?
B 네, 잘 돼 가요. 거의 매일 공부하는 거 아세요?

| ça marche (구어) 잘 되어 가다, 순조롭게 진행되다
| presque 거의, 대부분
| savoir 알다, 알고 있다 / (+*inf.*) ~할 수 있다, ~할 줄 안다

예 Tu ne fais des exercices que deux jours sur sept. Moi, au contraire, j'en fais tous les jours. Tu vois ? J'ai maintenant des biceps !
너는 겨우 일주일에 이틀 운동하지만, 나는 매일 하잖아. 봤어? 나 이제 근육 잡히잖아.

| faire des exercices 운동하다(= faire du sport)
| au contraire 반대로, 반면
| biceps *adj.* (불변) 이두근의 / *n. m.* 이두근(= muscle ~)

Un jour (과거 · 미래의) 언젠가, 어느 날 A2

예 Je sais que pour le moment, c'est difficile à comprendre. Mais un jour tu vas voir les choses plus clairement que maintenant.

지금은 이해하기 어렵다는 거 알아. 하지만 언젠가는 지금보다 더 명확하게 깨달을 수 있을 거야.

| pour le moment 지금으로서는(= pour l'instant)
| plus ~ que (비교급) ~보다 더

예 La vie était monotone. Mais un jour j'ai voulu sortir de ce cadre de la vie quotidienne. Et je me suis décidé à partir pour l'Amérique du Sud.

삶은 단조로웠습니다. 그러던 어느 날, 저는 틀에 박힌 일상에서 벗어나고 싶어졌어요. 그래서 남아메리카로 떠나기로 결심했습니다.

monotone 단조로운 / (비유) 변화 없는, 단순한 / 획일적인 / 지루한, 따분한
un cadre 테, 액자, 틀 / 뼈대 / (비유) 그림(= tableau) / 환경 / 배경(= environnement, milieu) / 범위, 한계 / 근간, 기본
quotidien(ne) 매일의, 나날의, 일상의(= journalier, habituel)
habituel(le) 습관적인 / 관례적인, 통상적인 / 관용의
se décider à qqch / + inf. ~하기로 결심하다

juste (n. m.) 올바른 일, 정의, 공정 / 정확함

Au juste 정확하게(= exactement, avec précision) B1

예 Qu'est-ce que tu veux dire au juste ? 네가 말하고 싶은 게 정확하게 뭐야?

| une précision (의미 등의) 정확함, 명확성, 분명함(= clarté) / 정밀함 / 적확성
| vouloir dire 의미하다, 뜻하다

예 Je ne sais pas ce que je veux étudier au juste à l'université. À vrai dire, je ne sais même pas si je veux y aller. 나는 대학에서 정확하게 뭘 공부하고 싶은 건지 모르겠어. 사실 내가 정말 대학에 들어가고 싶어하는 건지도 모르겠어.

| à vrai dire 사실, 사실을 말하자면(= à dire vrai)

justesse (n. f.) 올바름, 정확함 / 적절함

De justesse 가까스로 / 겨우 시간에 대어(= de peu) B1

예 C'était un match difficile. Nous avons gagné de justesse.

어려운 시합이었어요. 겨우 이겼답니다.

| gagner (돈 따위를) 벌다, 따다 / 얻다, 획득하다 / 이기다

justice

(n.f.) 정의 / 공정 / 정당함 / 사법 / 재판

Il n'y a pas de justice ! 부당하다(= C'est injuste !) **B1**

예 A Puisque c'est une célébrité, il ne va pas en prison ? Il n'y a pas de justice !

B Non. Sans argent, pas de justice !

A 유명인이니까 감옥에 안 간다고? 그건 불공평하잖아!
B 불공평하지. 돈이 없으면 정의도 없는 거야.

une célébrité 셀러브리티, 유명인, 연예인

aller en prison 감옥에 가다

kif(-)kif
(adj.) **(불변) 마찬가지의, 같은**(= pareil)

C'est kif-kif* 마찬가지다(= c'est la même chose, cela revient au même) B1

예 Choisis un s'il te plaît. Tout ça, c'est kif-kif. 제발 하나 골라. 다 비슷한데.

| choisir (물건 따위를) 고르다, 선택하다 / 뽑다, 선출하다 / 선별하다 / 결정하다(= décider, opter)

kilo
(n. m.) **킬로그램**

En faire des kilos (구어) 과장하다(= en faire trop, exagérer) B2

예 Dis-moi exactement ce qu'il t'a dit et n'en fais pas des kilos.
그가 너한테 뭐라고 말했는지 정확하게 얘기해 봐. 과장하지 말고.

| exactement 정확하게 / 엄밀하게 / 완전히(= parfaitement) / 세심하게, 꼼꼼하게
| en faire des tonnes[des caisses, des brouettes, des wagons] (구어) 과장하다

large　　　(*n. m.*) 폭, 넓이 / 먼 바다

Prendre le large (구어) 가버리다(= s'en aller) / 달아나다(= s'enfuir) **B2**

예 A Tu es venue seule ? Où est ton petit copain ?

B Il n'est pas là. Il a pris le large. Ne me demande pas plus.

A 혼자 왔어? 남자친구는?
B 없어. 가버렸어. 더는 묻지 마.

　s'enfuir 달아나다, 도망가다(=fuir) / 빨리 지나가다, 사라지다(=disparaître)

larme　　　(*n. f.*) 눈물 / 슬픔 / (구어) 아주 적은 양

Être ému[jusqu'] aux larmes 몹시 감동받다 **B1**

예 Tu as vu le nouveau film d'Almodovar ? C'est super. J'étais émue jusqu'aux larmes. 알모도바르 감독의 새 영화 봤어? 너무 좋더라. 나 정말 감동받았어.

　ému(e) 감동한, 감격한, 흥분한

예 Quand je suis arrivée à l'aéroport, mon petit ami a couru vers moi et m'a étreint de toutes ses forces. J'étais émue jusqu'aux larmes.
공항에 도착했는데, 남자친구가 나한테 뛰어오더니 와락 껴안더라고. 가슴이 좀 찡했어.

　courir 뛰다, 달리다 / (물, 시간이) 흐르다
　étreindre 조르다, 죄다 / 껴안다, 포옹하다(=embrasser, saisir) / 가슴을 조르다, 압박하다(=oppresser, serrer)
　de toutes ses forces 있는 힘을 다해서, 힘껏

Fondre en larmes (갑자기) 눈물을 터뜨리다[흘리다] **B1**

예 J'ai juste dit qu'elle n'avait pas tout à fait raison, mais elle a fondu en larmes.
난 그냥 그녀가 완전하게 옳은 건 아니라고 말했을 뿐인데, 갑자기 울음을 터뜨리는 거야.

　avoir raison 옳다, 맞다 ↔ avoir tort 틀리다, 옳지 않다
　tout à fait 완전히(=complètement, entièrement) / 아주, 전혀(=absolument)

lécher　　　(*v. tr.*) 핥다 / (작품 등을) 꼼꼼하게 다듬다

Lécher les bottes[*]**[le cul]**^{**} à *qqn* ~에게 비굴하게 아첨하다(= le flatter bassement) `B1`

예 Non ! Quand je dis non, c'est non ! Je ne vais pas lui lécher les bottes pour avoir une promotion.

싫어! 내가 싫다고 하면 싫은 거야! 승진 좀 하자고 그 사람한테 아부하진 않을 거라고.

> une botte (식물의) 다발, 단 / 장화
> une promotion 승진, 진급(= avancement) / (지위 · 생활 수준의) 향상, 촉진

---

leçon
(*n. f.*) 수업, 강의 / 레슨 / (교과서 등의) 과 / 교훈

Donner[recevoir] une leçon 징계하다[받다] `B2`

예 Je devrais donner une leçon à cet enfant. Il est vraiment grossier.

그 아이 벌 줘야겠다. 정말 버릇없네.

> grossi*er*(*ère*) 거친, 조악한 / 대략의, 대강의(= approximatif, vague) / 세련되지 않은 / 버릇없는
> (= insolent) / 무지한, 야만스러운(= inculte, barbare) / 상스러운, 외설적인

---

léger(ère)
(*adj.*) 가벼운 / 얇은 / 경박한, 경솔한 / 사소한

Léger comme l'air[une bulle / une plume] 매우 가벼운(= très léger) `A2`

예 Un jour j'ai vu Marie danser. Elle était légère comme l'air.

언젠가 마리가 춤추는 걸 본 적이 있어. 공기처럼 가볍더라.

> une bulle 거품, 기포 / 수포, 물집
> une plume 깃, 깃털 / 펜 / 펜촉

À la légère 경솔하게, 경박하게(= sans réfléchir) `B1`

예 À franchement parler, je ne l'aime pas beaucoup car elle parle à la légère.

솔직히 말해서 나 걔 별로 좋아하지 않아. 입이 너무 가볍더라.

> réfléchir 숙고하다, 곰곰이 생각하다(= méditer) / 반사하다, 비추다
> franchement 단호하게, 주저 하지 않고(= carrément, résolument) / 명확하게, 분명하게(= clairement) /
> 진실로, 정말로(= vraiment), 이론의 여지없이(= indiscutablement) / 솔직하게, 숨김없이, 털어놓고

---

lendemain
(*n. m.*) 다음 날, 이튿날 / 미래, 내일

Sans lendemain 일시적인, 덧없는(= éphémère) `A2`

예 Pendant quelque temps après le mariage j'étais heureuse. Mais je ne savais

120

pas que c'était un bonheur sans lendemain.
결혼하고 얼마 동안은 행복했어. 그게 내일이 없는 행복이라는 걸 몰랐지만.

> éphémère 하루살이의 / 일시적인(=passager) / 임시의(=temporaire) / 덧없는(=fragile)

lèvre　　(n.f.) 입술(모양의 것)

Se mordre les lèvres 입술을 깨물다, 말한 것을 후회하다(= regretter ce qu'on vient de dire) `B1`

예 Je me suis mordue les lèvres, mais que faire ? 말한 걸 후회했지만 어쩌겠어요?

> se mordre （재귀적 용법) 자신의 ~을 물어뜯다[깨물다] / 서로 물어뜯다 / 서로 욕하다
> regretter 애석해[아쉬워]하다 / 뉘우치다, 후회하다 / 유감스럽게[섭섭하게] 여기다 / 그리워하다

lézard　　(n.m.) 도마뱀

Faire le lézard 햇볕을 쬐다(= prendre un bain de soleil, lézarder) / 빈둥거리다 `B1`

예 Qu'est-ce qu'il fait beau ! J'aimerais faire le lézard quelque part.
날씨 참 좋다! 어디 가서 빈둥거렸으면!

> quelque part 어딘가 / (구어) 화장실 / 엉덩이

Être paresseux comme un lézard 몹시 게으르다(= très paresseux) `B1`

예 Mon grand frère est un souci pour la famille. Il ne reste qu'à la maison sans travail. De plus, il est paresseux commme un lézard.
우리 오빠 집안의 골칫덩어리야. 일도 없이 집에만 있어. 게다가 얼마나 게으른지….

> paresseux(se) 게으른, 나태한 / 무기력한 / 기능이 저하된

Y'a pas de lézard* 문제없습니다(= il n'y a pas de problème) `B2`

예 A Antonin, tu es sûr que tu peux préparer ton exposé jusqu'à demain ?

B Y'a pas de lézard !

A 앙토넹, 너 정말 내일까지 발표 준비할 수 있는 거지?
B 문제없다니까요.

> un exposé 보고 / 분석 / 발표, 논술 / 해설, 설명

ㄹ

lieu　　(n.m.) 장소, 곳(=endroit) / 지위, 계층

Au lieu de + *inf* ~하는 대신에 / ~하기는커녕 A2

예 Au lieu d'aller en Espagne, nous sommes allés au Portugal.
스페인에 가는 대신 우리는 포르투갈에 갔습니다.

| le Portugal 포르투갈

예 Pour le jour de Chuseok, j'aimerais prendre le chemin de fer au lieu des l'autocar.
추석에 나는 버스보다는 철도 노선을 선택하고 싶어요.

| un chemin de fer 철도 / 철도 운송 (수단) / 철도 행정 (사업)
| un autocar 장거리 버스, 시외버스

En premier lieu 첫째로, 우선(= d'abord / pour commencer) A2

예 Nous avons choisi François comme délégué de la classe parce qu'en premier lieu il a toutes les qualités du représentant.
우리가 프랑수아를 반 대표로 선출한 것은 우선 그가 대표자의 모든 장점을 지니고 있기 때문입니다.

| un(*e*) délégué(*e*) 대표자 / 대리인
| un(*e*) représentant(*e*) 대표자, 대리인 / 전형, 표본

Avoir lieu 일어나다, 개최되다, 행해지다(= se produire) A2

예 Le concert aura lieu ce samedi à 19 heures. Ne soyez pas en retard.
콘서트는 토요일 저녁 7시에 열립니다. 늦지 마세요.

| être en retard 늦다, 지각하다, 지체되다

예 La réunion des cadres a eu lieu hier après-midi. On dit que la question de l'augmentation du salaire a été discutée.
임원 회의가 어제 오후에 열렸는데, 임금 인상 문제가 논의되었대.

| un cadre (회사의) 간부, 관리자(=encadrement)
| une augmentation 증가, 증대, 불어나게 하기(=accroissement) / (물가·임금의) 인상, 상승(=hausse)
| un salaire 급여, 임금, 보수 / (비유) (행위 등의) 대가, 보답
| discuter 검토하다, 심의하다, 토의하다(=débattre, controverser) / 문제로 삼다, 논하다
| controverser 논쟁하다 / 논하다 / 토론하다

---

linge   (*n. m.*) (집합적) 린넨 제품 / 내의류 / 세탁물

Blanc comme un linge 몹시 창백한(= très pâle) A2

예 Qu'est-ce que t'as ? Tu es blanc comme un linge. 무슨 일이니? 너 백지장처럼 하얗다.

| pâle 핏기 없는, 창백한, 파리한(=blafard, blême) / (빛이) 약한 / (색깔이) 연한 / 생기 없는 / (구어) (몸이) 약한(=faible)
| blafard(*e*) 창백한, 생기 없는(=terne) / 희미한
| terne 윤이 나지 않는 / 흐린, 흐릿한 / 생기 없는, 무미건조한 / 지루한 / (사람이) 눈에 띄지 않는, 사소한 (=insignifiant)

122

예 Tu as de mauvaises nouvelles par hasard ? Pourquoi es-tu blanc comme un linge ? 무슨 나쁜 소식이라도 있어? 왜 그렇게 얼굴이 창백해?

| par hasard 우연히, 뜻밖에 / 혹시

lit   *(n. m.)* 침대 / 침구 / 잠자리

Mourir dans son lit 자기 집에서 죽다 / 편안히 죽다 **B2**

예 Monsieur Brun est mort hier soir dans son lit. D'après son fils ainé, c'était une mort paisible. 브룅 씨가 어제저녁에 댁에서 돌아가셨어. 큰아들 말이, 평온한 죽음이었대.

| d'après ~에 의하면, ~에 따르면 / ~을 본떠서
| ainé(*e*) 연장의, 손위의 / 장남, 장녀 / 형, 누이 / 연장자, 선배

livre   *(n. m.)* 책, 서적 / 장부 / 일지

Comme dans les livres 근사하게 **B1**

예 J'ai rencontré mon mari comme dans les livres. Et c'était un coup de foudre !
난 우리 남편을 동화 속에서처럼 만났어. 한눈에 반한 사랑이었지.

| un coup de foudre 한눈에 반하기

loin   *(adv.)* 멀리 / (시간) 아득히

De loin 멀리 떨어진 곳에서(= d'un endroit éloigné) **B1**

예 Il m'a regardée de loin mais je pouvais sentir sa froideur.
그 애가 멀리서 날 바라봤는데도 차가운 걸 느낄 수 있었어.

| éloigné(*e*) 먼, 멀리 떨어진 / 외딴 / (비유) 의견이 다른 / (관계가) 먼
| la froideur 냉정, 냉담 / 무관심 / 생기 없음, 무미건조함 / (옛) 차가움, 추위

Loin de ~에서 먼, 멀리 떨어진 (↔ **près de** ~에서 가까운) **A2**

예 Mon café préféré est loin de chez moi. Pourtant je le fréquente très souvent.
내가 좋아하는 카페는 집에서 멀어. 그래도 정말 자주 가는 편이야.

| fréquenter (장소에) 자주 드나들다 / (사람과) 어울리다, 사귀다 / 자주 만나다

Aller trop[un peu] loin 과장하다(= exagérer), 도를 넘다, 지나치다 **B1**

예 Mais non ! Alex n'est pas raciste. À mon avis, tu vas trop loin, là !

천만에! 알렉스는 인종 차별주의자가 아니야. 너 도가 지나친 것 같아!

exagérer 과장하다, 부풀려 말하다 / 지나치게 강조하다, 두드러져 보이게 하다 / 과대평가하다
un(e) raciste 인종(차별)주의자

예 Thomas est si sentimental qu'il va de temps en temps trop loin.
토마는 너무 감정적이라 가끔 도를 넘어.

si ~ que + 주어 + 동사 너무 ~해서 ~하다
sentimental(e) 감정적인, 감상적인 / 애정의, 애정에 관한(=amoureux)

---

loisir (n. m.) 여가, 짬 / 여유 / 한가한 시간 / 여가 활동, 취미, 오락

À loisir 한가로이, 여유 있게, 천천히(= sans hâte, en prenant tout son temps) / 마음껏(=
à satiété, autant qu'on le désire) B1

예 J'étudie l'espagnol à loisir. Je ne suis donc pas stressée du tout.
스페인어를 쉬엄쉬엄하는 거라 전혀 스트레스 받지 않아.

une hâte 서두름, 급함, 신속 / 안달, 초조(=impatience)
stresser ~에게 스트레스를 일으키다[주다]

예 Voilà le jardin. Regardez autour de vous à loisir. Je suis sûr que vous allez l'aimer.
자, 여기가 정원입니다. 마음껏 둘러보세요. 좋아하실 거라고 확신해요.

autour de ~의 주위[근처]에 / (비유) 대략, 약

---

loup (n. m.) 늑대, 이리

Une faim de loup 심한 배고픔 A2

예 Avant de commencer, on ne peut pas manger d'abord ? J'ai une faim de loup.
시작하기 전에 우선 뭐 좀 먹으면 안 돼? 나 너무 배고파서 그래.

avant de + inf. ~하기 전에, ~하기에 앞서서

예 Lundi, j'ai un cours qui se termine à 20 heures. Au dîner, j'ai donc une faim de
loup et finis par manger avec excès.
월요일에 8시에 끝나는 수업이 있어. 그래서 저녁에 너무 배고파서 과식을 하게 돼.

un cours 강의, 강좌, 수업 / (교육의) 과정, 단계, 과
finir par + inf. 마침내 ~하다
un excès 초과분, 과잉 / 과도, 지나침 / 남용, 오용 / (복수) 무절제, 방종(=débauche) / 폭력(=violence)
une débauche 방탕, 난봉 / (비유) 남용(=abus) / 과도함(=excès)

lumière
(n.f.) 빛, 햇빛 / 조명 / (복수) 지식

Le siècle des lumières 계몽주의 시대[18세기](= le XVIIIe siècle) **B1**

예 J'aime beaucoup les philosophes du siècle des lumières.
난 계몽주의 시대 철학자들이 좋아.

un(*e*) philosophe 철학자, 사상가 / 현자

lune
(n.f.) 달 / (혹성의) 위성

Lune de miel 신혼기 / 신혼여행 **A2**

예 Voilà les nouveaux mariés ! Alors, vous avez passé une bonne lune de miel ?
드디어 신혼부부가 오셨군요. 그래, 신혼여행은 좋았어요?

des nouveaux mariés 신혼부부

예 A Où voulez-vous partir en lune de miel ?

B Un pays en Europe sera parfait.

A 어디로 신혼여행 가고 싶어요?
B 유럽에 있는 나라면 좋을 것 같아.

partir en lune de miel 신혼여행을 떠나다

Être dans la lune 정신을 딴 데 팔다 / 멍한 상태에 있다(= être distrait / rêver) **B1**

예 A Ces derniers temps, Luc est souvent dans la lune. Tu sais pourquoi ?

B Oui, il est amoureux.

A 근래에 뤽이 자주 멍해 있어. 왜 그런지 알아?
B 응, 사랑에 빠졌잖아.

rêver 공상에 빠지다, 몽상에 잠기다 / 꿈꾸다 / (꿈처럼) 터무니없는 소리를 하다
ces derniers temps 최근, 근래(에), 요새

ㄴ

maigre
(adj.) 마른, 여윈 / 가는 / 빈약한 / 수척한

Maigre comme un clou, comme un coucou 매우 여윈 `B1`

예 Est-ce qu'elle mange ? Elle est maigre comme un clou.
그 여자애 먹기는 하니? 굉장히 말랐던데.

un clou 못, 징 / (구어) 전당포
un coucou 뻐꾸기 / 뻐꾸기 소리 / 뻐꾸기 시계 / (식물) 노란 앵초

main
(n.f.) 손 / 손길, 도움 / 솜씨, 수완 / 수중, 소유자

donner un coup de main à *qqn* ~를 도와주다 `B1`

예 Hé Paul ! Je déménage ce samedi. Tu peux me donner un coup de main ?
야, 폴! 나 이번 주 토요일에 이사 가는데, 좀 도와줄 수 있어?

déménager 옮기다 / (~의 가구를) 들어내다 / 이사하다 / 이동하다
ce samedi 이번 주 토요일

Les mains vides 아무것도 없이, 빈손으로(= sans apporter de cadeau) `B1`

예 Je ne peux pas rentrer en Corée les mains vides. Je dois absolument obtenir
mon diplôme. 한국에 빈손으로 돌아갈 수는 없어요. 반드시 학위를 따야 한다고요.

obtenir 획득하다, 얻다(= acquérir, arracher) / (허락 등을) 받다 / 만들어 내다
un diplôme 공문서 / 졸업증서 / 학위 / 면허장, 자격증 / 상장

Prendre *qqch* **en main(s)** ~을 맡다, 담당하다(= commencer à s'occuper
personnellement de…) `B1`

예 C'est ma femme qui prend en main l'éducation du petit.
와이프가 우리 애 교육 담당이야.

une éducation 교육 / 훈련 / 교양, 소양 / 예의

main-forte
(n.f.) (복수 없음) 협력, 원조

Donner[prêter] main-forte à *qqn* ~에게 협력하다, 도움을 주다 `B2`

예 Nous vous demandons de nous prêter main-forte pour résoudre les problèmes.

문제를 해결할 수 있도록 협력해 주실 것을 부탁드립니다.

| résoudre 해결하다, 풀다 / 결심하다, 결정하다 / (계약을) 해지하다

mal
(adv.) **나쁘게 / 불완전하게 / 불충분하게 / 좋지 않게**

Être mal à l'aise 불편하다 B1

예 Je ne veux pas rester chez mon grand frère. J'y suis mal à l'aise à cause de ma belle-sœur. 오빠네 집에 있고 싶지 않아. 거기 새언니 때문에 불편하더라고.

| une belle-sœur 의붓 자매 / 시누이, 올케 / 처형, 처제 / 형수

Pas mal ! 꽤 좋다, 충분히 좋다(= Assez bien !) A2

예 Tu as fait ça tout seul ? Pas mal ! 이걸 너 혼자 했다고? 잘했네!

malade
(adj. et n.) **아픈, 병든 / (구어) 미친, 머리가 돈 // 병자, 환자**

Malade comme une bête, comme un chien 몹시 아프다, 중병이다(= très malade) B2

예 Je n'ai pas pu assurer mes cours toute la semaine dernière car j'étais malade comme une bête. 지난 주 내내 강의를 할 수 없었어요. 몹시 아팠거든요.

| une bête 동물, 짐승 / 바보, 얼간이
| assurer un cours 수업을 보장하다[보증하다 · 약속하다]

malheur
(n. m.) **불행 / 재난, 화 / 불운**

Par malheur 불행히도, 불운하게도 B1

예 Par malheur, beaucoup de gens ont trouvé la mort dans cet incendie.
불행히도 이번 화재로 많은 사람들이 목숨을 잃었습니다.

| un incendie 화재, 큰불

Porter malheur 불행을 초래하다, 불행을 가져오다(= avoir une influence néfaste) B1

예 Non ! Tu ne peux pas choisir le numéro 4. C'est un chiffre qui porte malheur.
4번을 선택하면 안 돼! 불행을 가져다주는 숫자야.

| une influence 영향, 작용, 효과(=effet) / 영향력, 세력, 지배력
| néfaste 불길한, 불행한 / 불리한, 해로운 / 상서로운
| un chiffre 숫자 / 수, 총계, 총액

M

malin(gne) — (adj.) 꾀바른, 약삭빠른, 교활한 / 영리한 / 짓궂은

À malin, malin et demi (속담) 뛰는 놈 위에 나는 놈 있다 B1

예 Quoi ? Daniel a obtenu 18 sur 20 en chimie ? Il m'a encore surpassé. À malin, malin et demi.

뭐? 다니엘이 화학에서 20점 만점에 18점 받았다고? 나를 또 이겼네. 뛰는 놈 위에 나는 놈 있다더니.

| la chimie 화학 / (비유) 내적 변화 / 변화시키는 힘
| surpasser 넘다, 넘어서다 / 상회하다 / 능가하다 / 앞서다 / 지나치다

malle — (n. f.) 여행용 대형 가방, 트렁크 / 짐

Se faire la malle * 도망치다, 줄행랑치다(= s'enfuir) B2

예 Son petit ami s'est fait la malle sans avoir rien dit. Pauvre Lisa !

남자친구가 한 마디 말도 없이 도망갔대. 불쌍한 리자!

| pauvre (명사 뒤) 가난한, 빈곤한 / 초라한 / 부족한 / (명사 앞) 가련한, 불쌍한

manière — (n. f.) 방식, 방법 / 양식, 기법 / (복수) 품행, 태도 / 예의범절

De cette manière 이와 같이, 이런 방식으로, 그렇게(= ainsi, de la sorte) B1

예 Je suis devenue riche de cette manière. 저는 그런 방식으로 부자가 되었습니다.

| de la sorte 그렇게, 그런 식으로(=ainsi)

De toute manière 어쨌든, 어쨌든 간에(= d'une manière ou d'une autre, de toute façon) B1

예 O.K. Je vais lui dire. De toute manière, il doit savoir que son costume est horrible.

알았어. 내가 얘기할게. 어쨌든 그도 자기 의상이 끔찍하다는 걸 알아야 하니까.

| un costume 의상, 복장 / (남자의) 정장, 양복, 의복

D'une certaine manière 어떤 점[면, 의미, 관점]에 있어서는(= en un certain sens) B1

예 D'une certaine manière, nous sommes tous seuls. L'homme est un être solitaire dès l'origine. 어떤 면에서는 우리 모두 혼자야. 인간은 본래부터 외로운 존재거든.

| un être 생물 / 존재 / 인간 / 본질, 실체

D'une manière générale 대개, 일반적으로(= en gros, dans l'ensemble) B1

예 D'une manière générale, les Coréens sont passionnés.

대체적으로 한국 사람들은 열정적이지.

passionné(e) 정열적인, 열렬한(= ardent, brûlant), 열정적인 / 격렬한, 흥분한(= véhément, violent) / 열광한, 열중한

véhément(e) 격렬한, 열렬한, 맹렬한 / 대단한

manteau
(n. m.) 외투, 망토

Sous le manteau 불법으로(= clandestinement) B2

예 N'achète pas ce livre. Il a été publié sous le manteau.

그 책 사지 마. 불법으로 발간된 책이야.

clandestinement 몰래, 은밀히(= furtivement, secrètement) / 불법으로(=illégalement)

furtivement 남몰래, 슬그머니, 살며시, 살짝

marché
(n. m.) 매매, 거래 / 계약 / 장터, 시장

Marché aux puces 벼룩시장 B1

예 Si tu es à Paris, il faut absolument aller au marché aux puces. Il y a tellement de choses à voir et à acheter.

파리에 가면 벼룩시장에 꼭 가봐야 해. 볼 것도 많고 살 것도 정말 많아.

absolument 절대적으로, 꼭 / 완전히 / 절대적으로

tellement de + 무관사 명사 (구어) 그렇게[매우·아주] 많은

Marché noir 암시장, 암거래 B1

예 A Tu peux acheter ça moins cher au marché noir.

B Mais je peux pas* faire ça ! C'est illégal !

A Oh, ça va. T'es vertueux ou quoi* ?

A 그거 암시장에서 더 싸게 살 수 있어.
B 그렇게는 할 수 없지. 그거 불법이잖아.
A 됐고… 너 도덕군자야 뭐야?

illégal(e) 위법의, 불법의(=illicite) ↔ légal 적법한, 합법적인

vertueux(se) 고결한, 덕이 높은 / 정숙한, 도덕적인

À bon marché 염가로, 싸게(= à bon compte, au meilleur coût) B1

예 A C'est magnifique, ta nouvelle robe !

B Merci ! Elle est de Chanel mais je l'ai achetée à bon marché. Ma sœur travaille pour la maison.

A 네 새 원피스 근사하다!
B 고마워. 샤넬 건데, 싼값에 샀어. 우리 언니가 거기서 일하거든.

M

à bon compte 싼값으로 / 쉽게 / 큰 피해 없이
un coût 비용, 경비 / 대가, 보상

marge
(n.f.) 여백, 가장자리 / (시간, 공간상의) 여지, 여유 / 이윤의 폭[마진]

Il y a de la marge (중요한) 차이가 있다(= il y a de la différence, une différence importante) **B1**

예 Il y a de la marge entre la performance de Yuna Kim et celle des autres patineuses. Celle-là est une véritable artiste ou un objet d'art vivant. 김연아와 다른 스케이터 사이의 수행 능력에는 엄청난 차이가 있어. 그녀는 진정한 예술가 아님 살아 있는 예술품이야.

une performance 기록, 성과 / 수행 (능력) / 성능 / 언어 수행
un(e) patineu*r*(*se*) 스케이트 타는 사람[선수]
un objet d'art 예술품

masse
(n.f.) 덩어리 / 전체 / (구어) 다수, 다량 / 집단

En masse 일제히 / 집단으로, 대거(= en grande quantité, en foule) / 전체적으로 **B1**

예 Les journalistes du monde entier sont venus en masse à Moscou pour voir la reine du patinage artistique.
피겨 여왕을 보기 위해 전 세계 기자들이 대거 모스크바에 입성했습니다.

la foule 군중 / 민중, 대중 / 다수, 많음
le monde entier 전 세계, 온 세계

matière
(n.f.) 물질 / 재료, 소재 / 주제, 분야 / 교과목

En matière de ~의 분야에서는(= en ce qui concerne, à propos de) **B1**

예 Tu peux consulter le professeur Cho en matière de dandysme. Elle étudie ce phénomène littéraire et artistique depuis son séjour en France. Elle est la meilleure sans doute. 댄디즘에 대해서는 조 선생님께 여쭤봐. 프랑스에 계실 때부터 그 문화 예술 현상을 연구하고 계시거든. 아마 그녀가 최고일 거야.

en ce qui concerne *qqn/qqch* ~와 관련해서는
consulter 상담하다, 문의하다(=interroger) / 진찰받다 / 참조하다, 열람하다 / 고려하다, 깊이 생각하다
le dandysme 댄디즘[19세기 문화 · 예술현상 → 정신적 귀족주의]
un phénomène 현상

un séjour 체류, 체제 / 체류 기간 / 거실(=salle de séjour)
sans doute 아마, 어쩌면 / ('mais' 등의 접속사와 함께) 확실히

matin *(n. m.)* 아침 / 오전 / (비유) 초기, 초창기

Du matin au soir 아침부터 저녁까지, 종일 / (비유) 끊임없이 `A2`

예 Cathy me manque du matin au soir. Je suis amoureux.
계속 카티가 보고 싶어. 나 사랑에 빠졌나 봐.

manquer à *qqn* 그립다, 보고 싶다 / 아쉽다, 간절하다

matinée *(n. f.)* 아침나절, 오전 중

Dans la matinée 오전 중에 `A2`

예 En général, qu'est-ce que tu fais dans la matinée ? 보통 아침에는 뭐 해?

en général 일반적으로, 일반적인 견지에서 / 대개, 보통

mégarde *(n. f.)* 부주의

Par mégarde 부주의로, 무심코, 실수로(= sans le vouloir, involontairement) `B1`

예 Je vous demande pardon. J'ai par mégarde cassé le vase que vous aimez. Je vais payer mais je suis vraiment désolé.
죄송합니다. 제가 실수로 좋아하시는 꽃병을 깼어요. 변상하겠습니다. 정말 죄송해요.

involontairement 본의 아니게 / 저도 모르게 / 얼떨결에
demander pardon à *qqn* ~에게 용서를 구하다, 사죄하다
un vase 단지, 항아리 / 꽃병

mélange *(n. m.)* 혼합, 섞기 / 혼합물

Sans mélange 순수한(= pur) `B1`

예 Après le mariage, j'ai enfin trouvé le bonheur sans mélange.
결혼 후에 드디어 순수한 행복을 찾았어.

pur(*e*) 섞이지 않은, 순수한, 순수의 / 맑은 / 흠잡을 데 없는 / 완벽한(=impeccable, parfait) / 순결한, 정결한(= vierge)

M

131

mêler (se)

(v. pron.) 섞이다, 혼합되다 / 가담하다 / 끼어들다, 개입하다, 참견하다

Se mêler[s'occuper] des affaires d'autrui 남의 일에 참견하다 `B1`

예 Ne te mêle pas des affaires d'autrui. Ça t'entraînera dans la merde.**

남의 일에 참견하지 마. 항상 골치 썩게 될 테니까.

> un autrui 남, 타인 / 다른 사람
> entraîner *qqn* 끌고 가다 / 휩쓸어가다 / 이끌다, 인도하다(=conduire) / ~의 마음을 사로잡다, 설득하다 (=captiver, convaincre)
> une merde (속어) 똥 / 궁지, 난처한 지경 / 곤란한 상태 / 괴로운 일

même

(adv.) ~조차, ~까지도, ~마저

Tout de même 그래도, 그렇지만(= quand même, pourtant) `A2`

예 A Pouvez-vous me dire où est la station de métro la plus proche ?

B Désolée. Je ne suis pas d'ici.

A C'est pas grave. Merci tout de même.

A 가장 가까운 지하철역이 어딘지 말씀해 주실 수 있으세요?
B 미안합니다. 여기서 안 살아요.
A 괜찮아요. 어쨌든 고맙습니다.

> proche 가까운, 인접한, 이웃의(=voisin, contigu) / (비유) 유사한, 흡사한, 비슷한(=approchant, semblable)

mentir

(v. intr.) 거짓말하다, 속이다 / 왜곡하다

Mentir comme on respire 거짓말을 밥 먹듯 하다 `B1`

예 Fais attention à Mariane. Elle ment comme elle respire.

마리안 조심해. 거짓말을 밥 먹듯이 하니까.

> faire attention à ~에 주의하다, 조심하다
> respirer 숨 쉬다, 호흡하다 / 한숨 돌리다 / 안도의 숨을 쉬다

Sans mentir 사실은, 정말로(= à vrai dire) `B1`

예 Le concert de Marc était médiocre, sans mentir. Je l'ai peut-être surestimé.

솔직히 말해서 마르크의 콘서트 별로였어. 내가 걔를 과대평가했나 봐.

> médiocre 보잘것없는, 열악한(=petit) / 빈약한, 초라한(=pauvre) / (사람이) 무능한(=inférieur)
> surestimer 과대평가하다 / 지나치게 고가로 평가하다

mépris
(n. m.) 경멸, 멸시 / 무관심, 무시, 경시 / 모욕적인 말[행동]

Au mépris de *qqch* ~에 개의치 않고, ~을 무시하고 **B1**

예 Il est parti pour l'Égypte au mépris du danger. 그는 위험을 무시하고 이집트로 떠났어요.

> un danger 위험(=péril, risque) / 악영향 / 염려, 우려 ↔ 안전(=sécurité, sûreté)

merci
(n. f.) 자비, 은혜 / 호의

Sans merci 인정사정없이, 가차 없이(= impitoyable, acharné) **B1**

예 Au sujet des triches, Monsieur le professeur Renaud est sans merci.
르노 선생님은 커닝에 대해서 가차 없으셔.

> impitoyable 무정한, 비정한, 냉혹한(=cruel, implacable) / 가차 없는, 준엄한(=sévère) / 강렬한, 격렬한(=cru, violent)
> acharné(*e*) ~에 열중한 / ~에 대해 가차 없는, 분격한 / 악착스러운 / 격렬한
> au sujet de ~에 관해, ~의 주제에 대해
> une triche (구어) (놀이 등에서의) 속임수 / 속이기

À la merci de ~에 좌우되어 / ~의 뜻[마음]대로 **B1**

예 Maintenant, je suis à la merci de mes parents car ce sont eux qui payent le voyage. 이제 우리 부모님 뜻에 달려 있어. 여행 경비를 대는 건 부모님이시니까.

> payer ~에게 지불하다, 지급하다(=rémunérer) / 보상하다 / (집세 등을) 치르다, 내다 / (구어) ~에게 ~을 사주다, 비용을 대주다 / 대가를 치르다

Dieu merci 다행히도(= heureusement, grâce à Dieu) **B1**

예 Elle n'était pas là pour voir tout ce drame. Dieu merci !
그녀가 거기 없어서 그 소동을 못 봤으니 얼마나 다행인지!

> heureusement 다행히(도) / 유리하게, 무사히 / 잘, 적절히
> grâce à ~덕분에, 덕택에(=à l'aide de, au moyen de)

merde
(n. f.) (속어) (사람·짐승의) 똥 / (비유) 시시한 것 / 궁지, 난처한 지경

Être dans la merde (jusqu'au cou) 궁지에 처하다(= être dans une situation à la fois très mauvaise et inextricable) **B2**

예 Florent n'a ni logement ni argent. Il est vraiment dans la merde jusqu'au cou.
플로랑 거처도 없고 돈도 없대. 진짜 완전히 궁지에 처했나 봐.

M

133

le cou (사람 · 동물의) 목

à la fois 동시에

inextricable 풀 수 없는, 뒤얽힌 / 빠져나올 수 없는 / 해결할 수 없는, 복잡한, 골치 아픈

merveille　　(n. f.) 경탄할 만함, 경이 / 훌륭한 것 / 불가사의한 것

À merveille 훌륭하게, 멋지게, 놀랄 정도로(= remarquablement, très bien) B1

예 Cette nouvelle coiffure lui va à merveille.

그 새 헤어스타일 걔한테 잘 어울리더라.

remarquablement 눈에 띄게, 매우(= étonnamment) / 훌륭하게(= admirablement)

une coiffure 모자, 머리 장식 / 이발, 미용 / 머리 모양, 헤어스타일

aller à *qqn* ~에게 어울리다

mesure　　(n. f.) 측량, 측정 / 치수 / 몸의 사이즈 / 척도, 기준 / 정도, 범위 / 조치, 대책

À mesure que ~에 따라 B1

예 À mesure que le temps passait, il devenait de plus en plus important pour moi.

시간이 가면서 그 사람이 나한테 점점 더 중요한 사람이 되어 갔어.

de plus en plus 점점 더 ↔ de moins en moins 점점 덜

Dans la mesure de[où] ~의 힘이 닿는 범위 내에서 / ~을 고려하여(= dans la proportion de) B1

예 Je vous aiderai dans la mesure où j'en suis capable. 힘이 닿는 한 도와줄게.

une proportion 비율, 비례 / 균형, 조화 / 크기, 규모(= dimension) / (비유) 중요성, 의의

être capable de + *inf.* ~을 할 수 있다, ~할 능력이 있다

Outre mesure 과도하게, 지나치게(= excessivement, exagérément) B1

예 Il n'a pas grondé son petit outre mesure. Pourtant, il était hyper contrarié.

그는 자기 아들을 과하게 혼낸 것도 아닌데, 몹시 속상해하더라고.

excessivement 지나치게(= trop) / 매우, 몹시

exagérément 지나치게, 과장하여(= trop) / 과도하게

gronder 으르렁거리다 / 요란하게 울리다 / 꾸짖다, 질책하다(réprimander) / 중얼거리다

hyper 과도하게, 매우, 무척

contrarié(*e*) 방해 받은, 저지된 / 난처해진, 유감인 / 속상한

mie

(n. f.) 빵의 속살

À la mie de pain (구어) 하찮은, 쓸데없는(= médiocre, sans valeur) **B2**

예 Anne sort toujours avec des mecs à la mie de pain.
안느는 맨날 별 볼일 없는 남자들하고만 사귀어.

| un mec* 남자다운 사람 / (구어) 녀석, 자식(=gus, type)

mieux

(adv., adj. et n. m.) 더 잘, 가장 잘 // 더 좋은, 더 나은 //
(le ~) 가장 좋은 것 / 최선

Tant mieux ! 잘됐다, 다행이다 **B1**

예 Quoi ? Raphaël ne vient pas demain ? Tant mieux ! Il ne fait que des
plaisanteries stupides. 뭐? 라파엘이 내일 못 온다고? 잘됐다. 실없는 농담만 하는데.

| une plaisanterie 농담, 희롱 / 빈정거림 / 사소한 일

De mon[ton, son] mieux 최선을 다해 **A2**

예 Je sais que ce ne sera pas facile. Mais je vais faire de mon mieux.
쉽지 않을 거라는 건 알아요. 그래도 최선을 다할게요.

| serait 'être' 동사의 조건법 3인칭 단수 현재

mine

(n. f.) 안색, 낯 / 용모, 외모 / 얼굴 표정
(n. f.) 광산 / 탄광 / 갱 / 보고

Avoir bonne[mauvaise] mine 안색이 좋다[나쁘다] **B1**

예 Tu as mauvaise mine ce matin. Tu es malade ? 오늘 아침 안색이 좋지 않네. 어디 아파?

| malade 아픈, 병든, 탈이 난(=souffrant) / 혼란한, 상처 입은 / 언짢은 / (구어) 미친, 머리가 돈(=fou) /
| (구어) 열중한, 미친(=entiché) / (구어) (술 등이) 상한, 변질된(=détérioré) / 낡은, 못 쓰게 된(=usé)

Faire la mine 뿌루퉁하다, 시무룩하다 **B1**

예 C'est un enfant gâté. Il fait toujours la mine quand il n'est pas content.
그 아이 응석받이예요. 맘에 안 들면 늘 뿌루퉁해져 있어요.

| un enfant gâté 응석받이, 버릇없는 아이

Faire mine de + *inf.* ~하는 척하다(= faire semblant) **B1**

예 Vincent fait toujours mine de m'écouter. 뱅상은 늘 내 말을 듣는 척 해요.

| faire semblant de + *inf.* ~하는 체하다

M

Mine d'or 금광 / 보고(= source de grand profit) `B1`

[예] Mon Dieu ! Tous ces livres sont à toi ? Ta chambre est une mine d'or de B.D.
세상에! 이 책들이 다 네 거야? 네 방은 완전 만화 금광이구나.

> une source 샘, 수원 / 기원, 원천, 근원 / 원인 / 출처, 근거
> un profit 득, 이익, 이득(= avantage) / 이윤 / 수익
> B.D. 연재 만화(= bande dessinée)

---

minute
(n. f.) 분 / 잠시, 잠깐, 순간(= instant, moment)

À la minute 곧, 당장에(= à l'instant même, tout de suite) `B1`

[예] Mon mari rentre à la minute. Il faut que je prépare le dîner.
남편이 곧 퇴근할 거야. 저녁 준비 해야겠네.

> un instant 순간(= moment) / 현재, 이 순간

D'une minute à l'autre 곧, 머지않아 `B1`

[예] Il faut que je m'en aille. Mon père rentre à la maison d'une minute à l'autre. Je dois y être avant lui. 가봐야겠어. 곧 아빠가 집에 돌아오실 거야. 먼저 가 있어야 돼.

> il faut que + *subj.* ~해야 한다

---

miracle
(n. m.) 기적 / 기적 같은 일 / 경이로움

Par miracle 기적적으로(= par un hasard extraordinaire) `A2`

[예] Seul Pierre a par miracle survécu dans cet accident de voiture.
그 자동차 사고에서 피에르만 기적적으로 살아남았어.

> un hasard 우연(성), 운명 / 우연한 일
> survivre ~보다 오래 살다 / 살아남다 / ~을 견디며[참으며] 살아가다

---

mode
(n. f.) 유행 / 패션

À la mode 유행하는 `A2`

[예] A Comment est ce "skinny" jean ? Il est très à la mode aujourd'hui. J'ai l'air plus jeune, non ?
  B S'il te plaît… T'as quarante ans !

A 이 스키니 진 어때? 요즘 엄청 유행이라는데. 나 더 젊어 보이지 않아?
B 제발…. 당신 마흔 살이야.

| avoir l'air ~처럼 보이다, ~해 보이다

---

moins
(n. m.) 더 적은 것 / (정관사와 함께) 가장 적은 것 / 마이너스 기호

De moins en moins 점점 덜, 점점 적게 `A2`

예 Au début du séjour à l'étranger tout est difficile mais ça le sera de moins en moins. 외국 체류 초에는 모든 게 힘들지. 하지만 점점 더 나아질 거야.

| l'étranger 외국

Au moins 적어도, 어쨌든, 최소한(= au minimum) `A2`

예 Tu es vraiment insupportable. Je t'ai attendu au moins 40 minutes.
너 진짜 참을 수가 없다. 적어도 40분은 기다렸다고!

| insupportable 참을 수 없는, 견딜 수 없는(=intolérable) / 아주 불쾌한, 끔찍한, 지긋지긋한
| un minimum 최소, 최저

Du moins 그러나, 적어도, 어쨌든(= en tout cas, cependant, toutefois) `A2`

예 C'est vrai que je n'ai pas eu de bonne note. Mais du moins, je n'ai pas raté.
좋은 점수를 못 받은 건 사실이지만, 적어도 떨어지진 않았잖아.

| une note (본문에 대한) 주석 / 문서, 의견서 / 짧은 메모 / 단평 / 짧은 기사 / 고지서, 계산(=compte, facture) / 평가 / 점수, 성적 / 음, 음표
| rater 실패하다 / 그르치다, 망치다 / 놓치다 / 만나지 못하다 / 잃다

---

moitié
(n. f.) 반, 절반 / 중간

À moitié 반쯤, 부분적으로(= partiellement, en partie) `A2`

예 À moitié fait qui commence bien. (속담) 시작이 반이다.

| partiellement 부분적으로, 일부분

Moitié-moitié * (구어) 반반, 그럭저럭, 그렇고 그런(= médiocrement, pas complètement) `A2`

예 Ils ont partagé le butin moitié-moitié. 그들은 장물을 반반씩 나눴다.

| le butin 전리품, 노획품 / 장물, 훔친 물건 / (속어) 살림도구

M

moment *(n. m.)* 순간, 잠시(= instant) / 때, 시간 / 계기

Au moment de ~의 순간에, ~할 때에(= sur le point de) `B1`

예 Au moment de sortir de la maison, le téléphone a sonné.
집에서 나가려고 하는데, 그때 전화가 왔어.

> sur le point de + *inf.* 막 ~하려고 하다, ~할 참이다 / ~할 준비가 되다
> sonner 울리다 / 소리 나다

Au moment où[que] + 주어 + 동사 ~의 순간에, ~할 때에(= dès l'instant où) `B1`

예 Au moment où je sors de la maison, le téléphone a sonné.
집에서 나가려고 하는데, 그때 전화가 왔어.

> dès ~부터, ~하자마자 / ~에서부터
> un instant 순간(= moment)

D'un moment à l'autre 곧, 바로(= sous peu) `B1`

예 Il vaut mieux que tu partes maintenant. Mes parents rentrent à la maison d'un moment à l'autre. Je ne veux pas les surprendre.
이제 너 가는 게 좋겠어. 곧 부모님이 돌아오실 텐데, 놀라게 하고 싶지 않아.

> il vaut mieux de + *inf.*[que + *subj.*] ~하는 편이 더 낫다
> surprendre 깜짝 놀라게 하다 / 불시에 방문하다 / 불시에 습격하다 / 현장에서 붙잡다, 적발하다

En ce moment 지금, 현재 `A2`

예 En ce moment, l'économie coréenne est en crise. 현재 한국 경제는 위기에 처해 있습니다.

> l'économie 경제 (활동) / 경제 체제, 경제 제도 / 경제학
> être en crise 위기에 처하다, 난국이다

Par moments 때때로, 이따금(= de temps à autre) `A2`

예 Je déteste Louis. Il est horrible. Mais par moments, j'éprouve de la pitié. Bizarre, non ? 난 루이가 싫어. 걔 끔찍해. 하지만 가끔씩 연민이 느껴지기도 해. 이상하지 않니?

> éprouver 시험하다(= essayer) / 실험하다 / (시련·고통을) 겪게 하다 / (감정·감각을) 느끼다, 맛보다 (= ressentir) / 겪다, 당하다
> la pitié 동정, 연민 / 비참함 / 딱함

monde *(n. m.)* 세계, 세상 / 지구 / 계층, 사회 / 사람들

Tout le monde 모든 사람들, 누구나 `A1`

예 Tout le monde n'aime pas la musique classique.
모든 사람들이 클래식 음악을 좋아하는 건 아니야.

classique 권위 있는, 규범으로 간주되는 / 학교에서 가르치는 / 고대의, 고전의, 고전적인 / 전통적인, 정통적인 / 고전주의 시대의

Le monde est petit 세상은 좁다 A2

예 À Athènes, j'ai vu une amie d'enfance par hasard. Elle est mariée à un Grec et habite là depuis dix ans. Le monde est petit, n'est-ce pas ? 아테네에서 우연히 어린 시절 친구를 만났어. 그리스 남자랑 결혼해서 산 지 십 년이나 되었대. 세상 정말 좁지 않니?

un(e) ami(e) d'enfance 어린 시절 친구
être marié(e) à *qqn* ~와 결혼하다, 결혼한 상태이다

---

moral | (*n. m.*) 기, 사기 / (옛) 정신 / 성격, 기질

Avoir le moral (사람이) 낙천적이다(= avoir un bon moral) B1

예 La meilleure qualité chez Isabelle, c'est qu'elle a le moral.
이자벨에게 있어 가장 큰 장점은 그녀가 낙천적이라는 사실이야.

le moral 의기, 사기 / 성격, 기질 / 기분, 컨디션
une qualité (물건의) 질, 품질 / (사물의) 특성, 특질 / (사람의) 자질, 품성 / 장점(= mérite) / (사회적) 신분, 자격, 지위

Avoir le moral à zéro 의기소침하다 / (기분) 저기압이다 B1

예 A Tu sors encore ? Oh, non ! Tu ne peux pas sortir sans faire tes devoirs.
　 B S'il te plaît. Pas aujourd'hui, maman. J'ai le moral à zéro.
　 A Pourquoi ? T'as pas fait de bêtises au moins ! Mon Dieu ! T'en as encore fait !
　 B Maman…

A 또 나가? 안 돼. 숙제 안 끝내면 외출 못 한다.
B 제발요. 오늘은 그러지 마세요, 엄마. 저 진짜 상태 안 좋거든요.
A 왜? 너 바보짓 한 건 아니지? 세상에! 너 또 바보짓 했구나!
B 엄마….

faire ses devoirs 숙제하다
faire des bêtises 바보 같은 짓을 하다, 멍청한 짓을 하다

---

morceau | (*n. m.*) 한 조각, 한입 거리 / (고기의) 부위 / 단편, 조각 / 부분, 일부 / (연주 목록의) 작품

Manger[casser] un morceau (구어) 가벼운[빠른] 식사를 하다(= faire un repas léger ou rapide, casser la[une] croûte) B1

M

[예] Si on allait manger un morceau après l'examen ? 시험 끝나고 뭐 좀 먹으러 갈까?

| Si + 주어 + 동사(반과거) (제안) ~할까요?

mot   *(n. m.)* 낱말, 단어 / 말, 표현 / 암호 / 명구

En un mot 한 마디로 말해, 축약하자면, 요컨대(= pour résumer, pour en finir) `B1`

[예] Carla est jolie, intelligente, et même très gentille. En un mot, c'est une super nana*. 카를라는 예쁘지, 똑똑하지, 게다가 친절하기까지 해. 한 마디로 슈퍼 걸이야.

résumer 요약하다(=abréger) cf. en deux mots 간단히 말해(=en un mot, très brièvement)
une nana (구어) 정부(=maîtresse) / 여자

Mot à mot 한 마디 한 마디, 글자 그대로(= textuellement) `A2`

[예] Il ne faut pas traduire le texte mot à mot. Il faut toujours voir entre les lignes.
텍스트를 글자 그대로 번역하면 안 됩니다. 항상 행간을 봐야죠.

textuellement 원문대로, 원문과 일치하게 / 말한 그대로
traduire 번역하다 / 표현하다, 나타내다 / 표출하다

Sans mot dire 잠자코, 조용히, 말 한마디 없이(= sans dire mot, en silence) `B1`

[예] Tu restes sans mot dire. C'est pas tes oignons, O.K. ?
넌 그냥 가만히 있어. 네 일 아니잖아, 응?

| Occupe-toi de tes oignons. (구어) 네 일이나 해!

mouton   *(n. m.)* 양 / (비유) 순진한 사람, 잘 속는 사람

Revenir à ses moutons (비유) 본론으로 돌아가다(= revenir à son sujet) `B1`

[예] Bon ! La discussion s'égare un peu. Revenons à nos moutons.
토론이 주제를 좀 벗어나는군요. 본론으로 돌아갑시다.

| s'égarer 길을 잃다 / 헤매다, 방황하다 / (비유) 횡설수설하다, 주제를 벗어나다

moyen   *(n. m.)* 수단, 방법 / 매개 / 이유

Par le moyen de, au moyen de *qqn* ~의 주선[중개]으로(= par l'intermédiaire) / ~덕분에, ~의 도움으로(= grâce à, à l'aide de) `B1`

[예] J'avais un peu peur car il faisait noir. Heureusement, par le moyen d'un voisin rencontré sur le chemin, je pouvais rentrer en sureté à la maison.

날이 어두워서 조금 무서웠거든. 다행히 길에서 만난 이웃의 도움으로 안전하게 집에 돌아올 수 있었어.

un intermédiaire 중개, 중매 / 개입 cf. sans intermédiaire 직접(=directement)

mule
(n.f.) 암 노새

Être têtu[entêté] comme une mule 고집불통이다(= très entêté, obstiné) `B2`

예 Mon père est têtu comme une mule et n'écoute jamais les autres.

우리 아버지는 황소고집인 데다 남의 말은 전혀 듣지 않으셔.

têtu(e) 고집이 센, 고집불통인(=entêté, cabochard) / 완고한 / 뜻을 굽히지 않는

obstiné(e) (사람이) 완고한, 고집 센(=constant, entêté) / (노력 등이) 끈질긴, 집요한(=acharné, assidu)

cabochard(e) (구어) 고집 센 / *n.* 고집쟁이

M

nature
(n. f.) 자연 / 본성, 본질 / 성격 / 인격 / 성질

Seconde nature 제2의 천성, (습득된) 성격 **B1**

예 Jean n'est pas mauvais de nature mais n'agit pas avec prudence. Et c'est sa seconde nature qui me préoccupe.

장이 천성적으로 나쁜 애는 아니야. 하지만 진중하지 못하게 행동하잖아. 그런 성격이 걱정스러운 거라고.

de nature 천성적으로
préoccuper 걱정시키다 / 몰두하게 하다 / 신경쓰이게 하다

nécessité
(n. f.) 필요(성) / 필연성 / 긴급, 급선무

En cas de nécessité 필요한[부득이한] 경우에는 **A2**

예 En cas de nécessité, appelle-moi. 부득이한 경우에는 나한테 전화해.

un cas 일, 사실 / 사건, 사태 / 입장, 처지 / 사례, 실례 / 경우, 상황 / 기회

Par nécessité 필요해서, 부득이해서, 필요에 의해 **A2**

예 Je suis à Tokyo par nécessité mais si la situation s'aggrave, je pars aussitôt.

부득이해서 도쿄에 있지만, 상황이 안 좋아지면 바로 떠날 거야.

s'aggraver 악화되다, 더 심해지다 / (세금 등이) 가중되다
aussitôt 곧, 즉각

neige
(n. f.) 눈 / 눈 같은 것 / 얼음과자 / (마약) 코카인

Blanc comme neige 순백의, 순진무구한(= innocent, pur, sans tache) / 결백한 **A2**

예 Ma petite fille de cinq ans est un ange, blanche comme neige.

제 다섯 살짜리 딸은 순진무구한 천사랍니다.

innocent(e) 죄 없는, 결백한, 무고한 / 순수한, 순진무구한(= pur, immaculé) / 단순한, 물정을 모르는 / 악의 없는, 별 뜻 없는
une tache 점 / 얼룩, 흠 / 죄 cf. sans tache 흠 없는, 순결한
un ange 천사 / (품성 따위가) 고귀한[완전한] 사람
immaculé(e) 순결한, 순진무구한 / 티끌 하나 없는(= propre) / 순백의, 깨끗한

nerf

(n. m.) 신경 / (비유) 기력, 활력 / (구어) 원동력, 근원

Être[vivre] sur les nerfs 극도의 긴장 상태에 있다, 신경이 날카로워져 있다 `B1`

예 Chérie, ne dérange pas ta maman. Elle est sur les nerfs maintenant.
얘야, 엄마 건들지 마라. 지금 신경이 날카로워져 있으니까.

déranger (정리된 것을) 흐트러뜨리다(=bouleverser, perturber) / 방해하다, 훼방 놓다(=gêner, troubler) / 성가시게 굴다

bouleverser 뒤엎다, 전복시키다 / 뒤죽박죽을 만들다(=déranger) / 혼란에 빠뜨리다, 당황스럽게 하다 / (비유) 급작스럽게 변화시키다 / 뒤흔들다

perturber 혼란케 하다(=troubler) / 어지럽히다 / 교란하다(=désorganiser) / 방해하다(=brouiller) / 불안하게 하다, 당황하게 만들다

gêner (신체를) 부자유스럽게 하다, 갑갑하게 하다(=incommoder) / 제약하다, 구속하다 / 난처하게 하다 / 방해하다 / 폐를 끼치다

troubler 흐리게 하다 / 깨뜨리다, 혼란을 일으키다 / 방해하다 / 장애를 일으키다 / 동요시키다(=agiter) / 불안하게 하다(=inquiéter) / 당황하게 하다(=déconcerter) / 자극하다

예 En finale, j'étais trop sur les nerfs pour me concentrer. J'ai enfin manqué la cible et ai dû me satisfaire de ma médaille d'argent.
결승전에서 저는 너무 긴장을 해서 집중을 할 수 없었어요. 결국 과녁을 놓쳤고, 은메달로 만족해야 했습니다.

une finale (언어) 어미 / (운동) 결승전
en finale 끝으로, 마지막으로(=pour terminer)
se concentrer 정신을 집중하다, 몰두하다 / (주어가 사물일 경우) 집중되다 / 집결하다
une cible 과녁, 표적 / (비유) 조롱의 대상 / 목표
se satisfaire de *qqch* ~에 대해 만족하다

neuf(ve)

(adj.) 새로운 / 독창적인 / 현대의 / 풋내기의

Quoi de neuf ? 뭐 새로운 일 있어? `B1`

예 Bonjour Estelle ? Quoi de neuf ? 안녕, 에스텔? 뭐 새로운 일 있어?

quoi de + 형용사 ~한 것이 무엇이 있느냐?

nez

(n. m.) 코 / 얼굴 / 후각 / 직감, 통찰력

À vue de nez 얼핏, 어림잡아, 대략(= approximativement, environ) `B2`

예 Dans la salle de réunion il y avait à vue de nez cinquante personnes.
회의실에는 어림잡아 오십 명의 사람이 있었어.

approximativement 어림잡아, 대략, 거의(=à peu près) / 대충
une réunion 결합, 연결, 접합(=assemblage) / 집회, 모임, 회의 / 토론회

예 A La présentation était couronnée de succès. Ces hommes sur la scène étaient formidables !

B Ils étaient combien ?

A Dix à vue de nez.

A 공연은 성공적이었어. 무대 위의 사람들은 훌륭했어.
B 몇 명이나 됐는데?
A 대략 열 명.

| couronné(*e*) 관을 쓴 / 왕위에 오른 / 상을 받은 / (영광 등으로) 장식된, 빛나는

Le nez au vent[en l'air] 느긋하게, 빈둥거리며(= en flânant) B2

예 Je marchais dans un parc le nez au vent quand un homme a surgi des buissons. 한가롭게 공원 안을 거닐고 있었는데, 갑자기 웬 남자가 풀숲에서 튀어나왔어.

| flâner 한가로이 거닐다, 산책하다 / 빈둥거리다
| surgir 솟아오르다 / 갑자기 나타나다 / 떠오르다, 생기다
| un buisson 덤불, 수풀

---

noir (*n. m.*) 검은 색 / 검은 옷 / 어둠 / 우울증 / 블랙커피

Être dans le noir 아무것도 이해하지 못하다(= ne rien comprendre à quelque chose) B1

예 J'ai expliqué à Martin plus de dix fois. Mais il est toujours dans le noir.
내가 마르탱한테 열 번도 넘게 설명해 줬거든. 근데 여전히 이해를 못해.

| plus de + 무관사 명사 더 많은

---

nouveau, nouvel, nouvelle (*adj.* et *n.m.*) 새로운, 최근의 // 새로운 것, 변화된 것

À nouveau 새롭게, 다른 식으로 / 다시 한 번(= encore une fois, de nouveau) A2

예 Je sais que j'ai dit oui, mais il me faut voir ça à nouveau.
내가 그러겠다고 한 거 아는데, 한 번 더 봐야겠어.

| dire oui à *qqn* ~에게 좋다고 말하다 ↔ dire non à *qqn* ~에게 싫다고 말하다

---

nouvelle (*n.f.*) 소식, 소문 / 뉴스, 정보 / 근황 / (중편) 소설

Pas de nouvelles, bonnes nouvelles (속담) 무소식이 희소식 B1

144

예 A Ça fait plus d'une semaine qu'elle ne m'appelle pas. Je suis inquiète.

B Oh, pas de nouvelles, bonnes nouvelles. Sois patiente.

A 그녀가 내게 전화 안 한 지 일주일이 넘었어. 걱정되네.
B 무소식이 희소식이라잖아. 기다려 봐.

être inqui*et*(*ète*) 불안한, 근심스러운, 조마조마한 / 편안하지 않은(=agité, remuant) / 안달하는, 조급한
(=impatient, insatisfait) / 마음에 걸리는

sois 'être' 동사의 2인칭 단수 명령법

patient(*e*) 참을성[인내심 · 끈기] 있는 ↔ impatient(*e*) 참을성 없는, 성급한

---

nuage (*n. m.*) 구름 / (비유) 나쁜 징후, 의혹

Être[se perdre] dans les nuages 넋을 잃고 있다, 주위가 산만하다(= être distrait) B1

예 Thomas, tu sembles toujours être dans les nuages. Quel est ton problème ?

토마, 항상 주위가 산만한 것 같구나. 문제가 뭐니?

se perdre 소멸되다, 사라지다, 없어지다 / (음식이) 상하다(=se gâter) / 보이지 않다, 들리지 않다, 자취를
감추다 / 길을 잃다 / 이해하지 못하다, 갈피를 잡지 못하다 / 몰두하다(=s'absorber)

distrait(*e*) 방심한, 멍한 / (성격상) 주의가 산만한, 넋 놓은

sembler + *inf.* ~처럼 보이다, ~같다, ~듯하다(=avoir l'air, paraître)

occuper (se)
(v. pron.) 돌보다, 전념하다 / 관심을 두다 / 근심하다

T'occupe ! 상관 마! 걱정 마!(= ce n'est pas ton affaire) B1

예. A Ta robe est trop collante. Tu ne penses pas ?

    B T'occupe ! C'est à la mode.

    A 네 원피스 너무 딱 붙는다. 그렇게 생각 안 해?
    B 네 일이나 신경 쓰세요. 유행이거든.

    | collant(*e*) 들러붙는, 끈끈한 / (비유) 귀찮게 달라붙는 / (옷 따위가) 몸에 딱 붙는
    | être à la mode 유행이다

예 Je sais ce que je fais. Je ne suis pas un enfant. Donc, t'occupe !

    내가 뭘 하는지 알고 있어. 난 어린아이가 아니니까. 그러니 상관하지 마.

    | ce que ~하는 것

œil
(n. m.) 눈 / 시력 / 시선 / 견해, 관점, 의견

Au[du] premier coup d'œil 언뜻 보고 바로, 첫눈에 B1

예 Au premier coup d'œil, je suis tombée amoureuse de lui.

    그를 보자마자 첫눈에 사랑에 빠졌어.

    | tomber amoureu*x*(*se*) de *qqn* ~와 사랑에 빠지다

예 Au premier coup d'œil, nous savions qu'il était un meurtrier. Il y a des choses qui ne se cachent pas. 우리는 첫눈에 그가 살인자라는 걸 알았어. 감춰지지 않는 게 있는 법이거든.

    | un(*e*) meurtri*er*(*ère*) 살인자, 살인범
    | se cacher 숨다, 은신하다 / 숨겨지다, 가려지다 / 피하다

En[dans] un clin d'œil 눈 깜짝할 사이에, 순식간에 B1

예 C'était un moment tant attendu mais il est passé en un clin d'œil.

    그렇게 기다리던 순간이었는데, 눈 깜짝할 사이에 지나갔어.

    | tant 그렇게 많이, 그처럼, 그토록(= tellement)
    | un clin d'œil 눈짓, 윙크 / 암시[묵인]의 표시

예 En un clin d'œil, je n'étais plus dans la fleur de l'âge. Que c'est triste !

    순식간에 중년에 접어들었어. 정말 슬프네.

    | que + 주어 + 동사(직설법) 감탄문을 이끎.

Jeter un coup d'œil 힐끗 보다 A2

[예] A Voulez-vous quelque chose de spécifique mademoiselle ?

B Non, je jette juste un coup d'œil.

A 뭐 구체적으로 원하시는 거 있어요. 손님?
B 아니요. 그냥 좀 보는 거예요.

> jeter 던지다(=lancer) / 버리다, 던져버리다(=abandonner)
> spécifique 특징적인 / 구체적인 / 특유의, 특정의

[예] J'ai juste jeté un coup d'oeil mais le projet me semblait formidable.

얼핏 본 것뿐이지만 계획은 근사해 보였어.

> un projet 계획, 기획(=plan, programme) / 설계(도)
> formidable 무시무시한(=effrayant, épouvantable) / 거대한, 엄청난(=énorme, extraordinaire) / 기
> 막힌, 놀라운(=étonnant, épatant)

---

or	(n. m.) 금 / 금화 / (비유) 재산, 부(=richesse) / 금색, 황 금색 / (비유) (금처럼) 값진[소중한] 것

En or (문어적 표현) 완벽한, 뛰어난, 이상적인 A2

[예] J'ai enfin trouvé un boulot en or. 드디어 끝내주는 일을 찾았어.

> un boulot (구어) 일(=travail)

[예] C'était pour moi une occasion en or. Mais je l'ai ratée comme un imbécile.

나한테는 황금 같은 찬스였는데, 바보처럼 놓쳐버렸어.

> une occasion 기회, 호기 / 경우, 상황 / 계기 / 원인, 이유
> rater (겨눈 것을) 맞히지 못하다 / 놓치다 / 만나지 못하다 / 실패하다 / 그르치다, 망치다
> un(e) imbécile 바보, 얼간이 / (의학) 저능아

---

ordre	(n. m.) 순서, 차례 / 정리, 정돈 / 질서 / 명령 / 종류, 분류

C'est dans l'ordre (des choses) 당연하다(= c'est normal), 불가피하다(= c'est inévitable) A2

[예] Avant que tu partes il faut aller voir ton supérieur. C'est dans l'ordre.

떠나기 전에 너의 직속 상관을 보러 가야지. 그건 당연한 거야.

> avant que 주어 + 동사(접속법) ~하기 전에
> un supérieur (직장) 상사, 상관

[예] Tu as commis une grande erreur et ne devrais pas éviter une punition. C'est dans l'ordre des choses. 큰 잘못을 했으니 처벌을 면하기는 어려울 거야. 당연한 일이야.

147

commettre (범죄·과실 따위를) 저지르다, 범하다 cf. commetre une erreur(=une faute) 잘못[실수]을 저지르다

une erreur 잘못, 오류 / 틀린 것 / 실책, 과실 / 오차, 착오

devrais 'devoir' 동사의 2인칭 단수 조건법 현재

éviter 피하다 / 모면하다 / [à에게] 면하게 해주다

une punition 처벌, 제재, 징계(=châtiment, pénalité, sanction) / 벌

os | *(n. m.)* 뼈, 골 / (구어) 곤란한 문제

Être trempé[mouillé] jusqu'aux os 뼛속까지[완전히, 흠뻑] 젖다 B1

[예] Oh là là！ Tu es trempé jusqu'aux os. Entre vite！ Je t'apporte une serviette.
세상에! 완전히 젖었구나. 얼른 들어와. 수건 갖다 줄게.

> trempé(*e*) 담근, 잠긴 / 흠뻑 젖은 / 물을 탄 / (체력이) 강한
> mouillé(*e*) 젖은, 축축한 / 침수되는 / 비의
> une serviette 냅킨 / 수건, 타월 / 서류 가방, 책가방
> cf. être glacé(*e*) jusqu'aux os 꽁꽁 얼다

[예] Hier, j'ai été surprise par une averse sur le chemin du retour. J'étais trempée jusqu'aux os. 어제 돌아오던 중에 소나기를 만났어. 완전히 젖었지, 뭐.

> une averse 소나기, 폭우 / (비유) 다량, 다수 cf. une averse de reproches 빗발치는 비난
> un chemin 길, 도로 / 여정 / 경로, ~로 가는 길
> un retour 돌아옴[돌아감], 귀환 / 귀로 / 복귀 / 회귀 / 반송, 반품

Il y a un os (구어) 곤란한 문제가 있다 B2

[예] Je peux te parler une minute, Hélène？ Il y a un os.
엘렌, 잠깐 얘기 좀 할까? 문제가 있어서 그래.

> une minute 1분 / 잠깐, 잠시, 순간(=instant, moment)

[예] Quand il y a un os chez toi, appelle-moi. Je viendrai tout de suite pour t'aider.
문제가 생기면 나한테 전화해. 도와주러 바로 갈게.

> tout de suite 즉시 / 지체 없이(=immédiatement), 곧
> immédiatement 직접적으로 / 바로 / 즉시, 당장

outre | *(adv.)* 지나쳐서, 더 멀리

En outre 게다가, 더불어(= de plus, en plus) B1

[예] Il a perdu toute sa fortune en bourse. En outre, il est gravement malade.
그는 증권 투자로 전 재산을 잃은 데다 중병을 얻었습니다.

une fortune 재산, 자산(=richesse, ressources) / (구어) 거액의 돈

gravement 근엄하게, 엄숙하게 / 중대하게 / 심각하게, 심하게

예 J'ai un bon boulot. En outre, mes grands-parents m'ont légué une maison. Je suis très chanceuse.

난 좋은 일자리도 있고, 게다가 조부모님께서 집 한 채를 물려 주셨거든. 나는 운이 참 좋아.

un boulot (구어) 일(=travail)

léguer 유증하다 / 물려주다, 남기다

chanceux(se) (구어) 행운의, 운 좋은

pain
(n. m.) 빵 / 양식, 식량

Gagner son pain 밥벌이하다, 생계를 유지하다 `A2`

예 Je vais au boulot.* Tout le monde doit gagner son pain, n'est-ce pas ?
일하러 가. 사람은 누구나 다 밥벌이를 해야지, 안 그래?

> aller au boulot (구어) 일하러 가다

예 On ne peut pas vivre seulement pour gagner son pain. Il faut rechercher quelque chose de spirituel.
사람은 생계를 유지하기 위해서만 살 수는 없어. 뭔가 정신적인 것을 추구해야 해.

> il faut + *inf.* ~해야 한다.
> spirituel(*le*) 정신의, 정신적인(=immatériel) / 영적인 / 재치 있는

paix
(n. f.) 평화 / 화목, 화합 / 평온함

En paix 편안한, 평온한(= tranquille) `A2`

예 C'était un homme bien. Qu'il repose en paix ! 좋은 사람이었는데… 편히 잠들기를!

> reposer 쉬다 / 잠들다

예 Après avoir confessé mon erreur, j'ai eu la conscience en paix.
잘못을 시인하고 난 뒤 마음이 편안해졌어.

> confesser 자백[고백]하다 / (솔직히) 인정하다 / 고해하다
> une conscience 의식, 자각 / 정신, 의식 / 양심 / 마음

Faire la paix avec *qqn* ~와 화해하다(= se réconcilier) `A2`

예 Je veux faire la paix avec mon épouse. J'en peux plus de son silence.
와이프랑 화해하고 싶어. 더 이상은 그녀의 침묵을 견딜 수가 없어.

> un(*e*) époux(*se*) 배우자 / 남편[부인]
> n'en pouvoir plus 더 이상 견딜 수 없다, 기진맥진하다 / 포기하다

예 Seulement au moment de sa mort, il a fait la paix avec sa famille.
그는 죽는 순간에서야 비로소 그의 가족과 화해를 했어.

> au moment de *qqch/inf.* ~하는 순간[때]에 cf. au moment où + 주어 + 동사 ~하는 순간[때]에

150

pareil(*le*)   *(n.)* 똑같은 사람 / 비슷한 종류

Sans pareil 유일한(= unique), 비길 데가 없는(= incomparable), 최고의 **B1**

예 C'est un homme remarquable, sans pareil. 그는 굉장해. 비할 데 없을 만큼 말이야.

> unique 유일한, 단 하나밖에 없는 / 독특한, 특이한(=singulier) / 뛰어난, 탁월한, 유례없는
> (=exceptionnel, irremplaçable)
> incomparable 비할 바 없는, 탁월한 / 전혀 다른(différent)
> singuli*er(ère)* 기이한, 야릇한(=bizarre, étrange) / 유일한, 구별되는
> irremplaçable 다른 것으로 대체할 수 없는, 둘도 없이 소중한

예 Dans mon adolescence, j'ai traversé une période difficile sans pareille. Mais à l'heure qu'il est, je vis en paix.
사춘기 때 정말 이루 말할 수 없이 어려운 시기를 겪었지. 하지만 지금은 맘 편히 살고 있어.

> une adolescence 청년기, 청춘
> traverser 횡단하다, 건너다 / 가로지르다, 통과하다 / 꿰뚫다 / 경험하다, 겪다
> une période 기간(=durée) / 시기(=époque) / 시대(=ère)
> à l'heure qu'il est 지금, 현재(=maintenant, actuellement, à présent, en ce moment)

parfait(e)   *(adj.)* 완전한, 완벽한, 완전무결한 / 흠잡을 데 없는 / 전적인

Personne n'est parfait 완전한[결점 없는] 사람은 없다 **A2**

예 Je sais que j'ai fait une erreur cette fois. Mais personne n'est parfait.
이번에 실수한 거 알고 있어요. 뭐, 완전한 사람이 있나요.

> une erreur 잘못, 오류 / 틀림 ex) L'erreur est humaine.

예 Le patinage de Yuna Kim est le meilleur de son temps. Personne n'est parfait mais elle est parfaite. Je veux dire… sur la glace.
김연아의 스케이팅은 당대 최고지. 완벽한 사람은 없지만, 그녀는 완벽해. 내 말은 얼음 위에서 그렇다고.

> un patinage 스케이트 타기, 스케이팅
> le meilleur 가장 좋은 것[점, 부분, 사람]
> de son temps 자기 시대의, 당대의(=de son époque)
> vouloir dire 의미하다, 뜻하다(=signifier)

parfum   *(n. m.)* 향기, 냄새 / 향수 / 향료 / (구어) 소식

Être au parfum (de *qqch*) (~의) 냄새를 맡다, 감을 잡다, 낌새를 채다 **B1**

예 Je crois que Marc est au parfum. Qu'est-ce que je fais s'il se méfie de moi ?

마르크가 낌새를 챈 것 같아. 날 의심하면 어떻게 하지?

| se méfier de *qqn/qqch* ~을 불신하다 / ~을 경계[조심]하다

예 Je suis au parfum de quelque chose. Sinon, pourquoi il est si bizarre comme ça ?

뭔가 냄새가 나. 아니면 왜 저렇게 이상하겠어?

| sinon 그렇지 않으면(=autrement) / ~을 제외하고는, ~이 아니고는(=excepté, sauf)
| comme ça 이렇게, 그렇게(=comme cela)

---

parole (*n.f.*) 말 / 말투, 어조 / 약속

Couper la parole 말을 끊다(= interrompre) B1

예 Arrête de me couper la parole. Qu'est-ce que tu es énervant !

말 좀 그만 끊어. 너 진짜 짜증난다!

| interrompre 중단하다 / 중지하다 / 방해하다 / 가로막다 / 차단하다
| arrêter de + *inf.* ~하는 것을 그만두다, 끊다
| énervant(*e*) 신경질 나게 하는, 짜증나게 하는(=irritant, agaçant) / 성가신

예 Les hommes politiques français coupent sans gêne la parole de leurs
adversaires lors des débats. 프랑스 정치인들은 토론에서 상대방의 말을 거리낌 없이 끊습니다.

| une gêne (신체적) 제약, 장애, 어려움(=difficulté) / 불편, 곤란(=embarras, ennui) / 궁색함, 빈곤 / 거
북함, 난처함, 답답함, 당혹감(=confusion, trouble)
| sans gêne 스스럼없이, 거리낌 없이
| un(*e*) adversaire 반대자, 적수(=antagoniste, contradicteur)
| un(*e*) antagoniste 반대자, 상대자 / 경쟁자 / 적, 적수
| un(*e*) contradic*teur*(*trice*) 반대자 / (법) (소송의) 상대방
| un débat 토론, 토의 / 언쟁, 말다툼(=querelle) / 갈등 / (복수) (정치) 토론, 심의

La parole est d'argent mais le silence est d'or (속담) 웅변은 은이고 침묵은 금
이다 B1

예 Ne parle pas trop. La parole est d'argent, mais le silence est d'or.

말 너무 많이 하지 마. 웅변은 은이지만, 침묵은 금이라잖아.

| un silence 침묵, 무언 / 고요, 정적 / 평온
| un argent 은, 은화 / 돈 cf. un or 금, 금화 / 재산 / (비유) 값진 것

---

part (*n.f.*) 몫, 할당분 / 분담 / 부분

À part 별도로, 따로 / ~을 제외하고 B1

예 À part le cinéma qu'est-ce que vous aimez ? Peut-être le musical ?
영화 빼고 뭐 좋아하세요? 혹시 뮤지컬?

> un musical 뮤지컬

예 Puisqu'elle ne prend qu'un repas par jour, tu ne peux pas la suivre. C'est un cas à part. 걔가 1일 1식한다고 해서 따라하면 안 돼. 그건 특수한 경우야.

> ne ~ que 단지, ~만
> suivre 뒤따라가다, 쫓아가다 / 따르다 / 추적하다 / 이해하다 / 뒤를 잇다, 따르다
> un cas 일, 사실 / 사건 / 사례, 실례 / 경우, 상황 / 기회, 호기

Nulle part 어디에도 (아니다)(= en aucun lieu) A2

예 Je l'ai cherchée un peu partout mais elle était nulle part.
여기저기 다 찾아 봤는데, 아무데도 없었어.

> nul(le) 전무의 / 형편없는, 무가치한(= sans valeur) / 무능한(= incompétent) / (구어) 바보 같은, 멍청한 (= bête, idiot) / (법) 무효의 / (수학) 영(0)의
> un lieu 장소, 곳(= endroit) / 지역, 고장(= pays, région)

예 J'ai déjà trente-cinq ans mais je ne trouve mon amour nulle part.
내가 벌써 서른다섯 살인데, 내 사랑은 어디에도 없네.

> un amour 사랑, 애정 / 사랑의 대상, 사랑하는 사람

Quelque part 어디, 어디엔가 / (구어) 화장실 A2

예 A Où est-ce que tu vas ?

> B Je vais quelque part.

> A 어디 가?
> B 화장실.

> les toilettes 화장실

예 Tu t'inquiètes plus qu'il ne faut. Tu peux trouver quelqu'un quelque part.
걱정도 팔자다. 어딘가에 네 사랑도 있겠지.

> plus qu'il ne faut 필요 이상(으로)

---

partie
(n.f.) 부분, 일부분 / (전문) 분야 / (신체의) 일부 / 시합 / 파티, 모임

En partie 부분적으로(= partiellement) A2

예 En partie, elle a raison. Mais seulement en partie.
부분적으로는 그녀 말이 맞아. 부분적으로만.

partiellement 부분적으로, 불완전하게

seulement 오직, 오로지, 단지, ~만

예 Je suis coréen en partie car mon arrière-grand-père est coréen.

저도 부분적으로는 한국인이에요. 제 증조부께서 한국인이시거든요.

un arrière-grand-père 증조부, 증조할아버지

pas
(n. m.) 걸음 / 발소리, 발자국 / 보폭 / 단계 / (걸어온) 흔적

À deux pas de ～에서 매우 가까운(= tout près de) **B1**

예 L'hôpital est à deux pas de chez moi. Pas mal, non ?

병원이 우리 집에서 진짜 가까워. 괜찮지 않니?

pas mal 나쁘지 않은, 좋은

Pas à pas 한 걸음 한 걸음, 단계적으로, 조금씩(= progressivement, peu à peu) / 신중하게 **A2**

예 J'ai l'impression que ton français s'améliore pas à pas. C'est bien !

네 불어가 조금씩 향상되는 것 같아. 좋았어!

avoir l'impression que 주어+동사(직설법) ~라는 느낌을 가지다

s'améliorer 개량되다 / 개선되다 / 진보[향상]되다, 나아지다

예 Monsieur Coubertin est en train de réduire pas à pas les divergences d'opinion avec son fils. 쿠베르텡 씨는 조금씩 조금씩 자기 아들과의 견해 차이를 좁혀가고 있는 중입니다.

réduire 줄이다, 깎다, 내리다(= abaisser, diminuer) / 축소하다 / ~을 ~로 만들다

une divergence (의견 등의) 불일치, 대립(= différence, désaccord)

passage
(n. m.) 통행, 통과 / 잠시간의 체류 / 횡단, 항해 / 통로

Au passage 지나는 길에, 도중에(= en passant) **A2**

예 Je ne suis pas sûr mais si je peux, je vais chez toi au passage.

확신할 수는 없지만, 그럴 수 있으면 가는 길에 너희 집에 들를게.

sûr(e) 확신하는, 자신하는 / 믿는 / 믿을 만한, 신뢰할 수 있는 / 확실한, 틀림없는, 분명한 / 안전한, 안심이 되는

예 Emmène-moi à la gare au passage. 지나는 길에 나 좀 역에 데려다 줘.

emmener 데리고 가다 / 운송[운반]하다, 실어 나르다

une gare 역, 정거장 / 정차장

passer

(v. intr.) 지나가다, 통과하다 / 들르다 / 상연[상영]되다 / (시간이) 흘러가다 / ~이 되다, ~으로 변하다

Laisser passer 지나가게 하다, 통과시키다 / 용인[묵인]하다 **A2**

예 Pouvez-vous laisser passer cette demoiselle ? 이 아가씨 좀 지나가게 해 주시겠어요?

> une demoiselle 미혼 여성 / 아가씨

예 Notre maîtresse exagère un peu. Elle laisse toujours passer les mauvaises actions de Paul. 우리 선생님 좀 너무해. 폴의 잘못은 항상 묵인하시더라.

> un(e) maître(sse) 주인, 소유주 / 지배자, 지도자 / 교사, 선생, 스승
> exagérer 과장하다, 부풀려 말하다(=agrandir, amplifier) / (지나치게) 강조하다, 두드러져 보이게 하다

peau

(n. f.) 피부, 살갗 / 몸 / 목숨 / 가죽 / 껍데기

Être bien[mal] dans sa peau 편안해[불편해]하다 / 자기 자신에 만족[불만족]하다 **B1**

예 Être mal dans sa peau, c'est malheureux. 스스로 불만족스러워하는 건 불행한 일이야.

> une peau (사람의) 피부, 살갗 / (동물의) 표피 / 가죽, 피혁 / (과일의) 껍질 / 막, 꺼풀

peine

(n. f.) 벌 / (법) 형벌 / 고통, 아픔 / 수고, 노력

Sous peine de ~의 벌을 받는 조건으로 / ~하고 싶지 않다면 **B2**

예 Il faut skier avec attention sous peine de tomber.
넘어지고 싶지 않으면 조심해서 스키를 타야 해.

> skier 스키를 타다
> avec attention 주의 깊게, 조심해서

예 J'ai violé le règlement de stationnement sous peine d'amende.
나는 벌금을 낼 각오로 주차 위반을 했어.

> violer 위반하다, 침해하다(=enfreindre, transgresser) / 누설[폭로]하다(=trahir, divulguer) / 침입하다 / (신성)모독하다(=profaner) / 능욕하다
> enfreindre (문어) 어기다, 위반하다(=contrevenir) / 침해하다
> transgresser (법 · 명령 · 의무 등을) 위반하다, 어기다
> divulguer (비밀 등을) 폭로하다, 누설하다 / 유포하다
> profaner (신성한 것을) 더럽히다, 모독하다 / (비유) 타락시키다, 악용하다
> un règlement 규칙, 규정, 내규 / (분쟁 등의) 해결 / 결제, 결산, 지불
> un stationnement 주차 / (공유지의) 점거 / (군사) 주둔
> une amende 벌금(형)

Ce n'est pas la peine de + *inf.* ~할 필요는 없다 `A2`

예 Ce n'est pas la peine d'acheter deux cadeaux. 선물을 두 개 살 필요는 없지.

　　| un cadeau 선물 / 증정품(=don, présent)

예 A Joyeux anniversaire, Stella ! Je t'ai apporté une bouteille de vin et mon super gâteau.

　　B Mais c'était pas la peine !

　　A 스텔라 생일 축하해! 포도주 한 병이랑 내가 만든 근사한 케이크를 가져왔어.
　　B 그럴 필요 없었는데!

　　| apporter 가져오다 / 지참하다 / 운반하다 / 초래하다, 일으키다(=causer) / 인용하다
　　| une bouteille 병, 술병
　　| un vin 포도주 / 술
　　| super (불변) (구어) 멋진, 훌륭한, 우수한 / 근사한
　　| c'était pas la peine ! = il ne fallait pas !

---

penser *(v. tr.)* ~에 대해 생각하다, ~라고 생각하다

Tu n'y penses pas ! / Vous n'y pensez pas ! 설마, 그럴 생각은 아니겠지요!, 농담이겠지요! `B2`

예 Quoi ? Grimper à la tour Eiffel ? Tu n'y penses pas ! C'est illégal !
뭐라고? 에펠탑을 오르겠다고? 설마! 그거 불법이야!

　　| grimper 기어오르다 / (힘들여) 올라가다 / 오르다 / 승진하다 / (비유) 급등하다
　　| illégal(e) 위법의, 불법의(=illicite)

예 Qu'est-ce que tu dis ? Camper sous ce temps horrible ? Tu n'y penses pas, n'est-ce pas ? 뭐라는 거야? 이렇게 끔찍한 날씨에 캠핑을 하겠다고? 농담이지, 그렇지?

　　| camper 야영하다 / 캠핑하다 / 임시로 거처하다

---

perdre *(v. tr.)* 잃다, 상실하다 / 놓치다 / 낭비하다

N'avoir rien à perdre 잃을 게 없다 `B1`

예 Demande à Simone de sortir avec toi. En tout cas, tu n'as rien à perdre ?
시몬한테 사귀자고 해. 손해볼 것 없잖아?

　　| sortir avec *qqn* ~와 외출하다 / ~와 사귀다

예 Je m'attends déjà au pire. Je n'ai rien à perdre. 나는 이미 최악의 상황을 각오하고 있어. 잃을 게 없다고.

le pire 가장 나쁜 것, 최악(의 상황) / 가장 위험한 것

personne   *(n.f.)* 사람 / 인격, 개성 / 인칭

Grande personne 어른(= adulte) `A2`

예 Tu continues de te plaindre ? Tu es une grande personne maintenant.
계속 불평할 거야? 너 이제 다 큰 어른이야.

se plaindre 불평하다, 투덜대다 / 항의하다

예 Comme l'a dit le Petit Prince de Saint-Exupéry, les grandes personnes sont
très très bizarres. 생텍쥐페리의 어린 왕자가 말한 것처럼 어른들은 정말 이상해.

un prince 왕자
bizarre 묘한, 이상한(=étrange) / 기이한

petit   *(adv.)* 작게

Petit à petit 조금씩(= peu à peu) `A2`

예 Au début, bien sûr que ce sera dur. Mais tu te sentiras mieux petit à petit et
commenceras à t'amuser. 처음에는 물론 힘들 거야. 하지만 점점 더 나아질 거고, 즐기게 될 거야.

se sentir bien[mal/mieux] 기분이 좋다[나쁘다/더 좋다]
s'amuser 즐기다, 놀다 / 빈둥거리다 / 삶을 즐기다

예 Ne me force pas trop. J'avance mon travail petit à petit.
강요하지 마세요. 일을 조금씩 진척시키고 있으니까요.

forcer 강요하다, 강제하다(=obliger) / 억제하다, 억압하다
avancer 앞당기다 / 빠르게 하다 / 진척시키다 / 가다, 나아가다, 전진하다

peu   *(adv. et n. m.)* 조금, 적게 / 거의 없이 // 약간, 조금, 소량

À peu près 대략, 거의(=environ) `A2`

예 Je ne sais pas exactement mais mon voisin a à peu près quarante ans.
정확히는 모르겠지만, 옆집 남자 대략 마흔 살쯤 먹었어.

un(e) voisin(e) 이웃, 가까이 있는 사람 / 이웃 나라

예 Les heurts ensanglantés causés par les manifestants et les policiers ont fait à
peu près dix blessés. 시위대와 경찰에 의해 벌어진 유혈 사태로 대략 열 명의 부상자가 생겼습니다.

un heurt 충격, 충돌(=coup, choc) / 격돌, 대립

ensanglanter 피로 뒤덮다, 피로 물들이다, 피투성이로 만들다, 살상하다

causer (~을) 야기하다, 원인이 되다 / (일·사건을) 일으키다

un(e) manifestant(e) 시위[데모] 참가자

un policier 경찰, 경찰관

un(e) blessé(e) 부상자

예 Hier j'ai dormi à peu près 12 heures. Et maintenant j'ai mal au dos.
나 어제 거의 열두 시간 잤어. 그랬더니 이제 등이 아프다.

avoir mal à ~가 아프다

예 Il nous reste à peu près une heure de marche. Après, on peut se reposer un
peu dans une pension de famille. 대략 한 시간 더 걸으면 돼. 그러면 펜션에서 좀 쉴 수 있을 거야.

une marche 걷기 / 걸음걸이 / 행진, 행군 / 운행

une pension 연금 / 수당, 보조금 / (식사가 제공되는) 하숙, 하숙집 / 기숙사

pied
(n. m.) 발 / (몸의) 아랫부분 / 하단, 하부

À pied 걸어서, 도보로 [A2]

예 Je vais à l'université à pied. C'est plus agréable et plus rafraîchissant.
저는 학교에 걸어서 갑니다. 그게 더 즐겁고 상쾌하니까요.

rafraîchissant(e) 시원하게[상쾌하게] 하는 / 생기를 주는 / 산뜻한 기분이 들게 하는 / 시원한

예 On ne peut pas y aller à pied. Prenons un taxi. 거기 걸어서는 갈 수 없어요. 택시 탑시다.

y 거기(중성대명사)

prendre un taxi[une voiture, un métro, un bus, un train, un avion] 택시[자동차, 지하철, 버스, 기차,
비행기]를 타다

pis
(adv. et n. m.) 더 나쁘게 // 더 나쁜 것,
가장 나쁜 것, 최악(의 상황) / 가장 위험한 것

Tant pis ! (유감스럽지만) 할 수 없지! / 낭패로군! [A2]

예 Elle ne peut pas venir avec nous ? Tant pis ! 우리랑 같이 갈 수 없대? 뭐, 할 수 없지.

Tant pis! (유감스럽지만) 할 수 없지! / 낭패로군!

예 Comment ? Silvain ne vient pas avec nous ? Tant pis pour lui mais tant mieux
pour moi ! 뭐? 실뱅이 우리랑 같이 못 간다고? 걔한테는 안된 일이지만 나한테는 잘된 일이네.

Tant mieux ! 그것 잘됐다! / 안성맞춤이다!

place — *(n.f.)* 곳, 장소 / 위치, 자리 / 좌석 / 광장 / 처지, 입장

À la place de ～대신에 / ～의 입장에(= au lieu de) `A2`

예 Je vous aiderai à la place de mon frère. Il est un peu malade aujourd'hui.
제가 오늘 오빠 대신 도와 드릴게요. 오늘 오빠가 좀 아파서요.

> malade 아픈, 병든, 탈이 난 / 혼란한, 언짢은 / (구어) 미친, 머리가 돈(= fou)

예 Je lui ai présenté mes condoléances à la place de mon père car il est à présent à l'étranger. 나는 그에게 아버지를 대신해서 조의를 표했어. 아버진 지금 외국에 계시거든.

> des condoléances (복수) 문상, 조의, 애도
> à présent 현재(는), 지금(은), 이제(는)
> l'étranger (집합적) 외국

Sur place 현장에서, 그 자리에서 `A2`

예 Cet accident était horrible. Beaucoup de gens ont été blessés et le chauffeur est mort sur place. 그 사고 끔찍했어. 많은 사람들이 다쳤고, 운전자는 현장에서 죽었어.

> être blessé(*e*) 상처를 입다, 부상당하다 / (비유적) 마음이 상하다

plaisir — *(n. m.)* 기쁨, 즐거움, 환희 / 쾌락

Avec plaisir 기꺼이, 즐겁게 `A2`

예 J'ai demandé à Paul s'il pouvait m'accompagner à l'aéroport et il a dit oui avec plaisir. Il est très gentil.
폴한테 공항에 같이 가줄 수 있냐고 물었더니 기꺼이 가겠다고 하는 거야. 정말 친절하지.

> accompagner *qqn* ~와 동행하다, 동반하다, 함께 가다 / ~를 수행하다

예 A J'ai besoin de toi pour la réussite de ce projet. Tu m'aides ?
B Avec plaisir.

A 이번 일을 성공시키기 위해 네가 필요해. 도와줄 거지?
B 당연하지.

> avoir besoin de *qqn/qqch* ~을 필요로 하다
> une réussite 성공 / 출세

Faire plaisir à *qqn* ~을 기쁘게[즐겁게] 하다 `B1`

예 Me reposer à la maison me fait plaisir. 난 집에서 쉬는 거 좋아해.

> se reposer 쉬다, 휴식을 취하다 cf. un repos 휴식, 휴지

예 Voir un film en grignotant des sablés, ça me fait plaisir.
과자 먹으면서 영화 보는 거 좋아해.

159

grignoter 조금씩 갉아먹다 / 조금씩 먹다, 깨지락거리며 먹다

un sablé 사블레[노르망디 지방 사블레 원산의 바삭바삭한 과자]

plus
(adv.) 더, 더 많이

De plus 게다가, 그 위에(= en outre) A2

예 À cette époque-là, je n'avais pas d'amis. De plus, j'étais bien stressée à cause de mes études. Je crois que j'étais un peu malheureuse.

그 당시 난 친구가 없었어. 게다가 공부 때문에 스트레스를 많이 받았거든. 좀 불행했던 것 같아.

être stressé(e) 스트레스를 받다

De plus en plus 점점, 차츰차츰 A2

예 Bonjour, mademoiselle Cho ! Vous devenez de plus en plus belle ! Qu'est-ce que je vous sers ? 마드무아젤 조, 안녕하세요? 점점 더 예뻐지시네요! 뭘 드릴까요?

servir 모시다, 섬기다 / 봉사하다 / (손님을) 대하다, 시중들다 / 식사 시중을 들다

poche
(n. f.) 포켓, 주머니 / (종이 또는 비닐) 백

C'est dans la poche (구어) 그것은 식은 죽 먹기다(= la chose est faite) B1

예 L'examen final de la semaine prochaine ? C'est dans la poche !

다음 주 기말시험? 그거야 식은 죽 먹기지!

la semaine prochaine 다음 주 ↔ la semaine dernière 지난 주

final(e) 최종의, 마지막의 / 목적의 / 어말의 / 궁극적인

예 Nous allons gagner ce procès. C'est dans la poche !

우리가 그 소송에서 이길 거예요. 식은 죽 먹기죠.

un procès 소송

gagner un procès 승소하다 ↔ perdre un procès 패소하다

poignard
(n. m.) 단도, 단검

Coup de poignard dans le dos 배신(= trahison) / 비겁한 행동 B1

예 Philippe m'a encore donné un coup de poignard dans le dos. Tu entends ? Encore ! 필립이 나를 또 한 번 배신했어. 들었어? 또 그랬다고!

160

une trahison 배신, 배반(=perfidie) / 반역 / 부정, 간통
une perfidie (문어) 배신적인 행위, 불성실한 말[행위] / 배신, 배반, 불성실

poil

(n. m.) 털 / 체모 / (동물의) 털

Avoir un poil dans la main 몹시 게으른(= très paresseux) `B2`

예 Estelle n'a pas terminé sa part de travail. Elle a un poil dans la main.
에스텔은 아직 자기 몫의 일을 끝내지 않았어. 정말 게으름뱅이야.

paresseu*x*(*se*) 게으른, 나태한 / 무기력한, 안일한 / 완만한, 둔한 / 기능이 저하된
une part 몫, 할당분 / 분담 / 협력, 기여 / 부분

예 A Le plus grand défaut de Claude est qu'il a un poil dans la main.

　B Sois compréhensive. Personne n'est sans défaut.

A 끌로드의 가장 큰 단점은 게으르다는 거야.
B 이해심을 좀 가져. 누구도 완벽하지는 않으니까.

un défaut 부족, 결핍, 결여(=manque) / 결함, 장애(=anomalie) / 결점, 단점 / 흠
compréhensi*f*(*ve*) 이해심 있는, 너그러운(=indulgent) / 후한
indulgent(*e*) 관대한, 너그러운(=clément, généreux)

poing

(n. m.) 주먹

Donner un coup de poing 주먹으로 때리다 `B1`

예 Arnaud m'énerve tellement que je veux lui donner un coup de poing.
아르노 너무 짜증나서 한 대 치고 싶어.

énerver *qqn* ~를 짜증나게[신경질 나게] 하다[만들다]
tellement que 너무 ~해서 ~하다, ~할 만큼 ~하다

예 Je ne lui ai rien fait mais il m'a donné un coup de poing sans raison.
걔한테 아무 짓도 안했는데 이유도 없이 때리더라고.

sans raison (정당한) 이유 없이, 까닭 없이

point

(n. m.) 한 점 / 점 / 점수 / 지점 / 논점, 문제점

Un point, c'est tout 그게 다야, 전부야 / 더 이상 할 말이 없다 `B1`

예 Quand je dis non, c'est non. Un point, c'est tout. 내가 아니라면 아닌 거야. 그게 다야.

| dire non 아니라고 (말)하다

Être sur le point de + *inf.* 막 ~하려는 참이다 `B1`

[예] Allô ? Stella ? Quelle coïncidence ! J'étais sur le point de te téléphoner.
여보세요? 스텔라? 웬 일이니! 나 지금 막 너한테 전화하려던 참이었는데.

une coïncidence 일치, 합동 / 우연의 일치, 동시
être sur le point de + *inf.* 막 ~하려고 하다, 막 ~할 참이다
téléphoner à *qqn* ~에게 전화하다

---

poli(e) (*adj.*) 공손한, 정중한, 예의바른 / 반들반들한, 윤이 나는

Mal poli 예의바르지 못한, 무례한(= impoli) `A2`

[예] Ce garçon est terrible. Il mange comme un cochon. Il met d'ailleurs ses coudes sur la table. Il est vraiment mal poli.
그 아이는 정말 못 말려. 얼마나 지저분하게 밥을 먹던지. 게다가 식탁에 팔꿈치도 올리고. 진짜 버릇없어.

comme un cochon 돼지처럼, 지저분하게 / 탐욕스럽게
d'ailleurs 게다가, 더구나(= du reste, de plus) / 더욱이
un coude 팔꿈치 / 접속부 / (길 · 수로 등의) 굽이진 곳

[예] Je peux accepter tous ses défauts mais le fait qu'il est mal poli est insupportable.
걔의 모든 단점을 받아들일 수 있는데, 예의 없다는 건 참아주기가 힘들어.

accepter 받아들이다 / 수락하다 / 동의하다, 승인하다 / 인수하다
insupportable 참을 수 없는, 견딜 수 없는(= intolérable) / 불쾌한, 끔찍한

---

pomme (*n. f.*) 사과 / 사과처럼 생긴 것 / 감자(= pomme de terre)

Tomber dans les pommes 기절하다, 정신을 잃다(= s'évanouir) `B1`

[예] J'ai heurté mon front contre le mur et je suis aussitôt tombée dans les pommes.
나는 벽에 이마를 부딪히고 바로 정신을 잃었다.

s'évanouir (흔적도 없이) 사라지다, 없어지다(= disparaître, s'évaporer) / 기절하다, 실신하다
(= défaillir, se pâmer)
s'évaporer 증발[기화]하다 / 사라지다, 없어지다 / 자취를 감추다
défaillir 기절하다, 실신하다 / (기력 · 체력이) 쇠약해지다 / 쇠퇴하다, 감퇴하다 / 약해지다 / 저하되다
se pâmer 기절[졸도]하다 / 멍해지다, 몽롱해지다, 황홀해지다
heurter ~에 부딪치다, ~와 충돌하다 / 어긋나다
un front 이마 / 뻔뻔스러움 / (군사) 전선, 전방
aussitôt 곧, 즉각, 바로, 곧장

porte
(n. f.) 문 / 문짝 / 출입구, 들고 나는 문

Mettre[jeter, ficher*, foutre] *qqn* à la porte** ～을 내쫓다(= chasser) **B1**

예 Je crois qu'on va bientôt le mettre à la porte car il ne travaillait pas sérieusement.
내 생각에 걔는 금세 쫓겨날 것 같아. 불성실하게 일해 왔잖아.

> chasser 사냥하다 / (내)몰다, (내)쫓다 / (근심 등을) 없애다 / 해고하다
> sérieusement 진지하게, 성실하게 / 열심히, 부지런히 / 대단히, 몹시

예 On m'a mis à la porte. Je ne sais comment survivre dès à présent.
나 쫓겨났어. 이제부터 어떻게 살아야 할지 모르겠어.

> survivre 살아남다 / 계속 존재하다
> dès ～부터 / ～하자마자

possible
(adj. et n. m.) 가능한, 있을 수 있는 // 가능, 가능성 / 가능한 것[일] / 일어날 수 있는 일

Faire (tout) son possible pour + *inf.* ～하기 위해 힘 닿는 데까지 노력하다 **B1**

예 J'ai fait tout mon possible pour devenir (un) avocat.
나 변호사가 되기 위해 최선을 다해 노력했어.

> un(e) avocat(e) 변호사, 변호인 / (비유) 옹호자

예 Je vais faire mon possible pour finir ce projet avec succès.
이 계획을 성공적으로 끝내기 위해서 최선을 다하겠어요.

> finir 끝내다, 마치다(=terminer) / 그치다(=cesser) / 완성시키다(=accomplir) / 마무리하다(=clore, conclure)
> un succès 성공, 좋은 성과 / 인기 / (성공한) 결과물

potage
(n. m.) 포타주[고기, 야채를 넣어 진하게 끓인 수프의 일종]

Être dans le potage* 곤경에 처해 있다(= dans une situation confuse) **B2**

예 Claire, tu dois m'aider. Je suis dans le potage. Tu vas m'aider n'est-ce pas ?
클레르 나 좀 도와줘. 상황이 정말 좋지 않아. 도와줄 거지?

> confus(e) 당황한 / 혼란스러운(=désordonné) / 확실치 않은, 막연한(=incertain, indécis)
> désordonné(e) 무질서한, 뒤죽박죽인, 혼란스러운(=confus)
> indécis(e) 미확정의(=indéterminé) / 불확실한(=incertain) / 결단력이 없는, 우유부단한 / 애매한, 미묘한 / 불분명한

예 Elle ne m'appelle que quand elle est dans le potage. Elle agit toujours par calcul.

그녀는 자기가 어려울 때만 전화해. 진짜 이기적이지.

> agir 행동하다 / 처신하다, 움직이다 / 영향을 미치다, 작용하다
> un calcul 계산 / 산수 / 예상, 예측 / (경멸) 타산 / 계략, 술책
> par calcul 이해관계를 따져서, 계산해서

poule
(n. f.) 암탉 / (어떤 새들의) 암컷 / 여성에 대한 애칭 / (은어) 경찰

Poule mouillée 소심한 사람, 겁쟁이(= lâche, peureux) **B1**

예 Comment ? Pierre va-t-il aller au service militaire ? Mais c'est une poule mouillée ! 뭐 피에르가 군대에 간다고? 걔 완전 겁쟁인데!

> aller au service militaire 군대에 가다
> peureux(se) 겁 많은, 소심한, 결단력이 없는(= couard, craintif) / 겁에 질린, 겁먹은
> couard(e) 비겁한, 졸렬한, 겁 많은
> mouillé(e) 젖은, 축축한 / 비의

예 La poule ne doit pas chanter devant le coq. (속담) 암탉이 울면 집안이 망한다.

> un coq 수탉, 닭 / 닭요리 cf. coq au vin 포도주가 든 소스를 넣고 삶은 닭요리

pouvoir
(v. intr.) ～할 수 있다 / ～해도 좋다

N'en pouvoir plus 더 이상 견딜 수 없다, 기진맥진하다(= être à bout de forces, très fatigué) **B1**

예 J'ai fait tout ce que je pouvais. Mais tu ne changeras jamais. Je n'en peux plus. Je te quitte. 나 내가 할 수 있는 건 다 했어. 넌 절대 변하지 않을 거야. 나도 이제 못 견디겠어. 헤어져.

> un bout (물체 · 공간의) 끝, 끄트머리 / (시간의) 끝, 종말, 한계 / 조각, 단편 / 일부
> quitter 떠나다 / 나가다 / 헤어지다

précaution
(n. f.) 주의, 예비, 예방, 대비 / 신중, 조심 / 경계, 주의

Prendre ses précautions 미리 대비하다(= prendre des dispositions en prévoyance de *qqch*) / (구어) 미리 화장실에 다녀오다 / 피임하다 **B1**

예 Il manque l'électricité. Nous devons prendre nos précautions avant l'été.

전기가 부족하니까 여름 전에 대비를 해 두어야 해.

| une disposition 배치, 배열 / 정리 / 처분, 재량권 / (복수) 준비, 조처(=mesures) / 자질, 재능 / 경향 / (일시적) 기분 / 의향, 태도
| une prévoyance 선견지명 / 조심스러움 / 예견
| il manque *qqch* ~이 부족하다

[예] Quand on voyage à l'étranger, il faut toujours prendre ses précautions car tout peut arriver au dehors de son pays.

외국에서 여행할 때는 대비를 잘 해두어야 해. 나라 밖에서는 무슨 일이든지 생길 수 있으니까.

| l'étranger (집합적) 외국
| car 왜냐하면, ~이니까
| arriver 도착하다 / 이르다, 도달하다(=atteindre, parvenir) / (말·생각 등이) 떠오르다 / (사건 따위가) 일어나다, 발생하다
| au dehors de ~의 외지에서, ~의 바깥에서

préférence   (*n.f.*) 선호, 기호 / 선택 / 편애, 특혜 / 우선권

De préférence 되도록이면, 특히 B1

[예] Il faut consommer de préférence ces saucisses avant la date limite.

이 소시지는 되도록 기한 내에 드세요.

| consommer 먹다(=manger), 마시다(=boire) / 소비하다(=consumer) / 완성하다, 성취하다 (=achever, accomplir)
| achever 완성하다 / 끝마치다(=terminer, finaliser) / 마침내 ~하다 / (목숨을) 완전히 끝내버리다 / 완료시키다
| une saucisse 소시지, 순대 / (구어) 바보, 멍청이
| une limite 경계 / (시간의) 한계, 기한

[예] J'aimerais bien faire de l'exercice, de préférence dans la soirée. Je n'ai vraiment pas le temps le matin.

되도록 저녁나절에 운동하는 걸 좋아해요. 아침에는 진짜 시간이 없거든요.

| faire de l'exercice 운동하다(=faire du sport)
| dans la soirée 저녁나절에 cf. dans la matinée 아침나절에 / dans l'après-midi 오후에

premier   (*n. m.*) 첫째의 것, 제1의 것 / 최고의 것 / 전자

En premier 첫째의, 최고의 A2

[예] Je suis arrivé en premier, c'est donc moi qui vais commencer.

제일 먼저 왔으니까 제가 시작할게요.

| aller+*inf.* 곧 ~할 것이다[가까운 미래]

예 Tu dois bien préparer toutes les choses nécessaires pour écrire une bonne dissertation. En premier, rassemble des documents. C'est un travail de la plus haute importance.
좋은 논문을 쓰기 위해서 필요한 일들을 잘 준비해야 해. 우선 자료를 수집해. 그게 가장 중요한 일이야.

│ une dissertation 작문, 논술, 소논문 / 논고 / 지루한 설명
│ rassembler 다시 모이게 하다, 집합시키다 / 모으다, 수집하다 / 다시 짜맞추다
│ un document 문서, 서류(=papier, dossier) / 기록 / 참고 자료, 문헌(=matériaux)

prendre *(v. tr.)* 잡다, 붙들다, 쥐다 / 붙잡다, 체포하다 / 탈취하다

S'en prendre à 공격하다, 비난하다 `B1`

예 Oui, Jean-Paul est parti à cause de toi. Tu ne t'en prends donc qu'à toi-même.
그래. 장폴은 너 때문에 떠난 거야. 그러니 너 자신을 비난하라고.

│ toi-même 너 자신 cf. moi-même 나 자신

présence *(n. f.)* 있음 / 존재, 출석 / 참가, 가담 / 현존 / 영향력

En présence de ~가 있을 때, ~의 면전에서, ~의 앞에서 `A2`

예 Je dois dire ça en présence de tes parents. Tu attends un peu ?
부모님 앞에서 얘기해야 하니까 좀 기다릴래?

│ en présence de la mort 죽음에 직면하여

예 C'est un mythomane. Il ment même en présence de ses parents.
걔는 거의 허언증 환자야. 자기 부모 앞에서도 거짓말을 하는걸.

│ un(e) mythomane (의학) 허언증 환자 / 거짓말하기 좋아하는 사람(=menteur)
│ mentir 거짓말하다, 속이다 / 왜곡하다

présent *(n. m.)* 현재, 지금 / (언어) 현재형

À présent 현재, 지금(은) `A2`

예 À présent le monde entier prête attention au problème alimentaire.
이제 전 세계는 식량 문제에 주목하고 있습니다.

│ prêter attention à *qqch* 주목하다(=fixer son regard sur *qqch*)
│ alimentaire 음식의, 식품의 / 영양의 / 부양의 / (재료·물 등을) 공급하는

예 A Qui est le numéro un mondial à présent ?

B C'est Yuna Kim. La reine est de retour sur la glace.

A 지금 누가 세계 1위지?
B 김연아지. 여왕이 빙판으로 돌아왔어.

| mondial(e) 세계의, 세계적인
| une glace 얼음, 빙판 / 아이스크림 / 유리, 유리창 / 거울(=miroir)

pression (n.f.) 압력 / 누르기 / 압박, 중압감 / 기압

Être sous pression 긴장하다, 신경이 곤두서다(= être énervé, agité, tendu) B1

예 Enfin le temps des examens ! Tout le monde est sous pression, c'est normal.
Mais ayez du courage ! Les vacances arrivent bientôt !

드디어 시험 기간이군요! 다들 예민해져 있죠. 당연한 거예요. 하지만 용기를 가져요. 곧 바캉스가 오니까요!

| énervé(e) 신경질[짜증]이 난, 흥분한
| agité(e) 흥분된, 동요된, 들뜬 / 파도가 높은 / 우여곡절이 많은 / 기복이 심한
| tendu(e) (줄 등이) 팽팽하게 당겨진 / 펴진, 깔린, 바른 / (근육이) 긴장된 / (덫이) 설치된 / 긴장한, 험악한
| normal(e) 정상의, 보통의(=ordinaire, habituel) / 당연한(=naturel)
| avoir du courage pour +inf. ~하는 용기를 가지다
| ayez 'avoir' 동사의 2인칭 복수(존칭형) 접속법 현재

예 Ne sois pas comme ça toujours sous pression. Tu ne vas pas faire de vieux os.

그렇게 항상 긴장해 있지 마. 오래 못 살아.

| sois 'être' 동사의 2인칭 단수 명령법
| ne pas faire de vieux os 오래 살지 못하다

principe (n. m.) 근원 / 원동력, 원인 / 대전제 / 원리, 원칙 / 기초 지식 / 규범, 방침

En principe 원칙적으로, 이론적으로, 원리상 A2

예 En principe, les étudiants doivent bien étudier. C'est à la fois le devoir et le
privilège. 원칙적으로 학생들은 공부를 열심히 해야지. 그건 의무이자 특권이야.

| un privilège 특권 / 은혜, 이점 / 특성

예 Ici, en Corée, les collégiens et les lycéens portent des uniformes, en principe.

여기 한국에서 중고등 학생들은 원칙적으로 교복을 입어.

| un(e) collégien(ne) 중학생 / (구어) 풋내기, 신참
| un(e) lycéen(ne) 고등학생
| un uniforme 군복 / 군대 / 군인 / 제복, 유니폼

prix

(*n. m.*) 값, 가격 / 물가 / 대가, 희생 / 가치, 중요성 / 상, 상금

À tout prix 어떤 값을 치르든, 반드시(= impérativement) `B1`

예 Cet été, je vais à tout prix en Espagne. J'ai déjà un billet d'avion Séoul-Madrid.
올 여름엔 무슨 일이 있어도 스페인에 갈 거야. 벌써 서울–마드리드 비행기 표도 끊었어.

> impérativement 강제적으로 / 절대적으로(=absolument)
> un billet 쪽지 / 표 / 지폐 / 어음 / 증명서

예 Je vais me marier avec Sébastien à tout prix. Cet homme m'est envoyé par le destin.
무슨 일이 있어도 세바스티엥과 결혼할 겁니다. 그는 내 운명의 남자예요.

> se marier avec *qqn* ~와 결혼하다, 결합하다 / ~와 어울리다
> un destin 운명, 숙명 / 장래, 전도 / 인생, 생애

propos

(*n. m.*) 말 / 이야기, 화제 / 설명

À propos (화제를 전환할 때) 그런데, 그건 그렇고 `B1`

예 A À propos, elle est mariée ?

  B Pourquoi cette question ?

  A Ben… comme ça.

A 그건 그렇고, 그 여자 결혼했대?
B 웬 질문?
A 어… 그냥.

> comme ça 그렇게, 이처럼(=ainsi) / 그러니까(=donc) / 굉장한, 멋진
> marié(*e*) 결혼한, 기혼의 / 결합된

À propos de ～에 관해서(= au sujet de) `B1`

예 Monsieur le professeur, j'ai quelque chose à vous dire à propos de mes dissertations. 교수님, 제 작문에 대해서 말씀드릴 게 있어요.

> une dissertation 작문, 논술, 소논문

예 À propos de cette affaire, je pense qu'il faudrait être patient. Ce n'est pas l'affaire d'une seconde.
그 일에 관해서 말하자면, 인내심을 가져야 할 것 같아. 금방 끝날 일이 아니거든.

> il faudrait 'il faut' 구문의 현재 조건법
> l'affaire d'une seconde 금방 끝날 일

quand

(adv. et conj.) ~할 때 / ~한데도, ~할지라도

Quand même 그렇지만, 그래도(= cependant, néanmoins) / 어쨌든 A2

예 A Vous êtes du quartier ? Je cherche le café "Le Paradis".

B Je suis désolée. Je ne connais pas le quartier, moi non plus.

A Ah, d'accord. Merci quand même.

A 이 동네 사세요? 카페 '천국'을 찾고 있는데요.
B 죄송합니다. 저도 이 동네 몰라요.
A 아, 알겠습니다. 어쨌든 감사합니다.

néanmoins 그러나, 그럼에도 불구하고(= cependant, pourtant)
être de ~출신이다
non plus (부정문에서) ~도 또한 (아니다)

예 J'ai horreur des mathématiques. Mais je les étudie quand même pour être admis dans l'université. 수학은 끔찍이 싫어하지만, 대학에 들어가기 위해서 어쨌든 공부는 해.

avoir horreur de *qqn/qqch*[de +*inf.*/que +*subj.*] ~을 몹시 싫어하다 / 증오하다
admettre ~을 맞아들이다, 받아들이다 / 인정하다, 허락하다(= autoriser)

quant

(prép.) (à와 함께) ~에 관해서는, ~으로서는, ~으로 말하자면

Quant à moi 나에 관해서는, 나로서는, 나로 말하자면 A2

예 Allez, partez tous en vacances et amusez-vous bien ! Quant à moi, je garderai Séoul. 자, 모두 바캉스 떠나서 재미있게 노세요! 저는 서울을 지킬게요.

partir en vacances 휴가를 떠나다, 바캉스를 가다
s'amuser bien 즐기다, 놀다 / 빈둥거리다 / 방탕한 생활을 하다
garder 지키다, 감시하다 / 돌보다, 보살피다 / 간직하다 / 잡아두다 / 유지하다

예 Amusez-vous bien davantage. Quant à moi, je rentre à la maison car demain matin j'ai une réunion très importante dans la compagnie.
더 노세요. 저는 내일 아침에 회사에서 아주 중요한 회의가 있어서 집에 갑니다.

davantage 더 많이, 더 한층(= plus) / 더 오래(= plus longtemps)
une réunion 결합, 연결, 집합 / 집회, 모임, 회의 / 합병, 통합
une compagnie 동행, 동석 / 한패, 동아리 / 회사(= société) / 단체

169

question　　*(n. f.)* 질문 / 문제, 과제(= problème)

Pas question (de + *inf.*) (구어) (~한다는 것은) 생각할 수도 없는 일이다 `B1`

예 **Pas question de sortir ce soir ! Il va pleuvoir à verse.**
오늘 저녁에 외출하는 것은 생각도 못할 일이야. 비가 엄청 쏟아질 텐데….

> pleuvoir à verse[à seaux, à torrents, à flots] 비가 퍼붓다, 폭우가 내리다
> une verse 쓰러지기, 눕기 cf. à verse (비가) 억수같이 쏟아지는
> un seau 양동이 / 양동이 한 통의 분량
> un torrent 급류, 격류 / 분출 / (비유) 매우 많은 양
> un flot 물결, 파도 / (흐르는 액체의) 다량 / 흐름, 움직임 cf. à[grands, longs, larges] flots 다량으로, 넘쳐 흐르게, 풍부하게

예 A **Maman. Je vais chez Mathieu.**
　 B **À cette heure-ci ? Pas question !**

> A 엄마, 마띠유 집에 가요.
> B 이 시간에 말이니? 절대 안 된다.

> chez ~의 집에(서) / ~의 나라[고장]에서 / ~의 가게에서 / ~에게 있어서

quête　　*(n. f.)* 기부금 / 탐색, 탐구, 추구

En quête de ~을 찾으러, ~을 찾아서(= à la recherche de) `B1`

예 **Ces jours-ci, les gens sont en quête d'appartements qui ont un prix raisonnable.**
새 사람들은 합리적인 가격의 아파트를 찾고 있다.

> ces jours-ci 요즈음, 최근(= ces derniers jours)
> raisonnable 이성적인, 합리적인 / 이치에 맞는 / 분별 있는 / 상당한

예 **Je suis épuisée. Ça fait plus de deux semaines que je suis en quête de mon petit chien perdu, mais en vain. Je suis désespérée.**
나 지쳤어. 2주도 넘게 잃어버린 개를 찾고 있는데, 못 찾았어. 절망스러워.

> épuisé(e) 고갈된, 다 써버린 / 지친, 기진맥진한, 몹시 피곤한(= fatigué)
> en vain 헛되이, 보람 없이, 쓸데없이
> désespéré(e) 절망한 / 유감스러운(= désolé, fâché) / 필사적인 / 절망적인, 가망이 없는
> fâché(e) 유감스럽게 생각하는(= désolé, regretté) / 만족하지 않는(= mécontent) / 화난, 성난(= vexé) / 사이가 틀어진(= brouillé)
> brouillé(e) 섞은, 혼합한 / (날씨가) 흐린 / (생각이) 확실하지 않은 / 사이가 틀어진

queue　　*(n. f.)* 꼬리 / 끝, 후미 / 줄, 열

Faire la queue 줄을 서다 B1

예 Pour payer les fruits achetés, il faut faire la queue. Il y a toujours beaucoup de monde chez Monsieur Zidane.
과일 값을 계산하기 위해서는 줄을 서야 해. 지단 씨네 가게는 언제나 사람이 많아.

> payer 계산하다, 값을 치르다 / 돈을 내다
> beaucoup de *qqch* 많은

예 Devant le musée, on doit toujours faire la queue même avec le ticket.
박물관 앞에서는 표가 있어도 항상 줄을 서야 해요.

> un ticket 표 / 승차권 / 입장권 / 배급표

---

quitte | *(adj.)* (빚 · 의무 등에서) 벗어난, 면제된

On est quittes 서로 주고받을 것이 없다 B1

예 A Voilà 20 euros que tu m'avais prêtés l'autre fois.

　 B Merci. Alors, on est quittes, n'est-ce pas ?

A 자, 지난번에 빌려준 20유로.
B 고마워. 그럼 이제 서로 주고받을 거 없는 거지?

> prêter 빌려주다 / (돈을) 꿔주다 / 제공하다, 주다 / ~의 것으로 간주하다
> l'autre fois 저번(에)

---

quoi | *(pron.)* 무엇

Quoi que ce soit 무엇이건(= une chose quelconque) B1

예 Mon Dieu ! Donne-lui quoi que ce soit pour qu'il arrête de pleurer.
세상에! 쟤 울음 좀 그치게 뭐든 줘 봐.

> Mon Dieu ! 세상에!(=Grand Dieu !, Juste Dieu !, Pour Dieu !, Dieu du ciel !, Bon Dieu !*,
> Bon Dieu de Bon Dieu !*, Tonnerre de Dieu !**, Vingt Dieux !**)
> arrêter de +*inf.* ~하는 것을 그만두다, 멈추다, 끊다

예 Donne-moi quoi que ce soit à manger. J'ai une faim de loup.
먹을 것 좀 줘 봐. 배고파 죽을 것 같아.

> une faim 굶주림, 허기, 시장기, 배고픔
> une faim de loup (비유) 심한 허기증

Quoi qu'il en soit 어쨌든, 하여간(= quelles que soient les circonstances) B1

예 Je serai avec toi quoi qu'il en soit. Je ne t'abandonnerai jamais.

일이 어찌 되든 너와 함께 있을게. 절대 널 버리지 않을 거야.

> une circonstance 사정, 상황 / 사태
> abandonner 포기하다, 단념하다 / 버리다 / 저버리다 / (구어) (애인을) 차버리다(=lâcher, plaquer)
> serai 'être' 동사의 1인칭 단수 직설법 미래
> plaquer ~을 붙이다, 대다, 끼우다 / (금은 등에) 금속을 입히다 / 도금하다 / (속어) 버리다(=abandonner) / 차버리다(=larguer) / 포기하다
> larguer (밧줄을) 늦추다, 풀다 / (구어) 따돌리다, 버리다, 돌보지 않다

예 Tu te satisfais du résultat quoi qu'il en soit. Je veux dire que tu dois te conduire en homme. 어쨌든 결과에 만족하렴. 내 말은 어른답게 행동해야 한다는 거야.

> se satisfaire de[avec] ~에 만족하다
> se conduire 처신하다, 행동하다(=se comporter) / 가다(=se diriger)

raconter

(v. tr.) 이야기하다, 말하다(= conter, rapporter) / 묘사하다, 서술하다 / 허튼소리를 하다

Raconter des histoires 거짓말하다(= mentir) A2

[예] Tu racontes des histoires ! Encore ! 거짓말하고 있구나! 또!

> mentir 거짓말하다, 속이다

[예] Je ne pourrais pas rêver à un futur heureux avec une personne qui raconte toujours des histoires. C'est la raison pour laquelle je veux te quitter.
늘 거짓말만 하는 사람과는 행복한 미래를 꿈꿀 수 없잖아. 그게 바로 내가 너와 헤어지려는 이유야.

> un futur 미래, 장래 / 미래(시제)
> quitter (장소를) 떠나다, 나가다(= partir, sortir) / (사람과) 헤어지다 / 떠나다, 사라지다

raison

(n.f.) 이성, 판단력 / 이유, 동기, 원인 / 근거 / 도리, 양식

En raison de ~을 고려해서 / ~의 비율로, ~에 따라 / ~때문에 A2

[예] J'ai raté ma vie en raison d'une paresse incurable.
나는 치유할 수 없는 나태함 때문에 뜻을 이루지 못했어.

> rater 실패하다 / ~을 놓치다 / 실패하다, 망치다, 그르치다
> rater sa vie 뜻[야망]을 이루지 못하다
> une paresse 나태, 게으름 / 무기력, 안일
> incurable 치유될 수 없는, 불치의(= inguérissable) / 고칠 수 없는, 구제불능의

[예] En raison de son âge, j'aimerais bien qu'on évite un film violent.
그의 나이를 고려해서 폭력적인 영화는 피했으면 좋겠어.

> éviter 피하다 / 모면하다(= esquiver) / 삼가다(= s'abstenir)
> violent(e) 난폭한, 거친(= impétueux, brutal) / 화를 잘 내는(= coléreux) / 폭력의 / 폭력적인 / 강렬한, 심한(= intense)
> impétueux(se) 혈기에 넘치는, 격렬한, 열렬한(= ardent, véhément)

Sans raison 이유 없이, 까닭 없이 / 무례하게(= de manière abrupte) A2

[예] Pourquoi me regardes-tu comme ça, sans raison ?
너 왜 나를 그렇게 무례하게 쳐다보는 거야?

> abrupt(e) 가파른, 험한 / (비유) 거친 / 퉁명한, 무뚝뚝한

예 A Pourquoi Alice n'est-elle pas avec toi ?　Vous vous êtes disputés ?

B Ne me parle pas d'elle. Elle se met toujours en colère sans raison. Oh les femmes !

A Je suis sûr qu'il y a de nombreuses raisons.

A 왜 알리스랑 같이 있지 않아? 싸웠어?
B 걔 얘기 하지도 마. 이유도 없이 매일 화를 내. 아, 여자들이란!
A 이유가 아주 많은걸.

> se disputer　서로 말다툼하다(=se chamailler, se quereller), 서로 다투다
> se chamailler　(하찮은 이유로) 서로 말다툼하다 / 서로 싸우다, 치고 받다
> se quereller　(서로) 싸우다, 다투다
> se mettre en colère　화내다, 성내다
> nombreux(se)　많은 수로 구성된(=abondant, considérable) / 수많은
> une raison　이성 / 판단력 / 이유, 동기, 원인 / 근거 / 도리, 양식

Avoir raison 옳다, 맞다 / (~de+inf.) ~하는 것이 옳다, 맞다 `A2`

예 Tu as raison. J'ai un peu exagéré. Tu m'excuses ?
네 말이 맞아. 내가 좀 오버했어. 용서해 줄 거지?

> exagérer　과장하다, 부풀려 말하다 / 강조하다, 두드러져 보이게 하다
> excuser qqn　~를 용서하다

예 J'ai eu raison de me méfier de cet homme. C'était un véritable escroc.
그 남자를 경계한 건 잘한 일이었어. 완전 사기꾼이더라고.

> se méfier de　불신하다 / 경계[조심]하다 / 신용하지 않다
> un escroc　사기꾼 / 부정직한 사람

Avoir ses raisons 이유가 있다(= avoir des motifs) `B1`

예 Tu ne peux peut-être pas comprendre ce que je t'avais fait, mais j'avais mes raisons.　내가 너한테 왜 그렇게 했는지 이해하지 못할지도 모르지만, 나는 나대로 이유가 있었어.

> un motif　동기, 이유(=raison, cause) / 주제, 소재, 모티프 / 원인

예 A Pourquoi détestes-tu Anne autant ?

B J'ai mes raisons mais je ne veux pas te rapporter ses bêtises.

A 넌 왜 그렇게 안느를 싫어하니?
B 나대로 이유가 있지만, 너한테 고자질하고 싶지는 않아.

> rapporter　도로 가져오다 / 가지고 돌아오다 / 야기하다 / 이야기하다 / 알리다, 보고하다(=relater) / 고자질하다, 밀고하다
> une bêtise　어리석음, 우둔함(=stupidité, sottise) / 바보 같은 말[짓]

---

rancune (n.f.) 원한, 앙심 / 유감스러운 감정

Sans rancune 지난 일은 서로 잊어요![화해를 제안할 때 쓰이는 표현] B1

예 Je ne te referai jamais ça. Je te le promets. Sans rancune !
너한테 다시는 그런 짓 안 할게. 약속해. 그러니까 지난 일은 잊기다!

> refaire 다시 하다, 다시 만들다 / 개조하다 / 보수[수선]하다
> promettre *qqch* à *qqn* ~에게 ~을 약속하다

예 J'admets que j'étais un peu puéril avec toi. Sans rancune !
너한테 좀 치졸하게 행동한 것 인정해. 지난 감정은 깨끗이 잊자!

> admettre 인정하다, 허락하다 / 승낙[수락]하다 / 가정하다(=supposer)
> puéril(*e*) 유치한, 미숙한(=enfantin, futile) / 어린애 같은 / 미성숙한
> futile 쓸데없는, 하찮은(=vain, vide) / 무의미한 / 경박한, 천박한(=frivole, superficiel)
> frivole 하찮은, 시시한 / (사람이) 경박한, 가벼운

| **rebours** | (*n. m.*) 반대, 역, 거스름 |

À rebours 반대로, 거꾸로(= en sens opposé au sens habituel) B1

예 Il prend tous mes propos à rebours. Je ne sais pas quoi faire.
그는 내 말을 모두 정반대로 해석하고 있어. 어떻게 해야 할지 모르겠어.

> des propos 말, 발언 / 이야기, 화제

예 Mon frère a toujours des opinions à rebours des miennes. Nous sommes très
différents. 우리 오빠는 항상 내 의견과 반대의 의견을 가지고 있어. 우린 많이 달라.

> le(*la*) mien(*ne*) 나의 것[여기서는 'mes opinions'을 의미함.]

| **recul** | (*n. m.*) 후퇴, 후진, 뒷걸음 / 반동 / 감소 / 거리 두기 |

Prendre du recul 거리를 두다, 거기를 두고 보다 B1

예 Tu veux pas voyager un peu ? Euh… pour prendre du recul. Cela va sans dire
que tu as besoin d'un repos.
여행 좀 안 할래? 거리를 두고 보기 위해서 말이야. 넌 진짜 휴식이 필요해.

> cela va sans dire (que +*ind.*) (~라는 것은) 두말할 필요도 없다, 명백한 일이다

예 Il faut prendre un peu de recul et se voir pour repartir à zéro.
처음부터 다시 시작하려면 조금쯤 뒤로 물러나서 자기 자신을 봐야 해.

> se voir (재귀적) 자신의 모습을 보다 / 자신이 ~라는 것을 알다
> repartir 다시 출발하다(=redémarrer) / 다시 시작하다 / 되돌아가다
> démarrer 출발하다 / (사업 등이) 잘되기 시작하다

175

regarder
(v. tr.) 보다, 바라보다 / 관찰하다, 지켜보다

Y regarder de près 면밀히 검토하다, 자세히 살펴보다 `B2`

예 Avant de déposer le projet, il faut y regarder de près. Stella, tu peux t'en occuper ?
프로젝트 제출하기 전에 면밀히 검토해야 해. 스텔라, 네가 좀 맡을래?

> déposer 내려놓다, 두다 / 맡기다, 위탁하다 / 제출하다
> s'occuper de *qqch* ~을 책임지다, 담당하다, 맡다

예 Elle est extrêment méticuleuse et responsable dans son travail. Tous les problèmes, elle y regarde de près et trouve des solutions. 그녀는 일하는 데 있어서 몹시 세심하고 책임감이 강해. 모든 문제들을 면밀히 검토해서 해결책을 찾아내지.

> méticuleu*x(se)* 세심한, 면밀한

régime
(n. m.) 체제 / 제도 / 규정, 법규 / 식이요법, 다이어트 / (바나나 등의) 송이

Faire un régime 살을 빼다, 다이어트하다 `B1`

예 Il me faut faire un régime pour me mettre en maillot de bain cet été.
이번 여름에 수영복 입으려면 다이어트를 해야 해.

> il faut à *qqn* + *inf.* ~에게 ~할 필요가 있다, ~해야 한다
> un maillot de bain 수영복
> s'occuper de *qqch* ~을 책임지다, 담당하다, 맡다

예 Yuna Kim est une patineuse artistique. Elle suit donc un régime presque toute l'année. 김연아는 피겨스케이트 선수야. 그래서 거의 일 년 내내 체중 조절을 해.

> un(*e*) patineu*r(se)* 스케이트 타는 사람[선수]
> toute l'année 일 년 내내

règle
(n.f.) 규칙, 규정 / 관례 / 자, 척도 / (복수) 월경, 생리

En règle générale 일반적으로, 대개의 경우(= le plus souvent) `B1`

예 En règle générale, les Coréens considèrent qu'une bonne éducation est la chose la plus importante pour leurs enfants.
일반적으로 한국 사람들은 좋은 교육이 아이들에게 가장 중요한 것이라고 생각한다.

> considérer 주시하다 / 고려하다, 검토하다 / 존경하다 / 여기다, 간주하다 / 숙고하다
> une éducation 교육 / 훈련 / 교양, 소양 / 예의
> 정관사(le, la, les) + plus + 형용사 최상급 가장 ~한

[예] Il n'y a pas de règle sans exception. (속담) 예외 없는 규칙은 없다.

> sans ~없이, ~없는
> une exception 제외, 예외, 특례

réserve

(n. f.) 유보, 보류 / 조심(성), 신중함 / 예비, 비축 / 저장물 / 특별 보호지역

Sans réserve 유보하지 않고 / 기탄없이 / 무제한으로 B1

[예] A Je vous demande de me parler sans réserve des mesures à prendre pour que vous vous mettiez à l'aise dans le bureau.

B Sans réserve ？ Le président, c'est un marrant, lui !

A 여러분들이 사무실에서 편안함을 느끼기 위해 취해야 할 조치에 대해 기탄없이 말씀해 주시기 바랍니다.
B 기탄없이? 사장이 웃기는 사람이네!

> prendre des mesures (필요한) 조치를 취하다
> se mettre à l'aise[à son aise] (태도 · 옷차림 등이) 홀가분해지다, 편하게 되다, 편안해지다

[예] Pierre se charge du contrat. C'est un ami à qui je fais confiance sans réserve.
피에르가 계약서 담당이야. 내가 무한한 신뢰를 주고 있는 친구야.

> se charger de *qqch* ~을 담당하다, 맡다
> faire confiance à *qqn/qqch* ~을 신뢰하다, 믿다(=avoir confiance en *qqn/qqch*)

reste

(n. m.) 나머지 / 그 밖의 것 / 남은 것

Au reste 게다가, 뿐만 아니라 / 그런데, 그러나 B1

[예] Je ne peux pas prendre cet appartement. Il est trop grand et trop cher pour moi. Au reste, il est loin de ma compagnie.
그 아파트는 안 되겠어. 나한테 너무 크고 너무 비싸. 게다가 회사에서 멀기도 하고.

> loin 멀리, 멀리 떨어진 ↔ près 가까이, 가까운
> une compagnie 동행 / 회사(=société)

[예] Sara est capricieuse, au reste elle est sincère. 사라는 변덕스러워도 솔직해요.

> capricieu*x(se)* 변덕스러운 / 변화무쌍한 / 기발한, 기상천외의 / 제멋대로의
> sincère 솔직한 / 진지한, 성실한 / 본심에서 우러나온

rester

(v. intr.) 머무르다, 있다 / 체류하다

177

Reste à savoir ~은 아직 모른다, 남은 문제는 ~이다 B1

[예] Je suis d'accord pour vivre avec mes parents, mais reste à savoir si ma femme est de même opinion que moi.

나는 부모님이랑 같이 사는 거 찬성인데, 와이프도 나랑 같은 의견인지는 모르겠어.

rester à + *inf.* ~을 계속하고 있다, 줄곧 ~하고 있다, ~해서 시간을 보내다
être d'accord pour + *inf.* ~하는 것에 대해 찬성하다, ~에 동의하다
être de[avoir la] même opinion que *qqn* ~와 같은 의견이다, ~의 의견에 찬성하다

[예] Reste à savoir comment se développera la contamination de la radioactivité.

방사능 오염이 어떻게 진행될지는 아직 모르지.

se développer 발전[발달]하다 / 자라다, 성장하다 / 펼쳐지다, 전개되다
une contamination 오염(=pollution) / 감염, 전염
la radioactivité 방사능, 방사성

---

résumé　　(*n. m.*) 요약, 개요 / 개론, 개설

En résumé 요컨대, 결국(= en bref, somme toute) B1

[예] A Qu'est-ce que c'est, cette histoire ?　Tout se brouille dans ma tête. Qu'est-ce que tu dis en résumé ?

　　 B En résumé ?　Je dis que je l'aime.

A 무슨 이야기가 그래? 머리 복잡하다 얘. 요컨대 뭐라는 거야?
B 요컨대? 내가 걜 사랑한다고.

somme toute 요컨대, 결국(= en conclusion, tout compte fait)
se brouiller 뿌옇게 되다 / (날씨가) 흐려지다 / (비유) 혼란스럽게 되다, 동요하다 / (~와) 사이가 틀어지다[나빠지다]

[예] En résumé, tu dis que tu es politiquement neutre, n'est-ce pas ?

결론적으로 말하면, 너는 정치적으로 중립이라는 거네, 그렇지?

politiquement 정치적으로 / 정치적 관점에서
neutre 중립의, 중립 상태에 있는 / 공정한, 객관적인 / 불분명한 / 생동감[특징]이 없는 / 중성의

---

retard　　(*n. m.*) 지각 / 연체 / 지연, 지체 / 후진

En retard 늦다, 지체하다 / 뒤쳐지다 A2

[예] Je m'excuse. J'étais en retard ce matin à cause des embouteillages.

죄송합니다. 오늘 아침 차가 막혀서 늦었어요.

178

s'excuser 사과하다, 용서를 구하다 / 핑계를 대다

un embouteillage (교통 · 통신의) 혼잡, 막히기

[예] Le pays est économiquement développé, mais en retard sur les autres du point de vue politique.

그 나라는 경제적으로 발전했지만, 정치적 관점에서는 다른 나라들에 비해 뒤처졌다.

économiquement 경제적으로, 절약하여 / 경제학적으로, 경제면에 있어서

développer 발달시키다, 발전시키다 / 자세히 말하다, 부연하다 / 전개시키다

un point de vue 관점

---

revanche
(n.f.) 복수, 보복(= vengeance) / 대가, 보상, 보답

En revanche 그 대신 / 반면에, 그에 반해(= au contraire) B1

[예] Le père de Stéphane est français, sa mère en revanche est coréenne.

스테판의 아버지는 프랑스인이지만, 반면 그의 어머니는 한국인입니다.

la vengeance 복수, 보복 / 복수심 / 벌, 징벌(=châtiment)

un châtiment 벌, 징벌 / 체벌

un contraire 반대(되는 것) / 역, 대립(=antithèse, opposition) / 반의어(=antonyme)

une antithèse 대조법 / 대구 / 반대 명제 / (비유) 정반대

[예] Cette étoffe craint beaucoup l'humidité, en revanche elle est très résistante.

이 천은 습기에 약하지만, 반대로 되게 질겨.

une étoffe 천(=tissu)

craindre 무서워하다, 겁내다(=redouter, appréhender) / 근심[걱정]하다 / (주어는 사물) ~에 민감[예민]하다 / ~에 약하다

redouter 두려워하다 / 싫어하다, 꺼리다 / 불안해하다

appréhender 붙잡다, 체포하다 / 이해하다, 파악하다(=saisir) / 염려하다, 두려워하다, 근심하다

l'humidité 습기, 수분 / 습도

résistant(e) (사물이) 질긴, 단단한 / (생물이) 강인한, 강건한 / 저항성의, 잘 견디는

---

rien
(pron. ind.) 아무것도

De rien 천만의 말씀 / 사소한, 대수롭지 않은 A2

[예] A Je vous remercie beaucoup de m'avoir accompagnée.

B De rien. C'était aussi un plaisir pour moi.

A 동행해주셔서 감사합니다.

B 천만에요. 저한테도 즐거운 일이었는걸요.

accompagner *qqn* ~를 대동하다, ~와 동행하다, ~와 함께하다, ~를 수행하다

예 Il me semble que tu es toujours attaché à des choses de rien.
넌 언제나 사소한 일들에 매달리는 것 같아.

Il me semble que + *ind.* 내게 ~해 보이다, ~처럼 보이다

être attaché(*e*) à ~에 묶인, 매인 / ~에 관련된, 결부된(= associé à, joint à) / 집착하는, 충실한(= dévoué à)

joint(*e*) 결합된, 접합된 / 첨부하는, 덧붙여진

dévoué(*e*) 헌신적인, 충성스런(= fidèle)

rire   *(v. intr.)* 웃다 / 즐기다 / 농담하다, 장난치다

Pour rire 농담으로, 장난으로(= pour s'amuser) **B1**

예 Ne te fâche pas. Je t'ai dit ça pour rire. 화내지 마. 그냥 웃자고 한 소리야.

se fâcher 화내다, 분개하다(= s'emporter) / 사이가 틀어지다(= se brouiller)

sang
(n. m.) 피 / (비유) 혈기 / 혈통, 혈연

Bon sang ! 젠장! 빌어먹을! B1

예 Bon sang ! J'ai encore raté le train. Ça fait déjà cinq fois ce mois-ci.
젠장! 또 기차를 놓쳤어. 이번 달에만 벌써 다섯 번째네.

> rater (겨눈 것을) 맞히지 못하다 / 놓치다 / 만나지 못하다 / 실패하다 / 그르치다, 망치다
> ce mois-ci 이번 달

예 Bon sang ! Le directeur est encore absent aujourd'hui. Je ne peux plus le remplacer. Je vais remettre un rapport aux autorités supérieures.
빌어먹을! 오늘 부장님 또 안 오셨네. 더 이상은 부장님을 대신할 수 없어. 상부에 보고할 거야.

> absent(e) 부재중인, 결석한 / 없는, 불참한 / 빠진
> remplacer 대체하다 / 계승하다 / 대신[대리]하다 / 교대하다 / ~의 자리를 대신하다
> remettre 다시 놓다[넣다·꽂다·붙이다] / 건네주다, 넘겨주다, 제출하다 / 첨가하다, 보태다, 보충하다 / 미루다, 연기하다
> un rapport 이야기 / 증언 / 보고 내용 / (공식적) 보고 / 밀고, 누설
> une autorité 권한, 직권 / 권력 기관, 당국 / 고위층 / 권위자 / 영향력, 지배력
> supérieur(e) 위쪽의 / 상부의 / 우위의, 능가하는 / 상회하는, 넘어서는

santé
(n. f.) 건강 / 건강상태 / 보건 위생 / 건배

Boire à la santé de ~의 건강을 위해 건배하다 A2

예 Bon ! Maintenant on va boire à la santé de Mélissa. À votre santé, Mélissa !
자, 이제 멜리사의 건강을 위해 건배합시다. 멜리사를 위하여!

> à votre santé 건배!(=santé, tchin-tchin)
> tchin-tchin (구어) 건배![술을 마실 때 잔을 부딪치며 내는 소리]

예 Le réveillon de la nuit dernière était formidable. On a mangé, on a bu à notre santé et on a beaucoup ri. C'était trop bien.
어젯밤의 망년회는 근사했어. 먹고, 우리의 건강을 위해 건배하고, 많이 웃었지. 너무 좋았어.

> un réveillon (크리스마스 전날 밤 또는 12월 31일 밤의) 만찬 / 망년회
> ri 'rire' 동사의 과거분사

savoir

(v. tr.) (지식 · 사실 등을) 알다 / (수단 · 방법 등을) 알고있다 / (~*inf.*) ~할 줄 알다

À savoir 즉, 말하자면(= c'est-à-dire) `B1`

[예] Ce soir, je vais tout dire à Brian, à savoir que je l'aime.
오늘 저녁 브리앙에게 다 말할 거야. 내가 걔 사랑한다는 거.

> ce soir 오늘 저녁 cf. ce matin 오늘 아침, cet après-midi 오늘 오후

[예] Elle m'a tout dit, à savoir qu'elle a mis fin à son mariage.
그녀는 나한테 다 얘기했어요. 결혼이 끝났다는 사실을요.

> mettre fin à *qqch* 끝내다, 종결시키다

scène

(n. f.) (극장의) 무대 / (비유) (정치 · 경제 활동 등의) 무대 / (사건의) 현장 / 장면

Scène de ménage 부부 싸움 `B1`

[예] Le couple voisin s'est disputé hier soir au milieu de la réunion du quartier. Quelle scène de ménage !
어제저녁 구역 모임 중에 이웃집 부부가 싸웠거든. 부부 싸움 대단하더라!

> un ménage 집안 청소 / 부부(생활) / 집, 집안
> un(*e*) voisin(*e*) n. 이웃 / a. 이웃의, 이웃하는 / 인접한(의), 가까운
> se disputer 서로 말다툼하다, 다투다(= se chamailler, se quereller)
> au milieu de ~의 한가운데에, ~의 중간에, ~이 한창일 때

secret

(n. m.) 비밀, 기밀 / 신비 / 비결, 열쇠 / 마음속

En secret 몰래, 비밀리에(= dans le secret, en cachette, à l'insu d'autrui) `A2`

[예] Ils se voyaient depuis longtemps, mais en secret. 걔네들 오랫동안 비밀리에 사귀었대.

> une cachette 숨기는 곳, 숨는 곳, 은신처
> à l'insu de *qqn* ~이 모르는 사이에 / ~이 알지 못하게
> se voir 자신의 모습을 보다 / 서로 만나다, 사귀다 / 보이다, 눈에 띄다, 드러나다

[예] Il est entré en secret dans le pays à cause du scandale fait aux États-Unis.
그는 미국에서 있었던 추문 때문에 몰래 입국했습니다.

> un scandale 추문, 스캔들 / 소란, 시끄러운 일 / 파렴치한 짓, 부정한 행위 / 치욕스러운 일

sein

(n. m.) **(여성의) 가슴 / 마음 / 내부, 한가운데**

Au sein de *qqch* ~의 한가운데에, 내부에 **B1**

예 Au sein des membres du Parlement, il y avait des opinions contre le président.
국회의원들 내부에서 의장에 반대하는 의견들이 있었다.

> un membre 사지, 팔다리 / 구성원 / 구성 요소
> le Parlement 국회
> contre ~곁에 / ~에 기대어 / ~에 거슬러, ~에 반대하여

예 En Corée j'étais heureuse au sein de ma famille et de mes amis. Je me sens très seule ici. 한국에서는 가족과 친구들 속에서 행복했는데, 여기서는 몹시 외로워.

> se sentir (느낌·기분이) ~하다 / 스스로 ~을 느끼다, ~한 느낌이 들다

semblant

(n. m.) **외관, 외견 / 가장, 겉치레, 허울**

Faire semblant de + *inf.* **[que +** *ind.***]** ~하는 체하다 **B1**

예 Il fait semblant de tout savoir. Il me fait rire. 걔는 죄다 아는 척을 해. 웃겨.

> faire rire à *qqn* ~을 웃기다

예 Mon petit ami a des qualités dans son caractère. Mais de temps en temps, il fait semblant d'être fort. Je n'aime pas ça.
내 남자친구는 성격적으로 장점이 많아. 하지만 가끔씩 센 척을 해. 그건 별로야.

> une qualité 품질 / (사물의) 특성 / 자질, 품성 / 장점, 좋은 점
> un caractère 성격, 기질 / 특징, 특색 / (유전) 형질, 특징
> fort(e) 힘센, 강한 / (몸이) 튼튼한, 강건한(= puissant, vigoureux) / 체격이 좋은, 큰 / (물건이) 튼튼한, 견고한, 질긴(= solide, résistant)
> vigoureux(se) 기운 있는(= fort, robuste) / 힘찬 / 강한(=fort), 강력한(=puissant) / 격렬한
> solide 굳은, 딱딱한 / 단단한, 견고한 / 확실한 / 믿음직한, 흔들리지 않는 / 건장한, 튼튼한 / 힘이 센

sens

(n. m.) **감각, 지각 / 직감, 센스 / 견해, 관점 / 뜻, 의미, 개념**

Ça n'a pas le sens commun 비상식적이다(= c'est déraisonnable) **B1**

예 Mais pourquoi laver la voiture quand il pleut ? Ça n'a pas le sens commun !
아니 왜 비 오는 날 세차를 하냐고? 상식적으로 말이 안 되잖아!

> commun 공동의, 공유의 / 공통의 cf. sens commun 상식
> déraisonnable 사리에 어긋나는, 비상식적인 / 불합리한 / 무분별한(= absurde, insensé), 터무니 없는

[예] Le professeur Kim a encore annulé son cours. C'est déjà la quatrième fois ce semestre. Ça n'a pas le sens commun, non ?

김 교수님이 또 수업을 취소했어. 이번 학기에 벌써 네 번째야. 이건 정말 비상식적인 일이지 않아?

| annuler 무효화하다 / 파기하다, 해약하다 / 취소하다, 폐기시키다
| un semestre 6개월, 반년 / 학기

Dans un sens 어떤 관점에서 보면(= en un sens) B1

[예] J'adore «L'autoportrait» de Charles Baudelaire. C'est un critique d'art éminent, mais aussi, dans un sens, un peintre lui-même. 난 샤를 보들레르의 《자화상》을 정말 좋아해. 그는 탁월한 예술 비평가이지만, 어떤 의미에서 보면 그 자신이 화가이기도 해.

| un autoportrait 자화상
| un(e) critique 비평가, 평론 / 독설가
| éminent(e) 탁월한, 뛰어난 / 특별한

[예] Cet enfant est grossier et, en un sens, c'est la faute de ses parents.

그 아이는 버릇이 없어. 어떤 관점에서 보면 부모 잘못이지.

| grossier(ère) 거친, 조악한 / 대략의, 대강의, 대충의 / 세련미가 없는 / 버릇없는(=insolent) / 교양없는 / 상스러운
| une faute 위반 / 과오, 잘못 / 오류, 실수

service (n. m.) 업무 / 영업 / 군복무 / (예배·미사 등의) 의식 / 사용, 운행 / 서비스 / 섬기기, 봉사

Au service de ~을 위해서, ~에 도움이 되는 B1

[예] Je travaille au centre de la littérature française au service de mon maître de recherche car il prépare un colloque très important.

나는 지도 교수님을 위해서 프랑스 문학센터에서 일하고 있어요. 아주 중요한 학회를 준비 중이시거든요.

| un maître de recherche 연구 교수, 지도 교수
| un colloque 토론, 토론회 / 소규모 학회, 심포지엄

Rendre service à qqn ~를 돕다, ~에게 도움을 주다 B1

[예] Lors de ta soutenance, qu'est-ce que je peux faire pour te rendre service ?

논문 심사 때 널 돕기 위해 난 뭘 하면 될까?

| lors de ~할 때(에)
| une soutenance (석사·박사의) 학위 논문의 구두 심사

[예] Je te remercie beaucoup de m'avoir rendu service dans la correction de mon mémoire. Je t'invite dans un restaurant coréen.

논문 교정하는 데 도움을 줘서 정말 고마워. 한국 식당에서 밥 살게.

une correction 수정, 교정 / 퇴고, 정정 / 교정 / 채점 / 체벌, 매질

un mémoire 보고서, 의견서, 진정서 / 학술 논문 / (복수) 회고록, 수기 cf. une mémoire 기억 / 기억력 / 기념, 추모 / 명성, 평판

siècle *(n. m.)* 세기 / 시대 / 백 년 / (복수) 긴 세월

Il y a des siècles 아주 오래전(= cela fait très longtemps) `A2`

[예] Il y a des siècles que je suis allée à l'étranger. 외국에 나간 지 정말 오래되었어.

l'étranger 외국 cf. un(e) étrang*er(ère)* 외국인 / étrang*er(ère)* a. 외국의

[예] A Tu as vu récemment Olivier ?

B Non. Je l'ai aperçu dans la rue il y des siècles. Tu sais où il est et ce qu'il fait maintenant ?

A 최근에 올리비에 본 적 있어?
B 아니, 한참 전에 길에서 얼핏 봤는데. 지금 어디서 뭐 하는지 알아?

récemment 최근 들어, 최근에(= dernièrement)
apercevoir 보다 / 얼핏 보다(= entrevoir) / 알아보다, 인지하다(= discerner) / 식별하다

signe *(n. m.)* 기색 / 표시 / 특징, 증상 / 몸짓, 제스처 / 기호, 부호

Donner signe de vie 살아 있는 징후를 보이다(= donner enfin des nouvelles) `B1`

[예] Je m'inquiète pour Stella. Elle ne donne pas signe de vie depuis deux semaines.
스텔라가 걱정돼. 2주일 전부터 감감무소식이야.

manifester 표시하다(= exprimer) / 나타내다, 드러내다 / 표현하다
s'inquiéter pour[de] 걱정하다, 신경 쓰다, 근심하다
depuis ~이래로, 이래

[예] Alors, aie soin de toi à Paris. Et quand tu seras libre, tu me donneras signe de vie de temps en temps. 파리에서 잘 지내. 그리고 시간 나면 가끔 연락 좀 하고.

avoir[prendre] soin de *qqn/qqch* ~을 위해 신경 쓰다, ~을 돌보다[관리하다] / 주의를 기울이다
avoir[prendre] soin de + *inf.*[*que* + *subj.*] 신경 써서 ~하다, 하도록 유의[배려]하다
libre 자유로운 / 틈이 있는, 한가로운, 시간이 있는

soin *(n. m.)* 주의, 정성 / 책임, 의무 / 치료, 진료 / 근심, 걱정

Prendre soin de ~을 위해 신경 쓰다, ~을 돌보다 B1

[예] Bon, maintenant je vais m'en aller pour que tu te reposes. Prends soin de toi, OK ? 자, 너 쉬어야 하니까 이제 갈게. 몸조리 잘 해, 알겠지?

> s'en aller 가다, 가버리다
> pour que + *subj.* (~하게) 하기 위해서
> se reposer 쉬다, 휴식을 취하다 / (잠시) 일을 하지 않다

[예] À l'étranger, c'est toi-même qui prends soin de toi. La priorité, c'est ta santé.
외국에서는 네가 너 스스로를 돌봐야 해. 제일 중요한 건 건강이야.

> une priorité 우선(권) / 가장 중요한 것 / 우위(의 것)

---

somme　　(*n. f.*) 합계, 총액 / 금액 / 개요

En somme 요컨대, 결국(= somme toute, en conclusion, tout compte fait, finalement) B1

[예] Mon petit ami dit tout le temps qu'il est trop occupé pour me voir. En somme, il ne veut pas me voir, n'est-ce pas ?
남자친구는 맨날 너무 바빠서 날 볼 수 없다는데, 결국은 내가 보고 싶지 않다는 거 아냐?

> tout le temps 항상, 언제나, 늘
> occupé(*e*) 바쁜 / 점령당한, 점유된 / 통화중인
> trop~ pour~ ~하기에 너무 ~하다, 너무 ~해서 ~하다

[예] Ce matin, une tempête s'est levée et le vol pour Paris a été annulé. En somme, je devrais rester avec toi encore quelques jours.
오늘 아침에 폭풍우가 일어서 파리행 비행편이 취소되었어. 요컨대 내가 너랑 며칠 더 있어야 한다는 말이지.

> une tempête 폭풍우, 풍랑 / (비유) 소요 / 격동 / 소용돌이

---

sort　　(*n. m.*) 우연 / 운명, 숙명 / 저주 / 결과 / 제비, 추첨

Le sort (en) est jeté 주사위는 던져졌다 B1

[예] A La décision est prise. Il n'y a plus à reculer.

　　B C'est vrai. Le sort est jeté !

A 결정됐어. 이제 더 이상 물러설 곳은 없어.
B 맞아. 주사위는 던져졌다고.

> prendre une décision 결심하다, 결정하다
> reculer 물러서다, 뒷걸음치다 / 줄어들다 / 감소하다 / 뒤로 가다 / 포기하다, 주춤하다
> Alea jacta (라틴어) 주사위는 던져졌다(César)

186

예) Enfin nous avons monté une pièce de théâtre. Le sort est jeté. Espérons un succès. 드디어 연극을 올렸어. 주사위는 던져졌으니 성공을 바라봅시다.

> monter 오르다, 올라가다 / (일을) 꾸미다, 계획하다 / 설립하다 / (교통수단을) 타다 / (연극을) 무대에 올리다
>
> espérer 기대하다, 바라다, 희망하다(=attendre) / 갈망하다(= aspirer à)

sorte
(n. f.) 종류 / 범주 / 방식, 방법

En quelque sorte 어떻게 보면, 어떤 의미로는 / 말하자면(= pour ainsi dire) `B1`

예) Si ! Les frères Lumière ont inventé le cinéma. Donc la France est en quelque sorte le centre du septième art, non pas les États-Unis. 맞아! 뤼미에르 형제가 영화를 발명했어. 그러니까 어떤 의미에서 미국이 아닌 프랑스가 영화의 중심이라고 할 수 있지.

> inventer 창조하다, 발명하다 / 생각해내다 / 꾸며내다, 지어내다
>
> le septième art 제7예술[영화를 의미함]

예) Sortons avant que l'un de nous s'ennuie de notre lien. Disons que c'est en quelque sorte une relation sous contrat.
우리 중 하나가 우리 관계에 싫증나기 전까지 사귑시다. 말하자면 계약관계 같은 거죠.

> s'ennuyer 지루하다 / ~에 싫증나다, ~이 지긋지긋하다 / 진력이 나다
>
> un contrat 계약(=pacte) / 계약서 / 합의, 협정 / 약속(=engagement)

Toutes sortes de 온갖 종류의, 많은(= nombreux) `B1`

예) Dans le magasin, il y a toutes sortes de gâteaux.
상점 안에는 온갖 종류의 케이크들이 있다.

> nombreux(se) 많은, 많은 수로 구성된, 수많은

예) À Paris, j'ai dû endurer toutes sortes de difficultés. Cette époque-là m'attriste.
파리에서는 온갖 종류의 어려움을 다 참아내야 했어. 그 시절을 생각하면 슬퍼.

> endurer 감내하다, 견디다, 참다(=supporter) / 받아들이다
>
> attrister 슬프게 만들다(=affliger, chagriner) / 우울하게 하다 / 낙심시키다
>
> affliger (몹시) 슬프게 하다, (~의) 마음을 아프게 하다
>
> chagriner 슬프게 하다, 괴롭히다 / 우울하게 하다

sou
(n. m.) (1수짜리) 동전 / (구어) 돈

Sans le sou 돈이 없는, 빈털터리의, 무일푼의(= complètement démuni d'argent) `B1`

예) Je vais emménager chez mes parents car je suis sans le sou.
나 부모님 집으로 들어가려고. 완전 무일푼이거든.

démuni(*e*) ~이 없는, ~을 갖추지 않은

emménager 이사하다, 입주하다 ↔ déménager 이사 가다

예 Tu as déjà fait un voyage sans argent ? Un voyage sans le sou ! Moi, si.

너 무전여행 해봤어? 돈 한 푼도 없이 하는 여행. 난 해봤어.

un voyage sans argent 무전여행

souci
(*n. m.*) 걱정, 염려 / 관심, 배려

Se faire du souci ~에 대해서 걱정하다, 염려하다(= s'inquiéter, se tourmenter) B1

예 Je n'arrive pas à contacter mon père toute la journée. Je me fais du souci pour lui. Devrais-je descendre à Pusan ?

하루 종일 아버지와 연락이 닿질 않아. 걱정되네. 부산에 내려가야 할까?

arriver à + *inf.* ~에 이르다, 겨우 ~하다

contacter *qqn* ~와 접촉하다, 연락하다

toute la journée 하루 종일 cf. toute la soirée 저녁 내내

예 Je veux mener une vie simple sans plus me faire de souci.

더 이상 걱정 없이 소박한 삶을 살고 싶어.

mener 데려가다 / 끌고 가다(=entraîner) / 인도하다 / (비유) (생활 · 생애를) 보내다

souffle
(*n. m.*) 입김, 숨 / 호흡 / 바람 / 영감(=inspiration)

Être à bout de souffle 숨이 가쁘다 / 기진맥진하다 B2

예 Ne m'adresse pas la parole. Je suis à bout de souffle. Un verre d'eau, s'il te plaît. 말 시키지 마. 나 완전 숨차거든. 물 좀 있어?

adresser la parole à *qqn* ~에게 말을 걸다

un verre d'eau 물 한 잔 cf. une tasse de café 커피 한 잔, une tasse de thé 차 한 잔

예 Au bout de la performance de 4 minutes, les patineurs sont à bout de souffle et halètent. 4분의 퍼포먼스가 끝나면, 스케이터들은 기진맥진해서 숨을 거칠게 몰아쉽니다.

une performance 기록, 성적 / (비유) 성능 / 훌륭한 성과 / 수행 (능력)

un(*e*) patineur(*se*) 스케이트 타는 사람[선수]

haleter 숨이 가쁘다, 헐떡거리다(= s'essoufler) / (비유적) 조마조마해하다

s'essoufler 숨이 가빠지다, 헐떡거리다 / 허덕이다 / (활동 등이) 저조하다, 떨어지다

188

souhait
(n. m.) 소원, 소망, 희망, 염원(=vœu)

À vos[tes] souhaits ! (구어) (재채기하는 사람에게 하는 말) 시원하겠네! A2

예 À tes souhaits ! T'es pas enrhumé au moins, non ?
이런! 재채기하니 시원하겠네! 어쨌든 감기 걸린 건 아니지?

　enruhumé(*e*) 감기에 걸린, 감기 증세가 있는
　au moins 적어도 / 어쨌든

suite
(n.f.) 다음, 계속 / 후속, 연속 / (작품의) 속편 / 맥락 / 영향

À la suite [de] ∼의 후에, ∼을 따라 / ∼의 결과로 B1

예 Il a quitté la France à la suite de l'obtention de son diplôme.
그는 학위를 취득한 뒤 프랑스를 떠났다.

　une obtention 취득, 획득 / (결과 등을) 얻음
　un diplôme 공문서 / 학위, 자격증

예 Je compte publier un roman à la suite d'un petit essai. Il s'agira d'une femme
malheureuse de son existence. 나는 작은 에세이에 이어 소설을 출판할 생각이야. 자기 존재에
대해 불행을 느끼는 한 여자에 관해서 쓰려고.

　un essai (성능의) 시험, 테스트 / 시도(=tentative) / 시행 / 수필, 에세이
　une existence (철학) 존재 / 실존 / 실재 / 생애, 삶 / 생활 / 존속

Tout de suite 곧, 지체 없이(= immédiatement, sans délai) A2

예 Après l'école, viens tout de suite à la maison. Pas de jeux aujourd'hui !
학교 끝나면 바로 집으로 와. 오늘은 노는 거 안 돼!

　un jeu 놀이, 유희 / 장난 / 경기, 시합 / 게임 / 손쉬운 일

sujet
(n. m.) 주제, 테마 / 문제 / 동기, 이유 / (언어) 주어

Au sujet de ∼에 관해, ∼의 주제로(= à propos de) B1

예 Je n'ai rien à dire au sujet de ce qui s'est passé hier entre Paul et moi. Je ne
veux pas en parler. 어제 나랑 폴 사이에서 있었던 일에 대해서는 아무 할 말이 없어. 말하고 싶지 않아.

　n'avoir rien à dire 아무 할 말이 없다

예 Au sujet des îlots Dokdo, les Japonais sont irrationnels, absurdes et complètement
ridicules. Ils sont sans vergogne.

독도에 관해서 일본인들은 비이성적이고, 불합리하며, 완전히 우스꽝스러워. 염치가 없어.

| un îlot   작은 섬 / (섬처럼 고립된) 작은 공간 / (도시의) 소구역
| irrationnel(le)   불합리한, 비이성적인 / 비정상적인, 몰지각한 / 비논리적인
| absurde   사리에 어긋나는, 터무니없는, 부조리한(=insensé) / 바보같은
| la vergogne   (옛) 부끄러움, 수치심(=honte)
| la honte   치욕, 불명예(=déshonneur, humiliation) / 수치심, 창피함
| un déshonneur   불명예, 수치 / 명예 훼손, 모욕
| une humiliation   창피, 굴욕 / 모욕(=affront) / 굴종, 굴복 / 불명예 / 수치
| un affront   창피(=humiliation, outrage) / 수치심(=honte) / 불명예
| un outrage   심한 모욕, 모독 / 위반(=violation) / (법) 명예 훼손

sûr(e)　　　　　(adj.) 확신하는, 믿을 수 있는 / 확실한, 틀림없는, 분명한

Sûr et certain 완전히 신뢰하는, 확신하는(= absolument sûr) B1

[예] Il va réussir. J'en suis sûr et certain. 그는 꼭 성공할 거야. 내가 완전히 확신한다고.

| absolument   절대적으로, 꼭 / 완전히

[예] C'est Hélène qui a semé la discorde. J'en suis sûre et certaine.
엘렌이 이간질했을 거야. 틀림없어.

| semer   (씨를) 뿌리다, 파종하다 / 살포하다 / 퍼뜨리다, 유포하다
| une discorde   불화, 분쟁 / 반목, 알력

Bien sûr ! 물론이지! A2

[예] A Chéri, si tu gagnais au loto, tu partagerais les gains avec moi ?

　　B Bien sûr !

　A 여보, 만일 복권에 당첨되면 나랑 상금 나눌 거예요?
　B 물론이지!

| gagner au loto   복권에 당첨되다
| partager   나누다, 분할하다 / 함께하다, 공유하다, (책임 등을) 공동으로 지다
| une prime   보험료 / 장려금, 보조금 / 상여금, 상금 / 수당 / 경품

[예] A L'argent ne fait pas le bonheur, n'est-ce pas ?

　　B Bien sûr ! Enfin… non. Mais en vérité, l'argent fait un peu le bonheur.

　A 돈이 행복을 만드는 건 아니야, 그렇지 않니?
　B 물론이지! 음… 그건 아니야. 하지만 사실 돈이 약간의 행복을 만들기는 해.

| en fait   사실(=en réalité, en vérité) / 실상, 실제

190

T

tard

(adv.) 늦게 / 나중에, 다음에, 뒤에 / 늦은 시기[시간]에

Au plus tard (아무리) 늦어도(= comme dernier délai) **B1**

예 Je dois finir mes devoirs jusqu'à samedi au plus tard.
늦어도 토요일까지는 숙제를 끝내야 해.

> un délai 기한, 기일 / 유예 기간

예 Il te faut envoyer un manuscrit à la maison d'édition dans un mois au plus tard.
너 늦어도 한 달 후에는 출판사에 원고를 보내야 해.

> Il faut à *qqn* + *inf.* ~가 ~해야 한다
> un manuscrit 수사본 / (육필) 원고 / 원고
> une édition 출판, 발행, 간행 / 출판업 / 출판계

Mieux vaut tard que jamais (속담) 안 하는 것보다는 늦게라도 하는 것이 낫다 **B1**

예 A Enfin, te voilà, Michel !

  B Je suis désolé. Il y avait des embouteillages un peu partout au centre.

  A C'est pas grave. Mieux vaut tard que jamais.

  A 드디어 왔네, 미셸!
  B 미안해. 시내 여기저기에서 교통 체증이 있었어.
  A 괜찮아. 왔으니 됐지 뭐.

> un embouteillage 혼잡, 막힘(= bouchon) / 교통 체증
> partout 사방에, 도처에, 어디든지, 여기저기

예 Je suis en troisième année. Je vais m'appliquer à mes études à partir de
maintenant. Mieux vaut tard que jamais, non ?
나 3학년이잖아. 이제부터 공부에 전념하려고. 늦게라도 하는 게 낫지 않겠어?

> s'appliquer à + *qqch*/*inf.* 전념하다, 열중하다(= s'acharner) / 열심히 하다
> s'acharner à + *qqch*/*inf.* ~에 열중하다, ~을 열심히 하다

Tôt ou tard 곧, 조만간, 머지않아, 가까운 장래에 **B1**

예 On verra tôt ou tard une crise de l'économie capitaliste dans le monde entier.
On doit réfléchir comment résoudre la crise qui est imminente. 조만간 전 세계에서
자본 경제의 위기를 목도하게 될 거야. 눈앞에 다가온 위기를 어떻게 해결할 것인지 심사숙고해야 해.

> capitaliste 자본가의, 자본주의자의 / 자본주의의(↔ prolétaire)
> résoudre 해결하다, 풀다 / (계약을) 파기하다, 해지하다 / 결심하다, 결정하다
> imminent(*e*) 촉박한 / 절박한 / 때가 온, 임박한

예 Fabien est quelqu'un de très honnête. Et comme il est travailleur ! Je suis sûr qu'il va avoir un grand succès tôt ou tard.

파비엥은 정말 정직한 사람이야. 게다가 얼마나 열심인지! 언젠가 크게 성공할 거라고 확신해.

> un(e) travailleu*r*(*se*) 근로자, 노동자 / 월급 생활자(= salarié) / 부지런한 사람, 열심인 사람
> un succès 성공 / 좋은 성과 / 인기, 호평 / (성공적인) 결과(물)

---

temps *(n. m.)* 시간 / 때 / 기간 / 사이, 틈, 여가, 여유 / 시기, 시점 / 기회 / 날씨 / 시제

À temps 늦지 않게, 제때에, 때맞추어 B1

예 A Tu es rentrée juste à temps. Tu peux m'aider ?

　 B Qu'est-ce qu'il y a maman ?

　 A 딱 시간에 맞춰 왔네. 엄마 좀 도와줄래?
　 B 무슨 일인데요?

> juste 올바르게, 정확하게 / 바로, 꼭 / 겨우, 간신히

예 Ne sois pas trop impatient. Tout vient à temps à qui sait attendre.

너무 조급해 하지마. 만사가 기다릴 줄 아는 사람에게 제때 찾아올거야.

> impatient(*e*) 인내심[끈기]이 없는, 성급한 / 초조한, 안달하는 / 열망하는(= avide, désireux)
> désireu*x*(*se*) 원하는, ~하고 싶어하는 / (옛) 갈망하는, 탐내는
> Tout vient à temps à qui sait attendre. (속담) 기다릴 줄 아는 사람에게는 모든 일이 제때 찾아온다.

Ces temps-ci 요즘(= ces temps derniers), 지금(= en ce moment) A2

예 Ces temps-ci mon mari est un peu préoccupé. 요새 제 남편이 조금 걱정이 많아요.

> préoccupé(*e*) 걱정하는, 근심하는(= soucieux) / 몰두한, 전념한(= absorbé) / 마음을 빼앗긴(= accaparé)
> soucieu*x*(*se*) 걱정스러운 / 관심을 갖는, 염두에 두고 있는, 마음을 쓰고 있는
> absorbé(*e*) 열중한, 여념 없는

예 Ces temps-ci, je suis un peu démoralisée à cause de l'échec à l'examen de fin de semestre. 기말고사를 못 봐서 요새 기분이 좀 우울해요.

> démoraliser 사기를 저하시키다 / 용기를 잃게 하다(= décourager)
> un échec 서양 장기, 체스 / 곤경, 궁지 / 실패

De temps à autre 가끔(= parfois), 때때로 / 우연히, 임시로 A2

예 Je déteste sortir la nuit. Mais, de temps à autre, je sors pour une promenade nocturne car ma mère adore ça.

밤에 외출하는 거 싫어해요. 하지만 가끔은 저녁 산책을 나가지요. 엄마가 좋아하시거든요.

> nocturne 밤(중)의, 야간의 / 야행성의

예 Je dois faire des voyages d'affaires de temps à autre si je prends ce poste.
그 일자리를 선택하면 가끔 출장을 다녀야 해.

> une affaire 일 / 관심사 / 골칫거리(=ennui) / 사건, 소송 / 사태, 전투 / 분쟁 / (복수) 사업 / 개인 소지품, 의류
>
> un poste 직위 / 부서 / 경찰 지서, 파출소(= ~de police) / 송수신기, 통신기 / (텔레비전이나 라디오) 수상기

De temps en temps 가끔, 이따금(= parfois) `A2`

예 Ce n'est pas un ami très proche mais je le vois de temps en temps à l'occasion.
걔 아주 친한 친구는 아닌데, 기회가 되면 가끔 봐.

> à l'occasion 기회가 닿으면 / 필요할 경우

En même temps 동시에 / 한꺼번에 `A2`

예 Je ne suis pas très doué pour rencontrer deux filles en même temps. C'est un casse-tête. 동시에 여자 둘 사귀는 거에는 별로 재주가 없어. 그거 골치 아픈 일이야.

> doué(e) pour + inf. ~에 재능이 있다, 재주가 있다 / ~을 잘하다
>
> un casse-tête 곤봉, 경찰봉 / (비유) 힘든 일 / 어려운 문제 / 골칫거리(=un casse-pieds*, casse-couilles**)

예 Chantal est arrivée au lieu de rendez-vous en même temps que moi.
샹탈은 나와 동시에 약속 장소에 도착했다.

> un lieu 장소, 곳(=endroit) / 지역 / 사회적 지위, 계층

Entre temps 그 사이에, 한편(= dans l'intervalle) `A2`

예 Bon ! L'enseignant va arriver bientôt à l'école. Entre temps, nous allons faire une petite interrogation.
좋아요! 선생님께서 곧 학교에 도착하실 거예요. 그 사이에 짤막한 시험 하나 봅시다.

> dans l'intervalle 그 사이에, 그동안에
>
> un(e) enseignant(e) 교직자, 선생
>
> une interrogation 질문 / (필기 또는 구두) 시험

예 L'autocar de tourisme qui va nous prendre va venir dans une heure. Entre temps, si on allait au café pour boire quelque chose ?
우리를 태울 관광버스가 한 시간 후에 도착할 거야. 그 사이에 카페에 가서 뭐 좀 마실까?

> un autocar (도시 간의) 장거리 버스, 시외버스
>
> un tourisme 관광, 여행, 유람

Tout le temps 항상, 계속해서(= continuellement) `A2`

예 Denise chante tout le temps. Même sous la douche !
드니즈는 쉬지 않고 노래해. 샤워하면서도!

> continuellement 계속, 끊임없이 / 항상, 줄곧, 늘
>
> une douche 샤워 / 샤워 시설 / (비유) 질책, 꾸지람

예 Mon père me disait tout le temps de vivre dans la bonté et la vertu.
아버지는 제게 항상 착하게 살라고 하셨어요.

> la bonté 착함 / 친절, 호의(=bienveillance) / 정당함, 올바름
> la bienveillance 친절, 호의(=bonté) / 관용, 너그러움(=indulgence)
> l'indulgence 관용, 관대, 너그러움(=clémence, générosité)
> clémence 관용, 관대함/ (비유) (기후 등의) 온화함, 부드러움(=douceur)
> la vertu 덕 / 미덕, 덕행

Prendre son temps 천천히[여유를 가지고] 하다 B1

예 A Où est-ce que j'ai mis le document ? Attendez un peu. Je vais bientôt le trouver.

　 B Prenez votre temps. Je vous attends.

　 A 어디다 서류를 놨더라? 조금만 기다리세요. 곧 찾을 거예요.
　 B 천천히 하세요. 기다릴게요.

> mettre (어떤 곳에) 놓다, 넣다 / 붙이다, 달다 / 걸다 / (옷을) 입다
> un document 보고서, 서류(=papier, dossier) / 기록(=archives) / 참고자료, 문헌(=matériaux) / 증거 자료
> des archives (복수) 고문서, 기록 / 자료실, 기록 보관실
> un matériau 재료, 자재 / (연구 등의) 자료

예 La clef de la réussite pour moi, c'est que je ne me suis jamais pressé. J'ai essayé de prendre mon temps et de ne pas perdre mon calme.
저에게 있어 성공의 열쇠는 결코 서두르지 않았다는 것입니다. 시간적 여유를 가지고 침착함을 잃지 않으려고 애썼습니다.

> se presser 자기 몸을 바짝 대다 / (사람이) 밀려들다 / 서두르다
> le calme 고요함(=tranquillité) / (심신의) 안정, 편안함(=sérénité) / 침착, 냉정(=sang-froid) / (정치·사회적) 평온 / 잔잔함
> la sérénité 차분함 / 평정, 평온, 평안 / 공평
> le sang-froid (복수 불변) 냉정, 침착, 태연함(=calme, froideur)
> la froideur 냉정, 냉담 / 무관심 / 생기 없음, 무미건조

La plupart du temps 대개, 거의 언제나(= presque toujous, le plus souvent) B1

예 La plupart du temps, j'étudie à la bibliothèque. Mais je vais parfois au café pour lire des documents. Ça change.
보통은 도서관에서 공부해요. 하지만 가끔 자료를 읽으러 카페에 가기도 하죠. 기분이 좀 달라져요.

> la plupart de + 복수명사 대부분의, 대다수의

예 La plupart du temps, les gens dans la campagne passent du temps à travailler. Mais en hiver, ils profitent de la morte-saison pour tisser de la corde de paille ou préparer la prochaine saison.
보통 시골 사람들은 일하면서 시간을 보내지요. 하지만 겨울에는 새끼를 꼬거나 후년을 준비하기 위해 농한기를 이용합니다.

une morte-saison 침체기 / 비수기 / 농한기

une corde 끈, 줄 / 끈으로 만든 물건 / 로프, 자일

une paille 짚, 밀짚 / 빨대 / (구어) 소량, 하찮은 것

Tout le temps 늘, 항상, 계속해서(= continuellement) A2

예 A Sandra est déprimée tout le temps. Elle a un problème ?

B Je sais. Elle est un peu instable. Je suis inquiète.

A 상드라는 항상 우울해. 무슨 문제 있어?

B 나도 알아. 걔 약간 불안정한 편이야. 좀 걱정되긴 해.

déprimé(e) 움푹 파인(=enfoncé) / 낙심한, 의기소침한(=abattu, découragé) / 경기가 침체된 / (심리) 우울한, 우울증에 걸린

instable 불안정한, 변덕스러운 / 정서 불안의 ↔ stable 안정된, 안정적인 / 균형 잡힌

abattu(e) 쓰러진, 무너진 / 기가 꺾인, 낙심한, 낙담한 / 쇠약한

예 Mon grand frère m'adresse tout le temps une série de reproches. Il est vraiment irritant de l'écouter. Je vais peut-être aller à l'étranger.

우리 오빠는 항상 나한테 잔소리를 해. 들어주는 거 진짜 짜증 나. 나 유학 갈까 봐.

adresser (우편물 등을) 부치다, 보내다 / (말 · 미소 · 비난 등을) 던지다[보내다]

une série 연속, 일련 / 한 벌, 세트, 시리즈

une reproche 비난 / 비판

irritant(e) 화나게 하는, 기분을 거슬리는 / 자극하는

ㄱ

---

tendance

(n.f.) 성향(= penchant) / 경향, 추세, 동향 / 원동력 / 충동, 욕구

Avoir tendance à *qqch/inf.* ~의 성향[경향]이 있다, ~하는 추세다 B1

예 Aujourd'hui la vie des jeunes gens a tendance à être plus dure et plus âpre.

오늘날 젊은이들의 삶은 점점 힘들고 점점 가혹해지는 경향이 있다.

âpre 매서운, 모진 / 맛이 신 / (비유) 심한, 가혹한, 신랄한(=sévère) / 힘든, 고된(=dur) / 악착스러운 / 욕심 많은(=avide, cupide)

avide 식탐하는 / 탐내는, 탐욕스러운, 탐욕을 드러내는 / (비유) 갈구하는, 갈망하는(= désireux)

예 Adèle a dit qu'elle avait manqué mourir ? Rappelle-toi. Elle a tendance à l'exagération. 아델이 죽을 뻔했다고 그래? 알아 둬. 걔 과장하는 경향이 있어.

manquer (de)+*inf.* ~할 뻔하다(=faillir + *inf.*)

se rappeler 기억하다 / 생각나다 / 떠오르다

une exagération 과장 / 과한 말[표현] / 지나침, 극단

tête
(n.f.) 머리 / 얼굴, 표정 / 목숨, 생명 / 성격

Faire la tête 싫은 얼굴을 하다, 심통부리다(= bouder) B1

예 A Pourquoi fais-tu la tête ? Tu as obtenu un meilleur résultat à l'école par rapport au semestre dernier.

B Mais je ne pourrais pas bénéficier de bourses.

A 왜 입이 나와 있어? 지난 학기에 비해 더 좋은 성적을 받았는데.
B 하지만 장학금은 못 받을 거야.

> bouder 토라지다 / ~을 싫어하다 / 입이 나오다
> par rapport à ~과 관련하여 / ~에 비하여 / ~에 대하여
> bénéficier de ~의 득을 보다, 혜택을 입다(= profiter de) / ~을 받다[얻다]
> une bourse 지갑(= porte-monnaie) / (주머니) 돈 / 장학금

예 Carine n'est pas une personne sympathique. Elle fait la tête tout le temps et ne parle pas beaucoup. 카린은 호감 가는 사람은 아니야. 항상 뿌루퉁하고 말도 잘 안 해.

> sympathique 호감이 가는 / 마음에 드는 / (구어) 기분 좋은(= très agréable) / 쾌적한 / 호의적인 / 공감하는 / 유쾌한

tôt
(adv.) 일찍 / 곧 / 빨리

Au plus tôt 되도록 빨리, 즉시(= sans délai, immédiatement) B1

예 Pourriez-vous nous rendre le travail au plus tôt ? Nous sommes presque arrivés à la limite du temps qui nous est imparti.
되도록이면 빨리 작업을 넘겨주시겠어요? 우리에게 주어진 기한이 거의 다 되었거든요.

> une limite 경계 / 한계, 기한 / (비유) 한계, 한도 / 제한
> impartir *qqch* à *qqn* ~에게 ~을 주다

Ce n'est pas trop tôt ! (구어) 그것은 오래전부터 기다렸던 것이다

예 Vous avez enfin terminé vos devoirs. Vous auriez dû les déposer la semaine dernière. Ce n'est pas trop tôt !
드디어 과제를 마쳤군요. 지난주에 냈어야 하는 과젠데… 참 일찍도 했네요.

> déposer 해임시키다, 면직시키다 / 내려놓다, 두다(= mettre, placer) / 버리다(= abandonner) / (사람을) 내려놓다 / 데려다주다 / 맡기다, 위탁하다 / 제출하다

예 Enfin, te voilà ! Ce n'est pas trop tôt ! Tu devrais te corriger de cette mauvaise habitude d'arriver en retard aux rendez-vous.
드디어 왔네? 오래도 걸렸다. 넌 약속에 늦는 그 나쁜 버릇을 고쳐야 할 거야.

> se corriger 행실을 고치다 / 완화되다, 중화되다

toucher	*(v. tr.)* 만지다, 만져보다(= palper, tâter) / (건반악기를) 치다(= jouer) / 맞히다, 명중하다(= atteindre) / 상처를 입히다(= blesser) / (+ *qqn*) (~에게) 연락을 취하다 (= atteindre, contacter) / (돈을) 받다, 타다, 벌다 / 감동을 주다 / 충격을 주다

Pas touche ! (구어) 거기에 손대지 매(= Défense de toucher !) B1

[예] Je ne vais pas le répéter. Pas touche ! OK ? 나 두 번 말 안 한다. 거기에 손대지 마, 알겠지?

> une défense 방어, 방위 / 보호, 수호 / 변호, 옹호 / 금지
> une touche 건반 / 버튼, 단추 / (구어) 모양, 꼴 / 만지기, 손대기 / 접촉

[예] Mélanie, on va manger du gâteau après avoir félicité ton père pour sa promotion. Donc, pas touche ! Maman t'apportera un peu de glace en compensation.
멜라니, 아빠 승진하신 거 축하한 다음에 케이크 먹을 거야. 그러니 손대면 안 돼. 엄마가 대신 아이스크림 조금 갖다 줄게.

> féliciter 축하하다(= complimenter) / 칭찬하다(= applaudir, louer), 찬양하다
> une promotion 승진, 진급(= avancement) / 장려, 촉진 / 향상, 발전
> une glace 얼음, 빙판 / 아이스크림 / 유리 / 유리창
> une compensation 보상 / 보상금, 보상액 / 상쇄 / 대신하는 것 cf. en compensation 반면에, 대신에 / ~의 보상으로

tout(e)	*(adj.)* 모든, 전체의

Tout le monde 모든 사람 A2

[예] Quel bruit ! Tout le monde n'aime pas la musique…
너무 시끄럽다! 누구나 다 음악을 좋아하는 건 아닌데…

> un bruit 소리 / 소음 / 소문, 풍문(= rumeur, on-dit)

[예] Le 1ᵉʳ mars 1919, tout le monde est sorti dans la rue. C'était le début du mouvement pour l'indépendance de la Corée.
1919년 3월 1일, 모든 사람들이 길거리로 나왔습니다. 그리고 그것이 대한민국 독립운동의 시작이었지요.

> un mouvement (물체의) 움직임 / (사회적) 운동 / (사회운동) 단체, 조직 / 변동, 변화 / (감정 등의) 동요
> une indépendance 독립, 자치 / (경제적) 자립, 자활 / (개인의 사회적) 독자성, 자유

tout	*(n. m.)* 모두, 모든 것 / 모든 사람들 / 전부, 전체 (= ensemble, totalité) / 본질, 핵심, 가장 중요한 것

Pas du tout 전혀 ~이 아니다, 천만에 A2

예 **A** Dis-moi la vérité. Tu aimes Claude, n'est-ce pas ?

B Mais non ! Pas du tout ! Il n'est même pas mon type de garçon.

A 사실을 말해 봐. 클로드 좋아하지?
B 천만에! 전혀 아니야! 걔 내 스타일도 아닌데.

| Mais non! 천만에![부정의 의미 강조]

예 J'ai goûté tous les plats mais ils n'étaient pas du tout bons. Rien ne m'a plu en effet. 모든 요리를 맛보았는데 전혀 맛있지 않았어. 실제로 아무것도 맘에 안 들더라고.

goûter 맛보다(=déguster) / 시식[시음]하다 / (비유) 누리다, 즐기다 / 간식을 먹다

une cuisine 주방, 부엌 / 요리(법), 조리(법) / (만들어진) 요리

bon(ne) 좋은 / 적절한, 바람직한(=souhaitable) / 행복한, 즐거운 / 착한, 선량한 / 맛있는(=délicieux) / 훌륭한 / 효과적인, 유효한

---

tout

(adv.) **매우, 아주**(= très, fort) / **완전히**(= entièrement)

Tout à coup 갑자기(= tout d'un coup) A2

예 J'étais en train de parler au téléphone, et tout à coup quelqu'un a frappé la porte. 전화 통화 중이었는데, 그때 갑자기 누군가 문을 두드렸어요.

frapper 치다, 때리다(=battre) / 두드리다 / 놀라게 하다, 강한 인상을 주다(=impressionner), 사로잡다 (=saisir) / (질병 등이) 걸리다

impressionner 깊은 인상[감동]을 주다 / 놀라게 하다, 동요시키다

예 On m'a prévenu il y a une semaine que la maladie de Madame Olando prenait une bonne tournure. Mais son état s'est aggravé tout à coup et maintenant sa famille s'attend à toute éventualité. 일주일 전에 올랑도 부인의 병세가 호전되었다는 연락을 받았어요. 하지만 갑자기 상태가 나빠져서 지금 그녀의 가족은 모든 만일의 사태에 대비하고 있어요.

prévenir 알리다 / 예고하다 / 경고하다 / 방지하다, 막다

une tournure 표현(방식) / (사물의) 모양, 생김새(=allure) / (비유) 형세, 국면 / 추이, 동향

une allure 걸음걸이 / (흔히 복수) 거동, 행동 / 태도(=attitude) / 외모, 외양(=apparence) / (일의) 진행 상태, 형세

un maintien 유지, 보존 / 받치기, 고정 / 태도, 몸가짐

s'aggraver 악화되다, 더 심해지다[나빠지다] / (세금·죄 등이) 가중되다 / 심화되다

s'attendre à qqch/inf. ~을 (하리라고) 예상하다, 기대하다 / 예측하다

une éventualité (일어날) 가능성, 우발성(=contingence) / 돌발 사건 / 일어날 법한 일

une contingence (철학) 우연성, 우발성 / (복수) 우발적인 사태[사건]

---

train

(n. m.) **기차, 열차** / **형편, 형세** / **추이** / (일의) **진행 상태** / (일련의) **조치** / **속도, 보조**

Être en train de + *inf.* ~하는 중이다 A2

예 Je suis en train de préparer un grand projet de loi avec quelques experts.
나는 지금 몇몇 전문가들과 함께 중요한 법률안을 준비하고 있어.

> un projet de loi 법률안
> un(*e*) expert(*e*) 전문가 / 감정인, 평가인

예 On rencontre souvent l'inégalité dans la société. Pourtant beaucoup de gens
sont en train de se donner de la peine pour accorder une opportunité égale à
tout le monde. 우리는 사회 속에서 자주 불평등을 만납니다. 하지만 많은 사람들이 모든 이들에게 평등
한 기회를 제공하기 위해 애쓰고 있습니다.

> une inégalité 불균등, 불균형 / 불평등 / 기복
> accorder 일치[조화]시키다 / 동의[인정]하다 / 승인[허락]하다 / (선물 · 은혜 등을) 주다 / 주다, 부여하다
> (=attribuer) / (분쟁을) 해결하다, 정리하다(=arranger)
> une opportunité (좋은) 기회, 호기

trop	(*adv.*) 너무, 지나치게, 과도하게 / 필요 이상으로
	(= excessivement) / 매우, 몹시, 무척(= très, beaucoup)

Trop, c'est trop ! 지나치면 해가 된다! / 너무한 건 너무한 거야! B1

예 Tu ne me parles pas depuis deux semaines. Trop, c'est trop ! Quel est ton
problème ? 너 2주째 나한테 말 안 하고 있는데 말이야. 너무한 건 너무한 거야. 도대체 왜 그래?

> excessivement 지나치게(=trop) / 매우, 몹시(=tout à fait) / 너무

예 Ce mois-ci, j'ai payé plus d'impôt par rapport au mois dernier. Le gouvernement
prend le salarié pour un pigeon. Trop, c'est trop !
이번 달은 지난달에 비해서 세금을 더 냈어. 정부가 직장인을 봉으로 여기네. 너무한 거 아냐?

> un impôt 세금, 조세(=taxe, contribution) / 의무, 책무
> une contribution 기여, 공헌, 협력 / 분담금, 할당액 / 세금
> prendre *qqn* pour *qqn/qqch* ~을 ~으로 여기다, 알다, 취급하다

urgence

(n. f.) 긴급, 절박 / 구급, 응급 / 비상(사태)

D'urgence 긴급한(= sans délai) B1

예 Maman est malade. Il faut appeler d'urgence un médecin.

엄마가 아프셔. 빨리 의사를 불러야겠어.

| il faut + *inf.* ~해야 한다

예 Tout le pays se trouvera bientôt dans la zone des typhons. Il faudrait d'urgence parer à toute éventualité concernant cet évènement.

나라 전체가 곧 태풍의 영향권 내에 들 것입니다. 긴급하게 만반의 대비책을 세워야 합니다.

| une zone 지역 / 부분, 구역 / (영향)권 / 분양
| le typhon 태풍
| parer 장식[치장]하다 / 차려 입히다 / (비유) 미화하다 / 정비[준비 · 손질]하다
| concernant ~에 관한, ~에 대하여 / ~과 관계된, 연관된

En cas d'urgence 긴급한 경우에는 B1

예 A Tu es sûre que ça va sans moi ?

B Ne t'inquiète pas. En cas d'urgence, je vais appeler mon voisin.

A 나 없어도 정말 괜찮겠어?
B 걱정 말라니까. 긴급한 경우에는 옆집에 전화하면 돼.

| s'inquiéter 걱정하다, 근심하다, 염려하다

예 Je ne pense pas qu'il nous manque de l'essence. Et j'en ai aussi un bidon en trop dans le coffre. En cas d'urgence, nous n'avons qu'à utiliser celui-ci.

기름이 부족할 것 같진 않아. 트렁크 속에 한 통 여분으로 있기도 하고, 긴급한 경우에는 그거 쓰면 돼.

| il manque à *qqn/qqch* + 명사 ~이 없다, ~이 부족하다
| un bidon 용기 / (1~2리터 들이) 통 / (구어) 거짓말, 허풍
| en trop 더 많이, 초과하여 / 여분의, 쓸데없는, 남아도는
| un coffre (뚜껑 달린) 궤, 함, 상자 / 금고(= coffre-fort) / (자동차의) 트렁크(= malle) / (구어) 흉곽, 흉부 / 가슴(= poitrine)
| n'avoir qu'à + *inf.* ~하기만 하면 된다

usage

(n. m.) 사용, 이용 / 사용법 / 관례, 관습 / 예의, 예법 / 기능 / (말) 용법, 관용

À l'usage de ～용의, ～이 사용하기 위한 B1

[예] C'est un ordinateur à l'usage des concepteurs-rédacteurs professionels. Il est donc très cher. 이건 전문 기획자용 컴퓨터야. 그래서 굉장히 비싸지.

> un(e) concep*teur*(*trice*)-rédac*teur*(*trice*) (광고 · 연출 · 건축 등의) 기획자, 입안자
> professionel(*le*) 직업의, 직업상의 / 전문적인, 프로의
> ch*er*(*ère*) 사랑하는, 아끼는, 소중한 / 값비싼 / 비싸게 받는 / 비용이 많이 드는

utile	(adj.) 유용한, 유익한(= profitable) / 필요한, 유효한 (= efficace, valide), 효과적인

Il est utile de + *inf.* [que + *subj.*] ～하는 것이 좋다, 유익하다 B1

[예] Il est utile de bien parler une autre langue étrangère avec l'anglais pour avoir un meilleur poste dans l'entreprise.
회사에서 더 나은 자리를 얻으려면 영어와 더불어 또 다른 외국어를 잘하는 게 좋지.

> étrang*er*(*ère*) 외국(인)의 / 외교의, 국제 관계의 / 외부의, 국외자의 / 낯선, 생소한 / 무관한
> un poste 직위 / 부서 / 설치 장소 / 설치 기구

[예] Il est utile que tu ailles en Espagne pour faire des progrès en espagnol.
스페인어를 발전시키려면 스페인에 가는 게 유익할 거야.

> ailles 'aller' 동사의 2인칭 단수 접속법 현재
> un progrès 발전, 발달, 진보, 진전(= développement, évolution) / 나아짐, 향상, 진척(= amélioration) / (재앙 등의) 확대, 증대, 심화
> une amélioration 나아짐, 개선, 개량 / 진보, 향상 / 회복, 진전, 호전

vain(e)

(adj.) 쓸데없는, 무익한, 보람 없는 / 무의미한, 헛된 / 건방진, 허영심 많은 / 비어 있는, 텅 빈

En vain 헛되이, 보람 없이(= inutilement, sans résultat) `B1`

예 J'ai protesté contre son injustice mais en vain. 그의 부당함에 항의했지만 소용없었어.

　inutilement 쓸데없이, 공연히, 불필요하게 / 보람 없이
　protester 항의하다, 이의를 제기하다 / 불평하다
　une injustice 부당함(= iniquité), 편파성(= partialité), 불의

예 J'ai investi beaucoup d'argent dans cette entreprise en vain.
그 회사에 많은 돈을 투자했는데, 헛일이 되었어.

　investir (직위 등에) 임명하다 / (권리 등을) 부여하다 / 포위하다, 둘러싸다(= cerner) / (자본을) 투자하다

vaisselle

(n.f.) 식기류 / 용구, 도구

Faire la vaisselle 설거지하다 `A2`

예 Maman, ce soir c'est moi qui fais la vaisselle. Ne suis-je pas gentille ?
엄마, 오늘 저녁 설거지는 제가 할게요. 저 착하지 않아요?

　gentil(le) (사람이) 친절한 / 사랑스러운, 귀여운(= aimable, joli) / 예쁜, 매력적인(= charmant) / 관대한

예 A Pour bien tenir la maison, j'ai besoin de ton aide, chéri.

　B O.K. Tu fais le ménage, je fais la vaisselle. Et la cuisine, on la fait ensemble.

　A 살림을 잘 하려면 당신의 도움이 필요해요.
　B 좋아. 당신은 청소하고 나는 설거지를 하지. 그리고 음식은 함께 하고.

　tenir[administrer, s'occuper de] la maison 살림을 하다, 집안을 돌보다
　chéri(e) 사랑하는 (사람)(에 대한 애칭)
　faire le ménage (집안을) 청소하다, 집안일을 보다
　une cuisine 주방, 부엌 / (집합적) 취사도구 / 요리 / (구어) 술책, 공작(= intrigue, manœuvre)
　une intrigue 음모, 술책 / (연극·소설·영화 등의) 줄거리, 플롯, 이야기
　une manœuvre 조작 / 항해, 운전 / 군사 훈련 / 작전 / (비유) 책략, 술책(= machination)

valeur

(n.f.) 가치, 값어치 / 가격 / 능력, 재능 / 가치, 중요성, 의미 / 효력 / 주식, 어음, 채권, 유가증권

Mettre *qqch/qqn* en valeur ~을 이용[활용]하다 / 개척[개발]하다 / ~을 강조하다, 돋보이게 하다, 부각시키다 B2

예 La couleur rouge te met en valeur car tu as des cheveux blonds.
넌 금발이라 빨간색이 어울려.

　blond(*e*) 금발의, 블론드의 / 황금색의 / (직물) 베이지색의

예 Essayez de mettre vos idées en valeur et de les réaliser concrètement.
아이디어를 살려서 구체적으로 실현시켜 보세요.

　concrètement 구체적으로 / 실제적으로(=pratiquement) / 실질적으로

vapeur

(n.f.) 증기 / 수증기 / 안개 / 기체 / 덧없음

À toute vapeur 전속력으로(= à toute vitesse) B1

예 Il faut prendre en charge à toute vapeur la suite des affaires avant que la situation devienne plus grave.
상황이 더 심각해지기 전에 뒷일을 신속히 처리해야 해.

　une vitesse 빠름 / 속도, 속력 / 신속함
　prendre en charge 책임을 지다
　avant que + 주어 + 동사(접속법) ~하기 전에

예 Le développement de l'économie a été fait à toute vapeur après la guerre de Corée. Il a causé des problèmes dans presque tous les domaines.
한국전쟁 이후 경제 개발이 급속도로 이루어졌습니다. 그 때문에 거의 모든 분야에서 병폐가 생겼지요.

　un développement 성장, 발달 / 발육 / 발전, 전개 / 진보 / 개발 / (논문의) 전개, 부연 / (사태의) 진전, 추이, 변화
　une économie 경제 (활동) / 경제 체제, 경제 제도 / 경제학
　causer (~의) 원인이다, (~을) 야기하다 / (~을) 만들다
　un domaine 분야, 영역 / 활동 무대

veille

(n.f.) 전날 / 밤샘, 철야 / 불침번 / 감시

À la veille de *qqch/inf.* ~의[하기] 직전에(= juste avant un évènement) B1

예 Malheureusement son père est décédé à la veille du mariage de sa fille bien-aimée. 그녀의 아버지는 불행히도 사랑하는 딸의 결혼식 전날에 사망하였다.

décéder 죽다, 사망하다(=mourir)

un(e) bien-aimé(e) *adj. n.* 매우 아끼는[사랑하는] (사람)

예 À la veille de partir pour Paris, il a annulé son plan.

파리로 떠나기 직전에 그는 계획을 취소했다.

annuler 무효화하다, 파기하다, 해약하다(=abroger, casser) / (약속 · 예정 등을) 취소하다

abroger (법령 따위를) 폐지하다(=abolir) / 없애다(=supprimer)

abolir (제도 등을) 폐지하다 / 파괴하다(=détruire, effacer)

---

vent | *(n. m.)* 바람 / 대기, 공기 / 동향, 정세 / 분위기

Faire du vent * 거드름 피우다, 잘난 체하다 B2

예 Tu veux savoir pourquoi je ne l'aime pas ? Il fait du vent tout le temps. Voilà le pourquoi. 내가 왜 걔를 좋아하지 않는지 알고 싶다고? 늘 잘난 척하니까. 그게 이유야.

le pourquoi 이유, 원인(=cause, raison)

예 Plus on est cultivé, plus on se rend compte que l'on a des choses à apprendre. Gilbert fait du vent comme ça parce qu'il est peu cultivé.

벼는 익을수록 고개를 숙이는 법이야. 질베르가 그렇게 거드름을 피우는 건 못 배워서 그래.

cultivé(e) 경작된 / 재배된 / 교양 있는

se rendre compte que + 주어 + 동사(직설법) ~을 이해하다, 깨닫다 / 납득하다 / 알다

peu 조금, 적게, 거의 ~않다

Le nez au vent 기웃거리며, 빈둥거리며 B2

예 Mon frère aime bien marcher le nez au vent la nuit. Mais moi, j'ai horreur de sortir la nuit. Ça me fait peur.

제 남동생은 밤에 하릴없이 걷는 걸 좋아해요. 반면 저는 밤에 나가는 걸 싫어해요. 무섭잖아요.

une horreur 공포, 무서움(=effroi, peur) / 두려움 / 혐오(감)(=abomination, répugnance) / 싫어함 / (구어) 혐오스러운 것[사람], 불쾌한 것[사람]

un effroi (문어) 두려움, 공포

une abomination 혐오 / 가증스러운 언동(=horreur) / 끔찍함

une répugnance 혐오(감) / 반감 / 마음이 내키지 않음 / 역겨움

faire peur à *qqn*/*qqch* ~에게 겁을 주다, ~을 무섭게 하다 / 불안하게 하다 / 맥 빠지게 하다

예 Cyrano   Je vais donc vous parler de cette nuit pendant laquelle j'ai défendu Lignière. Je partais à la recherche de ces cent hommes, l'épée à la main…

Christian Le nez au vent !

시라노   그러면 내가 리니에르를 지켜줬던 그날 밤에 대해서 여러분께 얘기하겠습니다. 나는 손에 검을 들고 그 백 명의 남자들을 찾아 떠났지요….

크리스티앙 어슬렁거리면서!

défendre 지키다, 보호하다(= garder, protéger) / 변호하다, 지지하다 / (학설 · 이론 따위를) 주장하다, 옹호하다 / 금지하다(= interdire)

une recherche 추구, 탐구, 찾기(= quête, poursuite) / 학술 연구 / (복수) 연구 활동

une épée 검 / 검객, 검술가

ventre
(n. m.) 배, 복부 / (사물의) 불룩한 부분 / 밑부분

À plat ventre 배를 깔고, 엎드려서 / (비유) 비굴하게 **B1**

예 Je ne veux pas me mettre à plat ventre devant les gens. Je veux garder ma dignité. 사람들 앞에서 비굴하게 굴고 싶지 않아. 자존심을 지키고 싶다고.

une dignité 존엄, 위엄 / 품위 / 체면, 자존심

예 Ne lis pas un livre à plat ventre. Ce n'est pas bien pour la mâchoire.
엎드려서 책 읽지 마. 턱에 안 좋아.

une mâchoire 턱 / 턱뼈 / (기계의) 물림장치

vérité
(n. f.) 진리 / 진실 / 사실 / 실상 / 본질 / (신학) 진리

En vérité 정말로, 확실히, 실제로(= assurément, certainement) **A2**

예 En vérité, je ne me souviens de rien. J'étais complètement soûl, tu sais ?
진짜로 아무것도 기억이 안 나. 나 완전히 취했었다니까, 알아?

assurément 확실히, 틀림없이(= certainement, évidemment) / 당연히
se souvenir de *qqn/qqch/inf.* ~을 회상하다, 기억하다 / 떠올리다
soûl(*e*) (구어) 취한(= ivre) / (비유) 도취한

예 Je ne suis pas religieuse. En vérité, je veux seulement rechercher la vérité universelle. 내가 종교적인 건 아니야. 사실은 단지 보편적인 진실을 찾고 싶을 뿐이지.

religieu*x(se)* 종교의 / 종교 의식에 따른 / 신앙심이 있는 / (비유) 경건한, 종교적인
universel(*le*) 보편적인, 일반적인 / 전 세계의 / 우주의, 만물의 / 광범위한 / (법) 포괄적인

vie
(n. f.) 생명, 목숨 / (비유) 생기, 활기 / 인생, 일생 / 생활, 생계

À la vie [et] à la mort 평생 동안, 영원히(= pour la vie) **B1**

[예] Nous sommes des amis à la vie et à la mort. Je ne te quitterai jamais de la vie.
우리는 영원한 친구야. 결코 널 떠나지 않을 거야.

　| jamais 결코 ~않다, 한번도 ~않다

[예] Aimer quelqu'un à la vie et à la mort, c'est beau mais faux.
누군가를 영원히 사랑한다는 건 아름답지만 거짓이야.

　faux(sse) 잘못된, 틀린 / 부정확한 / 거짓의, 만들어 낸(=mensonger, inventé) / 가짜의, 모조의
　(=factice) / 위조의(=falsifié) / 허위의(=fictif)
　mensonger(ère) 거짓의, 기만적인, 지어낸
　factice 인조의, 모조의 / (비유) (태도 · 감정 등이) 부자연스러운, 어색한 / 꾸며낸 / 만들어 낸
　falsifier (음식물 등을) 섞다 / 위조[변조]하다
　fictif(ve) 가공의, 가상의, 허구의 / 거짓된, 겉보기뿐인

Gagner sa vie 돈을 벌다, 밥벌이를 하다 B1

[예] Je dois chercher un petit job pour gagner ma vie.
밥벌이를 하려면 아르바이트 자리라도 구해야 해.

　| un job (구어) (일시적인) 일, 일자리, 아르바이트

[예] Qu'est-ce qu'il fait pour gagner sa vie ? Il n'est pas chômeur au moins.
밥벌이로 뭐 한대? 적어도 실업자는 아니겠지.

　au moins 적어도 / 어쨌든
　un(e) chômeur(se) 실업자

Tant qu'il y a de la vie, il y a de l'espoir (속담) 살아 있는 한 희망은 있다 B2

[예] A Cette nouvelle faillite de l'entreprise m'a enlevé même l'espoir de vivre.
　B Aie du courage ! Tant qu'il y a de la vie, il y a de l'espoir.

A 또 한 번의 사업 실패는 내게 살고자 하는 희망마저 앗아갔어.
B 용기를 내! 살아 있는 한 희망은 있는 거야.

　| une faillite 파산 (상태) / 도산 / 좌절, 파탄, 실패

[예] La conjoncture économique entre en période de stagnation. Beaucoup de gens
commencent à plonger dans un profond désespoir. Mais tant qu'il y a de la vie,
il y a de l'espoir. Essayons d'avoir une vision optimiste de la vie.
경기가 침체기에 접어들고 있어요. 많은 사람들이 깊은 절망에 빠지기 시작했지요. 하지만 살아 있는 한 희망
은 있어요. 인생을 낙관적으로 보도록 노력합시다.

　une conjoncture 상태, 상황(=cas, état) / 경우, 기회(=occasion, occurrence) / 경제 정세, 경기
　une occurrence 경우 / 상황
　une stagnation 흐르지 않음, 고여 있음 / (비유) 침체, 부진 / 정체
　se plonger (온몸이) 잠기다 / 몰두하다, 몰입하다(=s'absorber)
　s'absorber 흡수되다 / 정신을 빼앗기다 / 몰두하다, 빠지다
　une vision 시각, 시력 / 눈으로 보기, 광경 / 이미지, 영상 / 비전, 전망 / 통찰력
　optimiste 낙천적인, 낙관적인 / 낙천주의자의

Vivre sa vie 멋대로 살다, 자유롭게 살다 B1

예 Pendant que tu es sous mon toit, tu ne peux pas vivre ta vie comme ça, d'accord ?
네가 내 집에서 사는 동안은 그렇게 멋대로 살면 안 돼, 알겠니?

> sous le toit de *qqn* ~의 집에(=chez)

예 Maman, je sais que tu prends soin de moi. Mais je suis maintenant une grande fille et veux vivre ma vie même si je rencontre des échecs affligeants. 엄마, 엄마
가 절 돌봐주시는 거 알아요. 하지만 이제 저는 다 컸고, 비록 뼈아픈 실패를 겪더라도 제 삶을 살고 싶어요.

> affligeant(*e*) 슬픈, 안타까운 / 괴로운

---

vif(ve)
(adj. et n. m.) 살아 있는 / 활발한, 생기 있는 / 예민한, 날카로운 // 생살 / (비유) 급소 / 핵심, 요점

Entrer dans le vif du sujet 주제의 핵심으로 들어가다 B2

예 Avant d'entrer dans le vif du sujet, on va discuter d'abord sur les méthodes d'approche que l'on va adopter dans les études.
주제의 핵심으로 들어가기 전에, 먼저 연구에 있어 어떤 접근 방식을 선택할 것인지에 대해 의논하겠습니다.

> avant de +*inf.* ~하기 전에
> une méthode 방법(론) / 순서, 체계 / 방식 / 수단(=moyen)
> une approche 가까이 가기[오기], 접근(=abord, accès) / (복수) 부근, 근처, 어귀(=environ)

예 Il a parlé de manière détournée sans être entré dans le vif du sujet.
그는 주제의 핵심으로 들어오지 않은 채 말을 둘러댔다.

> une manière 방식, 방법(=façon, moyen) / 수법, 식, 투 / 양식, 기교(=maniérisme) / (복수) 품행, 태도 / 예의범절 / 거드름 / 아양
> détourné(*e*) 우회의 / (비유) 간접적인(=biais) / 완곡한
> biais(*e*) 경사진, 비스듬한, 사선의(=oblique)

---

vite
(adv.) 빨리 / 신속하게 / 서둘러서, 조급하게 / 곧

Au plus vite 가능한 한 빨리(= dans le plus bref délai, le plus vite possible) B1

예 Puis-je avoir le résultat au plus vite ? 가능한 한 빨리 결과를 알 수 있을까요?

> bref(*ève*) 짧은(=court, momentané) / 간결한, 간단한 / 퉁명한, 무뚝뚝한
> momentané(*e*) 순간적인, 일시적인(=provisoire) / 짧은(= bref)
> provisoire 임시의, 잠정적인, 일시적인(=temporaire, transitoire ↔ définitif)
> transitoire 일시적인, 잠시의(=fugitif, passager) / 덧없는 / 임시의, 과도기적인

예 Trouvez-moi l'auteur du crime au plus vite, s'il vous plaît.

가능한 한 빨리 범인을 찾아 주십시오.

> un auteur 창조자(=créateur) / 발명자 / 발기인(=fondateur) / 작가, 저자 / 제조자
> un crime (윤리적·종교적) 죄, 죄악 / (법) 범죄 / 살인(= ~de sang)

vitesse
(n. f.) 속도, 속력 / (차) 기어

À toute vitesse 전속력으로(= le plus vite possible, très vite) A2

예 Une voiture est passée devant nous à toute vitesse.
자동차 한 대가 우리 앞을 전속력으로 지나갔다.

> devant ~앞에(서), ~앞을 / ~의 면전에서, ~을 앞에 두고 / ~의 전방에 / ~에 비추어, ~에 비하여[판단의 근거·비교의 대상에 주로 쓰임] / ~에 대하여 / ~에 앞서

예 Un enfant s'est jeté sur moi à toute vitesse et je me suis cassé le bras gauche. On m'a dit que je devrais l'avoir dans le plâtre au moins deux mois.
아이 하나가 전속력으로 나한테 달려들어서 왼쪽 팔이 부러졌어. 적어도 두 달은 깁스를 해야 할 거래.

> se jeter 몸을 던지다 / 달려들다 / 덤벼들다 / 뛰어들다, 투신하다
> se casser 깨어지다, 부서지다 / 자기의 ~가 부러지다[상하다] / 쇠약해지다 / (구어) 달아나다, 도망치다
> un plâtre 석고 / 석고 가루 / 석고 세공품, 석고상 / (의학) 깁스
> au moins 적어도 / 어쨌든 / 하여간

vitre
(n. f.) 판유리, 창유리 / 유리창

Casser les vitres* 격노하다 / 추문[물의]을 일으키다(= faire du scandale) B1

예 C'est un peu surprenant. C'est vrai, mais ça ne casse pas les vitres.
조금 놀랍긴 해도 뭐, 그렇게 소란 피울 일은 아니야.

> un scandale 스캔들 / 소동(=désordre) / 파렴치한 짓, 부정한 일 / 치욕스러운 사건
> surprenant(e) 깜짝 놀라게 하는(=étonnant) / 의외의(=inattendu)

예 Quand j'ai été trompée par son air naïf, j'ai cassé les vitres. Mais en vérité c'était de la colère contre moi-même.
내가 그 사람의 순진한 모습에 속았을 때 무척 화를 냈었지. 하지만 사실 그건 내 자신에 대한 분노였어.

> un air 공기, 대기 / 공기의 흐름 / (비유) 분위기, 환경
> naïf(ve) 순진한, 천진난만한 / 속기 잘하는, 어리숙한 / 어리석은 / 소박한

voir
(v. tr.) (눈으로) 보다 / 알다, 이해하다 / 구경하다 / 만나다, 방문하다 / 살펴보다, 조사하다 / 알아보다

Avoir à voir avec *qqn/qqch* ~와 상관이 있다 B1

예 La protection des ressources hydrologiques a à avoir avec l'avenir de nous tous. 수자원 보호는 우리 모두의 미래와 관계가 있다.

- une protection 보호, 보전 / 방비, 방지, 예방 (조치) / 후원 / 옹호, 장려
- une ressource 수단, 방책 / (복수) 돈, 재력 / 자원 / 힘
- hydrologique 물에 관계된 / 광천학의
- un avenir 미래 / 후세, 후대(=postérité) / 장래
- une postérité (집합적) 자손, 후손(→ ancêtres) / 후세, 후대 / (비유) (정신적인) 후계자, 계승자
- un ancêtre 조상, 선조(=aïeul) / (복수) (조부 이전의) 선친(=aïeux) / (생물·사물 등의) 선조 / 원형, 효시 / 창시자, 선구자, 시조(=précurseur, devancier)
- un précurseur 선구자 / 예고자 / (문어) 전조, 조짐, 징후

예 Le changement de température actuel a à voir avec celui de l'environnement. Il faut donc tenir compte des éléments écologiques et prendre toutes les mesures nécessaires. 오늘날 기온 변화는 환경 변화와 관계가 있다. 그러므로 환경적 요인을 고려하여 필요한 모든 조치를 취해야 한다.

- une température 기온 / 온도 / 체온 / 열(=fièvre) / (비유) 동향, 동정
- un environnement 둘러싸기 / 둘러싸임 / (복수) 근처, 주변(=environs) / 환경
- tenir compte de *qqch* ~을 고려하다
- écologique 생태학의, 생태학적인 / 자연 보호용의
- une mesure 측량, 측정, 계량 / 크기, 넓이, 치수 / (비유) 척도, 기준 / 정도, 범위 / 조치, 대책 / 수단

Ne pas avoir à voir avec *qqn/qqch* ~와 아무런 상관이 없다 B1

예 Je ne veux pas parler de mon problème d'argent. Ça n'a rien à voir avec toi. 돈 문제에 대해서는 말하고 싶지 않아. 너하고 아무런 상관도 없는 문제니까.

- l'argent 은 / 은화 / 돈, 금전, 화폐 / 재산

예 Les notes scolaires n'ont rien à voir avec le bonheur futur. 학교 성적은 미래의 행복과는 아무 상관이 없어.

- une note (본문에 대한) 주, 주석 / 주해 / 짧은 메모[노트] / 고지서, 계산서 / 평가 / 점수, 성적 / 음표, 음
- scolaire 학교의, 학교 교육의
- futur(*e*) 미래의, 장래의

---

voix	(*n.f.*) 목소리, 음성 / 소리 / 발언권, 투표권

À haute voix[à mi-voix, à voix basse] 큰 목소리로[중간 목소리로, 낮은 목소리로] A2

예 Tu peux me lire ça à haute voix ? Je ne t'entends pas très bien. 그거 큰 소리로 좀 읽어줄래? 잘 안 들리거든.

- lire 읽다 / (소리 내어) 낭독하다 / 판독[해독]하다 / (장래·운수를) 추측하다 / 읽어내다, 알아내다

예 Il faut parler à voix basse dans la bibliothèque. Sinon, tu vas gêner les gens.
도서관에서는 낮은 목소리로 말해야 해. 안 그러면 사람들을 방해하게 될 거야.

gêner 부자유스럽게 하다, 거북하게 하다(=incommoder) / 제약하다, 구속하다(=entraver) / 난처[곤란]
하게 만들다 / 방해하다, 폐를 끼치다(=déranger) / 불안하게[신경 쓰이게] 하다(=intimider)
incommoder 불쾌[불편]하게 하다, 폐를 끼치다 / 괴롭히다(=gêner, déranger)
entraver 족쇄를 채우다 / (비유) 방해[저지]하다 / 속박하다
intimider 위압감을 주다, 위협하다 / 겁먹게 하다, 주눅 들게 하다

vol
(n. m.) 날기, 비상 / 비행 / 비행기편

Prendre son vol (새가) 날아가다 / (사람이) 급히 가버리다 / 비약하다, 두각을 나타내다, 승진
하다(= améliorer sa situation) / 개선되다 B1

예 Marc et moi, nous étions au même point de départ mais en un instant il a pris
son vol. 마르크랑 나는 같은 출발점에 있었는데, 어느 순간 확 비약해 버렸어.

améliorer 개선하다, 개량하다 / 향상[진보]시키다 / 나아지게 하다
point de départ 출발점, 시작점

예 Je ne sais pas pourquoi elle a pris son vol. J'ai peut-être placé trop d'espoir
en elle et suis devenu comme un être gênant. 왜 그녀가 급히 도망가 버렸는지 모르겠어.
어쩌면 그녀한테 너무 많은 기대를 걸어서 내가 부담스러운 존재가 되었는지도 모르지.

placer 자리를 배치하다 / 두다, 처하게 하다 / 설정하다, 위치시키다(=localiser, situer)
localiser 위치를 정하다 / 한정하다(=limiter) / 측정하다

volonté
(n. f.) 의지 / 의욕 / 뜻, 의사, 의향, 의도 / (복수) 임의, 제
멋대로의 생각[행위] / 명령

Bonne volonté 하고자 하는 마음, 열의, 열성 / 선의, 호의 B1

예 J'ai mis de la bonne volonté à aider les gens. 나는 열의를 가지고 사람들을 도왔습니다.

bon(ne) 좋은 / 알맞은, 바람직한 / 행복한, 기분 좋은(=heureux, agréable) / 유능한, 훌륭한(=excellent)
/ 착한 / 맛있는(=délicieux)
mettre de la bonne volonté à faire *qqch* 열심히 ~하다

예 Il faut surtout de nombreux efforts pour avoir du succès en affaires. Une bonne
volonté et un courage sont aussi nécessaires.
사업에서 성공하려면 특히 많은 노력을 해야 합니다. 하고자 하는 마음과 용기 역시 필요하고요.

un courage 용기, 담력(=bravoure) / 열의, 패기(=ardeur, énergie) / (신념 따위의) 요지부동 / 대담함
une bravoure 용감, 용맹, 용기(=vaillance)
une vaillance (문어) 용기, 용맹 / 꿋꿋함, 굳셈

| une ardeur 열기 / (비유) 열심, 열의 / 열정
| nécessaire 필요한 / 필연적인, 불가피한 / 필수 불가결의

예 Maintenant, je mets de la bonne volonté à apprendre l'espagnol. Je compte être trilingue. 요즘 나는 열심히 스페인어를 배워. 3개 국어를 하는 사람이 될 생각이야.

| un trilingue 3개 국어를 하는 사람 cf. un bilingue 2개 국어를 하는 사람

Mauvaise volonté 할 생각이 없음, 열의 없음 / 악의 B1

예 Alain est assez intelligent pour continuer ses études mais il y met toujours de la mauvaise volonté. C'est un problème.

알랭은 계속 공부할 수 있을 만큼 똑똑하지만, 별로 열의가 없어요. 그게 문제죠.

| mauvais(e) 나쁜 / 형편없는 / 불리한 / 서툰, 무능한 / 부적절한, 틀린

예 J'ai suivi le cours de linguistique mais j'y ai mis de la mauvaise volonté. C'est du chinois pour moi. 언어학 수업을 듣긴 했지만 마지못해 한 거야. 무슨 말인지 모르겠어.

| la linguistique 언어학

À volonté 마음껏, 마음대로 / 원하는 만큼 B1

예 Dans ce restaurant, tu peux manger des frites à volonté.

이 식당에서는 감자튀김 마음껏 먹어도 돼.

| une frite (흔히 복수) 감자튀김(= pommes de terre frites)

예 Sophie est une bonne actrice. Chaque fois qu'elle veut, elle pleure à volonté et très naturellement. 소피는 좋은 배우야. 원할 때마다 맘껏, 아주 자연스럽게 운다니까.

| chaque fois que + *ind.* ~할 때마다
| naturellement 자연히, 자연적으로 / 저절로 / 천성적으로, 본래 / 자연스럽게, 꾸밈없이 / 필연적으로, 당연히 / 물론

---

vouloir (*v. tr.*) 바라다, 원하다, 갖고[하고] 싶어하다 / 필요로 하다, 원하다 / 동의[승낙]하다(= accepter, consentir)

En vouloir à *qqn* ~에게 원한을 품다, ~를 원망하다[탓하다] B1

예 Tu m'en veux encore à cause de ce qui s'est passé la dernière fois ?

너 지난번에 있었던 일 때문에 아직도 날 원망하는 거야?

| la dernière fois 지난번(= l'autre jour)

예 Je lui en veux de ne pas être à côté de moi quand il faut.

난 필요할 때 내 옆에 있지 않는 그가 원망스러워.

| à côté de ~의 옆에, ~와 이웃인 / ~의 가까이에

Vouloir dire ～을 뜻하다, ～을 의미하다 / 주장[요구]하다 A2

예 A Un SDF ? Qu'est-ce que ça veut dire ?

B Un sans domicile fixe. Autrement dit, un sans-logis ou sans-abri.

A 에스데에프? 그게 무슨 의미야?
B 주거 부정자, 달리 말하면 노숙자 같은 거야.

> un domicile 주거, 거처 / (법) 주소(지)
> autrement dit 달리 말하면, 달리 말해서
> un sans-logis (복수 불변) (재해로 인해) 집을 잃은 사람
> un sans-abri (복수 불변) (재해로 인해) 집 없는 사람, 이재민

예 Que veut-il dire ce gars-là ? 저 남자 도대체 무슨 말을 하려는 거야?

> un gars (구어) 소년, 젊은이 / 남자, 녀석(=type) / 친구[친근한 사이의 호칭]

---

vrai(e)

(adj. et n. m.) **진실의, 진정한(= véritable) / 실제하는, 사실의(= réel) / 진짜의 // 진실 / 사실, 현실**

C'est pas vrai ! 말도 안 돼! A2

예 C'est pas vrai ! Il m'a encore dupée ! 말도 안 돼! 날 또 속였어!

> duper 속이다(=berner, mystifier, tromper)
> berner 속이다 / 야유하다, 웃음거리로 만들다(=railler), 조롱하다
> mystifier 속이다, 기만하다, 바보로 만들다(=duper) / 현혹시키다
> tromper 속이다(=abuser) / 배신하다 / (추격 등을) 따돌리다, 피하다 / (기대·희망을) 저버리다

예 Non, c'est pas vrai ! Encore un homme politique réhabilité ? La loi n'est favorable qu'aux riches. 말도 안 돼! 또 정치인이 사면되었다고? 법은 있는 자들에게만 공평하구나.

> réhabiliter 복권시키다 / (~의) 명예를 회복시키다 / 재평가하다 / (구역을) 재개발하다
> équitable 공정한, 공평한

예 A Tu sais que la pluie tombe un peu partout chez moi ? Dans un nouvel appartement ?

B C'est pas vrai ! Tu as appelé l'entreprise de construction ?

A Ces maudits entrepreneurs ? Ils vont sûrement tenir des propos incohérents. Je vais contacter le Ministère du Territoire national et des Transports.

B Ça ne sert à rien d'appeler le Ministère. Contacte plutôt les sociétés éditrices de journaux.

A 우리 집 여기저기에서 비 새는 거 알아? 새 아파트에서 말이야.
B 말도 안 돼! 건설사에 전화해 봤어?
A 그 빌어먹을 업자들? 분명히 헛소리만 해댈 텐데? 국토부에 연락하려고.
B 국토부에 전화해도 소용없어. 차라리 신문사에 연락해 봐.

une construction 건설, 건축, 제조 / 건축물(=bâtiment) / 건축술 / (작품 등의) 구성, 작성 / (문법) 구조, 구문

maudit(e) 저주받은 / 배척당한 / 버림받은 / (명사 앞) 혐오스러운(=exécrable)

exécrable 끔찍한, 혐오스러운 / 최악의, 지독한

un(e) entrepreneur(se) 청부인, 청부업자[회사] / 건축업자[회사]

un propos (흔히 복수) 말, 발언 / 이야기, 화제

incohérent(e) 일관성이 없는, 앞뒤가 맞지 않는 / 말이 되지 않는

un territoire 영토, 국토 / 관할 지역 / (비유) 세력권

un transport 운반, 수송, 운송 / 교통수단 / 수송 차량

servir (~à) ~에 쓸모 있다, 소용되다 / ~에 쓰이다

un(e) édi*teur(trice)* *n.* 교정자, 편찬자 / 발행인 / 출판사, 발행소 / *adj.* 출판[발행]하는

À vrai dire 사실, 사실대로 말하면(= à dire vrai) A2

예 Je t'ai dit que j'étais tombé amoureux de Flo ? À vrai dire, je suis amoureux de toi. Pardonne-moi. J'étais un peu lâche.
내가 플로를 사랑한다고 말했었지? 사실은 너를 사랑해. 미안해. 내가 좀 비겁했어.

  tomber[être] amoureu*x(se)* de *qqn* ~와 사랑에 빠지다, ~를 사랑하다
  pardonner *qqn* ~를 용서하다 / 용인하다, 참아주다(=supporter, tolérer)
  lâche 느슨한, 늘어진 / 헐렁한 / 맥 빠진 / (구어) 비겁한, 비굴한 / 비열한

예 Ce n'est pas à cause de toi que je suis nerveuse. À dire vrai, si je bois trop de café, ça me rend hystérique.
내가 신경질적인 건 너 때문이 아니야. 사실 커피 너무 많이 마시면 좀 흥분해.

  nerveu*x(se)* 신경의 / 신경질적인 / (비유) 힘이 센, 활력 있는(=vigoureux)
  boire 마시다, / 술[물]을 마시다 / (~을 위해) 건배하다, 축배를 들다(=toaster) / (모욕 따위를) 받아들이다, 꾹 참다(=endurer, souffrir)
  hystérique (의학) 히스테리 (증세)의 / 극도로 흥분한(=très excité)

---

vu *(n. m.)* 조사하기 / 본 것

C'est du déjà vu ! 새로운 게 아니다! 본 것 같대[처음 경험하는 일을 이전에 보거나 한 것 같은 느낌을 주는 것] B1

예 Bizarre ! J'ai l'impression que je connais ce quartier. C'est du déjà vu !
이상하네. 이 동네 아는 것 같아. 전에 본 것 같아.

  avoir l'impression de +*inf.*/que +*ind.* ~라는 느낌을 가지다 / ~라는 느낌을 주다 / ~한 것 같다
  un quartier 4분의 1 / 조각, 부분(=morceau, partie) / 구, 구역, 지구

예 Le film traite du ménage à trois mais il me semble que c'était du déjà vu. Les scénaristes d'aujourd'hui manquent d'imagination.
영화는 삼각관계를 다루고 있는데, 어디선가 본 것 같아. 요즘 시나리오 작가들은 상상력이 없어.

traiter 대우하다, 취급하다 / 대접하다 / 취급하다 / 치료하다 / 가공하다 / (주제를) 다루다
un ménage 집안일[청소] / 부부 (생활) / 세대
un scénariste (영화) 시나리오 작가

vue *(n.f.)* 시각 / 시력 / 시선 / 눈 / 조망, 전망 / 풍경, 외관

À première vue 언뜻 보기에, 일견(= au premier regard) B1

예 À première vue, il avait l'air un peu prétentieux. 처음 봤을 때는 좀 건방져 보였어.

un regard 눈길, 시선
prétentieu*x(se)* 잘난 체하는, 거드름 피우는(= présomptueux), 오만한 / 꾸민, 멋 부린(= affecté)
présomptueu*x(se)* 오만한, 건방진, 주제넘은 / 잘난 척 하는
affecté*(e)* 꾸민(= feint), 부자연스러운 / 가장된, 날조된

예 Je pensais qu'elle était très jolie à première vue. Mais c'était une beauté qui devait beaucoup à la chirurgie esthétique.
처음 봤을 때는 되게 예쁜 줄 알았어. 그런데 성형미인이더라고.

une beauté (사물의) 아름다움 / 미인, 미녀 / 고결함, 우아함, 고귀함
une opération 작용 / 작업, 조작, 활동 / (외과) 수술 / (구어) 작전 / 군사 행동
la chirurgie 외과, 외과학
esthétique 심미적인, 미에 관한, 미적인 / 미학의, 예술적인

De vue 보아서, 안면으로 A2

예 A Est-ce que c'est une amie ?

B Non. Je la connais seulement de vue.

A 친구야?
B 아니. 그저 안면이 있는 정도야.

connaître *qqn* de vue ~을 본 적이 있다, 안면이 있다

| **wagon** | *(n. m.)* **(기차의) 차량 / (기차의) 객차 / (구어) 큰 자동차**
(= grosse voiture) / (비유) 대량 |

Il y en a un wagon ! * 얼마든지 있다(= Il y en a des wagons) **B1**

예 De la nourriture, il y en a un wagon ! Prenez tant qu'il vous plaira.

음식은 얼마든지 있으니 맘껏 드세요!

> tant que ~만큼
>
> plaire à *qqn* ~의 마음에 들다 / ~의 환심을 사다

W

yaourt (*n. m.*) 요구르트

Avoir du yaourt dans la tête[*] 바보스럽다(= être idiot) B2

예 Oh mon Dieu ! Tu ne comprends toujours rien ! As-tu du yaourt dans la tête ou quoi ? 세상에! 너 여전히 아무것도 이해 못하고 있구나! 너 바보니 뭐니?

toujours 항상 / 여전히

예 J'avais du yaourt dans la tête avec lui. Je ne pourrais pas revenir sur le passé. 그 남자랑 있을 때 정말 바보스러웠어. 지난 일을 되돌릴 수는 없겠지?

pourrais 'pouvoir' 동사의 1인칭 단수 조건법 현재
revenir 다시 오다 / 돌아오다 / 재검토하다 / (원래 상태로) 돌아가다, 복귀하다 / 다시 계속하다

Z

zéro
(n. m.) 숫자 0, 없음 / (온도) 0도 / (비유) 무능력한 사람

Repartir de[à] zéro (실패를 겪은 후) 다시 시작하다, 원점에서 재출발하다 `B1`

예 Bon ! Oublions tout ce qui s'est passé entre nous et repartons de zéro.
좋아! 우리 사이에서 일어났던 일은 모두 잊고 다시 원점에서 시작하자!

│ repartir 다시 출발하다 / 되돌아가다 / (비유) 다시 시작하다 / 다시 활기를 띠다

Z

217

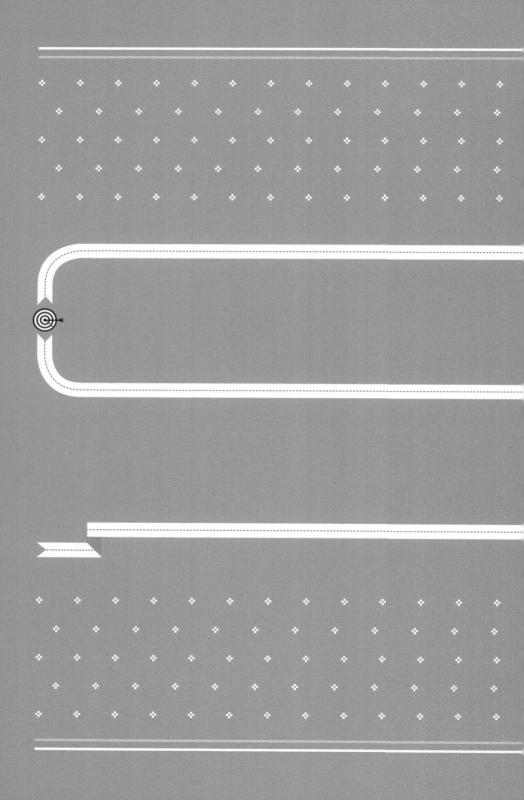

2부

테마별 회화

1. 인사하기 (Saluer) 🔊 TR 2-01

Situation 1

Sylvie	Salut, Paul. Ça va ?
Paul	Ça va ! Et toi ?
Sylvie	Ça va. Salut !
Paul	Salut !

실비	안녕! 폴, 잘 지내니?
폴	잘 지내! 너는?
실비	잘 지내. 잘 가!
폴	잘 가!

▶ salut 만나거나 헤어질 때의 인사 ça 그것, 이것 aller bien 잘 지내다 et 그리고 toi 너는[2인칭 대명사 강세형]

Situation 2

Pierre	Tiens, comment ça va ?
Sabine	Bien, merci. Et toi ?
Pierre	Pas mal. À tout à l'heure.
Sabine	À tout à l'heure.

삐에르	어, 잘 지내니?
사빈느	잘 지내. 고마워. 너는?
삐에르	나쁘지 않아. 조금 후에 봐.
사빈느	조금 후에 봐.

▶ tiens (놀람) 아니, 어, 앗, 저런 comment 어떻게 bien 잘, 훌륭하게 merci 감사합니다 pas mal 나쁘지 않은 À tout à l'heure. 조금 후에 봅시다.

Situation 3

Monsieur	Bonjour, madame !
Madame	Bonjour, monsieur ! Vous allez bien ?
Monsieur	Oui, je vais très bien, merci. Et vous ?

Madame Moi aussi, je vais bien, merci. Au revoir, monsieur !

Monsieur Au revoir, madame ! À bientôt !

남자	안녕하세요!
여자	안녕하세요! 잘 지내십니까?
남자	네, 아주 잘 지냅니다. 고마워요. 당신은요?
여자	나 역시 잘 지냅니다. 고마워요. 안녕히 가십시오!
남자	안녕히 가십시오! 곧 다시 봅시다!

▶ madame 부인 monsieur 선생님, ~씨 aussi 역시, 또한 Au revoir. 안녕히 가세요. À bientôt. 곧 다시 만납시다.

Situation 4

Vincent Où se retrouve-t-on ?

Ninon Devant la poste. Ne sois pas en retard.

Vincent Ne t'inquiète pas. À plus.

Ninon À plus.

뱅상	어디서 볼까?
니농	우체국 앞에서 보자. 늦지 마.
뱅상	걱정 마. 있다 봐.
니농	그래. 있다 보자.

▶ se trouver 서로 만나다 devant (공간) ~앞에서 la poste 우체국 être en retard 시간에 늦다 s'inquiéter 걱정하다 À plus. 나중에 봐.

2. 안부 묻기 (Demander des nouvelles) 🔊 TR 2-02

Situation 1

Amélie Salut, Jacques.

Jacques Salut, Amélie. Mais, qu'est-ce qui t'arrive ? Ça ne va pas ?

Amélie Si, mais je suis un peu fatiguée.

Jacques Oh, ma pauvre !

아멜리	안녕, 자크.
자크	안녕, 아멜리. 근데 무슨 일이야? 어디 아프니?
아멜리	아니, 그냥 좀 피곤해서.
자크	저런.

▶ Qu'est-ce qui arrive ? 무슨 일이니? Ça ne va pas ? 일이 잘 안 되니? si 아니요[부정의 물음에 대한 긍정의 답] fatigué(e) 피곤한, 지친 Ma pauvre ! 저런! 가엾어라!

Situation 2

M. Müller	Bonjour, madame Dubois.
Mme Dubois	Bonjour, monsieur Müller. Comment allez-vous ?
M. Müller	Je vais très bien. Merci. Et vous, vous allez bien ?
Mme Dubois	À merveille ! Merci.
	Est-ce que madame Müller va mieux, maintenant ?
M. Müller	Oui, elle va bientôt rentrer à la maison.
Mme Dubois	Dites-lui bonjour de ma part.
M. Müller	Bien sûr. Merci beaucoup.

뮐러 씨	안녕하세요, 뒤부와 부인?
뒤부와 부인	안녕하세요, 뮐러씨? 잘 지내시죠?
뮐러 씨	그럼요. 고마워요. 부인도 잘 지내시죠?
뒤부와 부인	아주 잘 지내요. 고마워요. 뮐러 부인은 좀 나아지셨나요?
뮐러 씨	네, 곧 퇴원할 거예요.
뒤부와 부인	안부 전해주세요.
뮐러 씨	물론이죠. 고맙습니다.

▶ **à merveille** 훌륭하게, 놀랍도록 **mieux** (`bien`의 우등 비교급) 더 잘, 더 많이 **rentrer** 되돌아오다, 집에 돌아오다 **dire** 말하다, 이야기하다 **de ma part** 저 대신

Situation 3

Agnès	Bonjour, monsieur Bertrand.
M. Bertrand	Bonjour, mademoiselle Prost. Vous avez l'air en forme, aujourd'hui.
Agnès	Oui, je vais très bien. Merci. Et vous ?
M. Bertrand	Ça pourrait aller mieux.
Agnès	Qu'est-ce qu'il y a ?
M. Bertrand	Je ne sais pas… Je ne me sens pas très bien.
Agnès	Allez voir un médecin. Vous êtes tout pâle, en effet.
M. Bertrand	Oui, je vais peut-être prendre rendez-vous avec mon médecin. En tout cas, merci.

아니에스	베르나르 씨, 안녕하세요?
베르나르	안녕하세요, 프로스트 양? 오늘 아주 좋아 보이는데요.
아니에스	그럼요. 아주 좋아요. 고맙습니다. 그런데, 당신은요?
베르나르	나아지겠죠, 곧.
아니에스	왜요? 무슨 일 있어요?

베르나르	글쎄. 잘 모르겠어요. 몸이 좀 안 좋은 거 같은데~.
아니에스	병원에 가 보세요. 그러고 보니 아주 창백하세요.
베르나르	아닌 게 아니라, 의사를 만나보는 게 낫겠어요. 어쨌든, 고마워요.

▶ avoir l'air en forme 건강해 보이다   Qu'est-ce qu'il y a ? 무슨 일 있어요?   savoir 알다   se sentir
(느낌·기분이) ~하다   voir 만나다, 방문하다   pâle 핏기 없는, 창백한   en effet 정말이지, 확실히
prendre rendez-vous 약속을 잡다   en tout cas 어쨌든, 하여튼

Situation 4

Valérie	Tiens ! Salut Pierre ? Comment ça va ?
Pierre	Ça va. Et toi, Valérie, comment vas-tu ?
Valérie	Je vais bien, moi aussi. Merci. Mais, tu n'as pas l'air en forme. Qu'est-ce que t'as ?
Pierre	Ben, je ne sais pas. J'ai pas le moral.
Valérie	Ah bon ? Ça doit être le temps. Il fait mauvais depuis un certain temps.
Pierre	Peut-être.
Valérie	Mais, voyons ! Fais un effort. J'ai une idée. Si on allait manger un petit bout ? Je t'invite. Et je t'interdis de dire non. Tu viens ?
Pierre	D'accord. Je viens avec toi. Merci pour ton invitation.

발레리	어, 삐에르구나. 안녕? 잘 지내니?
삐에르	잘 지내. 발레리 너는 어떻게 지내니?
발레리	잘 지내. 나도. 고마워. 그런데 너 몸이 안 좋아 보인다. 무슨 일이니?
삐에르	글쎄, 잘 모르겠어. 별로 기분이 안 좋아.
발레리	그래? 아마 날씨 때문일 거야. 안 좋은 지 꽤 됐잖아.
삐에르	어쩌면 그래서인지도 모르지.
발레리	야, 노력을 좀 해 봐. 나한테 좋은 생각이 있다. 우리 뭐 좀 먹으러 가는 건 어때? 내가 살게. 싫다고 하면 안 돼. 갈 거지?
삐에르	알았어. 갈게. 고마워.

▶ Qu'est-ce que t'as ? 무슨 일 있니?   avoir le moral (사람이) 낙천적이다   Ça doit être le temps.
날씨 때문이다.   Il fait mauvais. 날씨가 나쁘다.   depuis (기간·지속) ~전부터, 동안   certain(e) 확실한,
틀림없는, 분명한   le temps 날씨   voyons ! 자, 어서   faire un effort 분발하다, 노력하다   une idée
생각   un bout 조각, 일부   inviter 권하다, 권유하다   interdire à qqn de + inf. (~을) 먹다   venir
가다   une invitation 권유

3. 자기 소개하기 (Se Présenter) 🔊 TR 2-03

Situation 1

Mlle Dupont	Bonjour. On se connaît ?
M. Richard	Non. Bonjour. Je m'appelle Henri, Henri Richard.
Mlle Dupont	Je m'appelle Anne Dupont. Enchantée de faire votre connaissance.
M. Richard	Enchanté.

뒤퐁	안녕하세요? 우리 잘 모르지요?
리차드	네, 잘 몰라요. 안녕하세요? 저는 앙리 리차드입니다.
뒤퐁	저는 안 뒤퐁이라고 해요. 만나 봬서 반가워요.
리차드	반갑습니다.

▶ se connaître 서로 알다 s'appeler 이름이 ~이다 Enchanté(e) de faire votre connaissance. 뵙게 되어 매우 반갑습니다.

Situation 2

Stéphane	Bonjour, je m'appelle Stéphane. Et toi, comment tu t'appelles ?
Pascale	Moi, je m'appelle Pascale.
Stéphane	Tu viens d'où ?
Pascale	Je viens de Nice. Et toi ?
Stéphane	Je suis parisien.

스테판	안녕, 내 이름은 스테판느인데, 너는?
파스칼	난 파스칼이야.
스테판	어디서 왔니?
파스칼	니스, 너는?
스테판	난 파리지엥이야.

▶ venir d'où ~출신이다 parisien(ne) 파리 사람

Situation 3

Antoine	Bonjour, je m'appelle Antoine.
Anna	Bonjour, je m'appelle Anna.
Antoine	Tu n'es pas française, je suppose ?
Anna	Non, je suis grecque.
Antoine	Es-tu étudiante ?
Anna	Oui, j'apprends le français. Et toi, qu'est-ce que tu fais dans la vie ?
Antoine	Je suis journaliste.

앙뚜완	안녕. 나는 앙뚜완이야.
안	안녕. 나는 안이야.
앙뚜완	너, 프랑스 사람이 아닌 거 같은데.
안	맞아, 나 그리스 사람이야.
앙뚜완	학생이니?
안	응. 프랑스어를 배워. 너는 직업이 뭐니?
앙뚜완	기자야.

▶ **français(e)** 프랑스인(의) **supposer** 추정하다, 추측하다 **grec(que)** 그리스 사람 **étudiant(e)** 학생(의) **apprendre** 배우다, 습득하다 **le français** 프랑스어 **Qu'est-ce que tu fais dans la vie ?** 직업이 뭐예요? **journaliste** (신문·잡지·방송의) 기자, 저널리스트

Situation 4

Jean-Luc Bonjour, madame. Je viens d'emménager à côté de chez vous.
Je m'appelle Jean-Luc.

Margaux Ah, c'est vous, notre nouveau voisin. Enchantée. Je m'appelle Margaux.

Jean-Luc Enchanté.

장–뤽	안녕하세요? 옆집에 이사 온 사람입니다. 장–뤽이라고 해요.
마르고	아, 당신이 우리의 새로운 이웃이군요. 처음 뵙겠습니다. 마고입니다.
장–뤽	처음 뵙겠습니다.

▶ **venir de + inf.** 막 ~하다 **emménager** 이사하다, 입주하다 **à côté de** ~의 옆에, ~와 이웃인 **voisin(e)** 이웃 (사람) **nouveau(nouvelle)** 새로운

Situation 5

Amélie Salut ! Je t'ai vu tout à l'heure au cours de madame Moreau.
Je m'appelle Amélie.

Marcello Salut, Amélie. Je m'appelle Marcello.

Amélie T'es italien ?

Marcello Oui, je suis italien. Je viens de Venise.

Amélie J'adore cette ville. Elle est magnifique.

Marcello Merci. Je l'adore, moi aussi.

아멜리	안녕. 조금 전에 모로 선생님 수업에서 널 봤어. 내 이름은 아멜리야.
마르셀로	안녕, 아멜리. 난 마르셀로야.
아멜리	이태리 사람이니?
마르셀로	응. 나 이태리 사람 맞아. 베니스에서 왔어.
아멜리	나, 그 도시 굉장히 좋아하는데. 너무 예쁘잖아.
마르셀로	고마워. 나도 좋아해.

▶ **voir** 보다 **tout à l'heure** 조금 전에 **le cours** 강의, 강좌, 수업 **italien(ne)** 이탈리아인 **adorer** 매우 좋아하다 **ce(cette)** 이, 그, 저 **la ville** 도시 **magnifique** 매우 아름다운, 멋진

4. 다른 사람 소개하기 (Présenter quelqu'un) ◉ TR 2-04

Situation 1

Mme Dupont	C'est qui, ce beau jeune homme ?
M. Richard	Ah, c'est mon fils aîné, Pierre.
Mme Dupont	Alors, qu'est-ce qu'il fait maintenant ?
M. Richard	Il est en train de se préparer pour rentrer à l'université après les vacances.
Mme Dupont	Bien.

뒤퐁 부인	저 잘생긴 청년, 누구예요?
리차드	아! 제 맏아들 삐에르예요. 막 군 복무를 마쳤어요.
뒤퐁 부인	그럼, 지금 뭘 하나요?
리차드	방학 끝나고 편입할 준비를 하고 있어요.
뒤퐁 부인	좋군요.

▶ **C'est qui ?** 저 사람은 누구니? **beau(belle)** 아름다운, 멋진 **jeune** 젊은, 어린 **homme** 남자 **fils** 아들 **aîné(e)** 손위의 **faire** (행위 따위를) 하다 **maintenant** 지금, 현재 **être en train de**＋*inf.* ~하는 중이다 **se préparer** 준비하다 **rentrer** 되돌아가다 **l'université** (종합) 대학 **les vacances** 방학, 휴가

Situation 2

Stéphane	Salut, Pascale ! Ça va ?
Pascale	Salut, Stéphane ! Ça va. Et toi ?
Stéphane	Ça va. Tu connais ma sœur Christine.
Pascale	Bien sûr ! Salut, Christine ! Ça fait très longtemps que l'on ne s'est pas vus.
Christine	En effet. Ça va ? T'as l'air en forme.
Pascale	Merci. Si on allait s'asseoir là-bas ?
Christine	Bonne idée !
Stéphane	Ben, alors je vous laisse entre filles.

스테판	안녕, 파스칼. 잘 있었니?
파스칼	안녕, 스테판느. 잘 있었어. 너는?
스테판	잘 있었지. 너 내 여동생 크리스틴 알지?
파스칼	물론이지. 안녕, 크리스틴? 정말 오래간만이다.
크리스틴	그러게. 잘 있었니? 아주 좋아 보이는데~
파스칼	고마워. 저쪽에 가서 앉지 않을래?
크리스틴	좋은 생각이야.
스테판	뭐, 그러면 여자들끼리 잘해 보라고.

▌ Ça fait très longtemps que + *ind.* ~한 지 오랜만이다 **se voir** 서로 만나다 **s'asseoir** 앉다 **là-bas**
저기에, 그곳에 **Bonne idée !** 좋은 생각이다! **laisser** 내버려 두다, 놓아두다 **entre** ~사이에 **la fille**
여자아이, 소녀

Situation 3

Antoine	Pierre, je te présente Marie, ma copine.
	Marie, voici Pierre, mon fameux pote.
Pierre	Enfin ! Salut, Marie. Comment vas-tu ?
Marie	Salut, Pierre. Moi, je vais bien. Merci. Et toi ?
Pierre	Je vais bien, moi aussi. Merci.
Antoine	Maintenant, tout le monde connaît tout le monde, n'est-ce pas ?

앙뚜완	삐에르, 내 친구 마리를 소개할게. 마리, 여기가 그 유명한 내 단짝친구 삐에르야.
삐에르	드디어 만났군. 안녕, 마리. 잘 지내니?
마리	안녕, 삐에르. 잘 지내. 고마워. 너는?
삐에르	좋아. 고마워.
앙뚜완	자, 이제 다들 서로 아는 거지?

▌ **présenter** 소개하다 **copain(copine)** 친구 **voici** 이것이 ~이다[인물 · 사물을 소개함] **fameux(se)**
유명한 **pote** (믿을 만한) 친구, 단짝 **tout le monde** 모든 사람들 **N'est-ce pas ?** 그렇지 않니?

Situation 4

Martin	Salut, tout le monde ! Salut, Charles !
	Je te présente Yukiko, mon amie japonaise.
Charles	Salut, Yukiko. J'ai beaucoup entendu parler de toi.
	Bienvenue chez moi. Ça va ?
Yukiko	Ça va, merci. Je t'ai apporté une bouteille de vin.
Charles	C'est très gentil à toi. Merci. Tu veux quelque chose à boire ?
Yukiko	Un jus d'orange. Merci.
Martin	Moi, je prendrai une bière.
Charles	C'est parti !

마르탱	얘들아, 안녕? 안녕 샤를르? 내 일본친구 유끼꼬를 소개할게.
샤를르	안녕, 유끼꼬. 네 얘기 많이 들었어. 어서 와. 잘 지내니?
유끼꼬	응, 고마워. 포도주 가져왔는데~
샤를르	뭘, 이런~ 고맙다. 뭐 마실래?
유끼꼬	오렌지 주스. 고마워.
마르탱	난, 맥주로 할게.
샤를르	갑니다!

> entendre parler ~의 이야기를 듣다   parler de ~에 대해 이야기하다   bienvenu(e) 반가운, 환영받는
> apporter 가져오다   une bouteille de vin 포도주 한 병   gentil(le) 친절한   vouloir 바라다, 원하다
> quelque chose 어떤 것, 무엇인가   boire 마시다   un jus d'orange 오렌지 주스   prendre 먹다, 들다
> une bière 맥주   C'est parti ! 자, 시작하자!

Situation 5

Amélie	Hé, Jacques ! Me voilà !

Amélie   Hé, Jacques ! Me voilà !

Jacques   Mais où étais-tu ? Je te cherchais partout.

Amélie   Désolée. J'ai rencontré par hasard ma copine d'école.
Julie, je te présente Jacques. Jacques, ici, c'est Julie.

Julie   Bonjour. Enchantée.

Jacques   Bonjour. Enchanté, moi aussi. Comment vas-tu ?

Julie   Ça baigne ! Et toi, ça va ?

Jacques   Ça va. Merci. Mais, d'où viens-tu ?

Julie   Ah, mon accent ! Je suis québécoise.

Amélie   Et elle skie bien !

Jacques   Génial !

아멜리	야, 자크! 나 여기 있어.
자크	도대체 어디 있었던 거야. 여기저기 막 찾았잖아.
아멜리	미안. 학교 친구를 우연히 만나서. 쥘르, 자크를 소개할게. 자크, 여기는 쥘르.
쥘르	안녕. 만나서 반가워.
자크	안녕. 만나서 반가워. 잘 지내니?
쥘르	아주 잘 지내. 고마워. 너는?
자크	잘 지내. 고마워. 그런데 어디서 왔니?
쥘르	내 억양 때문에 그렇구나. 퀘벡에서 왔어.
아멜리	얘 스키 굉장히 잘 타.
자크	잘됐구나.

> chercher 찾으려 애쓰다, 찾아보다   partout 사방에, 도처에   désolé(e) 유감스러운, 미안한
> rencontrer (우연히) 만나다, 마주치다   par hasard 우연히, 뜻밖에   Ça baigne ! 모든 일이 순조롭다.
> l'accent 억양, 어조   québécois(e) 퀘벡 사람   skier 스키를 타다   génial(e) 뛰어난, 훌륭한

Situation 6

Charlotte   C'est quoi, tout ce bazar ?

Antoine   Ça ? Ma collection de timbres. Tu veux voir ?

Charlotte   Waoo, c'est génial ! Tu sais quoi ?
Mon ami André collectionne les timbres, lui aussi.

Antoine	André ? C'est qui ?
Charlotte	C'est un garçon très sympa. Un peu timide mais très gentil. Il a plus de 10,000 timbres, je crois.
Antoine	Plus de 10,000 ? Il faut que tu me le présentes.
Charlotte	Bon, d'accord.

샤를로뜨	이게 다 뭐야?
앙뚜완	이거? 내가 우표 수집한 거. 볼래?
샤를로뜨	와… 대단한데. 그런데 너 그거 알아? 내 친구 앙드레도 우표 수집하는 거.
앙뚜완	앙드레? 누군데?
샤를로뜨	굉장히 호감 가는 친구야. 좀 내성적이긴 하지만 아주 친절해. 우표가 만 장도 넘게 있을걸.
앙뚜완	만 장 넘게? 나 소개시켜 줘.
샤를로뜨	그래. 알았어.

▶ C'est quoi ? 이것은 무엇이니? le bazar 잡동사니 la collection de timbres 우표 수집 collectionner 수집하다 le timbre 우표 sympa 호감을 주는, 상냥한 timide 소심한, 내성적인 avoir 가지다, 소유하다 plus de ~이상 Je crois 내 생각으로는 Il faut que + *ind*. ~해야 한다

Situation 7

Agnès	Tu connais cette fille ?
Arnaud	Hélène ? Oui, je la connais bien. Elle est la fille unique de madame Gillet. Elle a une vingtaine d'années. Elle est étudiante à l'université. Elle habite dans le coin.
Agnès	Qu'est-ce qu'elle est belle !
Arnaud	Et oui. En plus, elle est très intelligente, très sympa, très drôle…
Agnès	Oh, vas-y ! Dragues-la ! Ne te gêne surtout pas à cause de moi.
Arnaud	Ben....... ce n'est pas ce pue ie voulais dire. Mais, attends !

아니에스	저 여자애 아는 애야?
아르노	엘렌? 그럼, 잘 알지. 쥘레 아주머니의 외동딸이야. 스무 살쯤 됐나… 대학생이고, 근처에 살아.
아니에스	진짜 예쁘다!
아르노	그렇지! 게다가 얼마나 똑똑하고, 얼마나 친절하고, 또 얼마나 재밌는지…
아니에스	가라, 가. 가서 한번 꼬셔 봐. 나 때문에 거북해할 것 없어.
아르노	그게… 내가 말하고 싶은 것은 그게 아니야. 야, 기다려!

▶ la fille unique 무남독녀, 외동딸 une vingtaine d'années 스무 살가량 habiter 살다 le coin 언저리, 가장자리 en plus 게다가 intelligent(e) 똑똑한, 현명한 drôle 우스운, 재미있는 Vas-y ! 가 봐! draguer ~의 환심을 사려 애쓰다, (낚아채려고 ~에게) 접근하다 se gêner 거북해하다 surtout 절대로, 특히 à cause de ~때문에 attendre 기다리다

229

Situation 8

Sylvie	Qui est-ce ?
Paul	C'est Michael Jackson. Il est chanteur. Il est américain. Il habite LA.
Sylvie	Tu aimes ce chanteur ?
Paul	Oui. J'adore ses chansons. Il chante très bien. Et toi ?
Sylvie	Moi, non. J'aime beaucoup Sophie Marceau.
Paul	Elle est aussi chanteuse ?
Sylvie	Non, c'est une actrice française. Elle joue très bien.

실비	누구니?
폴	마이클 잭슨이야. 그는 가수야. 미국 사람이고, 그는 LA에 살아.
실비	너는 이 가수를 좋아하니?
폴	응, 나는 그의 노래들을 아주 좋아해. 그는 노래를 아주 잘해. 너는?
실비	나는 아니야. 나는 소피마르소를 좋아해.
폴	그녀 역시 가수니?
실비	아, 그녀는 프랑스 배우야. 그녀는 연기를 아주 잘해.

▶ chanteur(se) 가수 aimer 좋아하다 ce(cette) 이, 그(지시형용사) adorer 열렬히 좋아하다 ses 그[그녀]의(소유형용사) chanter 노래하다 acteur(trice) 배우 français(e) 프랑스의 jouer (배우가) 연기를 하다

Situation 9

Sabine	Ton ami, il est comment ?
Hugo	Il est grand. Il a les cheveux bruns et le visage long. Il est beau !
Sabine	Ah bon ! Et l'amie de Paul, elle est comment ?
Hugo	Elle est petite. Mais elle est belle. Elle a les cheveux courts et le visage ovale.
Sabine	Elle est aimable ?
Hugo	Oui, elle est très adorable et en plus très intélligente.

사빈느	네 남자친구는 어떠니?
위고	그는 키가 커. 갈색머리에 긴 얼굴형을 가졌어. 그는 잘생겼어!
사빈느	그래! 그리고 뽈의 여자친구, 그녀는 어떠니?
위고	그녀는 키가 작아. 그런데 그녀는 아주 예뻐. 그녀는 짧은 머리에 계란형 얼굴을 가지고 있어.
사빈느	그녀는 사랑스럽니?
위고	응, 그녀는 아주 사랑스럽고 게다가 아주 똑똑해.

▶ ton 너의(소유형용사) comment 어떻게 avoir 가지다, 소유하다 les cheveux 머리털 le visage 얼굴 long(ue) 긴 beau (belle) 멋진, 아름다운, 예쁜 Ah bon ! 그래! l'amie 여자친구 court(e) (길이가) 짧은 ovale 달걀 모양의, 타원형의 aimable 사랑스러운 adorable 사랑스러운, 귀여운 intélligent(e) 똑똑한

Situation 10

Vincent   Bonjour, madame.

Monique   Bonjour. Combien d'enfants avez-vous ?

Vincent   J'ai trois enfantss un garçon et deux filles.

Monique   Ils sont déjà grands ?

Vincent   Oui, c'est ça.

Monique   Quel âge a-t-il, votre fils ?

Vincent   Il a 13 ans. Il est collégien. Et vous ?

Monique   Moi, je n'ai pas d'enfant.

뱅쌍	안녕하세요!
모니끄	안녕하세요. 당신은 몇 명의 아이가 있나요?
뱅쌍	세 명의 아이가 있어요. 아들 하나, 딸 둘.
모니끄	그들은 이미 다 컸나요?
뱅쌍	네, 그래요.
모니끄	당신의 아들은 몇 살인가요?
뱅쌍	13살이에요. 중학생이지요. 당신은요?
모니끄	나는 아이가 없어요.

▌ combien de + 명사 수량에 관해 물을 때 사용함   enfant 아이   trois 셋   un garçon 아들, 소년   une fille 딸, 소녀   déjà 이미, 벌써   grand 성인이 된, 다 자란   C'est ça. 그렇다.   quel(le) 어떤, 몇, 무슨 (의문형용사)   un âge 나이   le fils 아들   un an 해, 년   collégien(ne) 중학생

Situation 11

Professeur   Pour faire connaissance, je demande à chacun de présenter son voisin. Pierre, peux-tu commencer, s'il te plaît ?

Pierre   Oui, alors, je vous présente Sunmi. Elle est étudiante coréenne. Elle est très sportive: elle sait jouer au tennis et au golf. Elle aime le cinéma, elle lit beaucoup et ...ah oui, elle chante très bien !

Professeur   Merci. Et Sunmi ?

Sunmi   Je vous présente Paul. Il est très grand, a les cheveux blonds et porte des lunettes. Il aime le football et le tennis. Il voyage beaucoup. Il est marié et il a 2 enfants. Il habite dans une maison près de l'université.

교수	서로 잘 알고 지내기 위해서 옆에 있는 사람을 소개해주길 부탁해요. 삐에르, 먼저 시작할 수 있니? 부탁할게.
삐에르	네, 저는 여러분께 선미를 소개합니다. 선미는 한국 학생입니다. 그녀는 스포츠를 매우 좋아합니다.

그녀는 테니스와 골프를 칠 줄 압니다. 영화를 좋아하고, 책을 많이 읽어요. 그리고… 아, 맞다, 노래
도 정말 잘 부른답니다!

교수　고맙다. 그러면 선미?

선미　저는 여러분께 폴을 소개할게요. 그는 아주 키가 크고, 금발이며 안경을 썼어요. 그는 축구와 테니스
를 좋아합니다. 그는 여행을 많이 했어요. 그는 결혼을 했고 아이가 둘 있습니다. 그는 대학교 근처
에 있는 집에 살아요.

▶ **faire connaissance** ~을 처음으로 알게 되다　**demander à** *qqn* **de + *inf.*** ~에게 ~을 요구하다, 부탁하다
présenter *qqn* **à** *qqn* ~를 ~에게 소개하다　**voisin** 이웃 (사람)　**sportif(ve)** 운동의, 운동을 좋아하는
savoir + *inf.* ~할 줄 알다, ~할 수 있다　**jouer à + 스포츠명** (놀이 · 게임 · 경기를) 하다　**lire** 읽다　**porter**
(옷 따위를) 입다, 착용하다, (안경 · 반지 따위를) 끼다　**marié(e)** 결혼한, 기혼의　**près de** (공간)
~가까이(에)

Situation 12

Anne　Bonjour Antoine. Je voudrais te présenter mon nouvel ami.

Antoine　Ah, avec plaisir. Comment est-il ?

Anne　Il est grand, mesure 1 m 88. Il a les cheveux bruns, les yeux verts.

Antoine　Ah, tout à fait, ton style d'homme…

Anne　Oui, il aime cuisiner, voyager et aller au cinéma.

Antoine　Vous êtes déjà allés au cinéma ensemble ?

Anne　Oui, on a vu un très chouette film.

Antoine　Et que fait-il dans la vie ?

Anne　Il est architecte.

Antoine　Ah, comme ton frère...

Anne　Oui. C'est grâce à lui que je le connais.

Antoine　Alors, tu me le présentes quand ?

Anne　Le week-end prochain, si tu es libre.

안　안녕 앙뚜완. 내 새 남자친구를 너에게 소개하고 싶어.

앙뚜완　아, 기꺼이. 그는 어떠니?

안　그는 키가 커. 188cm야. 그는 갈색머리에 눈이 초록색이야.

앙뚜완　아, 완전히 네가 원하던 남자 스타일이네…

안　맞아, 그는 요리하는 것, 여행하는 것, 그리고 영화관 가는 걸 좋아해.

앙뚜완　너희 이미 함께 영화관에 갔었니?

안　응, 우린 굉장히 멋진 영화를 봤어.

앙뚜완　그의 직업은 뭐니?

안　그는 건축가야.

앙뚜완　아, 네 오빠처럼…

안　응, 오빠 덕분에 내가 그를 알게 되었어.

앙뚜완　그럼, 언제 나에게 그를 소개시켜 줄 거니?

안　네가 시간이 된다면, 다음 주 주말에.

■ nouveau [nouvel] (nouvelle) 새로운, 최신의   avec plaisir 기꺼이, 즐겁게   mesurer (키가) ~이다
tout à fait 완전히, 아주   aimer + *inf.* ~하는 것을 좋아하다   chouette 멋진, 근사한   Que fait-il dans
la vie ? 그의 직업이 무엇입니까?   architecte 건축가, 설계사   comme ~처럼, ~와 같이, ~와 마찬가지로
grâce à *qqn* (좋은 일에 대해) ~덕분에, 덕택에   connaître (얼굴 · 이름을) 알다   prochain(e) 다음의
libre 자유로운, 한가로운

5. 면접 (Un entretien) ⊙ TR 2-05

Situation 1

M. Müller	Bonjour, mademoiselle ?
Mariette	Bonjour, madame ?
M. Müller	Bon, je vous écoute.
Mariette	Je me permets de me présenter. Je m'appelle Mariette Martineau. J'ai 22 ans. J'habite à Paris. Je suis célibataire. J'ai passé mon bac il y a cinq ans. J'ai travaillé comme secrétaire dans une petite société pendant 4 ans. Mais la compagnie a fait faillite. Je suis au chômage depuis cette année.
M. Müller	Vons n'avez donc pas d'expérience dans une maison de disque.
Mariette	Non. Mais j'aime la musique et j'adore rencontrer des gens.
M. Müller	Vous pouvez parler des langues étrangères ?
Mariette	Je peux parler anglais et un peu espagnol.
M. Müller	D'accord. Merci beaucoup.
Mariette	Merci.

뮐러 씨	안녕하세요?
마리에뜨	안녕하세요?
뮐러 씨	자, 말씀하세요.
마리에뜨	제 소개를 하겠습니다. 제 이름은 마리에뜨 마르띠노고요. 22살입니다. 파리에서 살고 있고 싱글입니다. 5년 전에 대학 입학 자격 시험을 통과했고, 작은 회사에서 비서로 4년간 일했습니다. 그런데 회사가 파산을 해서 올해부터 실직 중에 있습니다.
뮐러 씨	그러면, 레코드 회사에서 일한 적은 없군요.
마리에뜨	없어요. 하지만 전 음악도 좋아하고, 사람들 만나는 것도 좋아합니다.
뮐러 씨	외국어 할 줄 아세요?
마리에뜨	영어랑 스페인어 조금 합니다.
뮐러 씨	알겠어요. 고맙습니다.
마리에뜨	고맙습니다.

▶ Je vous(t') écoute. 듣고 있어요, 말씀하세요. se permettre de + *inf.* (인사말·예절) 괜찮다면 ~하겠다
célibataire 독신의   passer (시험을) 치르다, 통과하다   le bac 대학 입학 자격(시험)   il y a + 날짜
~전에   travailler 일하다, 근무하다   secrétaire 비서, 조수   une société 회사   pendant ~동안(에)
la compagnie 회사   faire faillite 파산하다, 도산하다   être au chômage 실직 중이다   depuis (시간)
~이래로   cette année 금년, 올해   une expérience (직업적) 경력, 경험   le disque 음반, 레코드   les
gens 사람들   pouvoir ~할 수 있다   parler 말하다   les langues étrangères 외국어   l'anglais 영어
un peu 조금, 약간   l'espagnol 스페인어

Situation 2

Agnès	Pardon, monsieur. Je cherche le bureau de monsieur Gillet.
M. Bertrand	Vous y êtes.
Agnès	Bonjour ! Je m'appelle Agnès Giraud.
	Je suis candidate pour le nouveau poste de secrétaire.
M. Bertrand	Ah, d'accord. Vous avez quel âge ?
Agnès	25 ans.
M. Bertrand	D'où venez-vous ?
Agnès	De Paris.
M. Bertrand	Vous avez déjà travaillé comme secrétaire ?
Agnès	Non.
M. Bertrand	Attendez un instant. Je vais lui annoncer que vous êtes là.
Agnès	Merci.

아니에스	실례합니다. 질레 씨 사무실을 찾고 있는데요.
베르나르 씨	여기예요.
아니에스	안녕하세요. 아니에스 지로라고 합니다. 새 비서 자리 때문에 왔는데요.
베르나르 씨	아, 네. 그런데 몇 살이세요?
아니에스	25살입니다.
베르나르 씨	어디서 오셨죠?
아니에스	파리에서요.
베르나르 씨	비서로 근무한 적이 있나요?
아니에스	없는데요.
베르나르 씨	잠깐만 기다리세요. 오셨다고 말씀 드릴게요.
아니에스	감사합니다.

▶ le bureau 사무실   Vous y êtes. 맞습니다.   candidat(e) 지원자, 후보   le poste de secrétaire
비서직, 비서 직위   un instant 잠깐   annoncer 알리다

6. 초대하기 (Convier) 🔊 TR 2-06

Situation 1

Antoine Salut ! Je voudrais faire une fête surprise pour les 30 ans de Pierre.

Sophie Ah, c'est chouette. As-tu besoin d'aide ?

Antoine Oui, j'aurais besoin des coordonnées de ses collègues de travail et ses amis du club de plongée.

Sophie D'accord, je peux trouver tout le monde en contactant quelques personnes par internet.

Antoine Super. Je pensais faire la fête chez nous, le samedi 28 août.

Sophie D'accord, je contacte les gens et te tiens au courant. J'espère qu'on dansera toute la nuit...

Antoine Mais, qui est-ce qui va s'occuper de la musique ?

Sophie Demande à Luc d'apporter ses disques. Il en a beaucoup.

Antoine Pourquoi est-ce que tu ris comme ça ?

Sophie Ça m'étonnerait que tu puisses encore danser le twist !

앙뚜완 안녕! 내가 삐에르의 30번째 깜짝 생일파티를 해주고 싶은데.
소피 야, 멋진데. 너 도움이 필요하니?
앙뚜완 응. 내가 그의 직장 동료들이랑 그의 스쿠버다이빙 클럽 친구들 연락처가 필요한데.
소피 그래. 인터넷으로 몇몇 사람들이랑 연락하면서 모두 찾아볼 수 있어.
앙뚜완 아주 좋아. 파티는 8월 28일 토요일에 우리 집에서 할까 생각하고 있었는데.
소피 알았어. 내가 사람들에게 연락하고 너에게 상황을 알려줄게. 밤새도록 춤추면 좋겠다.
앙뚜완 하지만 누가 음악을 담당하지?
소피 뤽에게 디스크들을 가져오라고 부탁해. 그는 디스크를 많이 가지고 있어.
앙뚜완 너 왜 그렇게 웃니?
소피 네가 아직도 트위스트를 출 수 있다는 것이 아주 놀라운데

▶ surprise 놀람, 놀라움, 놀라운 일, 뜻밖의 것   avoir besoin d'aide 도움이 필요하다   coordonnées 연락처, 신상 명세   collègue 동료   plongée 잠수(스쿠버 다이빙)   contacter 접촉하다, 연락하다   par internet 인터넷을 통해   tenir au courant à qqn ~에게 알려주다   toute la nuit 밤 내내   s'occuper de + 명사 (~을) 돌보다, (~에) 전념하다, 관심을 두다   rire 웃다   s'étonner 놀라다   twist 트위스트 춤

Situation 2

Sylvie Je fais une petite fête le week-end prochain. Es-tu libre samedi soir ?

Antoine Combien de personnes penses-tu inviter ?

Sylvie Au moins 15 personnes.

Antoine Tu ne fais pas de dîner alors ?

Sylvie	Il y aura des sandwichs.
Antoine	Ah, super. Veux-tu que je vienne t'aider à tout préparer ?
Sylvie	C'est gentil mais je sais que tu es très occupé le samedi. Ma sœur fera les courses avec moi et on préparera les sandwichs ensemble.
Antoine	Ça va. On se voit samedi prochain alors. À quelle heure ?
Sylvie	Tu peux venir vers 19 h.

실비	내가 다음 주말에 작은 파티를 할 거야. 너 토요일 밤에 시간이 되니?
앙뚜완	몇 명이나 초대할 생각이니?
실비	최소한 15명 정도.
앙뚜완	그럼 저녁은 안 하는구나.
실비	샌드위치만 준비할 예정인데.
앙뚜완	아, 아주 좋아. 준비하는 거 내가 도와주러 갔으면 좋겠니?
실비	고맙지만 네가 토요일에 많이 바쁘다는 거 알아. 내 동생이 나와 같이 장 보고 함께 샌드위치를 만들 예정이야.
앙뚜완	괜찮네. 그럼 우리 다음 주 토요일에 보는 거다. 몇 시에 볼까?
실비	저녁 7시에 오면 돼.

▶ **libre** 자유로운, 구애받지 않는 **venir + *inf.*** 오다, 가다 **être occupé(e)** 바쁜, 일에 매인, 사용 중인 **se voir** 서로 만나다

Situation 3

Stéphane	Tu es libre, ce week-end ?
Pascale	Oui, je crois. Pourquoi ?
Stéphane	En fait, c'est mon anniversaire. Je voudrais t'inviter. Tu veux venir ?
Pascale	Bien sûr que oui. À quelle heure ?
Stéphane	Entre 7 et 8 heures. Et si tu veux, tu peux venir avec Anne.
Pascale	Anne ? Pourquoi ne l'invites tu pas, toi même ?
Stéphane	Ben..........
Pascale	J'ai compris. Alors, je viens avec Anne. Ça te va ?
Stéphane	T'es un amour.

스테판	이번 주말에 시간 있니?
파스칼	응, 그럴걸. 왜?
스테판	사실은 내 생일이거든. 초대하려고 하는데 올 수 있니?
파스칼	물론이지. 몇 시?
스테판	7시에서 8시 사이. 그리고 네가 원하면 안도 데려와도 돼.
파스칼	안? 왜 네가 직접 초대하지 않니?
스테판	그게…
파스칼	알겠다. 내가 안을 데려올게. 그럼 됐지?
스테판	넌 진짜 좋은 친구야.

en fait 사실은   l'anniversaire 생일, 기념일   inviter 초대하다, 권하다   Bien sûr que oui. 그러고
말고, 당연하지.   À quelle heure ? 몇 시에?   entre A et B A와 B 사이에   toi même 네가 직접
comprendre 이해하다, 알다   Ça te va ? 어때?, 괜찮니?   T'es un amour. 넌 좋은 친구야.

Situation 4

M. Müller	Madame Dubois, êtes-vous libre vendredi prochain ?
Mme Dubois	Je ne sais pas. Laissez-moi regarder mon agenda.
M. Müller	Allez-y. Prenez votre temps.
Mme Dubois	Voyons... J'ai un rendez-vous dans la matinée. Mais après, je suis libre. Pourquoi ?
M. Müller	J'aimerais bien vous inviter à dîner à la maison. Vous m'avez beaucoup aidé sur mon projet et je voudrais vous remercier.
Mme Dubois	Mais il ne faut pas. C'était mon plaisir.
M. Müller	Si, si. J'insiste. Venez avec votre époux. D'ailleurs, ma femme est une bonne cusinière.
Mme Dubois	Alors, j'accepte. Merci beaucoup.

뮐러 씨	뒤부와 부인, 다음 주 금요일에 시간 나세요?
뒤부와 부인	잘 모르겠는데요. 수첩 좀 보고요.
뮐러 씨	그러세요. 천천히 하셔도 돼요.
뒤부와 부인	음, 그러니까… 아침나절에 약속이 있어요. 하지만 그 이후로는 시간이 돼요. 근데, 왜요?
뮐러 씨	집에서 저녁식사를 대접하고 싶어서요. 제 프로젝트를 많이 도와주셨잖아요. 감사드리고 싶어서요.
뒤부와 부인	그럴 필요 없어요. 기꺼이 도와 드린 거예요.
뮐러 씨	아니, 그러고 싶어요. 바깥분하고 함께 오세요. 게다가 저희 부인은 요리를 아주 잘해요.
뒤부와 부인	정 그러시다면 가죠. 정말 고마워요.

vendredi 금요일   prochain(e) (시간적으로) 다음의   laisser + inf. ~하게 내버려 두다   regarder 보다
l'agenda 비망록, 수첩   Allez-y. 그러세요.   prendre le temps 천천히[여유를 가지고] ~을 하다   avoir
un rendez-vous 약속이 있다   la matinée 아침나절, 오전 중   J'aimerais bien + inf. ~하고 싶다
inviter à dîner 저녁 식사에 초대하다   aider 돕다   le projet 기획, 프로젝트   remercier 감사하다
Il faut pas. 그럴 필요 없다.   C'est mon plaisir. 기꺼이 한 일이다.   insister 간청하다, 고집하다
époux(se) 배우자   d'ailleurs 게다가   mari 남편   cusinier(ère) 요리하는 사람, 요리사   accepter
받아들이다, 수락하다

Situation 5

Agnès	André ! Je peux te parler une minute ?
André	Bien sûr. Qu'est-ce qu'il y a ?
Agnès	Je vais organiser une fête chez moi ce samedi. Peux-tu venir ?

237

André	Je ne sais pas.
Agnès	Pourquoi ? T'as un projet ?
André	Non, mais tu connais ma grand-mère ?
	Elle est chez nous ces jours-ci. Ellle ne va pas très bien.
	Je pensais m'occuper d'elle pendant le week-end.
Agnès	C'est dommage !
	Mais ta maman est toujours là, non ?
André	Oui, mais...... Écoute, je ne sais pas encore.
	Mais je vais te donner ma réponse avant vendredi, d'accord ?
Agnès	OK. On fait comme ça.

아니에스	앙드레! 잠깐 얘기할 수 있니?
앙드레	물론이야. 무슨 일인데?
아니에스	이번 주 토요일에 우리 집에서 파티할 거거든. 올 수 있니?
앙드레	잘 모르겠어.
아니에스	왜? 다른 계획 있어?
앙드레	아니, 그런 건 아닌데. 우리 할머니 알지? 지금 우리 집에 계시거든. 몸이 안 좋아서. 주말 동안 돌봐드리려고 생각했거든.
아니에스	유감인데. 하지만 너희 엄마 계시잖아, 안 그래?
앙드레	그렇긴 한데… 있지. 아직 잘 모르겠거든. 내가 금요일 전으로 확답해 줄게. 알겠지?
아니에스	알았어. 그렇게 하자.

▶ une minute 잠시, 잠깐   Qu'est-ce qu'il y a ? 무슨 일이니?   organiser (행사 따위를) 준비하다, 기획하다   une fête 잔치, 파티   ce samedi 이번 주 토요일   un projet 계획, 기획   la grand-mère 할머니   ces jours-ci 요즘   s'occuper de qqn (~을) 돌보다   C'est dommage ! 유감이다!   donner 주다, 전해주다   la réponse 대답, 회답   On fait comme ça. 그렇게 하자.

Situation 6

Sophie	Bonjour. Samedi, j'organise un dîner avec mes amis pour fêter la fin de nos études.
Paul	Ah, vous êtes tous diplômés maintenant ?
Sophie	Oui, nous avons tous réussi en première session.
	Voulez-vous dîner avec nous ?
Paul	Malheureusement j'ai déjà quelque chose de prévu mais je viendrai prendre l'apéritif avec vous.
Sophie	Ah, chouette !
Paul	J'apporterai une bouteille de champagne pour marquer le coup.
Sophie	C'est très gentil de votre part. Merci beaucoup.

Paul	À quelle heure vos amis arrivent-ils ?
Sophie	Vers 19 h.
Paul	Je viendrai vers 18 h 45 pour vous aider à tout préparer.

소피	안녕하세요. 토요일에 졸업을 축하하기 위해 친구들과 함께 저녁식사를 준비하려고 해요.
폴	아, 당신들 모두 학위를 취득하신 건가요?
소피	네, 우리 모두 첫 시험에서 통과했어요. 우리와 함께 저녁하시겠어요?
폴	불행하게도 제가 이미 약속된 게 있어요. 하지만 당신들과 아페리티프를 하려는 걸게요.
소피	아, 좋아요!
폴	제가 기념으로 샴페인 한 병 가지고 갈게요.
소피	정말 친절하세요. 감사합니다.
폴	몇 시에 친구들이 도착하나요?
소피	19시쯤에요.
폴	제가 준비하는 거 도와 드리러 18시 45분쯤에 갈게요.

▶ organiser 준비하다, 기획하다, 조직(화)하다 un dîner 저녁 식사 fêter 축하하다, (~을 위한) 축하연을 열다 diplômer 학위를 주다 réussir 성공하다, 잘 해내다, 좋은 결과를 얻다 en première session 첫 번째 (대학의) 시험기 quelque chose de prévu 예정된 어떤 것[일] un apéritif 식전에 마시는 술, 아페리티프 chouette 멋진, 근사한 marquer le coup 기념하다, 중요성을 강조하다 de votre part ~의 의뢰로, ~의 쪽에서, ~로서는 aider qqn à + inf. ~가 ~을 하는 것을 도와주다 préparer 준비하다

Situation 7

Madame	Bonjour ! Nous sommes les nouveaux locataires du troisième étage, et nous voudrions vous inviter à dîner samedi soir avec des amis. Pouvez-vous vous joindre à nous ?
Voisin	À quelle heure ?
Madame	Vers 20 h si ça vous convient.
Voisin	Ça va. Est-ce que vous voulez que je vienne plus tôt pour vous aider ?
Madame	Non merci, mes amis qui viennent de Corée du Sud vont préparer des plats coréens.
Voisin	Ah, c'est super, je n'ai jamais mangé coréen.
Madame	Vous pouvez venir alors ?
Voisin	Oui. Voulez-vous que j'apporte du vin ou un dessert ?
Madame	C'est comme vous préférez.
Voisin	J'apporterai le dessert.
Madame	Merci. À samedi.

부인	안녕하세요! 저희는 4층에 새로 세든 사람들인데요, 토요일 저녁 축하파티에 친구들과 함께 당신을 초대하고 싶습니다. 오실 수 있으신가요?
이웃	몇 시인가요?
부인	괜찮으시다면 20시경이요.
이웃	괜찮네요. 제가 당신을 도와주러 조금 일찍 가는 건 어떤가요?
부인	감사합니다만 괜찮습니다. 한국에서 온 제 친구들이 한국 음식을 준비할 거예요.
이웃	아, 멋지네요, 전 한국 음식을 전혀 먹어본 적이 없어요.
부인	그럼 오실 수 있으신 건가요?
이웃	네. 제가 디저트나 와인을 가져가는 건 어떤가요?
부인	좋도록 하세요.
이웃	제가 디저트를 가져갈게요.
부인	감사합니다. 토요일에 봐요.

▷ locataire 세든 사람, 하숙인 un étage 층 inviter *qqn* à + *inf.* ~를 ~에 초대하다 se joindre à *qqn* (~와) 결합[합류]하다, 참가하다 vers (시간) ~경, 무렵 ça convenir à *qqn* ~의 상황[처지]에 맞다, ~에게 유익하다 plus tôt 더 일찍 venir de ~로부터 오다 un plat 요리 Faites comme vous préférez. 좋도록 하세요.

Situation 8

Antoine Allô, Margaux ? C'est Antoine.

Margaux Salut, Antoine. Où es-tu ? Je t'attends toujours.

Antoine Justement, je suis devant la porte de ton immeuble. Mais, je n'ai pas le code d'accès.

Margaux Je ne te l'ai pas donné ?

Antoine Si, mais je l'ai perdu quelque part.

Margaux A 3689.

Antoine OK. À tout de suite.

Margaux À tout de suite.

앙뚜완	여보세요, 마르고니? 나 앙또완이야.
마르고	안녕, 앙또완. 어디 있어? 계속 기다리고 있는데.
앙뚜완	너희 집 문 앞에 있어. 그런데 정문 비밀번호가 뭔지 몰라.
마르고	내가 안 알려줬어?
앙뚜완	알려줬는데, 잊어버렸어.
마르고	A 36889야.
앙뚜완	알았어. 금세 갈게.
마르고	조금 있다 봐.

▷ justement (문두에서) 그러니까 말이야, 바로 그래서 la porte 문, 출입구 un immeuble 건물, 빌딩, 아파트 le code d'accès 비밀번호 perdre 잊다, 까먹다 quelque part 어딘가에, 어떤 곳에

Situation 9

M. Müller	Tiens ! Madame Dubois !
	Ça fait longtemps que l'on ne s'est pas vus.
Mme Dubois	C'est vrai. Ça fait un bail. Comment allez-vous ?
M. Müller	Bien, bien. Et vous ?
Mme Dubois	Moi aussi, très bien. Merci.
	Mais, vous êtes surchargé. Je vous aide ?
M. Müller	Non, non, ça va. C'est pas très lourd.
Mme Dubois	Une fête ?
M. Müller	Non, un dîner simple entre amis.
Mme Dubois	Combien de personnes ?
M. Müller	À peu près une dizaine.
Mme Dubois	Oh là là ! Vous devez vous dépêcher. Il est déjà 6 h.
M. Müller	Déjà ? Alors, je dois m'en aller. À un de ces jours !
Mme Dubois	À un de ces jours ! Et bon courage !
M. Müller	Merci.

뮐러 씨	어머, 뒤부와 부인! 오랜만에 뵙네요.
뒤부와 부인	그러게요. 정말 오랜만이죠. 잘 지내세요?
뮐러 씨	그럼요. 댁은요?
뒤부와 부인	저도 잘 지내요. 고마워요. 이런, 짐이 많군요. 도와드릴까요?
뮐러 씨	아니, 괜찮아요. 별로 무겁지 않은걸요.
뒤부와 부인	파티가 있어요?
뮐러 씨	아니요, 그저 친구들끼리 저녁식사나 하려고요.
뒤부와 부인	몇 명이나 초대하셨어요?
뮐러 씨	한 열 명쯤……
뒤부와 부인	저런, 서두르셔야겠어요. 벌써 여섯 시인걸요.
뮐러 씨	벌써요? 그럼, 가볼게요. 또 뵙죠, 뭐.
뒤부와 부인	그래요. 또 봐요. 그리고 힘내세요.
뮐러 씨	고마워요.

▶ C'est vrai. 정말이에요.   Ça fait un bail. 오래되었네요.   surchargé(e) 너무 무겁게 실은, 과중한   lourd(e) 무거운   une fête 잔치, 파티   simple 간결한, 소박한   Combien de personnes ? 몇 사람?   à peu près 거의, 대략, 약   une dizaine 약 10   se dépêcher 서두르다   Il est six heures. 여섯 시예요.   devoir ~해야 한다   s'en aller 떠나다, 가버리다   À un de ces jours ! 또 봐요!   Bon courage ! 기운 내세요!

241

7. 학교생활 (La vie scolaire) ▣ TR 2-07

Situation 1

Antoine	C'est quand, ton exam ?
Laure	Ça commence à partir de demain.
Antoine	Bien préparé ?
Laure	Je sais pas. Mais j'ai le trac.
Antoine	Bon courage et bonne chance !
Laure	Merci.

앙뚜완	시험이 언제야?
로르	내일부터 시작이야.
앙뚜완	잘 준비했지?
로르	잘 모르겠어. 근데 많이 떨려.
앙뚜완	힘내. 그리고 행운을 바라.
로르	고마워.

▶ l'exam 시험 commencer 시작하다 à partir de ~부터 demain 내일 préparé(e) 준비된 J'ai le trac. 겁이 나다.

Situation 2

Min sun	Bonjour. Je me suis inscrite pour suivre un 3 ème cycle mais je dois encore choisir certains cours en option.
Monsieur	Quel est votre nom ?
Min sun	Kim min sun.
Monsieur	Un instant, s'il vous plaît…Ah voilà. Oui, en effet, vous devez choisir 3 cours.
Min sun	En fait, je ne sais pas très bien comment choisir.
Monsieur	Si vous voulez, je peux vous mettre en contact avec un autre étudiant qui pourra vous aider.
Min sun	Ah oui. Ce serait super.
Monsieur	Notez ici votre nom et votre numéro de téléphone. Je lui demanderai de vous appeler.
Min sun	Voilà. Merci beaucoup.

민선	안녕하세요. 저는 박사 학위 과정을 수강하기 위해 등록을 하였는데 아직 몇몇 선택 과목을 택해야 합니다.
직원	당신 이름이 뭐예요?
민선	김민선입니다.
직원	잠시만 기다려보세요. 아, 여기 있네요. 네 그러네요. 수업 3개를 선택해야만 합니다.

민선	사실은 제가 어떻게 선택을 해야 할지 잘 모릅니다.
직원	원하신다면, 당신을 도와줄 수 있는 다른 학생을 당신과 연락할 수 있도록 해줄 수 있어요.
민선	아 네. 그럼 더할 나위 없이 좋죠.
직원	여기에 당신 이름과 전화번호를 적어 놓으세요. 제가 그 학생에게 당신에게 전화하라고 부탁할게요.
민선	여기요. 고맙습니다.

▶ s'inscrire 등록하다, 가입하다 suivre (강의 따위를) 듣다, 계속 수강하다 troisième cycle 박사 학위 과정 un cours à option 선택 과목 un instant 잠깐만 en effet 실제(로), 사실 en fait 사실은, 실제는 mettre en contact avec ~와 접촉하다 super 멋진, 훌륭한 noter 적어놓다, 메모하다 demander à qqn de + inf. ~에게 ~하도록 요구하다 appeler 부르다, 전화하다

Situation 3

Sun mi	Bonjour. Je vais suivre un cours intensif dans votre université et je cherche une chambre d'étudiant.
Monsieur	Nous avons des chambres au sein du campus et d'autres à l'extérieur du campus mais très près de l'université.
Sun mi	Quel est le loyer des chambres à l'intérieur du campus ?
Monsieur	Ça dépend si vous voulez être seule ou partager une chambre avec un autre étudiant.
Sun mi	Je préfère être seule.
Monsieur	450€ par mois, toutes charges comprises.
Sun mi	Ah….et à l'extérieur ?
Monsieur	Entre 300 et 350€.
Sun mi	C'est parfait. Pourrais-je en visiter ?
Monsieur	Oui, bien sûr.

선미	안녕하세요! 제가 이 대학교에서 언어 집중 코스를 들을 예정이고요, 학생 기숙사를 찾습니다.
남직원	캠퍼스 한가운데에 기숙사가 있어요. 다른 기숙사는 캠퍼스 밖에 있지만 대학교에서 아주 가까이 있습니다.
선미	캠퍼스 내에 있는 기숙사 비는 얼마입니까?
남직원	학생이 혼자 있기를 원하거나 다른 학생과 한 방을 쓰길 원하느냐에 따라 다릅니다.
선미	전 혼자 있는 게 더 좋은데요.
남직원	모든 관리비를 포함해서 450유로입니다.
선미	아 그래요. 그럼 외부 기숙사는요?
남직원	300유로에서 350유로로 사이예요.
선미	그게 좋겠네요. 제가 방문해 볼 수 있을까요?
남직원	그럼요, 당연하죠.

▶ intensif(ve) 집중적인, 집약적인 au sein de ~의 한가운데에, 내부에 à l'extérieur de ~ 밖의, 옥외의 le loyer 세, 집세 à l'intérieur de ~의 안[속]에서 dépendre (Ça dépend) ~에 달려 있다, 상황 나름이다 partager qqch avec qqn ~을 ~와 나누다, 함께하다, 공유하다 préférer + inf. ~을 더 좋아하다, 선호하다 par mois 매달 (달마다) la charge (아파트 따위의) 관리비, 부담금, 비용 toutes charges comprises 모든 관리비 포함 entre~ et~ ~와 ~ 사이 visiter 방문하다

Situation 4

Angela	On m'a volé mon sac.
Martin	Oh là là. Quand ?
Angela	Hier. Il était environ trois heures de l'après-midi.
Martin	En plein jour ? C'est pas croyable. Comment c'est arrivé ?
Angela	J'étais rue de la Convention. Je marchais tranquillement. Tout à coup, une moto s'est approchée de moi. L'un des deux hommes m'a arraché mon sac et ils ont filé.
Martin	C'est pas vrai. Tu n'as rien ?
Angela	J'ai des bleus sur mes bras, mais c'est pas très grave.
Martin	Heureusement !

안젤라	가방을 도둑맞았어.
마르탱	저런. 언제?
안젤라	어제. 오후 세 시쯤이었을 거야.
마르탱	대낮에? 믿을 수가 없군. 어떻게 된 건데?
안젤라	꽁방씨옹 거리에서 그냥 걷고 있었는데, 갑자기 오토바이가 내 쪽으로 접근하는 거야. 두 명이었는데, 그 중 하나가 내 가방을 낚아채고는 둘 다 도망갔어.
마르탱	말도 안 돼. 넌, 괜찮니?
안젤라	팔에 멍투성이야. 그렇지만 아주 심하지는 않아.
마르탱	그건 다행이다.

▶ voler 훔치다, 도둑질하다 un sac 배낭, 가방 environ (시간) ~쯤, 경, 무렵 l'après-midi 오후
en plein jour 백주 대낮에 C'est pas croyable. 믿을 수 없다. Comment c'est arrivé ? 무슨
일이 있어? marcher 걷다 tranquillement 여유롭게 tout à coup 갑자기 une moto 오토바이
s'approcher de qqn (~에) 가까이 가다[오다], 다가가다 l'un des deux hommes 두 남자들 중 한 명
arracher 빼앗다, 탈취하다 filer 도망치다 C'est pas vrai. 말도 안 돼. Tu n'as rien ? 무슨 일 없었니?
avoir des bleus sur les bras 팔이 멍투성이다 C'est pas grave. 괜찮아. Heureusement ! 다행히도!

Situation 5

Stéphane	Je n'arrive pas à y croire.
Pascale	Qu'est-ce qui se passe ?
Stéphane	C'est Sylvie. Elle est encore en retard.
Pascale	Ah, ça c'est elle. Elle n'est jamais à l'heure.
Stéphane	Est-ce que c'est normal ? Ça ne te gêne pas ?
Pascale	Si. Mais qu'est-ce que je peux faire ? Si elle est en retard, elle est en retard. Soit tu l'attends, soit tu t'en vas. Moi, je l'attends.

Stéphane Moi, je m'en vais. Je ne peux pas accepter ce genre de chose.
Une fois, c'est bon. Mais trop, c'est trop.

스테판	말도 안 돼.
파스칼	무슨 일이야?
스테판	실비 말이야. 또 늦잖아.
파스칼	아, 실비 원래 그렇잖아. 절대로 제시간에 오는 법이 없지.
스테판	그게 정상이니? 너는 괜찮아?
파스칼	괜찮지 않지만 어떻게 하겠어? 늦으면 늦는 거지. 기다리든지 가버리든지. 난 기다릴 거야.
스테판	나는 갈게. 이런 일은 받아들일 수가 없어. 한 번은 괜찮지만, 심한 건 심한 거지.

▶ **arriver à + *inf.*** (상태 · 목표 · 수준에) 이르다, 도달하다 **croire** 믿다, 확신하다 **Qu'est-ce qui se passe ?**
무슨 일이야? **être à l'heure** 정시에 오다 **normal(e)** 정상의, 보통의 **gêner** 난처하게 하다, 신경 쓰이게
하다 **soit ~, soit ~** ~이든지 ~이든지(간에) **ce genre de chose** 이러한 종류의 일 **une fois** 한 번

Situation 6

Sophie Je ne sais pas si je dois continuer avec Paul.

Eric Pourquoi ? Vous vous êtes disputés ?

Sophie Non, mais il est un peu ennuyeux.
Il n'a jamais de surprise et on n'a pas grand chose à discuter.

Eric Mais il est gentil.

Sophie Oui, il l'est. Mais c'est pas suffisant. Je n'ai vraiment pas de veine.

소피	나, 폴이랑 계속 만나야 할지 어쩔지 모르겠어.
에릭	왜? 너네 싸웠니?
소피	아니. 그런데 걔 좀 지루해. 놀라게 해주는 일도 없고, 우리 별로 얘기할 것도 없어.
에릭	하지만 착하잖아.
소피	응, 착하긴 해. 하지만 그것만으로는 부족해. 난 정말 운이 없는 것 같아.

▶ **continuer** 계속하다 **se disputer** 서로 말다툼하다, 서로 싸우다 **ennuyeux(se)** 지루한, 권태를
느끼게 하는 **une surprise** 놀라운 일, 놀라움 **avoir *qqch* à + *inf.*** ~할 것이 있다 **discuter** 토의하다
suffisant(e) 충분한, 만족스러운 **vraiment** (강조) 정말, 매우, 대단히 **avoir une veine** 운이 좋다

Situation 7

Amélie T'as encore séché ton cours.

Jacques Bof… Mais le cours de madame Bruneau ne m'intéresse pas.

Amélie Mais fais attention. C'est un séminaire obligatoire.
Si tu continues comme ça, tu vas rater l'examen de fin d'année.
Déjà, elle nous a demandé d'écrire un rapport sur le sujet d'aujourd'hui.
Tu ne sais évidemment pas de quoi il s'agit, n'est-ce pas ?

Jacques Mais je t'ai toi, heureusement…

아멜리	너, 또 강의 빼먹었지.
자크	휴···. 부뤼노 교수님 강의는 정말 흥미 없어.
아멜리	너, 조심해. 이거 필수 과목이잖아. 그렇게 계속하다가는 너 기말고사에서 떨어질 거야. 벌써 선생님이 오늘 주제에 대해서 리포트를 써오라고 하셨는데, 넌 물론 무엇에 관한 것인지 모르겠지. 안 그래?
자크	하지만 난 네가 있잖아. 다행이지.

▶ sécher un cours 강의[수업]를 빼먹다 s'intéresser 관심을 갖다 faire attention 주의하다 un séminaire obligatoire 필수 과목 rater 실패하다, 그르치다, 망치다 l'examen de fin d'année 연말고사 demander à *qqn* de + *inf.* ~가 ~하기를 바라다, 요구하다 écrire 쓰다 un rapport 이야기, 보고 내용 le sujet 주제, 테마, 문제 évidemment 확실히, 틀림없이, 물론 Il s'agit de + *qqch* ~에 관한 것이다

Situation 8

Yukiko	J'en ai marre d'étudier, j'en ai marre d'habiter à l'étranger, j'en ai marre, j'en ai marre…
Henri	Tu as bien résisté jusqu'à maintenant. Un peu plus de courage.
Yukiko	C'est trop dur, tu sais ? Je veux rentrer chez moi. Ma famille me manque, mes amis me manquent…
Henri	Je comprends. Mais il faut d'abord boucler tes études. T'es là pour ça. Sinon, tu le regretteras toute ta vie.
Yukiko	Je sais. Mais il y a des moments où je ne peux que me plaindre. La vie n'est pas facile.
Henri	Eh oui.

유끼꼬	공부하는 것도 지겹고, 외국에서 사는 것도 지겹고. 지겹다, 지겨워···.
앙리	지금까지 잘 버텨 왔잖니. 좀 더 용기를 내.
유끼꼬	너무 힘들어, 알아? 나 집에 가고 싶어. 가족도 보고 싶고, 친구들도 보고 싶고···.
앙리	그래, 이해해. 하지만 공부를 끝내야지. 그것 때문에 있는 거잖아. 안 그러면 평생을 두고 후회할 거야.
유끼꼬	알아. 하지만 정말 불평할 수 밖에 없는 순간들이 있어. 인생은 참 쉽지 않아.
앙리	그럼.

▶ en avoir marre de + *inf.* 질리다, 싫증나다 étudier 공부하다, 연구하다 l'étranger 외국 résister 버티다, 견디어내다 jusqu'à ~까지 un peu plus de 좀 더 dur(e) 곤란한, 어려운, 힘 드는 manquer 몹시 그립다, 보고 싶다 Il faut + *inf.* ~해야 하다 d'abord 우선, 먼저 boucler 완결하다 une étude 공부, 학습, (복수) 학업 sinon 그렇지 않으면 regretter 후회하다, 아쉬워하다 toute la vie 평생토록 se plaindre 불평하다, 투덜대다, 항의하다 facile 쉬운, 용이한

Situation 9

Audrey	Papa, tu ne peux pas me faire ça.
M. Müller	Si, je peux. Comment peux-tu me demander de te donner la permission de

246

voyager entre filles ?

Absolumment pas. C'est trop dangereux.

Audrey   Mais, papa. Je ne suis plus mineure.

M. Müller   Je sais. Mais pendant que tu habites sous mon toit; il faut m'obéir.

Je ne peux pas te laisser faire ce voyage aussi dangereux.

Audrey   Ce n'est pas dangereux. Et je sais me défendre.

M. Müller   Quand je dis non, c'est non. Affaire classée.

오드리	아빠, 설마 나한테 그렇게 하시지는 않겠죠.
뮐러 씨	물론, 그렇게 할 거야. 어떻게 너는 내가 여자애들끼리 가는 여행을 승낙해 주리라고 생각하니? 절대 안 돼. 너무 위험해.
오드리	하지만, 아빠. 난 더 이상 어린애가 아니잖아요.
뮐러 씨	알아. 그래도 내 집에서 사는 이상 내 말을 들어야 해. 나는 네가 그렇게 위험한 여행을 하도록 내버려 둘 수가 없어.
오드리	안 위험하다니까요. 게다가 전 저 스스로를 방어할 수 있어요.
뮐러 씨	내가 아니면 아닌 거야. 더 이상 거론하지 말자.

▶ la permission 허가, 승낙, 허용 voyager 여행하다 entre ~끼리의, ~사이에서 Absolument pas 절대로 아니다 dangereux(se) 위험한 ne~ plus 더 이상 ~하지 않다 mineure 미성년의 sous ~하에, ~밑에, ~안에 le toit 지붕, 집, 거주지 obéir ~에(게) 복종하다, ~을 따르다 faire le voyage 여행하다 se défendre (~로부터) 자신을 지키다[보호하다] l'affaire classée 매듭지어진 사건, 기결 사건

1. 좋은 소식 (Une bonne nouvelle) 🔊 TR 2-08

Situation 1

Amélie	Toutes mes félicitations !
Jacques	Merci.
Amélie	Alors, c'est quand, le mariage ?
Jacques	Dans un mois. Évidemnent tu es ma première invitée.
Amélie	Merci. Dis-moi ce que tu veux comme cadeau de mariage.
Jacques	Je ne sais pas. Tu veux en parler avec Claire ? Elle me connaît mieux que toi.
Amélie	Entendu. Pas de problème.

아멜리	축하해!
자크	고마워.
아멜리	근데, 결혼식은 언제야?
자크	한 달 뒤. 물론 네가 내 첫 초청객이지.
아멜리	고마워. 그건 그렇고, 무슨 선물을 받고 싶은지 얘기해봐.
자크	잘 모르겠는걸. 끌레르랑 얘기할래? 너보다 날 더 잘 아니까.
아멜리	알았어. 문제없지, 뭐.

▶ la félicitation (복수) 축하, 칭찬 le mariage 결혼(식), 혼인 dans + 시간 ~후에 le mois 달, 월 premier(ère) 첫 번째의, 제1의 invité(e) 초대받은 le cadeau 선물 mieux (bien의 우등 비교급) 더 잘, 더 많이 Entendu ! 물론이지! Pas de problème. 문제없다, 간단한 문제다.

Situation 2

Monique	Bonjour. Je t'appelle pour t'annoncer que Gilles m'a demandé en mariage.
Vincent	Quelle bonne nouvelle ! Quand vous mariez-vous ?
Monique	On n'a pas encore fixé la date précise mais ce sera au printemps prochain.
Vincent	Tu me tiens au courant... ?
Monique	Évidemment. Je voulais te demander si tu voulais bien être mon témoin.

248

Vincent	Bien sûr, avec plaisir.
Monique	Merci.
Vincent	Y a-t-il quelque chose de spécial à faire ?
Monique	Si tu veux, tu peux préparer un discours, mais il n'y a aucune obligation.
Vincent	Je ferai ça et le lirai pendant le repas.

모니크	안녕, 질이 나에게 청혼했다는 걸 알리러 너에게 전화했어.
뱅쌍	너무 좋은 소식이다! 언제 결혼할 거니?
모니크	아직 정확한 날짜는 정하지 않았지만 내년 봄에 할 것 같아.
뱅쌍	나에게 알려줄 거지?
모니크	그럼. 너에게 내 증인이 되어줄 수 있는지 묻고 싶어.
뱅쌍	물론, 기꺼이.
모니크	고마워.
뱅쌍	특별히 해야 할 게 있니?
모니크	네가 원한다면 연설을 준비해도 되지만 전혀 의무사항은 아니야.
뱅쌍	그거 준비해서 식사하는 동안 읽을게.

▷ annoncer 알리다, 기별하다 demander à *qqn* en mariage ~에게 청혼하다 Quelle bonne nouvelle ! 너무 좋은 소식이다! se marier 결혼하다, 결혼식을 하다 fixer 정하다, 결정하다 précis(e) 명확한, 분명한, 틀림없는, 정확한 tenir au courant à *qqn* ~에게 알려주다 témoin 증인 quelque chose de spécial 특별한 무언가 discours 연설, 강연, obligation 의무, 책무, 필요 repas 식사, 식사 시간

Situation 3

Monique	Papa, j'ai une bonne nouvelle à t'annoncer.
M. Rincé	Laquelle ?
Monique	J'ai eu une promotion. À partir de maintenant, tu peux m'appeler madame la directrice.
M. Rincé	Oh, mon Dieu ! Quelle bonne nouvelle ! Toutes mes félicitations, ma chérie.
Monique	Merci, papa.

모니크	아빠, 좋은 소식이 있어요.
랭쎄 씨	무슨 소식?
모니크	저, 승진했어요. 이제부터, 사장님이라고 불러주세요.
랭쎄 씨	오, 저런. 정말 좋은 소식이구나. 축하한다. 얘야.
모니크	고마워요, 아빠.

▷ la nouvelle 소식, 정보 annoncer 알리다 laquelle (앞의 말을 받아서) 그 une promotion 승진, 진급 directeur(directrice) 사장, 과장, 부장 Mon Dieu ! 맙소사! Quelle bonne nouvelle ! 참 좋은 소식이다! chéri(e) 사랑하는 사람(애칭)

Situation 4

Annie	Tu sais quoi ? Alain m'a téléphoné hier. Il va se marier.
Pierre	Comment ? C'est pas vrai. Mais avec qui ?
Annie	Elle s'appelle Susan, une américaine qu'il a rencontrée pendant les vacances.
Pierre	Tu veux dire que ça ne fait que deux mois qu'ils se sont rencontrés ?
Annie	Eh, oui.
Pierre	C'est pas sérieux, ça. D'ailleurs, il déteste s'engager.
Annie	L'amour, c'est plus fort que tout. Tu ne penses pas ?
Pierre	Si. Mais quand même~

아니	너, 그거 알아? 알렝이 어제 전화했는데, 결혼한대!
삐에르	뭐라고? 설마. 누구랑?
아니	이름이 수잔이래. 미국 여잔데, 바캉스 동안 만났대.
삐에르	그럼 만난 지 두 달밖에 안 됐다는 얘기야?
아니	그렇지.
삐에르	신중하지 못한 일이네. 게다가 구속 받는 거 싫어하잖아.
아니	사랑이란 무엇보다도 강한 것 아니겠어? 그렇게 생각하지 않니?
삐에르	그건 그렇지만, 그래도 그렇지…

▶ se marier 결혼하다, 결혼식을 하다 Avec qui ? 누구와? Ça fait + 시간 ~한 지 ~되다 ne~ que 단지 ~하다 se rencontrer 서로 만나다, 서로 알게 되다 sérieux(se) 진지한, 신중한 d'ailleurs 게다가 détester 몹시 싫어하다 s'engager 속박되다 l'amour 사랑, 애정 C'est plus fort que tout. 무엇보다도 틀림없이 강하다. penser 생각하다 quand même 그렇지만, 그래도

Situation 5

M. Müller	(au micro) Je vous demande toute votre attention, s'il vous plaît. En tant que gérant de la société, je vous informe que, dans les prochains mois, la salle de repos sera prête pour vous tous. C'est une décision de la société en mesure de vous offrir un temps de relaxation au sein du travail. Si vous avez des suggestions à me faire, n'hésitez surtout pas. Je suis à votre disposition. Merci.
Mme Dubois	Ça, c'est une bonne nouvelle.
Mme Müller	Oui, une très bonne nouvelle.

뮐러 씨	(마이크에 대고) 주목해 주시기 바랍니다. 회사 대표로서 몇 개월 후에 여러분 모두를 위한 휴식 공간이 마련될 것임을 공지해 드립니다. 이것은 여러분이 일하는 동안 잠시 휴식할 수 있는 시간을 제공하기 위해 결정된 사항입니다. 저에게 뭔가 제안할 것이 있으면 주저치 마시고 저를 찾아주십시오. 언제든지 환영합니다. 고맙습니다.

뒤부와 부인   그거, 좋은 소식이네.
뮐러 부인   그러게. 아주 좋은 소식이네.

▶ **le micro** 마이크   **une attention** 주의, 관심   **en tant que + qqn** ~로서, ~의 자격으로   **le gérant** (회사의) 장, 관리인, 지배인   **la société** 회사   **informer** 알려주다, 통지하다   **la salle de repos** 휴게실   **prêt(e)** 준비된   **une décision** 결정, 결심   **en mesure de** ~할 수 있는   **offrir** 주다, 제공하다   **une relaxation** 휴식   **au sein de + qqch** ~의 한 가운데에, 내부에   **le travail** 일, 작업, 노동   **la suggestion** 제안, 충고, 권유   **hésiter** 망설이다, 주저하다   **la disposition** (자유로이 씀) 재량권

Situation 6

Sylvie	Bonjour, je te souhaite un très heureux anniversaire.
Hugo	Merci d'y avoir pensé…
Sylvie	Ça te fait quel âge alors ?
Hugo	30 ans.
Sylvie	Vas-tu le fêter ce soir ?
Hugo	Oui, je vais au restaurant avec ma famille.
Sylvie	Ta sœur du Canada sera là aussi ?
Hugo	Oui, elle est venue pour l'occasion.
Sylvie	C'est chouette.
Hugo	Oui…

실비   안녕, 네 생일 축하해.
위고   생각해줘서 고마워…
실비   그럼 이제 몇 살이니?
위고   30살.
실비   오늘 저녁에 축하 파티 할 거니?
위고   응, 가족들과 함께 레스토랑에 갈 거야.
실비   캐나다에 있는 여동생도 함께?
위고   응, 이번 내 생일을 계기로 왔어.
실비   멋지다.
위고   응…

▶ **souhaiter un très heureux anniversaire à qqn** ~에게 생일을 축하하다   **merci de + inf.** ~해서 감사하다   **pour l'occasion** ~을 맞이하여, ~을 계기로

Situation 7

Paul	Bonjour, Je te souhaite une très bonne et heureuse année.
Marie	Merci. À toi aussi.
Paul	As-tu réveillonné hier ?
Marie	Oui, on a fait le réveillon en famille.

Paul	Ah, c'est bien. À quelle heure es-tu rentrée ?
Marie	À 2 h du matin.
Paul	Tu dois être fatiguée…Je te réveille peut-être ?
Marie	Non, ne t'inquiéte pas. J'étais déjà réveillée. Je dois aller chez ma grand-mère ce midi. Tradition familiale.
Paul	Et bien, bon appétit alors. Et tu remettras tous mes vœux pour la nouvelle année à ta grand-mère.
Marie	D'accord, je n'y manquerai pas.

폴	안녕, 새해 복 많이 받아. (or 즐겁고 행복한 한 해가 되길 바랄게.)
마리	고마워, 너도 새해 복 많이 받아.
폴	어제 송년 축하 파티는 했니?
마리	응, 가족들과 함께 송년회를 했지.
폴	아, 좋네. 언제 들어왔니?
마리	새벽 2시에.
폴	피곤하겠구나…내가 깨웠나 보다.
마리	아니야, 걱정 마. 나 이미 깨어 있었어. 오늘 점심에 할머니 댁에 가야 하거든. 가족 전통이야.
폴	아 그럼, 점심 맛있게 먹어. 그리고 할머니께 새해 복 많이 받으시라고 전해줘.
마리	알았어, 잊지 않고 전할게.

▶ réveillonner 12월 31일 밤에 송년 축하 파티를 하다   réveillon (크리스마스이브 혹은 12월 31일 밤에 먹는) 만찬, 야식, 크리스마스이브 파티, 망년회   en famille 가족이 모여서, 가족과 함께   réveiller 잠을 깨우다   tradition familiale 전통 가족[가정]의   remettre tous mes vœux pour la nouvelle année à qqn ~에게 신년에는 성공[행복]을 빌다   ne manquer pas à qqch ~하기를 잊지 않다

Situation 8

M. Müller	Madame Dubois ? C'est monsieur Müller.
Mme Dubois	Bonsoir ! Comment allez-vous ?
M. Müller	Je vais bien. Merci. Et vous ?
Mme Dubois	Je vais très très bien. Merci.
M. Müller	Je suis désolé de vous appeler si tard. Je ne vous dérange pas, j'espère ?
Mme Dubois	Non, non. Je regardais la télé. Mais qu'est-ce qui se passe ?
M. Müller	Sophie n'est pas encore rentrée. Séverine est-elle à la maison ?
Mme Dubois	Oh, Sophie vient de partir de chez nous. Elle a dîné avec nous. Je croyais que vous le saviez.
M. Müller	Non, je ne le savais pas.
Mme Dubois	Mais, elle a dit qu'elle vous avait laissé un petit mot dans la cuisine.

M. Müller	Dans la cuisine ? Ah, oui ! Je l'ai trouvé.
Mme Dubois	Ne vous inquiétez pas. Jacques la raccompagne. Ils vont arriver dans une minute.
M. Müller	Merci beaucoup. Je vous ai dérangée pour rien.
Mme Dubois	Mais non. C'est pas grave. Alors, bonne nuit.
M. Müller	Bonne nuit, madame Dubois ! Et merci encore !

뮐러 씨	뒤부와 부인? 저 뮐러입니다.
뒤부와 부인	안녕하세요? 별고 없으시죠?
뮐러 씨	네, 고마워요. 부인은요?
뒤부와 부인	아주 잘 지내요. 고마워요.
뮐러 씨	이렇게 밤늦은 시간에 전화 드려서 죄송해요. 방해가 되지 않았으면 좋겠는데.
뒤부와 부인	아니. 괜찮아요. 텔레비전을 보고 있었는데요, 뭐. 그런데 무슨 일이죠?
뮐러 씨	소피가 아직 안 들어와서요. 쎄베린느 집에 있나요?
뒤부와 부인	어머, 소피가 저희 집에서 막 떠났어요. 저희랑 함께 저녁식사 했는데. 저는 알고 계신 줄 알았어요.
뮐러 씨	아니, 몰랐어요.
뒤부와 부인	소피가 주방에 메모를 남겨 놓고 왔다고 했거든요.
뮐러 씨	주방에요? 아, 그러네요. 찾았어요.
뒤부와 부인	걱정 마세요. 자크 데리고 갈 거예요. 곧 도착할 때가 됐어요.
뮐러 씨	정말 고마워요. 아무 일도 아닌데 방해했군요.
뒤부와 부인	아니에요. 정말 괜찮아요. 그럼, 안녕히 주무세요.
뮐러 씨	안녕히 주무세요, 뒤부와 부인. 감사드려요.

▶ **appeler** 전화하다 **si** 그렇게, 그토록, 그다지도 **tard** 늦게, 늦은 시간에 **déranger** 방해하다, 훼방 놓다 **espérer** 기대하다, 바라다 **Qu'est-ce qui se passe ?** 무슨 일이에요? **savoir** 알다 **un petit mot** 쪽지 **la cuisine** 주방, 부엌 **trouver** 발견하다, 찾아내다 **s'inquiéter** 걱정하다, 불안해하다 **raccompagner** 데리고 나가다, 배웅하다 **pour rien** 사소한 일로, 쓸데없이 **C'est pas grave.** 괜찮아요. **Bonne nuit.** [인사말] 안녕히 주무세요.

2. 나쁜 소식 (Une mauvaise nouvelle) ⚫ TR 2-09

Situation 1

Marie	Bonjour. Je dois t'annoncer une triste nouvelle: mon père est décédé cette nuit.
Paul	Ah bon… ? Que s'est-il passé ?
Marie	Il a eu un accident de voiture et est mort sur le coup.
Paul	Je suis vraiment désolé.
Marie	C'est tellement soudain !
Paul	Sincères condoléances…Comment va ta maman ?

Marie	Elle est sous le choc, mais je pense que ça va aller.
Paul	Si je peux faire quoi que ce soit pour vous, n'hésitez pas à me le demander.
Marie	D'accord, merci.
Paul	Je te téléphone dans quelques jours pour prendre de vos nouvelles, d'accord ?
Marie	Oui, merci.

마리	안녕, 나 너에게 슬픈 소식을 알려야 해. 나의 아버지께서 오늘 밤에 돌아가셨어.
폴	아, 그래…? 무슨 일이 일어난 거니?
마리	교통사고로 그 자리에서 돌아가셨어.
폴	너무 가슴이 아프다.
마리	이건 정말 너무 갑작스러워!
폴	애도의 뜻을 전할게…어머니는 어떠시니?
마리	충격을 받으신 상태이지만 괜찮아지실 거야.
폴	너를 위해 무엇이건 할 수 있으니 나에게 부탁하는 것을 망설이지 마.
마리	알았어, 고마워.
폴	내가 며칠 내로 또 새로운 소식을 들으러 전화할게, 알겠지?
마리	응, 고마워.

▶ triste 슬픈 les nouvelles 소식 décéder 죽다, 사망하다 Que s'est-il passé ? 무슨 일이 일어났나요? accident de voiture 자동차 사고 mourir 죽다, 죽을 지경이다, 죽도록 괴롭다 sur le coup 즉시로, 그 자리에서 soudain 갑작스러운, 뜻하지 않은 sincères condoléances 근조(謹弔) être sous le choc 충격을 받은 상태이다 quoi que ce soit 무엇이건 hésiter à + inf. ~하기를 망설이다, 주저하다 prendre de vos nouvelles 소식을 듣다

Situation 2

M. Dupon	Ça me gêne de vous dire ça, mais je ne peux pas vous engager.
Simone	Ah, oui ?
M. Dupon	On vient de decider de prendre une personne qui travaillerait plutôt à mi-temps qu'à plein temps.
Simone	Bon, tant pis ! Je vous remercie quand meme de m'avoir reçu.
M. Dupon	C'était avec plaisir. À une autre fois, peut-être !
Simone	Bien sûr. Au revoir !
M. Dupon	Au revoir !

뒤퐁 씨	이런 소식을 전해 안됐지만, 당신을 고용할 수가 없어요.
시몬느	아, 그래요?
뒤퐁 씨	풀타임보다는 파트타임으로 일할 사람을 뽑기로 결정했어요.
시몬느	할 수 없죠. 어쨌든 시간을 내 주셔서 감사합니다.
뒤퐁 씨	별 말씀. 다음 기회에 혹시 뵙기를 바랄게요.

| 시몬느 | 물론이죠. 안녕히 계세요. |
| 뒤퐁 씨 | 안녕히 가세요. |

▶ **gêner à** *qqn* **de + inf.** ~하기 난처하게 하다, 곤란하게 하다　**engager** 고용하다　**décider de + inf.** 결정하다, 결심하다　**prendre une personne** 사람을 뽑다　**plutôt** ~보다는 오히려, 차라리　**à mi-temps** 파트타임으로　**à plein temps** 전 시간제로, 풀타임으로　**Tant pis !** (유감스럽지만) 할 수 없다, 딱한 일이다.　**remercier** *qqn* **de + inf.** (~에게) 감사하다　**recevoir** 맞이하다, 대접하다, 접견하다　**avec plaisir** 기꺼이, 즐겁게　**À une autre fois !** 다음 기회에!　**peut-être** 아마, 어쩌면

Situation 3

Louise	T'as entendu dire que monsieur Martin allait quitter son travail ?
Charles	Oui, je l'ai entendu. Mais je ne sais pourquoi.
Louise	C'est à cause de sa santé.
	Il a un sérieux problème au poumon et doit se reposer pendant un certain temps.
Charles	C'est moche, ça. Il était très gentil avec moi, d'ailleurs.
Louise	Oui, il l'était avec moi aussi. C'est triste.

루이스	마르탱 씨가 회사 그만둔다는 얘기 들었어?
샤를르	응, 들었어. 근데 왜 그런 건지 모르겠어?
루이스	건강 때문이래. 폐에 큰 문제가 있나 봐. 한동안 쉬어야 한다던데.
샤를르	저런. 나한테 참 친절했는데…
루이스	나한테도. 안된 일이야.

▶ **entendre** 듣다　**quitter** (활동·직업 따위를) 그만두다　**à cause de** ~때문에　**la santé** 건강, 건강 상태　**le problème** 문제, 어려움　**le poumon** 폐, 허파　**se reposer** 쉬다, 휴식을 취하다　**certain(e)** (명사 앞) 얼마만큼의, 상당한　**C'est moche, ça.** 안됐다, 유감이다.　**triste** 슬픈, 서글픈

Situation 4

Amélie	Je vais te quitter.
Jacques	Comment ?
Amélie	Je te quitte. Je ne veux plus sortir avec toi.
Jacques	Tu me quittes comme ça ? C'est très facile pour toi.
	Comment peux-tu m'annoncer ce genre de nouvelle sans aucune gêne ? Tu es si cruelle ?
Amélie	Je suis désolée. Je n'ai pas voulu te faire souffrir.
Jacques	Alors, bravo. C'est déjà fait.

아멜리	우리, 헤어져.
쟈크	뭐?
아멜리	헤어지자고. 난 더 이상 너랑 사귀고 싶지 않아.

255

자크	너, 그런 식으로 나랑 헤어지는 거니? 아주 쉽구나. 너 어떻게 그런 얘기를 눈 하나 깜짝 안 하고 할 수 있니? 너 그렇게 잔인한 애였니?
아멜리	미안해. 너한테 상처주고 싶지는 않았어.
자크	훌륭하다. 벌써 줬어.

▶ **quitter** 떠나다, 헤어지다 **ne.. plus** 더 이상 ~않다 **sortir** 놀러 나가다 **facile** 쉬운 **comment** 어떻게, 어째서 **le genre** 종류, 유형 **sans** ~없이, ~없는 **aucun(e)** (sans과 함께) 어떠한, 하나도, 조금도 ~없이 **la gêne** 불편, 곤란, 피해 **cruel(le)** 잔인한, 잔학한, 참혹한, 끔찍한 **faire + inf.** ~하게 하다 **souffrir** 고통을 느끼다, 아프다 **bravo** 잘한다, 좋다

Situation 5

Agnès	J'ai quelque chose à te dire.
Solanges	D'accord, vas-y.
Agnès	C'est un peu gênant, tu sais ? J'ai beaucoup hésité mais je pense qu'il vaut mieux t'en parler.
Solanges	Mais tu me fais peur, là. Qu'est-ce qu'il y a ?
Agnès	Il s'agit de Daniel, ton petit ami. Il m'a fait des avances.
Solanges	Comment ? Mais c'est pas vrai.
Agnès	Je suis désolée.
Solanges	Quel goujat !

아니에스	너한테 할 말이 있어.
쏠랑쥬	그래, 해.
아니에스	좀 거북한 일이야. 알겠니? 나 많이 생각했는데, 얘기하는 게 나을 것 같아.
쏠랑쥬	너, 나 겁나게 한다. 무슨 일인데?
아니에스	다니엘 말이야, 네 남자친구. 걔가 나한테 수작을 걸었어.
쏠랑쥬	뭐라고? 설마.
아니에스	미안해.
쏠랑쥬	뭐, 그런 비열한 놈이 다 있지?

▶ **avoir quelque chose à + inf.** ~할 일이 있다 **Vas-y.** 그렇게 해 **gênant(e)** 불편한, 난처한, 거북한, 불쾌한 **Il vaut mieux + inf.** ~하는 편이 더 낫다 **parler de + qqn/qqch** ~에 대해 이야기하다 **faire peur** 겁을 주다 **Qu'est-ce qu'il y a ?** 무슨 일이니? **Il s'agit de + qqn/qqch** ~에 대한 것이다 **petit(e) ami(e)** 연인, 애인 **faire des avances à qqn** ~에게 수작을 걸다, ~에게 은근히 접근하다 **le goujat** 쓸모없는 사람, (비유) 상놈, 버릇없는 놈

Situation 6

Agnès	J'ai quelque chose à te dire, papa. J'ai cassé le vase que tu aimes. Je ne l'ai pas fait exprès. Je suis sincèrement désolée.
M. Bertrand	Oh, non ! Comment c'est arrivé ?

256

Agnès	J'étais en train de ranger le salon.
	Je ne savais pas qu'il était derrière la porte.
M. Bertrand	Ben… C'est pas exactement de ta faute.
	J'aurais dû le mettre ailleurs. C'est pas grave. Oublie ça.
Agnès	Merci, papa.

아니에스	말씀드릴 게 있어요, 아빠. 아빠가 좋아하는 그 꽃병 있잖아요. 제가 깨뜨렸어요. 일부러 그런 건 아니에요. 정말 죄송해요.
베르트랑 씨	저런, 어쩌다 깼니?
아니에스	거실 청소를 하던 중이었거든요. 꽃병이 문 뒤에 있는 줄 몰랐어요.
베르트랑 씨	그래…. 네 잘못만은 아니구나. 다른 데다 잘 놨어야 했는데, 별일 아니다. 잊어버리렴.
아니에스	고마워요, 아빠.

▌ casser 깨뜨리다, 부수다 le vase 꽃병 faire exprès 고의로 하다 sincèrement 진심으로, 솔직히 Comment c'est arrivé ? 어쩌다 그랬니? en train de + *inf.* ~하는 중이다 ranger 정리 정돈하다, 제자리에 두다 le salon 거실, 응접실 derrière ~의 뒤에, 뒤로 la porte 문, 출입구 exactement 정확하게, 엄밀하게 la faute 실수, 책임, 탓 mettre (어떤 곳에) 놓다, 넣다 ailleurs 다른 곳에 oublier 잊어버리다, 지워버리다

Situation 7

Antoine	J'ai été collé à mon examen.
Julie	Oh, non. Ça, c'est pas drôle. Pourtant, tu as bien préparé ton exam, non ?
Antoine	Si. Mais le questionnaire n'était pas facile.
Julie	Qu'est-ce que tu vas faire ?
Antoine	Ben, j'ai pas le choix. Je dois le repasser à la rentrée.
Julie	Mon pauvre !

앙또완	시험에서 떨어졌어.
줄리	저런. 그건 좀 그러네. 하지만 너 준비 잘 했었잖아, 안 그래?
앙또완	그랬지. 하지만 문제가 쉽지 않았어.
줄리	어떻게 할 거야?
앙또완	뭐, 나야 선택의 여지가 없지. 새학기에 재시험을 치러야지.
줄리	저런!

▌ coller 시험에 떨어지다 drôle 이상한, 놀라운 pourtant 그러나, 그렇지만 préparer 준비하다 le questionnaire 문제(집) le choix 선택(권), 선택의 여지 repasser (시험을) 다시 치다 la rentrée 신학년의 시작 Mon pauvre ! 가엾게도!

UNITÉ **3** Les services 서비스

1. 전화하기 (Un coup de téléphone) 🔊 TR 2-10

Situation 1

Stéphane	Allô ?
Sylvie	Allô ? Alain ?
Stéphane	Quel numéro avez-vous composé ?
Sylvie	Le 01 46 45 23 87.
Stéphane	Vous vous êtes trompée, mademoiselle. Ici, c'est le 01 46 45 23 88.
Sylvie	Oh, pardon.
Stéphane	C'est pas grave. Au revoir !

스테판	여보세요?
실비	여보세요, 알렝이니?
스테판	몇 번 돌리셨어요?
실비	01 46 45 23 87 이요.
스테판	잘못 돌리셨는데요, 여기는 01 46 45 23 88 인데요.
실비	어머, 죄송합니다.
스테판	괜찮아요!

▶ **Allô ?** 여보세요? **composer** (전화번호를) 누르다 **se tromper** 잘못하다, 실수하다, 착각하다
pardon 죄송하다

Situation 2

M. Martin	Allô !
Charline	Monsieur Martin ? Bonjour ! C'est Charline. Comment allez-vous ?
M. Martin	Je vais bien. Merci. Et toi, Charline, ça va ?
Charline	Ça va très bien. Merci. Est-ce que je peux parler à Virginie ?
M. Martin	Bien sûr. Je te la passe. Dis bonjour à tes parents de ma part, d'accord ?
Charline	D'accord. Merci.
M. Martin	Virginie, téléphone !

마르탱	여보세요.
샤를린	마르탱 씨인가요? 안녕하세요? 저, 샤를린예요. 별일 없으시죠?
마르탱	난, 좋단다. 고맙구나. 샤를린, 너도 잘 있었니?
샤를린	네, 잘 있었어요. 비르지니 좀 바꿔주시겠어요?
마르탱	그럼, 바꿔줄게. 부모님께 안부 전해드려라, 알겠지?
샤를린	네, 고맙습니다.
마르탱	비르지니, 전화다.

▶ passer (전화 따위를) 연결시켜 주다　dire bonjour à *qqn* ~에게 인사를 하다　les parents 부모님
de ma part 내 쪽에서, 나의

Situation 3

Arnaud	Maman, téléphone !
Maman d'Arnaud	Chéri, tu réponds ? Je suis sous la douche !
Arnaud	Allô ? Bonjour madame Giraud ! Oui, elle est là. Mais elle ne peut pas vous parler pour l'instant. Elle est occupée. Je vais lui dire de vous rappeler tout à l'heure. D'accord. Merci. Au revoir !
Maman d'Arnaud	Qui c'était ?
Arnaud	C'était madame Giraud. Elle veut que tu la rappelles tout à l'heure. Elle dit que c'est assez urgent.
Maman d'Arnaud	Urgent ? Ben… d'accord. Merci, ma fils.
Arnaud	De rien, maman.

아르노	엄마, 전화요.
아르노 엄마	얘, 네가 좀 받을래? 엄마 샤워하고 있는 중인데.
아르노	여보세요. 안녕하세요. 지로 아줌마. 네, 계신데요. 지금 전화를 받을 수 없으시거든요. 뭐 좀 하고 계세요. 나중에 전화 드리라고 할게요. 알겠어요. 고맙습니다. 안녕히 계세요.
아르노 엄마	누구니?
아르노	지로 아줌마요. 나중에 전화 달래요. 급한 일이라고 하시는데요.
아르노 엄마	급한 일? 그래? 알았다. 고맙다, 얘야.
아르노	뭘요.

▶ répondre 대답하다　sous ~밑에　la douche 샤워, 샤워실　pour l'instant 당분간은, 당장에는
occupé(e) 바쁜, 일에 매인　rappeler 다시 전화하다　urgent(e) 긴급한, 화급한, 절박한　De rien !
천만에요!

Situation 4

Agnès	Michel, téléphone !
Michel	Qui c'est ?

259

Agnès	C'est Daniel.
Michel	Dis-lui que je le rappellerai dans une demie heure.
Agnès	Il dit que c'est urgent.
Michel	Dis-lui que je m'occupe de choses hyper urgentes.
Agnès	Il dit que c'est une question de vie ou de mort.
Michel	Mais, je peux pas répondre maintenant. Dis-lui que je le rappellerai le plus rapidement possible.
Agnès	Il dit que c'est maintenant ou jamais.
Michel	Dis-lui que je le rappellerai dans dix minutes.
Agnès	Mais enfin, qu'est-ce que vous me faites là ? Je ne suis pas votre secrétaire. Moi, je m'en vais. Débrouillez-vous sans moi.

아니에스	미셸, 전화!
미셸	누군데?
아니에스	다니엘.
미셸	내가 30분 뒤에 다시 한다고 그래.
아니에스	급하다는데?
미셸	내가 무지무지 급한 일을 하는 중이라고 그래.
아니에스	죽느냐, 사느냐 하는 문제라는데?
미셸	아니, 난 지금 전화 받을 수 없다니까. 내가 가장 빠른 시간 내로 전화한다고 그래.
아니에스	지금 아니면 절대 안 된다는데?
미셸	그럼 내가 10분 뒤에 전화한다고 그래.
아니에스	근데 너희들 지금 뭐 하는 거니? 내가 너희들 비서인 줄 알아? 나는 갈 테니까, 너희들끼리 알아서 해 봐.

▶ une demie heure 30분 s'occuper de (~을) 돌보다, (~에) 전념하다, 관심을 두다 hyper 과도, 초과, 최고도 urgent(e) 긴급한, 절박한 une question de vie ou de mort 생사가 달린 문제 répondre maintenant 지금 답변하다 le plus rapidement possible 가능한 한 빨리 C'est maintenant ou jamais. 지금이 유일한 기회다. se débrouiller 요령있게 행동하다, 타협하다 sans ~없이

Situation 5

Mme Perrot	Oui, allô ?
Vincent	Bonjour, madame, est-ce que je peux parler à Sylvie, s'il vous plaît ?
Mme Perrot	Ah, je suis désolée, elle n'est pas là. Je peux prendre un message ?
Vincent	Oui, je suis Vincent, un copain de fac. Est-ce qu'elle peut me rappeler sur mon portable ?
Mme Perrot	Elle connaît ton numéro ?

Vincent	Oui.
Mme Perrot	D'accord, je lui dirai.
Vincent	Merci, madame, au revoir !
Mme Perrot	Au revoir !

페로 부인	네, 여보세요?
뱅쌍	안녕하세요, 실비와 통화할 수 있을까요?
페로 부인	아, 미안하지만 그 애는 지금 없는데, 메시지를 남기겠니?
뱅쌍	네, 저는 뱅쌍이라고 하는데, 대학교 친구입니다. 실비가 제 핸드폰으로 전화할 수 있을까요?
페로 부인	그 애가 네 번호를 알고 있니?
뱅쌍	네.
페로 부인	알았다. 그렇게 전하마.
뱅쌍	감사합니다. 안녕히 계세요!
페로 부인	잘 있어라!

▶ **allô** 여보세요 **désolé(e)** 유감스러운, 애석한 **un message** 메시지 **copain** 남자 친구 **fac = faculté** 단과대학 **rappeler** *qqn* ~에게 다시 전화하다 **le portable** 핸드폰 **connaître** 알다

Situation 6

M. Lee	Bonjour, je voudrais parler à monsieur. Touratier, s'il vous plaît.
Secrétaire	Je n'ai pas bien entendu. Qui demandez-vous ?
M. Lee	Monsieur. Touratier, s'il vous plaît.
Secrétaire	Ah oui. C'est de la part de qui ?
M. Lee	Monsieur Lee souyun.
Secrétaire	Ne quittez pas. Je vais voir s'il est dans son bureau. Je suis désolée, monsieur. Il ne répond pas. Voulez-vous lui laisser un message ?
M. Lee	Non merci, je le rappellerai plus tard. Oh, finalement, je préfère lui laisser un message. Est-ce que vous pourriez lui demander de me rappeler sur mon portable ce soir avant 7 heures ?
Secrétaire	D'accord. Il a vos coordonnées ?
M. Lee	Oui, il connaît mon numéro de téléphone.

이 씨	안녕하세요, 뚜라띠에 씨와 통화하고 싶습니다.
비서	잘 듣지 못했습니다. 누구를 말씀하신 거죠?
이 씨	뚜라띠에 씨 부탁드립니다.
비서	아 네. 누구시라고 알려드릴까요?
이 씨	이수연이라고 말씀해 주세요.
비서	기다리세요. 뚜라띠에 씨가 사무실에 계신지 보겠습니다. 최송합니다, 이수연 씨. 전화를 받지 않으시네요. 뚜라띠에 씨에게 남기실 말씀 있으세요?

이 부인	아니에요, 고맙습니다. 제가 나중에 다시 전화하죠. 아, 잠시만요, 한 가지 말씀드릴 게 있습니다. 뚜라띠에 씨에게 제 핸드폰으로 오늘 저녁 7시 전에 전화해 주실 수 있는지 여쭤봐 주시겠어요?
비서	알겠습니다. 뚜라띠에 씨가 이수연 씨의 번호를 알고 계신가요?
이 부인	네. 뚜라띠에 씨가 제 전화번호는 알고 있습니다.

▶ **je voudrais parler à** *qqn* ~와 통화하고 싶다   **C'est de la part de qui ?** 누구세요?   **Ne quittez pas.** 잠시만 기다리세요. **laisser un message à** *qqn* ~에게 메시지를 남기다   **rappeler** *qqn* 다시 전화하다 **finalement** 마침내, 결국   **sur mon portable** 내 휴대전화로   **coordonnées** 연락처, 신상명세

2. 우체국에서 (À la poste) 🔊 TR 2-11

Situation 1

Client	Je voudrais envoyer cette lettre à Paris. À combien faut-il l'affranchir ? Quel est l'affranchissement, s'il vous plaît ?
Employée	Voulez-vous l'envoyer par voie ordinaire ou par avion ?
Client	Par avion, s'il vous plaît ?
Employée	L'affranchissement sera de 0, 54€.
Client	Bon, donnez-moi un timbre autocollant.
Employée	Voulez-vous recommander la lettre ?
Client	Non, je ne veux pas l'envoyer en recommandé.

손님	이 편지를 파리로 보내고 싶은데요. 우편 요금이 어떻게 되나요?
직원	보통 우편으로 보내실 건가요, 아니면 항공 우편으로 보내실 건가요?
손님	항공 우편으로 부탁합니다.
직원	요금은 0.54유로예요.
손님	네. 스티커 우표 하나만 주세요.
직원	등기 우편으로 보내실 건가요?
손님	아니요. 등기 우편으로 보내지 않을 겁니다.

▶ **envoyer** 보내다, 부치다, 발송하다   **la lettre** 편지   **combien** (수량이) 얼마만큼, 얼마나   **affranchir** 우표를 사서 붙이다, 우편 요금을 선불하다   **l'affranchissement** 우편 요금 납부   **par voie ordinaire** 보통 우편으로   **par avion** 항공 우편으로   **un timbre** 우표   **autocollant(e)** (봉투·레테르 따위를) 적시지 않고 붙이는   **recommander** (우편물을) 등기로 부치다   **en recommandé** 등기 우편으로

Situation 2

Client	Bonjour, madame, je voudrais envoyer un colis en Corée. Pouvez-vous m'expliquer ce que je dois faire, s'il vous plaît ?
Employée	Oui, bien sûr. Il est préférable d'utiliser des colis de la poste. Vous pouvez en acheter un maintenant, emballer ce que vous

voulez envoyer, noter l'adresse du destinataire ici, votre adresse ici et décrire le contenu du colis.

Client	Ah oui, je vais acheter un colis de taille moyenne, s'il vous plaît. Combien de temps ça mettra pour arriver en Corée du Sud ?
Employée	En envoi normal, il faut compter une semaine à dix jours.
Client	Très bien, merci. Je reviendrai demain avec le colis à envoyer.
Employée	Il vous faut autre chose ?
Client	Non. Au revoir !

손님	안녕하세요. 소포를 한국에 보내고 싶습니다. 제가 어떻게 해야 하는지 알려주실 수 있으세요?
직원	당연히 알려드리지요. 우체국 박스를 이용하는 게 더 나아요. 지금 그걸 하나 사서, 보내고 싶으신 물건을 포장하고, 보낼 곳 주소를 이곳에 쓰고, 손님의 주소를 여기에 쓰시고 그리고 소포 내용물을 쓰세요.
손님	아 네. 중간 크기의 박스를 살게요. 한국에 도착하려면 시간이 얼마나 걸리나요?
직원	일반우편으로는 일주일에서 10일 정도 걸려요.
손님	감사합니다. 내일 보낼 소포를 가지고 다시 올게요.
직원	다른 필요하신 것은 없으세요?
손님	아닙니다. 안녕히 계세요.

▶ un colis 꾸러미, 소포 Il est préférable de + inf. ~을 하는 것보다 ~을 하는 것이 더 낫다 emballer 짐을 꾸리다, 포장하다 envoyer 보내다, 부치다 noter 적어놓다, 메모하다 le destinataire 수신인, 수취인 décrire 기술하다, 서술하다 le contenu 내용(물), 알맹이 la taille moyenne 중간 크기, 중간 사이즈 en envoi normal 일반 발송 combien de + 무관사 명사 얼마만큼, 얼마나 mettre (시간을) 소비하다, 요하다 il faut + inf. ~해야만 한다 compter (기간 따위를) 예상하다 revenir 다시 오다 Il vous faut autre chose ? 다른 필요하신 것은 없으세요?

Situation 3

Client	Bonjour, madame, je voudrais envoyer ce paquet en Corée, s'il vous plaît.
Employée	Oui, en tarif normal ou en prioritaire ?
Client	En prioritaire, s'il vous plaît.
Employée	D'abord, vous devez remplir cette fiche de douane.
Client	Ah oui. […] La voilà.
Employée	Merci, c'est parfait. Ça fait 6,40€. Il vous faut autre chose ?
Client	Oui, je voudrais aussi un carnet de timbres normaux, s'il vous plaît.
Employée	Tenez, dix timbres à 0,60€. Ce sera tout ?
Client	Non. Est-ce que vous avez aussi des timbres de collection ?
Employée	Oui, bien sûr. Nous avons des timbres qui représentent les principaux monuments de France.

Client	C'est bien ! Alors, donnez-m'en cinq, s'il vous plaît.
Employée	Les voilà. Ça fera 15,40€ au total.

손님	안녕하세요, 이 소포를 한국으로 보내고 싶습니다.
직원	예, 보통 우편으로 할까요, 아니면 특급 우편으로 할까요?
손님	특급 우편으로 해주세요.
직원	먼저, 이 통관 서류를 작성해 주셔야 합니다.
손님	아, 예. [⋯] 여기 있습니다.
직원	감사합니다, 완벽하군요. 6,40유로입니다. 다른 필요한 것이 있으십니까?
손님	네, 보통 우표 한 질 주세요.
직원	여기, (한 우편당) 60상팀짜리 우표 10개입니다. 다 되었나요?
손님	아뇨. 수집용 우표도 있습니까?
직원	예, 물론이죠. 프랑스 주요 유적지 그림이 있는 우표들이 있습니다.
손님	좋아요! 그럼, 다섯 장 주세요.
직원	여기 있습니다. 전부 15,40유로입니다.

▶ un paquet 꾸러미, 소포, 소화물 un tarif 가격 une fiche de douane 통관 서류 un carnet de timbres (10개짜리) 우표 한 질 un timbre 우표 le timbre de collection 기념우표, 수집용 우편 représenter 표현하다, 나타내다 principal(aux) 가장 중요한, 주된 le monument 기념물, 기념비, 유적 La voilà. 여기 그것이 있습니다.

3. 은행에서 (À la banque) 🔊 TR 2-12

Situation 1

Client	Où est la banque ? Y a-t-il une succursale du Crédit Lyonnais ici ?
Employée	Oui, c'est tout près.
Client	Où est le bureau de change ? J'ai besoin d'argent français.
Employée	Vous pouvez changer votre d'argent ici.
Client	Je voudrais changer 100 dollars en euros.
Employée	Avez-vous des chèques de voyage ou de l'argent liquide ?
Client	J'ai des chèques de voyage. Combien vaut le dollar aujourd'hui ?
Employée	Il est à 0,73 le dollar.
Client	Quels sont les frais ?
Employée	C'est de 1 pour cent. Avez-vous une pièce d'identité ?
Client	Oui, j'ai mon passeport.
Employée	Vous devez signer le chèque de voyage. Le caissier vous donnera de l'argent. Vous pouvez passer à la caisse.

손님	은행이 어디 있나요? 크레디 리오네 은행 지점이 여기에 있나요?
직원	네, 아주 가까워요.
손님	환전소는 어디 있나요? 제가 프랑스 돈이 필요해서요.
직원	여기서 환전하실 수 있어요.
손님	100달러를 유로로 환전하고 싶습니다.
직원	여행자 수표나 현금을 가지고 계신가요?
손님	여행자 수표 있어요. 오늘 달러 환율이 어떻게 되나요?
직원	달러당 0.73쌍띰이예요.
손님	수수료 비율이 얼마인가요?
직원	1퍼센트입니다. 신분증명서 가지고 계신가요?
손님	네, 여권 가지고 있습니다.
직원	여행자 수표에 서명해 주세요. 현금 출납원이 현금을 드릴 거예요. 창구로 가시면 됩니다.

▶ **la banque** 은행 **une succursale** 지부, 지점 **tout près** 아주 가까이 **le bureau de change** 환전소 **avoir besoin de** + *qqn/qqch* ~이 필요하다 **l'argent** 돈, 화폐 **changer** 교환하다, 바꾸다 **le chèque de voyage** 여행자 수표 **l'argent liquide** 현금 **valoir** 값이 나가다 **le dollar** 달러 **le frais** (법률 행위에 의해 발생한) 비용, 요금, 세금 **une pièce d'identité** 신분증명서 **le passeport** 여권 **signer** 서명하다 **le caissier** 회계원, 현금 출납원 **passer** (~에서) (~로) 이동하다, 옮겨가다, 되다, 변하다 **la caisse** 계산대, 회계 창구

Situation 2

Monsieur	Bonjour. Je voudrais ouvrir un compte dans votre banque.
Employée	Pour ouvrir un compte, vous devez remplir ces formulaires. Avez-vous une pièce d'identité et un justificatif de domicile ?
Monsieur	Bien sûr. Voilà mon passeport et la dernière quittance de loyer.
Employée	Combien voulez-vous déposer sur votre compte ?
Monsieur	J'ai neuf chèques de 100 dollars que je voudrais déposer sur mon nouveau compte et un chèque de 200 dollars à toucher.
Employée	Je vous conseille de déposer 300 dollars sur le compte ordinaire et 600 dollars sur un compte d'épargne. Les comptes ordinaires rapportent peu d'intérêts.
Monsieur	Quel est le taux d'intérêts ?
Employée	5.5%, monsieur.
Monsieur	D'accord.
Employée	Il faut aussi endosser tous les chèques.
Monsieur	J'ai déjà endossé ceux-là. Les voici.
Employée	Bien ! Voici votre carte bancaire. Dans 7 jours, il faut revenir à la banque pour votre chéquier.

손님   안녕하세요. 제가 이 은행에서 계좌를 하나 열고 싶은데요.
직원   계좌를 개설하시려면 이 신청서를 작성하세요. 신분증명서와 주거 증명서를 가지고 오셨나요?
손님   물론이죠. 자, 제 여권과 마지막 집세 영수증입니다.
직원   계좌에 얼마나 예금을 하길 원하세요?
손님   제가 새 계좌에 입금할 100달러 수표 9장과 현금으로 바꿀 200달러짜리 수표 한 장을 가지고 있어요.
직원   제가 손님께 드리는 충고는 300달러는 보통 계좌에 예금하시고, 600달러를 저축 계좌에 예금하시는 게 어떨까
       하는데요. 보통 계좌들은 이자가 거의 붙지 않아요.
손님   이자율이 얼마죠?
직원   손님, 5.5%입니다.
손님   알겠어요.
직원   수표들에 이서해 주셔야만 합니다.
손님   제가 이미 다 했어요. 여기 있습니다.
직원   좋습니다! 여기 은행카드가 있습니다. 일주일 안에 수표책 받으러 은행에 다시 한 번 들르세요.

▶ ouvrir un compte 계좌를 열다   remplir 채우다   formulaire 신청서, 가입 용지   une pièce
  d'identité 신분증명서   un justificatif de domicile 주거 증명서   quittance de loyer 집세
  영수증   déposer 맡기다, 예금하다, 위탁하다   chèque 수표   toucher 수표를 현금으로 바꾸다
  conseiller + qqn + de + inf. ~하는 게 좋다   épargne (compte d'épargne) 절약, 검약, 저축, 예금
  rapporter 도로 가져오다, 돌려주다   intérêt 이자, 이익   taux 이자율, 금리, 세액, 세율   endosser (어음
  따위에) 배서[이서]하다, (~의) 책임을 지다, (~을) 떠맡다   chéquier 수표책

Situation 3

Client   Bonjour, madame.

Employée   Bonjour, monsieur.

Client   Je voudrais changer de l'argent. Quel est le cours du dollar ?

Employée   Attendez, il vient juste de baisser: 1euro 75 à la vente et 1 euro 50
            à l'achat.

Client   Je voudrais changer 1000 dollars.

Employée   Ça fait 850€.

Client   Seulement ?

Employée   Oui, nous prenons une commission. Voulez-vous des grandes ou
            petites coupures ?

Client   Donnez-moi 400€ en billets de 200.

Employée   Et le reste ?

Client   Quatre billets de 100 et 50€ en pièces de 1 et de 2€, j'ai besoin de
            monnaie. Où est le distributeur de billets ?

손님   안녕하세요.
직원   안녕하세요.
손님   돈을 바꾸고 싶은데요. 달러 환율이 어떻게 되나요?
직원   기다려 보세요. 조금 전에 내렸어요. 판매할 때에는 1.75유로이고 살 때는 1.50유로입니다.

손님	1,000달러를 바꾸고 싶습니다.
직원	850유로입니다.
손님	그것밖에 안 되나요?
직원	네, 저희가 수수료를 받습니다. 고액권을 원하세요. 소액권을 원하세요?
손님	200유로 지폐로 400유로 주세요.
직원	남은 것은요?
손님	100유로 지폐 4장 그리고 1유로 2유로 동전으로 50유로요. 제가 동전이 필요합니다.
	어디에 지폐 지급기가 있나요?

▶ **cours** 시가, 시세, 유통, 통용 **baisser** 낮추다, 내리다 **vente** 판매, 매각 **achat** 매입, 구입 **commission** 중개료, 수수료, 위임료 **coupure** 지폐 **reste** 나머지, 잔액 **pièce** 주화, 돈, 화폐 **avoir besoin de + 명사** ~이 필요하다 **distributeur de billets** 현금 지급기

4. 병원에서 (À l'Hopital) 🔊 TR 2-13

Situation 1

Cliente Bonjour, docteur.

Docteur Bonjour, Oú avez-vous mal ?

Cliente Je ne sais pas si J'ai un rhume ou si j'ai la grippe.

Docteur Quels sont vos symptômes ?

Cliente J'ai mal à la gorge et j'ai du mal à respirer. J'ai mal aux oreilles aussi.

Docteur Ouvrez la bouche, s'il vous plaît. Je voudrais examiner votre gorge. Oui, c'est très rouge. Vous avez les glandes enflées aussi. Respirez à fond, s'il vous plaît. Maintenant soufflez. Est-ce que cela vous fait mal quand vous respirez ?

Cliente Un peu, mais pas beaucoup.

Docteur Toussez-vous ?

Cliente Oui, je tousse beaucoup.

Docteur Ouvrez la bouche encore une fois. Je vais prendre votre température. Vous avez 39°c. Un peu élevé. Vous avez de la fièvre. Êtes-vous allergique à quelque médicament ?

Cliente Pas que je sache.

Docteur Très bien. Retroussez votre manche. Je vais vous faire une piqûre de pénicilline et je vais vous donner une ordonnance pour un antibiotique. Vous devez prendre ces pilule trois fois par jour. Ce n'est pas grave. Vous allez vous sentir mieux dans quelques jours.

환자	안녕하세요, 의사 선생님.
의사	안녕하세요. 어디가 아프신가요?
환자	제가 감기인지 독감인지 잘 모르겠어요.
의사	증상이 어떻습니까?
환자	목이 아프고 숨쉬기가 힘들어요. 귀도 아파요.
의사	입을 벌려 보세요. 목 안쪽을 한번 볼게요. 네, 아주 붉게 부어 올랐네요. 림프절도 부었고요. 깊게 숨을 들이마셔 보세요. 이제 다시 숨을 뱉어 보세요. 숨 쉴 때 아프세요?
환자	약간 아프지만 많이는 아니에요.
의사	기침도 하세요?
환자	네, 많이요.
의사	한 번 더 입을 벌려보세요. 체온을 잴게요. 39도네요. 약간 높은 편이에요. 열이 있네요. 혹시 알레르기 반응이 있는 약이 있으세요?
환자	제가 아는 한 없어요.
의사	아주 좋군요. 소매 좀 걷어 올려보세요. 페니실린을 놓아 드릴게요. 항생제도 처방해 드릴게요. 알약은 하루 세 번 복용하셔야 합니다. 심각한 건 아니에요. 며칠 뒤에 몸이 좋아지는 걸 느끼실 거예요.

▶ **avoir mal** 아프다 **un rhume** 감기 **la grippe** 유행성 감기 **le symptôme** (의학) 증후, 증상 **avoir mal à + 신체 명사** ~가 아프다 **la gorge** 목구멍, 인후 **avoir du mal à + *inf.*** ~하는 데 어려움을 느끼다, ~을 잘 못하다 **respirer** 숨 쉬다, 호흡하다 **une oreille** 귀, 귓바퀴, 귓불 **la bouche** (사람·동물의) 입, 입술, 입매 **examiner** (의학) 진찰[진료]하다 **rouge** 빨갛게 달아오른 **une glande** 림프절, 림프선염 **enflé(e)** 부푼, 부풀어 오른 **respirer** 숨 쉬다, 호흡하다, 공기를 통하게 하다 **à fond** 완전히, 철저히, 끝까지, 깊이 **souffler** 숨을 몰아쉬다, 헐떡거리다, 숨 돌리다, 쉬다 **faire mal** (~에게) 고통을 주다, 아프게 하다 **tousser** 기침하다, 기침이 나다 **encore une fois** 한 번 더 (말하건대) **la température** 체온, 열 **élevé(e)** (정도가) 높은, 고급의 **la fièvre** (신체의) 열, 발열 **allergique à** (~에) 유달리, 과민한 **le médicament** 약(품) **se retrousser** 옷자락을 걷어올리다 **une manche** 소매 **une piqûre** 따끔한 아픔, (비유) 상처 **une ordonnance** (약의) 처방, 처방전 **un antibiotique** 항생물질, 항생제 **une pilule** 타블렛, 환약 **trois fois par jour** 하루에 세 번 **se sentir** (느낌·기분이) ~하다

Situation 2

Docteur	Bonjour, madame. Qu'est-ce qui vous amène ?
Cliente	Docteur, je ne me sens pas bien.
Docteur	Voyons. Qu'est-ce qu'il vous arrive ?
Cliente	J'ai mal à la gorge et j'ai des frissons depuis hier. Mais aujourd'hui, je commence à avoir mal partout et un peu de fièvre. Et je tousse.
Docteur	Je vais vous examiner. Désabillez-vous, s'il vous plaît. Je pense que vous avez une bonne grippe ! Ce n'est pas bien grave. Je vais vous faire une ordonnance. Vous aurez du sirop pour la toux et des comprimés contre la fièvre.
Cliente	Dois-je rester couchée ?
Docteur	Bien sûr, je mets en arrêt de travail pendant 5 jours, et surtout, reposez-vous.
Cliente	D'accord. Combien je vous dois ?

Docteur   La consultation coûtera 22€.

Cliente   Je vous remercie beaucoup. Au revoir.

의사   안녕하세요, 부인. 무슨 일로 오셨나요?
환자   의사 선생님, 제가 기분이 좋지 않아요.
의사   한번 봅시다. 무슨 일이 생긴 건가요?
환자   제가 목도 아프고 어제부터 오한이 들었어요. 하지만 오늘은 온몸이 다 아프기 시작하고 열도 나기 시작했어요.
        그리고 기침도 하고요.
의사   진찰을 해봅시다. 옷을 좀 벗어보시겠어요. 제가 생각하기에 부인께서 아주 감기에 제대로 걸리셨는데요! 그러나
        그렇게 심각하진 않습니다. 처방전을 하나 끊어 드릴게요. 기침을 위해서 시럽이 필요하고 열을 내리기 위해서
        알약을 처방해 드립니다.
환자   누워 있어야 하나요?
의사   물론입니다. 5일 동안 병가를 내야 합니다. 특히 푹 쉬세요.
환자   알겠습니다. 얼마예요?
의사   진료비는 22유로입니다.
환자   대단히 감사합니다. 안녕히 계세요.

▶ Qu'est-ce qui vous amène ? 무슨 일로 오셨습니까?   se sentir bien[mal] 기분이 좋다[나쁘다]
Qu'est-ce qu'il vous arrive ? 무슨 일이세요?   avoir mal à + 신체 부위 명사 ~가 아프다   la gorge
목   un frisson 오한, (추위로 인한) 떨림   commencer à + inf. ~하기 시작하다   tousser 기침하다
se déshabiller 옷을 벗다   examiner 진찰[진료]하다, 조사하다   une grippe 유행성 감기   ordonnance
(약의) 처방, 처방전   un sirop 시럽, 물약   une toux 기침   un comprimé 알약   rester + 형용사 (같은
상태·입장에) 있다   couché(e) 누운   mettre en arrêt de travail 병가를 내다   se reposer 쉬다,
휴식을 취하다   Combien je vous dois ? 얼마인가요?   une consultation 진찰, 진료, 상담, 협의

Situation 3

La secrétaire   Le Cabinet du docteur Michel, bonjour.

M. Kim   Bonjour, madame, je voudrais prendre un rendez-vous avec le
          docteur, s'il vous plaît.

La secrétaire   Oui, monsieur. Jeudi matin, ça vous convient ?

M. Kim   Non, c'est trop tard. Je peux le prendre le plus tôt possible ?

La secrétaire   Quand voulez-vous venir ?

M. Kim   Aujourd'hui dans l'après-midi.

La secrétaire   Non, c'est impossible. Aujourd'hui, c'est complet. Il peut vous
          recevoir demain à 15 h 45, cela vous convient ?

M. Kim   Demain à 15 h 45. Ce n'est pas possible. Je finis mon travail à 17 h.

La secrétaire   À 18 h 30, ça vous convient ?

M. Kim   C'est parfait, merci !

La secrétaire   Vous êtes monsieur ?

M. Kim   Kim. K comme kiwi, I comme Isabelle, M comme Marie.

La secrétaire   Êtes-vous déjà venu ? Avez-vous un dossier chez nous ?

M. Kim   Non, c'est la première fois que je viens.

비서   미셸 박사님 진료소입니다.

김 씨   안녕하세요, 박사님과 약속을 잡고 싶은데요.

비서   네, 선생님. 목요일 아침이 괜찮으신가요?

김 씨   아니요, 그건 너무 늦네요. 가능하면 좀 더 빠른 날로 잡을 수는 없나요?

비서   언제 오시길 원하시나요?

김 씨   오늘 오후에요.

비서   아니요, 그건 불가능합니다. 오늘은 예약이 모두 찼거든요. 내일 오후 3시 45분에는 가능하겠네요. 이 날짜는 마음에 드세요?

김 씨   내일 오후 3시 45분이라…그건 불가능하네요. 일이 오후 5시에 끝나거든요.

비서   저녁 6시 30분은 괜찮으신가요?

김 씨   아주 좋아요, 감사합니다!

비서   성함이 어떻게 되시나요?

김 씨   '김'입니다. 키위의 K, 이자벨의 I, 마리의 M 이요.

비서   이미 오셨던 적이 있으신가요? 저희 진료소의 서류를 가지고 계세요?

김 씨   아니요. 이번에 처음으로 가는 겁니다.

▶ un cabinet 진찰실   prendre un rendez-vous avec *qqn* ~와 약속을 잡다   Ça vous convient ? 괜찮으신가요?   tard 늦게, 나중에 후에   le plus tôt possible 가능한 한 빨리   impossible 불가능한, 있을 수 없는   complet(ète) (기간·시간이) 꽉 찬, 만원인   recevoir (~을) 받다   un dossier (사건·인물 따위의) 관계 서류[자료]   C'est la première fois que ~ ~ 한 것이 처음이다

Situation 4

La secrétaire   Allô, cabinet du docteur Royal, j'écoute !

M. Lee   Bonjour, madame, je voudrais changer l'heure de mon rendez-vous, s'il vous plaît.

La secrétaire   Oui, vous êtes monsieur ?

M. Lee   Lee. J'avais rendez-vous mercredi 13 h 40, mais j'ai un empêchement. Je ne peux pas venir à cette heure-là.

La secrétaire   Vous voulez annuler votre rendez-vous ?

M. Lee   Mais non ! Je voudrais juste le reporter.

La secrétaire   Quand voulez-vous venir ?

M. Lee   Si c'est possible, le même jour, mais plus tard.
À partir de 18 h.

La secrétaire   18 h 30. Ça vous convient ?

M. Lee   18 h 30, c'est parfait ! Je vous remercie, madame.

La secrétaire   Je vous en prie. C'est noté.

M. Lee	Merci beaucoup ! À mercredi !
La secrétaire	Au revoir. À mercredi !

비서 여보세요. 로얄 박사님의 진료소입니다. 말씀하세요!

이 씨 안녕하세요, 제가 약속 시간을 좀 변경하고 싶은데요.

비서 네, 성함이?

이 씨 '이'입니다. 수요일 오후 1시 40분이 약속 시간이었지만 제게 일이 생겼습니다. 그 시간에 갈 수가 없게 되었어요.

비서 약속을 취소하고 싶으신가요?

이 씨 아니요! 날짜를 연기하고 싶은데요.

비서 언제 오시겠습니까?

이 씨 만약 가능하다면 같은 날이지만 좀 늦게요. 저녁 6시부터 가능합니다.

비서 저녁 6시 30분. 괜찮으신가요?

이 씨 저녁 6시 30분이요. 아주 좋아요! 정말 감사합니다.

비서 아무것도 아닌데요 뭐. 메모해 두었습니다.

이 씨 감사합니다! 수요일에 뵙겠습니다!

비서 안녕히 계세요. 수요일에 뵙겠습니다!

▶ **avoir rendes-vous** 만날 약속이 있다   **un empêchement** 방해, 지장, 장애(물)   **annuler** (약속을) 취소하다, 무효화하다   **juste** 바로, 꼭   **reporter** 연기하다, 다시 갖다놓다   **même** 같은   **plus tard** 나중에, 후일   **à partir de** ~부터   **c'est noté** 적어놓다, 메모하다

5. 부동산 소개소에서 (À l'agence immobilière) 🔊 TR 2-14

Situation 1

Cliente	Bonjour. J'ai lu une annonce dans le journal. La villa en bord de mer est-elle toujours à louer ?
employé	Oui.
Cliente	Ah, pourriez-vous me donner plus d'informations ?
employé	Bien sûr. Que voulez-vous savoir au juste ?
Cliente	Est-elle vraiment en bord de mer ?
employé	Oui, le jardin donne sur la plage.
Cliente	Ah…Très bien. Y a-t-il un lave-vaisselle ?
employé	Oui. Il y a une cuisine complètement équipée. Il y a une cuisinière électrique avec un four, un réfrigérateur, naturellement, une table avec six chaises.
Cliente	Et, y a-t-il un machine à laver ?
employé	Oui, et un séchoir aussi.

Cliente	La maison fait combien de mètres carrés ?
employé	Environ 120 m².
Cliente	C'est parfait. Je vais en parler avec mon ami et vous rappelle demain.
employé	Très bien. Au revoir.

손님	안녕하세요. 제가 신문에서 광고 하나를 읽었습니다. 바닷가에 있는 별장이 아직 임대가 가능한가요?
직원	네.
손님	아, 좀 더 정보를 제게 알려주실 수 있으세요?
직원	물론이죠. 정확히 무엇에 대해 알고 싶으신가요?
손님	정말 바닷가 근처에 있는 게 맞나요?
직원	네. 정원이 바다로 통해 있어요.
손님	아… 아주 좋네요. 식기세척기가 있나요?
직원	네. 모든 시설이 아주 잘 갖추어진 부엌이 있습니다. 오븐이 딸린 전기렌지, 당연히 냉장고가 있고, 의자 여섯 개와 식탁이 있어요.
손님	그리고 세탁기가 있나요?
직원	네, 그리고 건조기도 있습니다.
손님	집이 몇 평방미터나 되죠?
직원	약 120평방미터예요.
손님	완벽하네요. 제가 친구와 함께 얘기해 보고 내일 다시 전화 드리겠습니다.
직원	네, 알겠습니다. 안녕히 계세요.

▶ une annonce 알림, 공고 en bord de 가, 가장자리 louer 세놓다, 임대하다 plus de + 무관사 명사 더 많은 une information 정보, 지식 au juste 정확하게 donner sur (~을) 향하다, (~로) 통하다 la plage 해변, 바닷가 un lave-vaisselle 식기세척기 complètement 완전히, 전부, 철저하게 équipé(e) 필요한 장비가 갖추어진 une cuisinière électrique 전기(가스)렌지 un four (빵·과자 따위를 굽는) 오븐 un réfrigérateur 냉장고 naturellement 당연히, 필연적으로 un machine à laver 세탁기 un séchoir 건조기 La maison fait combien de mètres carrés ? 집은 몇 ㎡입니까? environ 약, 대략 rappeler 다시 전화하다

Situation 2

Cliente	Bonjour, j'ai lu une annonce dans le journal concernant un appartement à louer.
employé	Je suis désolé mais on vient de le louer.
Cliente	Oh…
employé	Mais nous avons une petite maison dans le même quartier.
Cliente	Ah, pour le même prix ?
employé	C'est un tout petit peu plus cher, mais c'est une maison.
Cliente	Pouvez-vous me la décrire un peu ?
employé	120 m², 3 chambres, une grande salle de séjour, une cuisine, une salle de bain et une buanderie. Il n'y a pas de jardin ni de garage.
Cliente	Est-il possible de la visiter cette semaine ?

employé   Oui, bien sûr. Demain après-midi, ça vous arrange ?

Cliente   C'est parfait. À demain.

손님   안녕하세요, 제가 신문에서 아파트 임대에 관련된 광고 하나를 읽었습니다.

직원   죄송하지만, 얼마 전에 임대가 되었어요.

손님   아…

직원   하지만 같은 구역에 작은 집이 하나 더 있는데요.

손님   아, 같은 가격이에요?

직원   아주 조금 더 비싸요. 하지만 그건 주택이에요.

손님   제게 그 집을 좀 설명해주실 수 있으세요?

직원   120평방미터에 방이 3개, 큰 거실이 1개, 부엌, 욕조가 있는 욕실 그리고 세탁장이 있어요. 정원과 주차장은 없습니다.

손님   이번 주에 방문이 가능합니까?

직원   네, 물론이죠. 내일 오후 괜찮으십니까?

손님   아주 좋아요. 내일 뵙겠습니다.

▶ concernant ~에 관한, ~에 대하여   un appartement à louer 세놓을 아파트   venir de + *inf.* 방금 ~하였다   le quartier 구역   le prix 가격   un tout petit peu 약간, 경미하게   décrire 묘사하다, 서술하다   une salle de séjour 거실   une salle de bain 목욕탕, 욕실   une buanderie 세탁장   un garage 주차장   Il est possible de + *inf.* ~할 수 있다   cette semaine 이번 주   arranger ~을 만족시키다

Situation 3

Sylvie   Salut ! Je viens de louer un appartement. Il est très grand. On pourrait y habiter à deux si ça t'intéresse.

Martin   Ah bon…Décris-le moi un peu.

Sylvie   Il y a deux grandes chambres, une salle de bain avec baignoire, un immense salon, une cuisine et deux terrasses.

Martin   Ça a l'air pas mal. C'est dans quel quartier ?

Sylvie   Près de la place du marché.

Martin   Ah…Je vais venir le voir ce soir.

Sylvie   Ok, à ce soir.

실비   안녕! 나 좀 전에 아파트 구했어. 진짜 커. 네가 관심이 있다면 우리 둘이 거기에 살 수 있어.

마르탱   아 그래… 그곳에 대해 조금 설명해줄래?

실비   큰 방이 두 개, 욕조가 있는 욕실, 아주 큰 거실, 부엌 그리고 테라스 2개가 있어.

마르탱   좋아 보이는데. 어느 구역에 있는 거야?

실비   시장의 광장 근처에 있어.

마르탱   아… 오늘 저녁에 그것을 보러 갈게.

실비   알았어. 저녁에 보자.

▶ habiter à deux 둘이 살다[거주하다]   intéresser *qqn* 관심을 끌다, 관심을 불러일으키다   une baignoire 욕조, 목욕탕   une cuisine 부엌   Ça a l'air + 형용사 ~처럼 보이다, ~하는 것같이 보이다   pas mal 썩 좋은, 썩 잘

4 La nourriture 식생활

1. 식료품 장 보기 (Faire les courses de l'allimentation) 🎧 TR 2-15

Situation 1

Sylvie	Je vais aller faire les courses.
	Veux-tu que j'achète quelque chose en particulier ?
Laurent	Je pense qu'il n'y a plus de dentifrice.
Sylvie	Je note.
Laurent	Ah ! Peux-tu prendre des pommes aussi ?
Sylvie	Oui. Les mêmes que la semaine passée ? Elles étaient super bonnes.
Laurent	Oui. Ah oui, il faudrait aussi de la charcuterie et du fromage.
Sylvie	Il n'y a pas presque plus de pain non plus.
Laurent	Tu pourrais acheter du jus de fruits aussi.
Sylvie	Oui, je verrai s'il y a des promotions.
Laurent	Veux-tu que je vienne avec toi ? Il y aura beaucoup à porter…
Sylvie	Oui, merci.

실비 나 장 보러 갈 거야. 특별히 내가 뭐 사다 줬으면 하는 게 있니?
로랑 내 생각엔 치약이 다 떨어진 것 같은데.
실비 적을게.
로랑 아, 맞다. 사과도 사다 줄 수 있어?
실비 그래. 지난주에 샀던 거랑 같은 걸로? 그거 정말 맛있었어.
로랑 응. 아 그리고, 돼지고기 제품(햄이나 소시지 따위)이랑 치즈도 사야 해.
실비 빵도 거의 없어.
로랑 과일 음료수도 사야 해.
실비 응, 세일 제품이 있는지 봐야겠다.
로랑 내가 같이 가줄까? 들어야 할 것이 너무 많을 것 같은데…
실비 그래. 고마워.

▶ faire les courses 장을 보다   en particulier 특히   un dentifrice 치약   noter 메모하다   les mêmes (le, la, les와 함께) 같은 (사람) 것   passé(e) 과거의, 지나간   une charcuterie 돼지고기 제품(류)   non plus ~도 ~아니다   un jus de fruits 과일 주스   une promotion 할인 판매 상품   porter 가져오다, 전달하다

Sylvie	Allô, c'est Martin ？ Ce soir, je vais sortir du bureau après 20 heures. Est-ce que tu peux faire les courses pour moi ？
Martin	D'accord. Pas de problème.
Sylvie	Merci, achète une baguette, du beurre, du jus d'orange, et du lait s'il n'en reste plus pour demain matin. Ah ！ Téléphone aussi à Romain pour l'inviter à dîner demain.
Martin	OK. À tout à l'heure.
Sylvie	Merci. À tout à l'heure.

실비	여보세요. 마르탱이니? 오늘 저녁, 나는 8시 이후에야 퇴근하게 될 거야. 시장을 봐줄 수 있겠니?
마르탱	알았어. 물론 시장 봐주지.
실비	고마워. 바게트 하나, 버터, 오렌지 주스, 그리고 내일 아침에 먹을 우유가 없으면 우유도 사. 아, 로망에게 전화해서 내일 저녁 먹으러 오라고 말하고.
마르탱	응. 그렇게 할게. 조금 후에 보자.
실비	조금 후에 보자.

▌ sortir du bureau 퇴근하다, 사무실을 나서다   faire les courses 시장을 보다   pas de problème 간단한 문제다, 문제없다, 물론   le jus d'orange 오렌지 주스   le beurre 버터   le lait 우유   il reste qqch ~이 남아 있다   ne~plus 더 이상 ~않다   inviter qqn à + inf. ~을 ~에 초대하다

2. 슈퍼마켓에서 (Au supermarché)   ▣ TR 2-16

Situation 1

Cliente	Bonjour. Ma voisine a acheté hier du fromage de chèvre en promotion. Est-ce qu'il y en a encore ？
Vendeur	Oui, il y en a encore. Vous en trouverez dans le rayon fromagerie.
Cliente	Avez-vous d'autres promotions en ce moment ？
Vendeur	Vous verrez des étiquettes vertes en dessous des articles en promotion.
Cliente	Merci beaucoup.
	[après les coures]
Cliente	Je vous dois combien ？
Vendeur	Ça fait 23€, s'il vous plaît.
Cliente	Voilà ma carte de crédit.

Vendeur	Je suis désolé, mais vous devez changer de caisse si vous voulez payer avec votre carte de crédit.
Cliente	Ah bon ! Je ne le savais pas. Mais j'ai aussi mon chéquier.
Vendeur	Très bien. Ne le remplissez pas. La machine le fait pour vous. Veuillez signer. Avez-vous une pièce d'identité ?
Cliente	Voilà ma carte d'identité.
Vendeur	Merci.

손님	안녕하세요. 제 이웃이 어제 염소 치즈를 세일된 가격에 샀더라고요. 아직도 그게 있나요?
판매자	네, 아직 남아 있을 겁니다. 치즈 코너에서 찾아보세요.
손님	혹시 지금 다른 세일 품목도 있나요?
판매자	세일 중인 품목들 밑에 초록색 라벨들이 있는 게 보이실 거예요.
손님	감사합니다.
	〈장을 보고 난 후〉
손님	얼마죠?
판매자	23유로입니다.
손님	여기 제 신용 카드요.
판매자	죄송합니다만, 카드로 계산하시려면 다른 계산대로 가셔야 합니다.
손님	아 그래요! 그걸 몰랐네요. 그런데 저 수표책도 있는데요.
판매자	잘되었네요. 작성하지는 마세요. 기계가 작성할 거예요. 사인해 주세요. 신분증이 있으신가요?
손님	신분증 여기 있습니다.
판매자	감사합니다.

▶ **voisin(e)** 이웃(사람) **le fromage de chèvre** 염소 치즈 **une promotion** 판매 촉진[할인 판매] 상품 **le rayon** (백화점 따위의) 매장, 코너 **une fromagerie** 치즈 소매점 **en ce moment** 지금, 현재 **une étiquette** 가격표, 명찰, 라벨 **en dessous de** 아래의, 이하의 **un article** 상품, 물품 **Je vous dois combien ?** 당신에게 얼마를 지불해야 하지요?, 값이 얼마입니까? **Ça fait ~** (가격이) ~이다 **la carte de crédit** 신용 카드 **changer de** + 무관사 명사 ~을 바꾸다 **une caisse** 계산대 **payer** 지불하다 **le chéquier** 수표책 **remplir** (서류 따위에) 필요한 사항을 써넣다 **la machine** 기계, 기구 **veuillez ~** 'vouloir'의 2인칭 복수 명령 **signer** 서명하다 **une pièce d'identité** 신분증

Situation 2

Cliente	Bonjour. Excusez-moi, pouvez-vous me dire où je peux trouver des légumes en conserve ?
Employé	Ça se trouve dans le 4 ième rayon au fond à gauche, à côté des bocaux de fruits.
Cliente	Je cherche aussi du papier collant.
Employé	Vous en trouverez dans le rayon juste en face des caisses.
Cliente	Je suis passée par là et je n'en ai pas trouvé.
Employé	C'est qu'ils viennent de les changer de rayon.

276

Un instant, je vais me renseigner.

Cliente	Merci beaucoup.
Employé	C'est toujours dans le même rayon mais nous sommes en rupture de stock.
Cliente	Quand est-ce que ça rentrera ?
Employé	Normalement, mercredi prochain.

손님	안녕하세요. 통조림으로 된 야채들을 어디에서 찾을 수 있는지 말해줄 수 있나요?
종업원	왼쪽 안쪽에 있는 4번째 코너에 있습니다. 병에 저장된 과일 옆이요.
손님	스티커도 찾고 있어요.
종업원	그것은 계산대 바로 정면에 있는 코너에서 찾을 수 있어요.
손님	그쪽으로 갔었지만 그걸 못 찾았는데요.
종업원	그 코너는 얼마 전에 바뀌었어요. 잠시만 기다려 보세요. 제가 알아보겠습니다.
손님	감사합니다.
종업원	스티커는 여전히 같은 코너에 있는 게 맞지만 재고가 부족하네요.
손님	언제 다시 들어올 예정인가요?
종업원	일반적으로 다음 주 수요일입니다.

▌ **des légumes** 야채, 채소 **en conserve** 통조림으로 **se trouver** 있다, 존재하다, 발견하다 **au fond** 깊숙한 곳, 안쪽, 속 **à côté de** ~의 옆에, ~의 가까이에 **un bocal de fruits** (병에) 저장된 과일 **un papier collant** 스티커 **juste** 바로, 꼭 **en face de** ~의 맞은편에, 앞에 **passer** 지나가다, 통과하다 **se renseigner** ~에 관해 문의[조회]하다 **être en rupture de stock** 재고가 부족하다

3. 시장에서 (Au marché) 🔊 TR 2-17

Situation 1

Cliente	Bonjour, monsieur. C'est combien le céleri ?
Marchand	2.50€ l'unité.
Cliente	Je voudrais des bananes, mais malheureusement, elles ne sont pas bonnes. Elles sont toutes gâtées.
Marchand	Je regrette, madame, mais nous n'avons pas reçu de bananes aujourd'hui.
Cliente	Les tomates viennent d'où ? Elles sont très mûres. Elles ont l'air fraîches. C'est combien ?
Marchand	1,60 euro le kilo.
Cliente	Un demi-kilo, s'il vous plaît.
Marchand	Les voici, un demi-kilo de tomates. 0,80€.

Cliente	Merci. Pourriez-vous les mettre dans un sac ou les envelopper dans du papier ?

손님	안녕하세요. 셀러리 얼마인가요?
상인	한 대에 2.50유로입니다.
손님	바나나를 사고 싶은데 불행히도 상태가 좋지 않네요. 다 썩었어요.
상인	죄송합니다. 오늘 바나나를 못 받아서요.
손님	토마토는 어디에서 온 건가요? 아주 잘 익었네요. 싱싱한 것 같아요. 얼마예요?
상인	킬로에 1.60유로입니다.
손님	0.5kg 주세요.
상인	여기 0.5kg입니다. 0.80유로예요.
손님	감사해요. 봉투나 종이에 포장해주실 수 있나요?

▶ **le céleri** (식물) 셀러리 **l'unité** (제품의) 단위, 1개 **une banane** 바나나 **malheureusement** 불행히도 **gâté(e)** 상한, 썩은 **regretter** 유감스럽게 여기다, 섭섭해하다 **recevoir** (~을) 받다 **mûr(e)** (과일이) 익은 **avoir l'air + 형용사** ~하게 보이다 **frais(fraîche)** 싱싱한, 신선한 **un sac** 부대, 자루, 봉지, 주머니 **envelopper** 싸다, 포장하다, 덮다, 씌우다 **le papier** 종이

Situation 2

Marchand	Bonjour, madame.
Cliente	Bonjour. Je voudrais 1 kilo de carottes, s'il vous plaît. Je vois que vous avez des melons aujourd'hui.
Marchand	Oui, ils viennent d'arriver.
Cliente	Mettez m'en 2, s'il vous plaît.
Marchand	Très bien. Ce sera tout ?
Cliente	Non, je vais aussi prendre 2 kg de tomates.
Marchand	Voici. Je mets tout ça sur votre compte ?
Cliente	Oui, merci.
Marchand	Au revoir, à demain.

상인	안녕하세요. 부인.
손님	안녕하세요. 당근 1kg만 주세요. 오늘 멜론이 있네요.
상인	예. 방금 전에 도착한 것들이에요.
손님	그거 2개만 주세요.
상인	좋습니다. 이게 다입니까?
손님	아니요, 토마토 2kg도 주세요.
상인	여기 있습니다. 이것들 모두 당신 계좌로 입금하면 되지요?
손님	네, 감사합니다.
상인	안녕히 계세요. 내일 봐요.

▶ **une carotte** 당근 **1 kilo de~** 1킬로의 ~ **un melon** 멜론 **mettre** 주다 **Mettez-moi un kilo de cerises.** 버찌 1킬로 주세요. **Ce sera tout ?** 이게 다인가요? **prendre** (물건을) 사다 **un compte** 계산(서) **mettre** *qqch* **sur un compte** ~을 계좌에 입금하다

Situation 3

Marchand C'est à vous, madame. Que désirez-vous ?

Cliente Deux kilos de pommes de terres, s'il vous plaît.

Marchand Voilà 2 kilos. Ça fera 6,60€. Et avec ça ?

Cliente Les oranges sont belles aujourd'hui. Pouvez-vous m'en donner un kilo ?

Marchand Voilà, un kilo. C'est 4€. Et avec ça ?

Cliente Avez-vous des abricots ?

Marchand Non, il n'y en a pas, aujourd'hui. Vous avez besoin d'autre chose ?

Cliente Non, ce sera tout. Ça fait combien ?

Marchand 6,60€ et 4€, ça fait 10,60€, s'il vous plaît.

Cliente Voilà 10,60€. Merci. Au revoir, monsieur.

Marchand Merci, au revoir.

상인   부인 차례입니다. 무엇을 원하세요?
손님   감자 2킬로그램 주세요.
상인   여기 2킬로그램 있어요. 6,60유로입니다. 그리고요?
손님   오늘 오렌지가 너무 좋네요. 1킬로그램 주시겠어요?
상인   여기요. 1킬로그램. 4유로입니다. 그리고 또요?
손님   살구 있어요?
상인   아니요. 그건 오늘 없습니다. 다른 것이 더 필요하신가요?
손님   아니요. 그게 다예요. 얼마죠?
상인   6,60유로랑 4유로, 총 10,60유로입니다.
손님   여기 10,60유로요. 감사합니다. 안녕히 계세요.
상인   감사합니다. 안녕히 가세요.

▶ C'est à vous. 손님 차례입니다. Que désirez-vous ? 무엇을 원하세요? une pomme de terre 감자 Et avec ça ? 그리고 다른 것은? beau(belle) 보기 좋은, 더 좋은 un abricot 살구 avoir besoin de qqch ~이 (하는 것이) 필요하다 Ça fait combien ? 총 얼마인가요?

4. 빵 가게에서 (À la boulangerie) ◎ TR 2-18

Situation 1

Cliente Bonjour, samedi, nous faisons une fête d'anniversaire de ma maman. Je voudrais commander un gâteau pour 12 personnes, s'il vous plaît.

Boulanger Quel type de gâteau ?

Cliente	Heu... Je ne sais pas trop. Quelle est votre spécialité ?
Boulanger	Nous faisons de très bons gâteaux à la crème et aux fruits frais.
Cliente	Hum... C'est sûrement très bon ? Et assez léger ?
Boulanger	Oui.
Cliente	Combien ça coûte ?
Boulanger	C'est 15€ par personnes.
Cliente	D'accord. Dois-je vous donner un acompte ?
Boulanger	Oui, 10% d'acompte, s'il vous plaît.
Cliente	Voici.
Boulanger	Merci. À samedi.

손님	안녕하세요, 토요일에 엄마 생신 축하 파티를 할 거예요. 12명을 위한 케이크를 주문하고 싶은데요.
빵집 주인	어떤 스타일의 케이크를 원하세요?
손님	에…잘 모르겠어요. 어떤 걸 전문으로 하시나요?
빵집 주인	저희는 신선한 과일과 크림이 들어간 케이크를 아주 잘 굽죠.
손님	음… 정말로 맛있나요? 그리고 소화가 잘되나요?
빵집 주인	그럼요.
손님	얼마죠?
빵집 주인	한 사람당 15유로입니다.
손님	알겠습니다. 제가 일부를 선불해야 하나요?
빵집 주인	네, 총 금액의 10%를 선불하셔야 합니다.
손님	여기요.
빵집 주인	감사합니다. 토요일에 뵙겠습니다.

▶ une fête 축제일, 파티 un anniversaire 생일 Quel type de ? 어떤 스타일의~? la spécialité 전공, 전문 la crème 크림, 유지 un fruit frais 신선한 과일 frais(fraîche) 싱싱한, 신선한 sûrement 확실하게 léger (음식이) 소화가 잘되는, 가벼운 par (단위) 마다 acompte 분할 지불금, 선금

Situation 2

Boulanger	Bonjour.
Cliente	Bonjour. Je voudrais acheter des tartes aux fruits.
Boulanger	Pour combien de personnes ?
Cliente	20 personnes.
Boulanger	Nous avons des tartes aux pommes, aux prunes, aux abricots et aux fraises.
Cliente	Je vais prendre une tarte aux pommes, une aux abricots et une aux fraises.
Boulanger	Je vous mets des tartes pour 6 ou 8 personnes ?

Cliente	Celle aux fraises pour 8 personnes, les deux autres pour 6 personnes, s'il vous plaît.
Boulanger	Voici. C'est tout ?
Cliente	Non. Je voudrais un grand pain et quatre pains au chocolat s'il vous plaît.
Boulanger	Je sius désolé, nous n'avons plus de pains au chocolat.
Cliente	Oh, comme c'est dommage ! Je vais prendre des simples croissants à la place.
Boulanger	Très bien. Ça fera 42€ en tout.
Cliente	Voici.
Boulanger	Merci, au revoir.

빵집 주인	안녕하세요.
손님	안녕하세요. 과일 파이를 사고 싶은데요.
빵집 주인	몇 인분이 필요하세요?
손님	20명이요.
빵집 주인	저희는 사과파이, 자두파이, 살구파이 그리고 딸기파이가 있습니다.
손님	저는 사과파이 하나, 살구파이 하나 그리고 딸기파이 하나를 살게요.
빵집 주인	6인용 파이로 드릴까요, 8인용 파이로 드릴까요?
손님	딸기 파이는 8인용으로 주시고, 다른 두 파이들은 6인용으로 주세요.
빵집 주인	여기 있습니다. 이게 다인가요?
손님	아니요. 큰 빵 한 개와 초콜릿 빵 4개 주세요.
빵집 주인	죄송합니다만, 저희가 초콜릿 빵이 떨어졌네요.
손님	오, 이런 안타까운 일이! 그럼 그 대신 크로와상으로 주시겠어요.
빵집 주인	알겠어요. 모두 42유로입니다.
손님	여기 있습니다.
빵집 주인	감사합니다. 안녕히 가세요.

▶ une tarte aux fruits 과일 파이   combien de + 무관사 명사 (수량이) 얼마만큼, 얼마나   une pomme 사과   une prune 자두   un abricot 살구   une fraise 딸기   mettre 주다   celui/celle 그것   un pain au chocolat 초콜릿 빵   Comme c'est dommage ! 이렇게 안타까울 수가!   prendre (물건을) 사다   simple 간단한, 단순한   un croissant 크로와상[초승달 모양의 빵]   à la place (~의) 대신에, (~의) 입장에

5. 레스토랑에서 (Au restaurant) 🔊 TR 2-19

Situation 1

Serveur	Bonjour, mesdames, messieurs. Avez-vous une réservation ?
Cliente	Oui, monsieur. Nous avons réservé une table pour trois personnes.

Serveur	Votre nom, s'il vous plaît ?
Cliente	Au nom de Kim.
Serveur	Préférez-vous une table ici dans le coin ou péférez-vous une table dehors à la terrasse ?
Cliente	Ça sera bien ici.
Serveur	Voulez-vous un apéritif pour commencer ?
Cliente	Oui, nous allons prendre quelque chose.

종업원	안녕하세요. 예약하셨나요?
손님	네. 3명으로 테이블 하나 예약했습니다.
종업원	성함이 어떻게 되시나요?
손님	Kim 이름으로 예약했습니다.
종업원	여기 구석 쪽 자리와 바깥 테라스 자리 중 어느 곳이 괜찮으세요?
손님	여기가 좋겠네요.
종업원	식전 술을 하시겠습니까?
손님	네. 뭔가 먹어야겠네요.

▶ une réservation (교통기관 · 호텔 · 흥행 장소 따위의) 자리 예약 réserver 예약하다 une personne 사람 préférer 더 좋아하다, 선호하다, 선택하다 le coin 구석, 구석진 장소 dehors 밖에(서), 밖으로 la terrasse (인도에 앉는 레스토랑 · 식당 따위의) 테라스 un apéritif 식전에 마시는 술, 아페리티프 commencer 시작하다, 착수하다 prendre 먹다, 들다, 복용하다

Situation 2

Serveur	Bonjour, madame. Qu'est-ce que vous prendrez ?
Cliente	Je vais prendre un steak. J'aime beaucoup la viande.
Serveur	Comment voulez-vous votre steak, madame ? Bien cuit, à point ou saignant ?
Cliente	À point, s'il vous plaît. Je n'aime pas le steak saignant.
Serveur	Vous ne prenez pas d'entrée, madame ? Salade grecque ou melon ?
Cliente	Je préfère le melon.
Serveur	Et comme boisson ?
Cliente	Apportez-moi une carafe d'eau, s'il vous plaît.
Serveur	Très bien, madame.

종업원	안녕하세요, 부인. 무엇을 드시겠습니까?
손님	저는 스테이크를 먹겠습니다. 제가 고기를 많이 좋아하거든요.
종업원	완전히 익힌 고기, 적당히 익힌 고기, 설익힌 고기 중 어떤 걸 원하세요?
손님	적당히 익힌 걸로 주세요. 저는 설익힌 스테이크는 싫어해요.
종업원	전채 요리는 안 드시나요? 그리스식 샐러드 아니면 멜론이 있습니다.
손님	저는 멜론이 좋겠네요.

종업원	음료는 무엇으로 하시겠어요?
손님	물 한 병 가져다주세요.
종업원	알겠습니다. 부인.

▶ Qu'est-ce que vous prendrez ? 무엇을 드시겠습니까? une viande 고기 bien cuit 잘 익힌 à point 적당히 익힌 saignant 설익힌 une entrée 전식, 앙트레 une salade 샐러드 un melon 멜론 une boisson 음료 apporter 가져오다, 운반하다 une carafe d'eau 물 한 병

Situation 3

Garçon	Madame, prenez-vous un apéritif ?
Madame	Oui, un porto, s'il vous plaît.
Garçon	Comme entrée, que désirez-vous ?
Madame	Qu'est-ce qu'il y a dans la salade spéciale ?
Garçon	Il y a du fromage, un œuf dur, du jambon avec des légumes.
Madame	Bon, une salade spéciale.
Garçon	Comme plat du jour, nous avons du bœuf.
Madame	Vous n'avez pas de quelque chose de plus léger ? Un bifteck.
Garçon	Si, il y en a.
Madame	Je prendrais ceci.
Garçon	D'accord. Bien cuit ou saignant ?
Madame	Saignant, s'il vous plaît. Qu'est-ce que vous avez comme légumes ?
Garçon	Aujourd'hui, nous avons des haricots verts.
Madame	D'accord. Et du fromage, s'il vous plaît.
Garçon	Vous buvez du vin ?
Madame	Non, pas de vin. De l'eau, s'il vous plaît. Une carafe d'eau.
Garçon	D'accord, madame.

종업원	아페리티프를 드시겠습니까?
손님	네. 포르토 부탁합니다.
종업원	전채 요리로 무엇을 원하십니까?
손님	특별 샐러드에는 무엇이 들어 있습니까?
종업원	야채에 치즈, 삶은 달걀, 햄이 들어 있습니다.
손님	좋군요. 특별 샐러드로 하겠어요.
종업원	오늘 정식 메뉴로는 소고기가 있습니다.
손님	좀 (위에) 부담 없이 먹을 수 있는 것이 없을까요? 스테이크요.
종업원	예. 있습니다.
손님	그러면 그것으로 하겠습니다.
종업원	알겠습니다. 잘 익혀 드릴까요, 아니면 설익혀서 드릴까요?

손님	설익은 것으로 주세요. 야채로는 무엇이 있습니까?
종업원	오늘은 완두콩 껍질이 있습니다.
손님	좋아요. 그리고 치즈도 주세요.
종업원	포도주를 드시겠습니까?
손님	아니요. 포도주를 마시지 않겠어요. 물을 주세요. 물 한 병이요.
종업원	알겠습니다.

▶ une entrée (본 요리 직전에 먹는) 전채, 앙트레   la salade spéciale 특별 샐러드   le fromage 치즈
un œuf dur 삶은 달걀   du jambon 햄   des légumes 야채, 채소   plat du jour 오늘의 요리   du
bœuf 쇠고기   quelque chose de plus léger 좀 더 소화가 잘 되는 것   un bifteck 비프스테이크   des
haricots verts 콩깍지(요리)

6. 커피숍에서 (Au café) 🔊 TR 2-20

Situation 1

Serveur	Bonjour. Qu'est-ce que je vous sers ?
Cliente	J'attends un ami, je commanderai quand il sera là.
Serveur	Pas de problème, je vous laisse la carte. Nous avons aussi des glaces et des milkshakes.
Cliente	Oui, j'ai vu. Merci.
	[l'ami ne vient pas. La cliente appelle le serveur.]
Serveur	Alors, avez-vous choisi ?
Cliente	Est-ce que vous avez des crêpes ?
Serveur	Oui, au sucre, à la confiture ou au chocolat.
Cliente	Je vais prendre des crêpes au sucre.
Serveur	Qu'est-ce que vous boirez avec ça ?
Cliente	Un chocolat chaud, s'il vous plaît.
Serveur	Très bien: des crêpes au sucre et un chocolat chaud.

종업원	안녕하세요. 무엇을 드릴까요?
손님	친구 한 명을 기다리고 있어요. 그 친구가 오면 주문하겠습니다.
종업원	알겠습니다. 메뉴판을 놓고 가겠습니다. 저희 가게에는 아이스크림과 밀크셰이크도 있어요.
손님	네. 저도 봤어요. 감사합니다.
	〈친구가 오지 않았다. 손님은 종업원을 불렀다.〉
종업원	자, 선택하셨나요?
손님	크레이프가 있나요?
종업원	네, 설탕을 뿌린 크레이프, 잼이나 초콜릿을 바른 크레이프가 있습니다.
손님	설탕 뿌린 크레이프로 주세요.

종업원	함께 드실 음료는 무엇으로 하시겠습니까?
손님	핫 초콜릿 부탁드려요.
종업원	알겠습니다. 설탕 크레이프 그리고 핫 초콜릿.

▶ servir (손님을) 대하다, 시중하다   commander 주문하다, 명령하다   une carte 차림표, 메뉴   une glace 아이스크림   client(e) 손님   appeler 부르다   serveur(se) 종업원   une crêpe 크레이프   au sucre 설탕을 뿌린   à la confiture 잼을 바른   boire 마시다

Situation 2

Serveur	Bonjour. Avez-vous fait votre choix ?
Cliente	Oui, je vais prendre une bière brune.
Serveur	Voulez-vous une portion de fromage avec ça ?
Cliente	Oui, je veux bien. Avez-vous aussi du saucisson ?
Serveur	Oui, je peux vous faire une assiette mixte.
Cliente	Une portion mixte, ce sera parfait, merci.
Serveur	Une bière brune avec une assiette mixte.
Cliente	Avez-vous de la moutarde ?
Serveur	Oui, bien sûr.
Cliente	Je veux bien de la moutarde alors.
Serveur	Pas de problème.

종업원	안녕하세요, 선택하셨나요?
손님	네, 저는 흑맥주 주세요.
종업원	맥주와 함께 치즈 조각은 어떠세요?
종업원	네, 좋습니다. 소시지도 있나요?
종업원	네, 섞어서 한 접시로 해드릴 수 있습니다.
손님	모듬 요리 1인분, 아주 좋겠네요. 감사합니다.
종업원	흑맥주와 모듬 요리 한 접시.
손님	겨자 있나요?
종업원	네, 그럼요.
손님	그럼, 겨자도 주세요.
종업원	알겠습니다.

▶ un choix 선택, 선정   une bière 맥주   brun(e) 갈색의, 거무스름한   une portion (나누어진) 부분, 몫, (식사 때) 음식물의 1인분   un saucisson 큰 소시지   une assiette 접시, 요리 한 접시   mixte 혼합의, 섞은   une moutarde 겨자

1. 옷 가게에서 (Au magasin de vêtements) 🔊 TR 2-21

Situation 1

Vendeuse Est-ce que je pourrais vous aider ?

Client Je voudrais une chemise, s'il vous plaît.

Vendeuse Vous en voulez une en coton ? En tissu synthétique ?

Client Je ne sais pas.

Vendeuse Comme c'est l'été, vous ne voulez pas une chemise en flanelle ou en laine.
Je vous suggère d'en prendre une en tissu infroissable.

Client D'accord.

Vendeuse Quelle est votre taille ?

Client Ma taille est 40.

Vendeuse Voulez-vous des manches courtes ou longues ?

Client Des manches longues, s'il vous plaît.

Vendeuse La voulez-vous avec des rayures ou à carreaux ?

Client Je ne la veux ni avec rayures ni à careaux. Je voudrais seulement une chemise blanche ou bleu parce que je vais la porter avec un complet bleu. Je voudrais aussi acheter une cravate qui irait bien avec cette chemise.

판매원	도와드릴까요?
손님	셔츠를 하나 사고 싶은데요.
판매원	면으로 된 것을 찾으세요, 아니면 합성 섬유로 된 것을 찾으세요?
손님	잘 모르겠어요.
판매원	여름이니까, 플란넬 소재나 울 소재는 원치 않으시겠죠. 구김이 없는 소재를 추천하고 싶네요.
손님	좋아요.
판매원	사이즈가 어떻게 되세요?
손님	40이에요.
판매원	소매는 짧은 걸 원하세요, 아니면 긴 것을 원하세요?
손님	긴 소매요.
판매원	줄무늬랑 바둑판무늬 중에 어느 것이 좋으세요?
손님	줄무늬도 바둑판무늬도 좋아하지 않아요. 저는 오직 흰색 또는 파란색 셔츠만 원해요. 왜냐하면 파란색 정장이랑 같이 입어야 하거든요. 그리고 이 셔츠랑 잘 어울릴 만한 넥타이도 하나 사고 싶어요.

▶ une chemise 셔츠, 와이셔츠 en coton 면으로 된 en tissu synthétique 합성 섬유로 된 l'été 여름 en flanelle 플란넬로 된 en laine 양모로 된 suggérer (넌지시) 권하다, (의견을) 제시하다 infroissable 잘 구겨지지 않는 la taille (옷에 대한) 몸의 크기, (옷의) 크기, 사이즈 une manche 소매 court(e) (길이가) 짧은, (높이가) 낮은 long(longue) (길이가) 긴 la rayure (흔히 복수) 줄, 줄무늬 le carreau 바둑판무늬 ne~ ni ~ ni ~하지도 않고 ~하지도 않다 seulement 단지, 오직 blanche 흰, 백색의 bleu(e) 파란, 푸른, 하늘빛의, 쪽빛의 porter (옷 따위를) 입다, 착용하다 un complet (남자용) 양복 한 벌 une cravate 넥타이

Situation 2

Vendeur	Bonjour, madame.
Cliente	Bonjour. Est-ce que je peux essayer la jupe noire qui est dans la vitrine, s'il vous plaît ?
Vendeur	Oui, bien sûr, madame. Les cabines sont au fond. [Quelques minutes après.] Alors, ça va ? C'est assez large ?
Cliente	Non. Elle me serre un peu.
Vendeur	Voulez-vous essayer une taille au-dessus ?
Cliente	Oui, je veux bien. Je fais du 36, mais apparemment elle n'est pas assez grande.
Vendeur	Je vous apporte un 38. [Quelques minutes plus tard.] Alors, c'est mieux ?
Cliente	Oui, je pense que ça va. Ça me plaît beaucoup.
Vendeur	Cette couleur vous va très bien.
Cliente	Donc, je la prends. Combien elle coûte ?
Vendeur	Elle coûte 99,50€.

판매원	안녕하세요.
손님	안녕하세요. 진열대에 있는 검은색 치마를 입어볼 수 있을까요?
판매원	네, 물론이죠. 탈의실은 저쪽 끝에 있습니다. 〈몇 분이 흐른 뒤〉 자, 어떠세요? 사이즈가 넉넉한가요?
손님	아니오. 제게 좀 끼는데요.
판매원	한 치수 큰 걸로 입어보시겠어요?
손님	네, 그랬으면 좋겠어요. 제가 36사이즈를 입는데 언뜻 보기에 이 치마는 좀 작은 것 같네요.
판매원	38사이즈 가져왔습니다. 〈몇 분이 흐른 뒤〉 자, 좀 나으세요?

손님   네. 제 생각엔 괜찮은 것 같아요. 아주 맘에 들어요.
판매원   이 색깔이 손님과 참 잘 어울리는데요.
손님   그럼 이걸로 살게요. 얼마죠?
판매원   99,50유로입니다.

▶ une jupe 치마   essayer (맞는지) 입어[신어]보다   la vitrine 진열장, 쇼윈도우   une cabine (특정 용도의) 작은 공간, (옷가게의) 옷 입어보는 곳   au fond 안, 안쪽, 깊숙한 곳   serrer (몸에) 달라붙다, 꽉 끼다   au-dessus 위에   une taille (옷의) 크기, 사이즈   faire du 36 36사이즈를 입다   apparemment 언뜻 보아, 겉보기에, 아마도   C'est mieux ? 이게 더 나은가요?   apporter 가져오다   plaire à qqn ~의 마음에 들다   une couleur 색   aller à qqn (~에) 맞다, 어울리다

Situation 3

Client   Bonjour, madame. J'ai acheté ce pantalon il y a quatre jours mais il est trop petit. Est-ce que je peux l'échanger pour avoir la taille au-dessus ?

Vendeuse   Bien sûr, monsieur, pas de problème. Avez-vous le ticket de caisse ?

Cliente   Ah non, je ne l'ai pas. Je ne sais pas où il est. Je pense que je l'ai perdu.

Vendeuse   On ne peut pas échanger un article sans le ticket de caisse !

Cliente   J'ai peut-être encore le ticket de carte bleue. Est-ce que ça ira ?

Vendeuse   D'accord, ça pourra aller. Mais la prochaine fois n'oubliez pas de garder votre ticket de caisse, si vous voulez faire un échange ou être remboursé !

Cliente   D'accord. Merci, madame.

손님   안녕하세요. 제가 4일 전에 바지를 하나 샀는데요. 너무 작네요. 한 치수 큰 걸로 바꿀 수 있을까요?
판매원   그럼요. 손님. 문제없습니다. 영수증 가지고 계세요?
손님   아, 아니요. 영수증이 없는데요. 어디에 두었는지 모르겠네요. 아무래도 잃어버린 것 같아요.
판매원   저희는 영수증이 없이는 물건을 바꿔드릴 수가 없는데요!
손님   아마 카드 결제 영수증은 있을지도 몰라요. 그거로도 괜찮은가요?
판매원   알겠습니다. 괜찮을 거예요. 하지만 다음번엔 혹시 교환이나 환불을 원하신다면 영수증을 꼭 가지고 계셔 야 한다는 걸 잊지 마세요.
손님   알겠습니다. 감사합니다.

▶ un pantalon 바지   il y a + 시간 ~전에   échanger 교환하다, 맞바꾸다   pas de problème 문제없다, 간단한 문제이다   un ticket de caisse 영수증   perdre 잃다, 상실하다   un article 상품, 물품   sans ~없이, ~없는   peut-être 아마도   une carte bleue 크레디트 카드   Est-ce que ça ira ? 괜찮은가요?   la prochaine fois 다음번   oublier de + inf. (부주의로) ~하는 것을 잊어버리다   garder 보관하다, 보존하다   un échange 교환   rembourser 환불하다, 상환하다

288

Situation 4

Cliente	Bonjour, monsieur. Est-ce que je peux essayer cette robe, s'il vous plaît ?
Vendeur	Oui, bien sûr. Les cabines d'essayage sont à votre gauche. [Quelques minutes plus tard.] Elle vous plaît ?
Cliente	Oui, elle me plaît beaucoup. Combien elle coûte ?
Vendeur	78€.
Cliente	Ah bon, C'est un peu trop cher pour moi.
Vendeur	Mais c'est une robe d'une très bonne qualité.
Cliente	Oui, je vois bien mais ne pouvez-vous pas me faire une petite réduction ?
Vendeur	Je peux vous faire une réduction de 10%, mais pas plus.
Cliente	Merci beaucoup, monsieur. Puis-je payer avec ma carte de crédit ?
Vendeur	Oui.

손님	안녕하세요. 제가 이 치마를 좀 입어볼 수 있을까요?
판매원	네, 물론이죠. 탈의실은 왼쪽에 있습니다.
	〈몇 분이 흐른 후〉
	마음에 드세요?
손님	네, 아주 마음에 드네요. 얼마죠?
판매원	78유로입니다.
손님	아, 그래요. 제겐 조금 비싸네요.
판매원	하지만 질이 굉장히 좋은 치마예요.
손님	네, 저도 잘 알지만 혹시 가격 할인을 조금 해 주실 수는 없나요?
판매원	제가 10%까지는 할인을 해 드릴 수 있지만 그 이상은 안 됩니다.
손님	정말 감사합니다. 신용 카드로 지불해도 되나요?
판매원	네.

▷ une cabine d'essayage (옷가게의) 옷 입어보는 곳 à votre gauche 당신의 왼쪽 C'est un peu trop cher. 좀 비싸다. d'une très bonne qualité 질이 아주 좋은 faire une petite réduction 약간의 할인을 하다 une réduction de 10% 10%의 할인 pas plus 더 이상은 안 되다 Puis-je (pouvoir 동사) 1인칭 현재 단수형의 도치에 사용함

2. 신발 가게에서 (Au magasin des chaussures) 🔊 TR 2-22

Situation 1

Vendeur	Je peux vous aider, madame.
Client	Je voudrais une paire de souliers, s'il vous plaît.
Vendeur	Quelle est votre pointure ?
Client	Je chausse du 35.
Vendeur	Aimez-vous les talons hauts ou bas ?
Client	Je préfère les talons bas. Je n'aime pas les talons hauts.
Vendeur	À bouts ronds ou pointus ?
Client	Pointus.
Vendeur	D'accord. Quelles couleurs préférez-vous ?
Client	Beige, s'il vous plaît.
Vendeur	En cuir ou en daim ?
Client	En daim, s'il vous plaît.
	[plus tard]
Vendeur	Est-ce que ces chaussures vous vont bien ?
Client	Non, elles ne me vont pas très bien. Elles me font mal aux pieds. Avez-vous une autre paire qui soit moins étroite ?
Vendeur	Oui, je vais la chercher.
Client	Oh ! Et je voudrais faire ressemeler ces chaussures en caoutchouc et j'ai besoin de lacets pour mes chaussures de tennis.

판매원	도와드릴까요?
손님	단화 한 켤레 사고 싶은데요.
판매원	신발 사이즈가 어떻게 되시죠?
손님	35입니다.
판매원	높은 굽과 낮은 굽 중에 어느 것을 원하세요?
손님	저는 낮은 굽을 선호하는 편이에요. 높은 굽은 좋아하지 않아요.
판매원	신발 끝은 둥근 모양과 뾰족한 모양 중에 어느 것을 좋아하세요?
손님	뾰족한 모양이요.
판매원	알겠습니다. 어떤 색을 선호하시죠?
손님	베이지색이요.
판매원	일반 가죽으로 된 것과 사슴 가죽으로 된 것 중에 어느 것을 원하세요?
손님	사슴 가죽이요.
	〈잠시 후에〉
판매원	신발이 잘 맞으세요?

손님   아니요. 잘 맞지 않네요. 발이 아파요. 좀 넓은 것이 있나요?

판매원   네. 찾아볼게요.

손님   오! 그리고 이 신발의 밑창을 고무로 갈아주시고 제 테니스화에 쓸 끈도 필요해요.

▶ **une paire** (물건 따위의) 켤레, 쌍, 짝   **le soulier** 구두, 단화, 신발   **la pointure** 치수   **chausser** (신발·양말 따위를) 신다   **le talon** (구두의) 뒤축, 굽   **haut(e)** (높이·키 따위가) 높은   **bas(se)** (높이가) 낮은   **préférer** 더 좋아하다, 선호하다, 선택하다   **le bout** (물체·공간의) 끝, 끄트머리   **rond(e)** 둥근, 구형의   **pointu(e)** 뾰족한, 날카로운   **la couleur** 색깔   **beige** (표백하지 않은) 천연 양털 색의, 베이지 색의, 천연 양털로 짠 천의   **en cuir** 가죽으로 된   **en daim** 사슴 가죽으로 된   **le pied** (인간의) 발   **étroit(e)** 좁은, 협소한, 협의(狹義)의   **ressemeler** (구두의) 창을 갈다   **en caoutchouc** 고무로 된   **le lacet** (코르셋·구두 따위의) 끈

Situation 2

Client   Bonjour, pouvez-vous m'aider ?

            Je cherche une paire de chaussures pour partir en voyage.

Vendeuse Allez-vous beaucoup marcher ?

Cliente   Oui, sûrement.

Vendeuse Alors, je vous conseille des baskets.

Cliente   Puis-je les voir ?

Vendeuse Venez par ici. Voici, les baskets.

Cliente   Ces baskets sont jolies. Puis-je les essayer ?

Vendeuse Bien sûr. Quelle pointure faites-vous ?

Cliente   Je fais du 40.

Vendeuse Tenez, essayez-les.

Cliente   C'est parfait. Elles me vont très bien. Combien coûtent-elles ?

Vendeuse Elles coûtent 200€.

Cliente   C'est trop cher pour moi ! Mais elles me plaisent beaucoup.

            Bon, je les prends.

손님   안녕하세요, 저 좀 도와주실 수 있으세요? 저는 여행을 떠날 때 신을 신발 한 켤레를 찾고 있습니다.

판매원   많이 걸으실 예정이신가요?

손님   네, 물론이죠.

판매원   그러면 운동화를 추천해 드리고 싶은데요.

손님   제가 그것들을 좀 볼 수 있을까요?

판매원   이쪽으로 오세요. 자, 운동화입니다.

손님   이 운동화가 예쁘네요. 제가 신어볼 수 있을까요?

판매원   물론이죠. 신발 사이즈가 어떻게 되시나요?

손님   40입니다.

판매원   여기요. 신어보세요.

손님   완벽해요. 제게 딱 맞는데요. 얼마죠?

손님   제겐 너무 비싼데요. 하지만 제 마음에 너무 들어요. 좋아요. 이걸로 살게요.

▶ **une paire de chaussures** 신발 한 켤레   **partir en voyage** 여행을 떠나다   **marcher** 걷다   **sûrement** 확실하게   **conseiller à** *qqn qqch* ~에게 ~을 조언하다   **des baskets** (끈 매는) 운동화   **par ici** 이쪽으로   **Quelle pointure faites-vous ?** 신발 사이즈가 어떻게 되시나요?   **Tenez.** 이봐, 여보시오, 자[주의의 환기, 물건을 건네줄 때]   **Je fais du 숫자 (36).** 사이즈는 숫자 (36)입니다.

Situation 3

Cliente	Bonjour. Je dois aller à un mariage la semaine prochaine. Je cherche des chaussures assorties à ma robe.
Vendeur	Avez-vous la robe ici ?
Cliente	Oui, la voici.
Vendeur	Je pense que ces chaussures iraient bien avec votre robe. Qu'en pensez-vous ?
Cliente	Celles-ci me plaisent beaucoup. Les avez-vous en 38 ?
Vendeur	Je vais aller voir dans la réserve. [Quelques minutes plus tard] Voici les chaussures en 38 et 39.
Cliente	Elles me conviennent tout à fait. Combien coûtent-elles ?
Vendeur	Elles coûtent 80€.
Client	Ça va, je les prends.

손님	안녕하세요. 다음 주에 제가 결혼식에 가야만 합니다. 제 원피스와 어울리는 신발을 찾는데요.
판매원	지금 그 원피스를 가지고 계시나요?
손님	네, 여기요.
판매원	제 생각에는 이 신발이 손님의 원피스와 잘 어울릴 것 같습니다. 어떻게 생각하세요?
손님	제 마음에 꼭 드는 신발인데요. 38사이즈로 이 신발이 있나요?
판매원	제가 제품 보관 창고에 가서 보겠습니다. 〈몇 분이 흐른 뒤〉 여기 38, 39사이즈로 가져왔습니다.
손님	제 마음에 정말 꼭 드네요. 얼마죠?
판매원	80유로입니다.
손님	괜찮네요. 이걸로 하겠습니다.

▶ **un mariage** 결혼식   **la semaine prochaine** 다음 주   **assorti(e) à** 잘 어울리는, 조화로운   **la robe** 원피스   **la voici** 여기 ~이 있다   **celui-ci(là)/ celle-ci(là)** (두 대상을 구별하여) 이것, 저것   **plaire à** *qqn* ~의 마음에 들다   **réserve** 유보, 보류, 제한   **convenir à** *qqn* ~의 취향에 맞다, 마음에 들다   **tout à fait** 완전히, 아주

3. 향수 가게에서 (À la parfumerie) 🔊 TR 2-23

Situation 1

Client	Bonjour. Je voudrais acheter du parfum pour la fête des mères.
Vendeuse	Quel âge a votre mère, s'il vous plaît ?
Client	Elle a 48 ans.
Vendeuse	Je pense que ceci pourrait lui convenir.
Client	Hum, ça sent bon ! Combien ça coûte ?
Vendeuse	Ça coûte 40€
Client	Je n'ai que 30€.
Vendeuse	Vous pouvez prendre un flacon plus petit à 30€.
Client	D'accord. Pouvez-vous faire un bel emballage cadeau ?

손님	안녕하세요. 제가 '어머니의 날'을 위해서 향수를 하나 사고 싶습니다.
판매원	어머니께서 나이가 어떻게 되십니까?
손님	48세이신데요.
판매원	제 생각엔 이것이 그녀에게 어울릴 것 같습니다.
손님	음, 향이 좋네요! 이게 얼마예요?
판매원	40유로예요.
손님	전 30유로밖에 없는데요.
판매원	30유로짜리 작은 향수병으로 살 수도 있습니다.
손님	알겠어요. 예쁘게 선물 포장을 해 주실 수 있으시죠?

▶ un parfum 향수 la fête des mères 어머니의 날 ceci/cela 이것/ 저것, 그것 convenir à qqn ~의 취향에 맞다, 마음에 들다 Ça sent bon ! 냄새 좋다! ne~que 단지 ~만 하다 un flacon 작은 병 un emballage cadeau 선물 포장

Situation 2

Client	Bonjour. J'ai vu à la télévision une publicité pour un nouveau parfum.
Vendeuse	Il y a plusieurs nouveaux parfums en ce moment.
Client	Il y a un ange sur le flacon.
Vendeuse	Ah oui, je vois. Voici.
Client	Puis-je sentir ?
Vendeuse	Bien sûr.
Client	Ça ressemble au parfum que ma tante portait.
Vendeuse	Oui, c'est un parfum inspiré d'une très ancienne collection.

Client	C'est bon, je le prends.
Vendeuse	Avez-vous besoin d'un emballage cadeau ?
Client	Non merci, c'est pour moi.

손님	안녕하세요, 제가 텔레비전에서 새로운 향수에 대한 광고를 보았습니다.
판매원	현재 여러 가지 새로운 향수들이 있습니다.
손님	향수 병 위에 천사가 있는 거요.
판매원	아 네, 알겠네요. 여기 있습니다.
손님	시향을 할 수 있나요?
판매원	물론이죠.
손님	제 고모가 쓰시던 향수와 비슷하네요.
판매원	네, 아주 오래전의 컬렉션에서 영감을 받은 향수거든요.
손님	좋네요, 이걸로 할게요.
판매원	선물 포장을 해드릴까요?
손님	아니요, 감사합니다만 제가 쓸 거예요.

▶ **une publicité** 광고, 선전   **plusieur** 몇몇의, 여러   **en ce moment** 지금, 현재   **un ange** 천사   **un flacon** 향수병   **sentir bon** 좋은 냄새가 나다   **ressembler à** *qqch* ~을 닮다   **porter** 가지고 있다, 지니다   **inspiré de** ~에서 영감을 받은   **ancien(ne)** (명사 앞) 이전의   **une collection** 수집, 수집품

4. 전자제품 가게에서 (Dans un magasin d'électroménager)   🔊 TR 2-24

Situation 1

Vendeur	Bonjour, je peux vous aider ?
Cliente	Oui, je dois acheter une nouvelle machine à laver.
Vendeur	Y a-t-il un modèle qui vous plaît ?
Cliente	Oui, celui-là et aussi le modèle en vitrine. Combien coûtent-ils ?
Vendeur	Le modèle en vitrine coûte 600€ et celui-là est à 720€.
Cliente	Pouvez-vous me conseiller ?
Vendeur	Vivez-vous seule ou en famille ?
Cliente	En famille.
Vendeur	Celui-ci à 720€ est idéal pour une famille de 4 personnes.
Cliente	Ah oui, il a l'air très bien. Y a-t-il une garantie ?
Vendeur	Oui, de 2 ans.
Cliente	C'est parfait, je vais prendre celui-ci.

판매원	안녕하세요, 무엇을 도와드릴까요?
손님	네, 제가 새 세탁기를 사야 하거든요.

판매원	손님 마음에 드는 모델이 있나요?
손님	네. 이거랑 진열장 안에 있는 모델이요. 얼마인가요?
판매원	진열장에 있는 모델은 600유로이고, 이것은 720유로입니다.
손님	제게 조언을 좀 해 주시겠어요?
판매원	혼자 사세요, 가족과 함께 사세요?
손님	가족과 함께 살아요.
판매원	이 720유로짜리 모델이 4인 가족에 이상적입니다.
손님	아 그래요. 이 모델이 아주 좋아 보여요. 품질 보증 기간이 있나요?
판매원	네. 2년입니다.
손님	아주 좋아요. 이걸로 사겠습니다.

▶ une machine à laver 세탁기   un modèle 표본, 모델   en vitrine 진열창 안의, 쇼윈도 안의   plaire
à *qqn* ~의 마음에 들다   conseiller 충고하다, 조언하다   seul(e) 혼자인, 홀로인   en famille 가족이
모여서, 가족과 함께   idéal(e) 이상적인, 완벽한   avoir l'air + 형용사 ~처럼 보이다   une garantie 보증,
담보

Situation 2

Cliente   Bonjour. Je voudrais acheter une table de salle à manger et 6 chaises.

Vendeur   Nous avons une super promotion pour le moment: cet ensemble
table et 6 chaises à 40%.

Cliente   La couleur ne me plaît pas tellement.

Vendeur   Nous l'avons aussi en gris foncé.

Cliente   Pourrais-je le voir ?

Vendeur   Nous ne l'avons pas en magasin mais je peux vous le montrer dans
notre catalogue.

Cliente   Oui, merci. C'est très bien en gris foncé. Je vais les prendre.

Vendeur   Très bien. Nous pouvons vous les livrer dans 2 semaines.

Cliente   C'est parfait, merci.

손님	안녕하세요. 식탁과 의자 6개를 사고 싶은데요.
판매원	저희가 지금 굉장한 세일을 하고 있습니다. 이 식탁과 의자 6개 세트를 40% 할인해 드립니다.
손님	색깔이 딱히 마음에 들지 않네요.
판매원	진한 회색도 있어요.
손님	그 식탁을 좀 볼 수 있을까요?
판매원	그 식탁의 재고가 없지만, 저희 카탈로그에 있는 걸 보여드릴 수 있습니다.
손님	네, 감사합니다. 진한 회색은 아주 좋네요. 그걸로 할게요.
판매원	좋습니다. 2주 후에 배달해 드릴 수 있습니다.
손님	아주 좋아요. 감사합니다.

▶ une table 테이블   une salle à manger 식탁   une chaise 의자   super 멋진, 훌륭한, 우수한   une
promotion 할인 판매 상품   pour le moment 지금으로서는, 당장은   tellement 그렇게, (아주)
많이   foncé 진한, 짙은   avoir *qqch* en magasin ~의 재고가 있다   un catalogue 목록, 색인   livrer
배달하다   dans + 시간 ~후에

5. 약국에서 (À la pharmacie) 🔊 TR 2-25

Situation 1

Client	Bonjour. Mon fils tousse depuis 3 jours et ça s'aggrave.
Pharmacienne	Êtes-vous allé voir un médecin ?
Client	Non, notre médecin de famille est en congé. Je me suis dit que vous pourriez me conseiller.
Pharmacienne	Est-ce une toux sèche ou grasse ?
Client	Grasse.
Pharmacienne	Voici un sirop à lui donner 5 fois par jour. Si ce n'est pas passé dans 5 jours, allez voir votre médecin ou son remplaçant.
Client	D'accord, merci.

손님   안녕하세요. 제 아들이 3일 전부터 기침을 하는데 더 심해집니다.
약사   의사에게 보이셨나요?
손님   아니요, 저희 가족 주치의가 휴가를 떠났어요. 선생님께서 조언해 주실 수 있을 거라 생각했습니다.
약사   마른기침인가요, 가래 기침인가요?
손님   가래 기침이요.
약사   여기 이 시럽을 하루에 5번씩 아이에게 주세요. 만약 5일 안에 낫지 않으면 당신의 의사나 그를 대신하는 다른 의사에게 데려가세요.
손님   알겠습니다. 감사합니다.

▶ **s'aggraver** 악화되다, 더 심해지다   **aller voir un médecin** 의사에게 진찰 받으러 가다   **être en congé** 휴가 중에 있다   **se dire que + ind.** 생각하다   **sec(sèche)** (메)마른, 건조한   **une taux grasse** 가래 기침

Situation 2

Pharmacienne	Bonjour.
Client	J'ai la migraine depuis plus d'une semaine.
Pharmacienne	Avez-vous pris des médicaments ?
Client	Oui. J'ai pris des médicaments mais ils ne font aucun effet.
Pharmacienne	Montrez-moi la boite. Ils sont pourtant très puissants.
Client	Avez-vous quelque chose de plus puissant ?
Pharmacienne	Je peux vous donner quelque chose d'encore plus fort, mais si ça ne passe pas, vous devriez consulter un médecin.
Client	Ça va, merci. Pensez-vous que ça peut–être grave ?

Pharmacienne	Si ça passe avec ces médicaments-ci, ne vous faites pas de soucis.
Client	J'espère que ça va passer.

약사 안녕하세요.

손님 제가 일주일 전부터 편두통이 있습니다.

약사 약을 복용하셨나요?

손님 네, 약은 복용했지만 전혀 효과가 없네요.

약사 케이스를 보여주시겠어요? 그래도 이 약은 굉장히 강한 약인데요.

손님 더 강한 약이 있나요?

약사 제가 더 강한 약을 드릴 수는 있지만 만약 그것도 효과가 없다면 의사에게 진찰받으셔야 합니다.

손님 감사합니다. 이것이 심각하다고 생각하시나요?

약사 만약 이 약으로 괜찮아지신다면 괜찮습니다. 너무 걱정 마세요.

손님 괜찮아지기를 빌어요.

▌ migraine (편)두통 plus de + 숫자 ~이상의 effet 효과, 효력 une boite 상자, 통, 갑, 케이스 pourtant 그러나, 그렇지만, 그럼에도 불구하고 puissant(e) 강력한, 힘이 강한 fort(e) 힘센, 강한 Ça ne passe pas. (고통·따위가) 없어지지 않다. consulter 진찰 받다, 상담하다, 문의하다 un souci 걱정, 근심, 근심거리 J'espère que + ind. ~하기를 바라다

1. 영화 (Au cinéma) 🔊 TR 2-26

Situation 1

Michel   Qu'est-ce que tu fais ce soir ?

Mathilde   Ben, pas grand chose ! Pourquoi ?

Michel   J'ai deux tickets de cinéma. Un film de Jean-Pierre Jeunet.
Ça t'intéresse ?

Mathilde   J'adore ce réalisateur. C'est un génie.

Michel   Alors, je t'invite.

Mathilde   Merci. Après, je t'invite à prendre un café.

미셸   오늘 저녁에 뭐 할 거야?
마틸드   글쎄, 별로 할 일 없는데, 왜?
미셸   나, 영화 티켓 두 장 있거든. 장 삐에르 쥬네 것인데, 볼 생각 있니?
마틸드   나 그 감독 굉장히 좋아하는데, 그 사람은 천재야.
미셸   그럼, 같이 가자.
마틸드   고마워. 영화 보고 나서 커피는 내가 살게.

▶ **ce soir** 오늘 저녁   **Pas grand chose !** 별일 없다!   **intéresser** 관심을 끌다, 관심을 불러일으키다   **réalisateur** (영화의) 감독, (방송의) 연출가   **un génie** 천재성, 천재   **inviter** *qqn* à tint ~를 ~하는데 초대하다

Situation 2

Client   Je voudrais trois places pour la séance de 15 h, s'il vous plaît.

Employée   Désolée, monsieur, mais c'est complet.

Client   Et pour la séance suivante ?

Employée   Il n'y a plus rien pour aujourd'hui mais je peux vous faire une
réservation pour la séance de demain.

Client   Non merci, nous voulons aller au cinéma aujourd'hui. Avez-vous
un autre film à nous conseiller ?

Employée   Oui, il y a un film qui commence à 17 h. C'est une comédie.

Client   Très bien, je vais prendre des places pour ce film.
Puis-je payer avec ma carte bancaire ?

Employée   Oui bien sûr…Voici.

손님	15시 상영 시간, 3자리 주세요.
직원	죄송합니다만 전 좌석 매진입니다.
손님	다음 상영 시간에는요?
직원	오늘은 좌석이 모두 매진입니다만 내일 상영 예약을 해 드릴 수는 있습니다.
손님	아니에요, 감사합니다. 우린 오늘 영화를 보고 싶거든요. 다른 추천해 주실 영화 있으신가요?
직원	네, 17시에 시작하는 영화가 하나 있습니다. 코미디 영화예요.
손님	좋아요, 그 영화로 표를 살게요. 은행 카드로 계산할 수 있나요?
직원	물론이죠. 여기 있습니다.

▶ la séance 상영[상연] 시간 suivant(e) 바로 다음의, 다음에 오는, 이후의 faire une réservation 예약을 하다 ne~ plus rien 더 이상 ~이 전혀 없다 une comédie 코미디 une carte de bancaire 은행 카드

Situation 3

Monsieur Qu'est-ce que vous avez pensé du film ?

Madame Moi, j'ai bien aimé.

Monsieur Je trouve que la musique était particulièrement belle. Je ne connaissais pas du tout. C'était la première fois que j'entendais ces chansons.

Madame Moi aussi.

Monsieur Moi, je n'ai pas du tout aimé et je n'ai rien compris ! J'ai trouvé ça nul !

Monsieur Je pense qu'il n'y avait rien de très profond à comprendre. C'est juste un film de divertissement.

Madame Oui, c'est une simple comédie.

남자	이 영화에 대해 어떻게 생각하세요?
여자	아주 좋아요.
남자	나는 음악이 특별히 아름답다고 생각해요. 나는 이 음악을 전혀 몰랐어요. 이 음악을 들어본 것이 처음이에요.
여자	나 역시 그래요.
다른 남자	나는 별로예요. 전혀 이해를 못했어요! 나는 이 영화가 형편없다고 생각해요!
남자	깊이 이해해야 할 것이 아무것도 없다고 생각하는데요. 그것은 단지 기분 전환하는 영화일 뿐이에요.
여자	그래요. 그것은 단순한 코미디예요.

▶ penser de ~를 생각하다 Je trouve que + ind. (~라고) 생각하다 particulièrement 특히, 특별히, 유난히 pas du tout 전혀 c'était la première fois que + ind. ~하는 것이 처음이다 une chanson 노래, 가요 trouver ça + 형용사 ~을 하다고 생각하다 nul(le) 형편없는, 무가치한 le divertissement 기분 전환, 오락

2. 운동 (Le sport) 🔊 TR 2-27

Situation 1

Madame   Bonjour. Je voudrais inscrire mon fils dans un club de taekwando. On m'a conseillé le vôtre.

Employé   Oui, c'est un club pour enfants de 5 à 12 ans.

Madame   Mon fils a 7 ans. Il n'a jamais fait de taekwando.

Employé   Pas de problème, il y a un cours pour débutant et comme il est jeune, il apprendra vite. Le cours pour débutants a lieu 2 fois par semaine, le mardi et le vendredi de 17 h à 19 h.

Madame   Combien ça coûte ?

Employé   Vous pouvez payer par trimestre, semestres ou pour une année complète.

Madame   Je vais payer pour un trimestre pour commencer.

Employé   C'est 45€. L'assurance est comprise.

부인   안녕하세요. 제 아들을 태권도 클럽에 가입시키고 싶은데요. 사람들이 이곳을 알려 주더군요.
직원   네, 이 클럽은 5살부터 12살 아이들을 위한 클럽입니다.
부인   제 아들은 7살이에요. 태권도를 전혀 해본 적이 없습니다.
직원   문제없습니다. 초급반이 있고 아이가 어리기 때문에 빨리 배울 겁니다. 초급반은 일주일에 2번 수업이 있고, 화요일과 금요일마다 오후 5시부터 저녁 7시까지입니다.
부인   얼마죠?
직원   3개월, 6개월 혹은 1년치 전부를 지불하실 수 있습니다.
부인   우선은 3개월만 지불할게요.
직원   45유로입니다. 보험이 포함되어 있습니다.

▶ inscrire 등록하다, 가입하다   conseiller 권하다, 충고하다   le vôtre 당신(들)의 것, 너희들의 것   un cours pour débutant 초보자를 위한 수업   comme + ind. ~처럼, ~와 같이, ~와 마찬가지로   apprendre 배우다   avoir lieu 일어나다, 개최하다   par semaine 일주일마다   par trimestre 3개월마다   semestres 6개월, 반년, (연 2학기제의) 학기   pour commencer 우선, 먼저   l'assurance 보험   compris(e) 포함된

Situation 2

Annonceur   Le match commence. Les deux équipes sont sur le terrain de football. Au total, il y a 22 joueurs. Un joueur engage. L'autre équipe essaie d'intercepter le ballon. Le joueur lance le ballon à un membre de son équipe. Il arrive au but, mais le ballon n'entre pas. Le gardien de but arrête le ballon. C'est presque la fin de la première période et aucune équipe n'a marqué de but. Aucune équipe n'a gagné.

경기가 시작되었습니다. 축구장에는 두 팀이 있군요. 총 22명의 선수들이 있습니다. 한 선수가 킥오프를 합니다. 다른 팀은 공을 빼앗으려 애쓰고 있습니다. 이 선수가 다른 선수에게 공을 찹니다. 골대에 다다릅 니다. 하지만 공은 들어가지 않는군요. 골키퍼가 공을 막아냈습니다. 거의 전반전의 끝이지만 어느 팀도 점수를 획득하지 못했습니다. 어느 팀도 이기지 못했네요.

▶ annonceur 아나운서 le match (스포츠 따위의) 경기, 시합 une équipe (스포츠의) 팀 le terrain de football 축구장 le total 전체, 총계, 총액 joueur 놀이[경기]를 하는 사람, 선수 essayer de + inf. (~하려고) 애쓰다[노력하다] intercepter 가로채다, 중간에서 빼앗다 le ballon 공, 큰 공 lancer 던지다, (활·총 따위를) 쏘다[발사하다], (폭탄 따위를) 투하하다 un membre 구성원, 회원, 일원(一員), 멤버 le gardien (운동) 골키퍼 but (운동) 결승점, (축구·핸드볼·하키 따위의) 골대, 골, 득점 arrêter 가로막다, 세우다, (기능·작동을) 중지시키다, 끄다 presque 거의, 대부분 la fin (기간·시간의) 끝, 종말 la période 기간 ne~ aucun(e) (ne나 sans과 함께) 어느 누구도, 아무도, 아무것도 marquer de but 득점하다 gagner (싸움·경기·소송 따위에서) 이기다, 승리하다

Situation 3

Professeur	Madame, tendez les bras…. relâchez !
Madame	Comme ça, c'est bon ?
Professeur	Oui comme ça, c'est parfait. Recommencez le mouvement 20 fois et puis faites la même chose avec l'autre bras.
Madame	Les poids ne sont pas un peu trop lourds ? C'est très dur…
Professeur	Si les poids sont trop lourds, vous pouvez réduire, c'est la première fois que vous venez, ne vous faites pas mal.
Madame	Ah, c'est mieux comme ça, merci.
Professeur	Quand vous aurez terminé, faites-moi signe, on passera à l'exercice suivant.
Madame	D'accord, merci.

트레이너   팔을 당기시고 …이제 피세요!
부인   이렇게요. 괜찮아요?
트레이너   네, 그렇게요. 완벽해요. 다시 그 동작을 20번 한 후에 같은 동작을 다른 팔로도 하세요.
부인   중량은 조금 무겁지 않은가요? 너무 힘든데요.
트레이너   너무 무겁다면 무게를 좀 줄이셔도 됩니다. 처음 오신 거니까 너무 아프게 하지는 마세요.
부인   네, 이게 더 나아요. 감사합니다.
트레이너   끝나시면 제게 사인해주세요. 다음 운동으로 넘어갈 겁니다.
부인   알겠습니다. 감사합니다.

▶ tendre 당기다, (근육을) 긴장시키다 bras 팔 relâcher 늦추다, 느슨하게 하다, 완화하다, (근육 따위를) 이완시키다 mouvement 움직임, 운동 poids 무게, 중량, 체중, 체급 dur 단단한 réduire 줄이다, 깎다, 내리다 faire mal à qqn (~에게) 고통을 주다, 아프게 하다 mieux 더 잘, 더 많이 signer 서명하다, 조인하다 passer à l'exercice suivant 다음 훈련으로 넘어가다

3. 연극 (Au théâtre) 📎 TR 2-28

Situation 1

Monsieur Êtes-vous allée au guichet de réservation du théâtre aujourd'hui ?

Madame Oui, j'y suis allée.

Monsieur Et allons-nous au théâtre ce soir ?

Madame Ce soir, non. Il n'y avait plus de places. Tout était complet, mais j'ai deux billets pour demain soir.

Monsieur Bon. Avons-nous des fauteuils d'orchestre ?

Madame Non, mais il y avait quelques places dans la première rangée du premier balcon. Nous avons des places au premier balcon.

Monsieur Bon. On voit très bien où sont ces places. Je n'aime pas être au deuxième balcon parce que ces places ne sont pas bonnes. Là, on ne voit pas bien et l'acoustique est mauvaise. Et quant à la galerie, nous ferions aussi bien de prendre des places au paradis. Je préfère les fauteuils d'orchestre au premier balcon.

남편 오늘 극장 예매 창구에 갔어요?
부인 네, 갔어요.
남편 그러면 우리 오늘 저녁 극장에 가는 거죠?
부인 오늘 저녁은 아니에요. 좌석이 없었어요. 모두 다 찼어요. 하지만 내일 저녁 표가 두 장 있어요.
남편 좋아요. 우리 1층 오케스트라 관람석이에요?
부인 아니요. 하지만 1층 발코니 첫 열에 몇 자리가 있었어요. 우리는 1층 발코니 석이에요.
남편 좋아요. 그 자리에서도 매우 잘 보여요. 난 2층 발코니를 좋아하지 않아요. 왜냐하면 그 자리는 별로 좋지 않거든요. 그곳에서는 잘 보이지도 않고 음향 효과도 나빠요. 그리고 관람석에 대해 말하자면, 맨 꼭대기 관람석 잡는 것도 좋을 거에요. 난 1층 발코니 보다 1층 오케스트라 관람석을 선호하기는 해요.

▷ le guichet de réservation 예매 창구 le théâtre 극장, 무대 ce soir 오늘 저녁 une place 좌석, 좌석권, 좌석료 complet(e) (좌석이) 만원인 le billet (철도·극장·복권 따위의) 표 le fauteuil d'orchestre 1층 앞의 관람석 la rangée (사람·사물이 늘어선) 줄, 열 l'acoustique 음향 감도, 음향 효과 mauvais(e) 나쁜, 불량한, (작품 따위가) 시시한, 형편없는 quant à ~에 관해서는, ~으로서는, ~으로 말하자면[흔히 문두에 쓰임] faire bien de + inf. ~하는게 좋다 la galerie (극장·경기장 따위의) 관람석 le paradis 극장의 맨 꼭대기 관람석

Situation 2

Cliente Je voudrais retenir deux places pour le spectacle de ce soir. Avez-vous des places pour le spectacle de ce soir ?

Employé Non, madame. Tout est complet pour cette représentation. Mais nous avons des places pour demain.

Cliente D'accord.

Employé Préférez-vous être à l'orchestre, au premier balcon ou au deuxième balcon ?

Cliente Je voudrais deux places à l'orchestre, s'il vous plaît.

Employé Ah ! excusez-moi ! Les fauteils d'orchestre sont pris pour demain. Mais il me reste deux places au premier balcon.

Cliente Très bien. Quel est le prix d'entrée ?

Employé 20€, chacune.

Cliente D'accord.

Employé Voici vos billets. Vous avez les sièges 16 et 17 de la rangée A au premier balcon.

Cliente Merci. Oh ! Pardon ! À quelle heure commence le spectacle ?

Employé Le lever du rideau est à 20 h précises.

손님　오늘 저녁 연극에 두 자리를 예약하고 싶은데요. 자리가 있나요?
직원　아니요. 오늘 공연은 만석입니다. 하지만 내일은 자리가 있네요.
손님　그렇군요.
직원　1층 오케스트라 관람석, 1층 발코니 혹은 2층 발코니 중에 어느 곳을 선호하세요?
손님　1층 오케스트라 관람석으로 두 자리 주세요.
직원　아! 죄송합니다. 자리가 다 차 있네요. 하지만 1층 발코니에는 두 자리가 남아 있습니다.
손님　좋아요. 관람료는 얼마죠?
직원　각각 20유로입니다.
손님　알겠어요.
직원　여기 표가 있습니다. 좌석은 1층 발코니 A열 16, 17번입니다.
손님　감사합니다. 오! 잠시만요! 연극이 몇 시에 시작하나요?
직원　개막은 정확히 20시입니다.

▌ retenir 예약하다, 잡아두다　le spectacle (연극·영화·무용의) 공연, 연극, 영화, 흥행물　complet(e) (좌석이) 만원인　la représentation (연극 따위의) 상연, 공연　l'orchestre (극장·영화관의) 일단석(一段席), (아래층 전면의) 상등 관람석　le balcon (오페라·극장의) 2층 정면 관람석　le fauteil d'orchestre 1층 앞의 관람석　rester 남아 있다　le prix d'entrée 관람료　chacun(e) (전체 중의) 각각의 사람[것]　le billet (철도·극장·복권 따위의) 표　le siège 의자, 좌석, 자리　la rangée (사람·사물이 늘어선) 줄, 열　lever du rideau 개막　précis(e) (수량·시간·장소 따위가) 정확한

Les transports 교통

1. 택시 (La Voiture / Le taxi) ▶ TR 2-29

Situation 1

Client   Je veux louer une voiture, s'il vous plaît.

Employée Voulez-vous une grande voiture ou une petite ?

Client   Une grande, s'il vous plaît.

Employée Pour combien de temps la voulez-vous ?

Client   Quel est le prix de la location ?

Employée 60€ par jour ou 400€ par semaine. Le kilométrage n'est pas compris.

Client   C'est combien de plus au kilométre ?

Employée 0,40€, et l'essence est comprise.

Client   Bon. Je voudrais une voiture pour une semaine.

Employée Et je vous conseille de prendre une assurance tous risques en cas d'accident.

Client   Bien sûr.

Employée Puis-je voir votre permis de conduire, s'il vous plaît ?

Client   Le voici. Est-ce qu'il faut laisser un dépôt ?

Employée Si vous payer avec une carte de crédit, non. Sinon, il faut laisser un dépôt.

Client   Donc, je vais payer avec une carte de crédit.

Employée Voici votre permis de conduire, votre carte verte, votre carte grise et les clés de la voiture.

손님   자동차를 렌트하고 싶은데요.
직원   대형차와 소형차 중에 어느 것을 원하세요?
손님   대형차요.
직원   얼마나 빌리실 건가요?
손님   렌트료가 얼마죠?
직원   하루에 60유로이고 주당 400유로입니다. 주행 킬로미터 수는 포함된 가격이 아니에요.
손님   킬로미터는 얼마예요?
직원   0.40유로입니다. 휘발유는 포함된 가격이에요.

손님	좋아요. 일주일 동안 빌릴게요.
직원	사고가 날 경우의 위험성에 대해 보험에 드시길 권하고 싶네요.
손님	물론이죠.
직원	운전 면허증 좀 보여주시겠습니까?
손님	여기요. 보증금을 내야 하나요?
직원	신용 카드로 지불하신다면 필요 없습니다. 그렇지 않으면, 보증금을 내셔야 해요.
손님	그러면 신용 카드로 지불할게요.
직원	여기 운전 면허증, 상해 보험증, 자동차 등록증과 차 열쇠입니다.

▶ **louer** 세(貰)놓다, 임대하다 **une voiture** 자동차 **combien de + 명사** 얼마만큼 **le prix** 값, 가격, 요금 **la location** 임대차 **par jour** 하루에, 일당 **par semaine** 주당 **le kilométrage** 주행 킬로미터 수 **compris(e)** 포함된 **de plus** 더, 더 많이, 게다가, 그 위에 **le kilométre** 킬로미터, 1킬로미터 운송 거리 **l'essence** 휘발유, 가솔린 **conseiller de + inf.** (~에게) 충고[조언]하다 **prendre une assurance** 보험에 들다 **un risque** (어느 정도 예상 가능한) 위험(성), 위협 **en cas d'accident** 사고가 날 때에는 **un permis de conduire** 운전 면허(증) **laisser** 맡기다, 남겨주다 **un dépôt** 위탁물, 기탁물, 보증금, 공탁금 **la carte de crédit** 신용 카드 **sinon** 그렇지 않으면 **la carte verte** 자동차 상해 보험증, 국제 자동차 보험증 **la carte grise** 자동차 등록증 **la clé** 열쇠

Situation 2

Cliente	Bonsoir, vous êtes libre ?
Chauffeur	Oui.
Cliente	Je voudrais aller au 35 rue des Pierres.
Chauffeur	Il y a beaucoup de circulation à cette heure-ci. Ça va prendre au moins 45 minutes.
Cliente	Ah bon ! Même en prenant par les petites rues latérales ?
Chauffeur	Je peux essayer, mais il y a aussi beaucoup de travaux dans le quartier.
Cliente	D'accord, faites au plus rapide. Merci. [plus tard]
Chauffeur	Voilà, c'est ici.
Cliente	Je vous dois combien ?
Chauffeur	40€ au compteur.

손님	안녕하세요. 빈 차예요?
운전기사	예.
손님	삐에르가 35번지 부탁드려요.
운전기사	이 시간 때에는 교통량이 아주 많아요. 최소한 45분을 걸릴 겁니다.
손님	아 그래요! 작은 골목길들을 이용한다 해도요?
운전기사	제가 시도는 해볼 수 있지만 그 구역에 공사가 많아요.
손님	알겠습니다. 최대한 빨리 가 주시면 감사하겠습니다.
	〈시간이 흐른 후〉

305

운전기사　자, 여기예요.
손님　얼마죠?
운전기사　40유로입니다.

▶ libre 자유로운, (자리가) 비어 있는　Je voudrais aller à ~로 가 주세요　la circulation 교통, 통행,
통행량　à cette heure-ci 이 시간대에는　prendre + 시간 (시간이) 걸리다　au moins 적어도, 어쨌든
latéral(e) 측면의, 옆쪽의　travaux (복수) 공사　le quartier 구역, 지구　le plus rapide 최대한 빠른
Je vous dois combien ? 얼마입니까?　le compteur 계량기, 택시요금 미터

Situation 3

Bora　Où se trouve la station de taxi, s'il vous plaît ?

Monsieur　Vous allez tout droit. Après l'ascenseur, vous sortez par la porte n°
3 à droite. Et c'est là.

Bora　Merci bien.
[Dans le taxi]

Bora　Bonjour. Je voudrais aller à la Tour Eiffel, s'il vous plaît.

Chauffur　C'est la première fois que vous venez à Paris ?

Bora　Oui, je viens d'arriver cette nuit.

Chauffur　De quel pays venez-vous ?

Bora　De Corée du Sud.

Chauffur　Oh, vous avez fait un long voyage. Voilà, nous sommes au pied de
la Tour Eiffel.

Bora　Je vous dois combien ?

Chauffur　Ça fera 17€, s'il vous plaît.

Bora　Voilà. Gardez la monnaie.

Chauffur　Merci bien. Et bon voyage en France !

Bora　Merci. Au revoir.

보라　실례지만 택시 승강장이 어디 있나요?
아저씨　앞으로 쭉 가세요. 그리고 엘리베이터를 지나 오른쪽에 있는 3번 문으로 나가세요. 바로 거기예요.
보라　정말 감사합니다.

〈택시 안에서〉
보라　안녕하세요. 에펠탑에 가고 싶어요.
운전기사　파리에 오신 게 처음이신가요?
보라　네. 오늘 저녁에 도착했어요.
운전기사　어느 나라에서 오셨나요?
보라　한국에서요.
운전기사　오, 긴 여행을 하셨군요. 자, 에펠탑 아래에 왔어요.
보라　얼마죠?

운전기사	17유로입니다.
보라	여기요. 잔돈은 괜찮습니다.
운전기사	감사합니다. 프랑스에서 좋은 여행 되세요!
보라	고맙습니다. 안녕히 가세요.

▶ se trouver 있다, 존재하다   la station de taxi 택시 승강장   aller tout droit 똑바로 가다   un ascenseur 엘리베이터   sortir 나가다   à droite 오른쪽으로   c'est la première fois que + *ind.* ~한 것은 처음이다   venir de + *inf.* 방금 ~하다   cette nuit 오늘 밤   venir de (~로부터) 오다   faire un voyage 여행을 하다   au pied de 아랫부분, 하부, 하단   Gardez la monnaie ! 잔돈은 괜찮습니다. bon voyage 좋은 여행이 되다

2. 지하철역에서 (À la station de métro) 📀 TR 2-30

Situation 1

Cliente	Bonjour. Excusez-moi, je dois aller à la gare du Nord. Suis-je sur la bonne ligne ?
Employé	Oui, mais vous devez changer à Chatelet.
Cliente	Pouvez-vous me dire si on est encore loin ?
Employé	Encore 4 arrêts.
Cliente	Merci. À Chatelet, savez-vous dans quelle direction je dois aller pour prendre l'autre ligne ?
Employé	Il y a un très grand escalator à prendre et vous vous retrouverez sur le bon quai.
Cliente	Merci beaucoup.
Employé	C'est très facile. Ne vous inquiétez pas.
Cliente	Y a-t-il des indications ?
Employé	Oui, il suffit de suivre les panneaux.

손님	안녕하세요. 실례합니다. 저는 북역으로 가야 하는데 제가 정확한 노선을 탔나요?
직원	네, 하지만 샤뜰레에서 갈아 타셔야 해요.
손님	얼마나 남았는지 말해주시겠어요?
직원	아직 네 정거장 남았습니다.
손님	감사합니다. 샤뜰레에서 제가 다른 노선을 타려면 어느 방향으로 가야 하는지 아세요?
직원	아주 큰 에스컬레이터가 있으니 그쪽으로 가면 정확한 플랫폼을 찾을 수 있으세요.
손님	감사합니다.
직원	아주 쉬우니까 너무 걱정하지 마세요.
손님	표지판이 있나요?
직원	네, 표지판을 따라가기만 하면 됩니다.

▶ devoir+inf. ~해야 한다, ~하지 않으면 안 된다 la gare (기차의) 정거장, 역 la ligne 노선, 항로
changer 바꾸다, 교체하다 Pouvez-vous me dire si+ind. ~인지 아니지를 제게 말해주실 수 있으세요?
loin (장소) 멀리 un arrêt 정류장 un escalator 에스컬레이터 prendre l'autre ligne 다른 노선을
타다 se retrouver (갈) 길을 찾다 le quai 플랫폼 s'inquiéter 걱정하다, 불안해하다 une indication
표시, 지시 il suffit de+inf. ~하면 족하다, 충분하다 suivre 뒤따라가다, 쫓아가다 le panneau 광고판,
표시판

Situation 2

Client   Bonjour. Je n'ai jamais pris le métro à Paris. Pouvez-vous m'aider ?

Employée Vous devez acheter un ticket ou un carnet de 10 tickets si
          vous comptez prendre souvent le métro. Il y a aussi des cartes
          d'abonnement pour un mois.

Client   Je vais acheter un carnet de 10 tickets.

Employée Il y a un distributeur au fond du couloir. Avez-vous de la monnaie ?

Client   Oui. Merci beaucoup.

Employée Où devez-vous aller ?

Client   À la gare de Lyon.

Employée C'est direct. 5 ou 6 arrêts.

Client   Merci beaucoup.

손님   안녕하세요. 제가 파리에서 전혀 지하철을 타본 적이 없습니다. 저를 도와주실 수 있으세요?
직원   티켓 한 장을 사거나 만약 당신이 지하철을 자주 이용할 생각이시라면 10장짜리 회수권을 사셔야만 해요.
      또한 한 달용 정기권도 있답니다.
손님   저는 10장짜리 회수권을 사겠습니다.
직원   판매기는 복도 끝에 있습니다. 잔돈 있으세요?
손님   네. 감사합니다.
직원   어디로 가세요?
손님   리옹 역이요.
직원   그건 직행이에요. 5~6 정거장만 지나면 돼요.
손님   감사합니다.

▶ prendre le métro 지하철을 타다 un carnet 회수권[보통 10장 묶음을 말함] compter + inf.
~하리라 생각하다 une carte d'abonnement (지하철·극장의) 정기권 un distributeur 자동판매기
la monnaie 잔돈 au fond de 안쪽, 속, 깊숙한 곳 le couloir 복도, 통로 direct(e) 바로 연결된,
돌아가지 않는

308

3. 역에서 (À la gare) \boxed{\blacktriangleright} TR 2-31

Situation 1

Client	Je voudrais un billet aller-retour pour Nice.
Employée	Quand souhaitez-vous partir ?
Client	Ça dépend. Quels sont les possibilités et les différents prix ?
Employée	Le TGV est le plus rapide, mais il faut payer un supplément, surtout pendant les heures de pointe. Le train omnibus s'arrête à toutes les gares, mais le prix des billets est moins cher. Il n'y a pas de train rapide le samedi, le dimanche et les jours fériés. Le train rapide roule en semaine seulement. Le train express ne part pas en semaine. Il part seulement les dimanches et les jours fériés.
Client	Je vais prendre le train rapide. Je n'aime pas m'arrêter à toutes les gares. Je veux partir le lundi 8 juin, et je veux revenir le lundi 15 juin. Quel est le prix d'un billet aller-retour ?
Employée	Première ou deuxième classe ?
Client	Deuxième classe. C'est moins cher.
Employée	45€, s'il vous plaît.

손님	니스행 왕복 티켓 주세요.
직원	언제 출발하고 싶으신가요?
손님	글쎄요. 어떤 교통수단이 있는지 그리고 가격 차이는 어떤지요?
직원	TGV가 가장 빠르지만 추가 요금을 내셔야 합니다. 특히 러시아워일 때요. 완행열차는 모든 역에서 정차하지만 요금은 좀 저렴해요. 토요일, 일요일과 공휴일에는 고속 열차가 없습니다. 고속 열차는 주중에만 운행합니다. 급행열차는 주중에는 운행하지 않아요. 일요일과 공휴일에만 운행합니다.
손님	고속 열차를 탈게요. 모든 역에 정차하는 건 싫어요. 6월 8일 월요일에 떠나서 6월 15일 월요일에 돌아오고 싶은데요. 왕복 티켓 요금이 얼마인가요?
직원	1등석이요, 아니면 2등석을 원하시나요?
손님	2등석으로 주세요. 그게 좀 싸니까요.
직원	45유로입니다.

▶ un billet aller-retour 왕복 승차권   voyager 여행하다   Ça dépend. 그것은 형편 나름이다. 경우에 따라 다르다   la possibilité 가능성, 능력, 수단, 기회   différent(e) 다른, 상이한   le prix 값, 가격, 요금, 임금   rapide 신속한, 빠른   payer (~에게) 지불[지급]하다   un supplément 할증[추가] 요금   surtout 무엇보다도 더[우선]   les heures de pointe 러시아워, 피크   le train omnibus 완행열차   s'arrêter 멈춰서다, 쉬다, 끝나다   la gare (기차의) 정거장, 역   cher 값비싼   le train rapide 특급 열차   le samedi 토요일   le dimanche 일요일   le jour férié 공휴일   rouler 차가 달리다, 차를 몰다, 차로 달리다   en semaine 평일에(는)   le train express 급행열차   partir (탈것 따위가) 출발하다   le lundi 월요일   le juin 6월   revenir 다시 오다, 돌아오다   première classe 1등석   deuxième classe 2등석

Situation 2

Client　　　　Bonjour, madame. Deux billets pour Paris, s'il vous plaît.

Employée　Oui. À quelle heure ?

Client　　　　À 9 h 35.

Employée　Aller-retour ou aller simple ?

Client　　　　Deux aller simples, s'il vous plaît.

Employée　1 ère ou 2 ème classe ?

Client　　　　Seconde classe. Combien ça coûte ?

Employée　90€.

Client　　　　Voilà un billet de cent euros.

Employée　Voilà. Je vous rends 10€, monsieur.

Client　　　　Merci. Et sur quel quai faut-il l'attendre ?

Employée　Sur le quai numéro 5.

고객　안녕하세요. 파리행 표 2장 부탁드립니다.
직원　몇 시 것으로요?
고객　9시 35분이요.
직원　왕복이요, 아니면 편도요?
고객　편도 두 장이요.
직원　1등석으로요, 2등석으로요?
고객　2등석 주세요. 얼마죠?
직원　90유로입니다.
고객　자, 100유로요.
직원　자, 10유로 거스름돈입니다.
고객　감사합니다. 그리고 몇 번 플랫폼에서 기다려야 하죠?
직원　5번 플랫폼입니다.

▶ un billet (철도 · 극장 · 복권 따위의) 표　un aller-retour 왕복　un aller simple 편도　seconde classe 2등석 / première classe 1등석　un compartiment (기차의) 칸, 실　rendre 돌려주다, 반환하다　le quai 플랫폼　Il faut + inf. ~해야만 한다, ~할 필요가 있다

Situation 3

Employée　Bonjour, monsieur. Que puis-je faire pour vous ?

Client　　　　Bonjour. J'ai réservé 2 places dans le train pour Paris du dimanche 24 août. Je veux annuler ma réservation et prendre des billets pour le lendemain.

Employée　À quel nom était la réservation ?

Client　　　　Park.

Employée   Un instant, je vérifie. Ah, voilà. À quelle heure souhaitez-vous partir ?

Client   9 h du matin s'il y a encore des places.

Employée   En première ou deuxième classe ?

Client   Peu importe.

Employée   Il y a des places en deuxième classe.

Client   C'est parfait, merci.

직원   안녕하세요. 무엇을 도와드릴까요?
고객   안녕하세요. 제가 8월 24일 일요일 파리행 기차의 좌석 2개를 예약했습니다. 제가 그 예약을 취소하고 다음 날 표를 사고 싶은데요.
직원   예약하신 분 성함이 어떻게 되시나요?
고객   박이요.
직원   잠시 기다려주세요. 확인할게요. 아, 여기 있네요. 몇 시에 출발하고 싶으세요?
고객   만약 아직 자리가 있다면 아침 9시요.
직원   1등석을 원하세요, 2등석을 원하세요?
고객   상관없습니다.
직원   2등석에 자리가 있네요.
고객   아주 좋아요. 감사합니다.

▶ réserver 예약하다 une place 좌석, 좌석권 le train pour paris 파리행 기차 annuler 취소하다
   la réservation 예약 le lendemain 다음 날, 이튿날 prendre des billets 표를 사다 un instant
   잠깐만 vérifier 확인하다, 검사하다 peu importe 상관없다

4. 길 묻기 (Demander son chemin) 🎧 TR 2-32

Situation 1

Madame   Bonjour, je suis perdue. Je cherche la gare du Nord.

Monsieur Ah oui, vous êtes vraiment perdue. Vous êtes très loin de la gare.

Madame   Ah bon. Est-ce possible d'y aller à pied ?

Monsieur C'est trop loin. Prenez le métro qui se trouve au bout de cette rue, direction Olympia et descendez à l'arrêt Gare du Nord.

Madame   Ça met combien de temps ?

Monsieur Vous en avez au moins pour 20 minutes.

Madame   Merci, monsieur.

여자   안녕하세요. 제가 길을 잃었어요. 북역을 찾는데요.
남자   아 네, 정말 길을 잘못 드셨네요. 역에서 정말 멀리 떨어진 곳까지 오셨어요.
여자   아 그래요. 그곳까지 걸어서 갈 수 있나요?
남자   그곳까지 너무 멀어요. 이 길에서 가장 가까운 곳에 있는 올림피아 방향의 지하철을 타세요. 그리고 북역에서 내리세요.

여자   시간이 얼마나 걸리나요?

남자   그곳까지 가는 데 최소한 20분은 걸려요.

여자   감사합니다.

▶ être perdu(e) (길 따위를) 잃다   loin de ~에서 멀리 떨어진   c'est possible de + *inf.* ~하는 것은 가능하다   à pied 걸어서, 도보로   la direction 방향   descendre (탈것에서) 내리다   Ça met combien de temps ? 시간이 얼마나 걸리나요?   au moins 적어도

Situation 2

Monsieur Bonjour. Pouvez-vous m'indiquer le chemin pour aller à cette salle de concert ?

Madame Ah oui, c'est tout près. Il suffit de continuer tout droit sur 150 mètres et tourner à droite. La salle de concert se trouve au bout de la rue.

Monsieur Merci. Au revoir.

남자   안녕하세요. 콘서트홀에 가는 길을 좀 알려주실 수 있으세요?

여자   아 네, 가까운 곳이에요. 150미터쯤 똑바로 계속 가시고, 오른쪽으로 도세요. 콘서트홀은 그 길 끝에 있습니다.

남자   감사합니다. 안녕히 가세요.

▶ indiquer 가리키다, 표시하다   le chemin 길, 도로   une salle de concert 콘서트 장   c'est tout près 아주 가까이에 있다   Il suffit de + *inf.* ~면 족하다, 충분하다   continuer tout droit 계속해서 똑바로 가다   sur (거리 · 범위) ~에 걸쳐, ~을 거쳐   tourner à droite 오른쪽으로 돌다   au bout de ~의 끝에

Situation 3

Monsieur Bonjour. Je cherche le Palais Royal.

Madame Vous devez prendre la première à droite au premier carrefour.
Allez jusqu'au bout de la rue et tournerz à gauche. Vous verrez le Palais Royal juste en face de vous.

Monsieur Merci.

남자   안녕하세요. 제가 빨레 르와이알을 찾고 있는데요.

여자   첫 번째 사거리에서 오른쪽 첫 번째 길로 가세요. 길 끝까지 가서서 왼쪽으로 도세요. 당신 바로 앞에 빨레 르와이알을 보실 수 있을 거예요.

남자   감사합니다.

▶ un carrefour 교차로, 사거리   prendre la première à droite 오른쪽 첫 번째 길로 가다   aller jusqu'à ~까지 가다   en face de ~의 맞은편에   juste 바로, 꼭

Situation 4

Madame Pardon, monsieur. Je ne sais pas oú je suis. Je me suis égarée.

Monsieur Je peux peut-être vous aider. Quelle rue cherchez-vous ?

Madame   Le rue de la Saporta. Est-ce que c'est loin ?

Monsieur Non, ce n'est pas trop loin. C'est tout près. Vous pouvez y aller à pied. Mais vous allez dans la mauvaise direction. Il faut d'abord faire demi-tour. Ensuite allez tout droit. À trois rues de là, tournez à droite. Allez un peu plus loin et au carrefour tournez à gauche au feu.

여자   실례합니다. 제가 어디 있는지 모르겠어요. 길을 잃었어요.

남자   제가 아마 도와드릴 수 있겠네요. 어느 길을 찾으세요?

여자   싸또르타 거리요. 멀리 있나요?

남자   아니요, 여기서 멀지 않아요. 바로 가까이 있어요. 걸어서 가실 수 있어요. 하지만 잘못된 방향으로 오셨네요. 일단 유턴하세요. 그러고 나서 직진하세요. 삼거리가 나오면, 우회전하세요. 조금 더 가서서 사거리가 나오면, 신호등에서 좌회전하세요.

▶ s'égarer 길을 잃다, (비유) 헤매다, 방황하다   peut-être 아마, 어쩌면   aider 돕다, 조력하다   la rue (도시의) 가로, 길   chercher 찾으려 애쓰다, 찾아보다   loin(e) (장소) 멀리   tout près 아주 가까이   à pied 걸어서   mauvais(e) 부정확한, 틀린, 부적당한   la direction 방향, (목적지로 가기 위한) 길   Il faut + inf. ~해야 하다   d'abord 우선, 앞서, 먼저   faire demi-tour 유턴하다   ensuite 그리고 나서, 곧이어   aller tout droit 곧바로 가다   tourner 돌다, 돌아가다, 우회하다   à droite 오른쪽으로, 오른쪽에   un peu plus 자칫하면, 조금만 더 했으면   le carrefour 교차로, 사거리   à gauche 왼쪽에, 좌측에, 좌측으로   le feu 신호등

Situation 5

Madame   Pardon, monsieur. Savez-vous oú se trouve la place de l'Etoile ?

Monsieur Oui, madame. Mais c'est très loin d'ici. Il faut prendre l'autobus ou le métro. Vous ne pouvez pas y aller à pied.

Madame   Oú est l'arrêt d'autobus ?

Monsieur L'arrêt d'autobus se trouve au prochain coin de rue. Il y a deux autobus qui partent du même arrêt. Vous devez prendre la ligne numéro neuf. Descendez au sixième arrêt et vous serez sur la place d'etoile. Si vous avez des problèmes, le conducteur va vous aider.

Madame   Merci.

Monsieur De rien.

Madame   Oh ! Qu'est-ce qu'il faut faire si je décide de prendre le métro au lieu de l'autobus ?

Monsieur Il faut prendre le métro à la station Victor Hugo et ensuite il faut prendre la correspondance à la station Concorde, direction Balard.

여자   실례합니다. 에뚜왈 광장이 어디에 있는지 아세요?

313

남자	네. 하지만 여기서 거리가 멀어요. 버스나 지하철을 타야 해요. 걸어서 그곳에 갈 수 없어요.
여자	버스 정류장이 어딘가요?
남자	버스 정류장은 다음 길모퉁이에 있어요. 같은 정류장에서 출발하는 버스가 두 개 있어요. 9번 노선을 타셔야 해요. 여섯 번째 정류장에 내리면 에뚜왈 광장이 있을 거예요. 만약 문제가 있으면, 버스 기사가 당신을 도와줄 겁니다.
여자	감사합니다.
남자	천만에요.
여자	오! 버스 대신에 지하철을 타면 어떻게 해야 하나요?
남자	빅토르위고 역에서 지하철을 타셔야 해요. 그리고 나서 콩고드 역에서 발라드 방향으로 환승하셔야 해요.

▶ **se trouver** 있다, 존재하다, 발견되다 **la place** 광장 **loin de** ~에서 멀리 떨어져 **prendre** (탈것을) 타다 **l'autobus** (시내·근교를 왕래하는) 노선버스, 버스 **le métro** 지하철, 지하철역 **à pied** 걸어서 **l'arrêt** 정류장 **prochain(e)** (공간적으로) 다음의 **le coin** 모서리, 모퉁이 **même** 같은 **la ligne** 노선 **numéro** ~호선 **descendre** (탈것에서) 내리다 **le conducteur** (기계·자동차 따위를) 조종하는 사람, 운전기사, 기사 **De rien.** 천만에요. **décider de + inf.** 결정하다, 결심하다 **au lieu de** ~대신에 **la station** 정류장, 정거장 **la correspondance** (교통편의) 갈아타기, 환승, 접속, (지하철 따위의) 환승역 **la direction** 방향, (목적지로 가기 위한) 길

5. 고장 (En panne) 🔊 TR 2-33

Situation 1

Giselle	Salut ! Ma voiture fait encore des siennes. Je n'arrive de nouveau plus à la faire démarrer. Peux-tu m'aider ?
Pierre	Oui, bien sûr. Écoute, à première vue, je ne vois pas quel est le problème. Hier, tout était normal ?
Giselle	Oui, à part une odeur de brûlé à certains moments.
Pierre	Ah, ça peut être dangereux. J'appellerais un garagiste professionnel à ta place.
Giselle	Ah bon. Mais c'est tellement cher…
Pierre	Oui, mais tu ne peux pas prendre de risque.
Giselle	D'accord.

지젤	안녕! 내 차에 귀찮은 일이 또 생겼어. 또 다시 더 이상 시동이 걸리지 않아. 나 좀 도와줄 수 있니?
삐에르	그럼, 물론이야. 이봐, 언뜻 보기에는, 무엇이 문제인지 알 수가 없는데. 어제는 아무 문제가 없었니?
지젤	응, 어느 순간에 탄내가 난 것만 빼면.
삐에르	아, 위험해질 수도 있겠는걸. 내가 너 대신 전문 자동차 정비공을 부를게.
지젤	아 그래. 하지만 그렇게 되면 정말 비싸잖아……
삐에르	그렇지, 하지만 위험을 지닐 수는 없는 일이잖니.
지젤	알았어.

▶ faire des siennes 귀찮은 일이 생기게 하다   de nouveau 다시, 재차   arriver à + *inf.* 이르다, 도달하다
faire + *inf.* (사역동사) 시키다, ~하게 하다   démarrer 시동을 걸다, 출발하다   normal(e) 정상의, 보통의
à part 별도로, 따로, 예외적인   une odeur 냄새, 향기   un brûlé 타는 냄새, 불에 탄 것   à certains
moments 어느 순간에   dangereux(se) 위험한, 중한, 해로운   garagiste 자동차 정비 공장주인[직공]
professionnel(*le*) 직업의, 직업상의   tellement 그토록, 그처럼, 매우   prendre de risque 위험을
무릅쓰다, 위험한 짓을 감행하다

Situation 2

Employé   Bonjour, madame. Qu'est-ce que je peux faire pour vous ?

Cliente   Je n'arrive pas à démarrer du premier coup depuis quelques jours.

Employé   Quel âge a votre voiture ?

Cliente   8 ans. Mais elle est très bien entretenue. Elle a passé le contrôle
technique le mois dernier.

Employé   Ça ne devrait pas être trop grave alors. Je vous propose de la garder
ici jusqu'à demain et de vous prêter une voiture de remplacement.

Cliente   Très bien, merci.

정비공   안녕하세요. 무엇을 도와드릴까요?
손님   며칠 전부터 한 번에 시동이 걸리지 않네요.
정비공   차가 얼마나 되었죠?
손님   8년이요. 하지만 이 자동차는 관리가 아주 잘 되었는걸요. 지난달에 정밀 검사를 받았어요.
정비공   그렇게 심각하지는 않을 것 같아요. 차를 내일까지 여기에 세워 두시고 대용으로 다른 차를 빌려가세요.
손님   알겠습니다. 고마워요.

▶ premier coup 첫 번에   depuis + 기간 (기간) ~이래로, ~이래   entretenu(e) 유지된, 보존된   un
contrôle (기계의 작동 상태) 점검, 정비   le mois dernier 지난달   grave 중대한, 중요한, 심각한
proposer à *qqn* de + *inf.* ~에게 ~을 해주겠다고 제안하다   prêter 빌려주다   un remplacement 교체,
대리, 대용

Situation 3

Client   Bonjour, monsieur. Ma voiture fait un drôle de bruit depuis quelques
kilomètres. Pourriez-vous vérifier mes freins ?

Employé   Oui, bien sûr. Quand avez-vous fait votre dernier contrôle technique ?

Client   Il y a 3 mois.

Employé   Et tout était en ordre ?

Client   Oui. Ma voiture n'a que 2 ans.

Employé   Un instant, je jette un coup d'œil au moteur aussi. Tout me paraît
normal. Reprenez la route et si le bruit persiste, arrêtez-vous à la
prochaine station service pour faire un contrôle plus poussé.

Client	Il n'y a aucun risque que je perde le contrôle de ma voiture ?
Employé	Non, ne vous inquiétez pas.
Client	D'accord. Merci.

손님	안녕하세요, 제 차가 몇 킬로미터 전부터 이상한 소음을 냅니다. 브레이크를 좀 봐 주실 수 있으세요?
정비공	네, 물론이죠. 언제 마지막으로 정밀 검사를 받으셨나요?
손님	3달 전에요.
정비공	모두 다 정상이었나요?
손님	네. 제 차는 2년밖에 안 되었거든요.
정비공	잠시만요, 엔진도 잠깐 볼게요. 다 정상으로 보입니다. 다시 길을 가 보시고 소음이 계속된다면 더 정밀한 검사를 위해서 다음 정비소에서 세우세요.
손님	제가 차를 통제 못하는 그런 위험은 전혀 없을까요?
정비공	없습니다. 너무 걱정 마세요.
손님	네. 감사합니다.

▷ **drôle** 이상한, 우스운 **un bruit** 소음 **un frein** 제동기, 브레이크 **être en ordre** 정상이다, 순조롭다 **jeter un coup d'œil** ~을 힐끗 보다 **un moteur** 모터, 엔진 **paraître** 나타나다, 출현하다, 생겨나다 **reprendre la route** 다시 계속해서 길을 가다 **persister** 지속하다 **s'arrêter** 멈춰 서다 **une station service** 정비소, 주유소 **poussé(e)** 정교한, 고성능의 **ne~aucun** 전혀, 조금도 ~하지 않다, ~이 없다 **un risque** 위험, 위협 **perdre le contrôle** 통제력을 잃다

6. 도로 교통법규 (Le code de la route) ▣ TR 2-34

Situation 1

Agent	Madame, vous venez d'emprunter un sens interdit !
Sylvie	Oh, monsieur l'agent, je suis désolée. Je n'avais pas vu le panneau. Il n'est pas assez grand ?
Agent	Ah, non. Avez-vous vos papiers ? Permis de conduire, carte grise ? Mais, votre assurance est périmée.
Sylvie	Oui, excusez-moi. J'ai oublié d'aller chercher le nouveau certificat.
Agent	Deux infractions. Je suis obligé de vous mettre une amende.
Sylvie	Monsieur l'agent, soyez gentil !

경찰	금지된 방향으로 지나오셨습니다, 부인!
실비	오, 경찰관 아저씨, 죄송합니다. 제가 표지판을 볼 수가 없었어요. 표지판이 너무 작지 않았나요?
경찰	아닙니다. 신분증 있으십니까? 운전 면허증이나, 자동차 등록증은요? 당신의 보험은 기한이 만료되었습니다.
실비	네. 죄송합니다. 제가 새로운 증명서를 받으러 가는 것을 잊어버렸어요.
경찰	두 가지 위반. 당신에게 벌금을 물릴 수밖에 없습니다.
실비	경찰관 님. 좀 봐주세요.

316

▶ un sens unique 일방통행   emprunter (다른 길로) 접어들다, (교통수단을) 이용하다   interdit(e) 금지된   un agent 순경   un panneau 광고판, 표지판   papiers (복수일 경우 특히) 신분증명서   un permis de conduire 운전 면허증   une carte grise 자동차 등록증   une assurance 보험   périmé(e) 기간이 지난, 무효가 된   oublier de + inf. ~하는 것을 잊다   aller + chercher ~을 찾으러 가다   un certificat 증명서, 증서   une infraction 위반, 위배   être obligé(e) de + inf. 의무가 있는, 어쩔 수 없는, 불가피한   mettre à qqn + une amende ~에게 벌금(형)을 내리다   Soyez gentil. 친절하게 대해 주세요.

Situation 2

Marie   Bonjour, qu'est-ce que vous faites ?

Agent   Je vous colle une contravention.

Marie   Oh…Mais pour quelle raison ?

Agent   Vous ne savez pas lire ; "Interdiction de stationner entre 7 heures et 17 heures".

Marie   Oh monsieur l'agent, je ne suis restée que 10 minutes, le temps d'aller à la pharmacie acheter des médicaments pour mon amie qui a 38 de fièvre.

Agent   Dans ce cas, je ne vous mets pas de contravention mais vous auriez dû laisser un mot sur votre pare-brise.

Marie   Excusez-moi mais je suis perturbée à cause de la fièvre de mon amie.

Agent   Je comprends mais vous devez faire attention la prochaine fois.

Marie   D'accord. Merci.

마리   안녕하세요, 뭐 하고 계시는 거죠?
경찰   당신에게 교통법규 위반 딱지를 떼고 있는데요.
마리   오! 하지만 무슨 이유로요?
경찰   읽을 줄 모르시나요? 7시에서 17시 사이에 주차 금지라는 걸요.
마리   오, 경관님. 전 10분 정도밖에 안 세웠습니다. 열이 38도나 되는 제 친구 때문에 약국에 약을 사러 가는 시간요.
경찰   그런 경우라면 교통법규 위반 딱지를 떼지는 않겠습니다만, 차 앞 유리에 짧은 메모를 남기셨어야 했어요.
마리   죄송하지만 친구의 발열 때문에 제가 정신이 없었습니다.
경찰   이해합니다만 다음번에는 주의하셔야 합니다.
마리   알겠습니다. 감사합니다.

▶ coller 붙이다, 부착하다   une contravention (법) 위반, (특히) 교통법규 위반   une raison 이유, 동기, 원인   une interdiction de stationner 주차 금지   entre A et B A에서 B 사이에   la pharmacie 약국   un médicament 약   une fièvre 열, 발열   dans ce cas 이런 경우에   laisser un mot 메시지를 남기다   un pare-brise (자동차의) 앞 유리창   perturber 혼란케 하다, (~의) 마음을 어지럽히다   à cause de ~때문에   faire attention 주의하다

317

UNITÉ **Les voyages 여행**

1. 호텔에서 (À l'hôtel) 🔊 TR 2-35

Situation 1

Client	Bonjour. Avez-vous une chambre pour deux personnes ?
Réceptionniste	Avez-vous une réservation ?
Client	Non, je n'en ai pas.
Réceptionniste	Attendez. L'hôtel est presque complet, mais nous avons trois chambres libres. Préférez-vous une chambre avec un grand lit ou avec deux lits ?
Client	Avec deux lits jumeaux, s'il vous plaît. La chambre donne sur la rue ou sur le jardin ?
Réceptionniste	Les seules chambres qui me restent donnent sur la rue.
Client	Quel est le prix de la chambre ?
Réceptionniste	200€ par jour. Le service et les taxes sont compris.
Client	Les repas sont compris ?
Réceptionniste	Seulement le petit-déjeuner est compris.
Client	Bon.
Réceptionniste	Combien de temps comptez-vous rester ?
Client	Une semaine. Et pardon, comme il fait chaud en ce moment, est-ce que la chambre est climatisée ?
Réceptionniste	Oui, monsieur. Et vous avez une salle de bains privée.
Client	Bon.
Réceptionniste	Parfait. S'il vous plaît, remplissez cette fiche et donnez-moi votre passeport.
Client	Le voici.
Réceptionniste	Merci. Le bagagiste va monter vos bagages dans l'ascenseur.
Client	Oh, je voudrais mettre ces choses dans le coffre-fort.

손님	안녕하세요. 두 사람이 묵을 방 있나요?
접수원	예약하셨나요?
손님	아니요. 예약 안 했습니다.

318

접수원	잠시만 기다려주세요. 호텔방이 거의 다 찼지만 남은 방이 세 개 있네요. 싱글 침대랑 더블 침대 중에 어느 것을 선호하세요?
손님	더블 침대 방으로 주세요. 방은 거리 쪽으로 향해 있나요, 정원 쪽으로 향해 있나요?
접수원	남아 있는 방들은 거리 쪽으로 향해 있어요.
손님	가격이 얼마인가요?
접수원	하룻밤에 200유로입니다. 봉사료와 세금 포함입니다.
손님	식사도 포함인가요?
접수원	조식만 포함됩니다.
손님	좋군요.
접수원	얼마나 머무르실 예정이세요?
손님	일주일이요. 그리고 죄송하지만, 요즘 날씨가 더워서요, 방에 냉방 장치가 되어 있나요?
접수원	네. 그리고 개인 욕실도 있습니다.
손님	좋습니다.
접수원	됐습니다. 이 표를 작성해 주시고 저에게 여권을 주세요.
손님	여기 있습니다.
접수원	감사합니다. 종업원이 짐을 승강기로 올려 드릴 거예요.
손님	오, 이 물건들은 금고에 넣어주세요.

▌ une personne 사람　 une réservation (교통기관·호텔·흥행 장소 따위의) 자리 예약　 attendre 기다리다　 presque 거의, 대부분　 complet(e) (좌석이) 만원인　 libre (자리가) 비어 있는　 un lit 침대, 침구　 jumeau 한 쌍을 이루는　 donner sur 바라보이다　 la rue (도시의) 가로, 길　 le jardin 정원, 뜰, 화원　 seul(e) 혼자인, 홀로인, 고독한, 외로운　 rester (같은 장소에) 있다　 le prix 값, 가격, 요금, 임금, (복수) 물가　 par jour 하루에, 일당　 le service (식당·식탁 따위에서의) 접대, 서비스, 봉사료　 le taxe 세금, 세액　 compri(e) 포함된　 le repas 식사, 식사 시간　 seulement 단지, 오직　 compter + inf. (예상·기대·의도) ~하리라 생각하다　 une semaine 1주일　 comme + ind. (원인·이유) ~이므로, ~이니까, ~이기 때문에　 il fait chaud (날씨·장소가) 덥다　 en ce moment 지금, 현재　 climatisé(e) 공기 조절 장치를 갖춘, (특히) 냉방 장치가 된　 une salle de bains 욕실　 privé(e) 사적인, 개인의, 개인적인, 내밀한　 parfait 완전한, 완벽한, 완전무결한　 remplir (서류 따위에) 필요 사항을 써넣다[기입하다]　 la fiche (자료·정보) 카드, 전표, 표　 Le voici. 여기 (~이) 있다.　 bagagiste 수하물 다루는 사람　 monter 오르다, 올라가다　 le bagage (복수) (여행객의) 짐, 가방, 휴대품, 수하물　 l'ascenseur 승강기, 엘리베이터　 mettre (어떤 곳에) 놓다, 넣다　 le coffre-fort 금고

Situation 2

Réceptionniste	Allô ! Bonjour ! Hôtel St-Germain. Que puis-je faire pour vous ?
Cliente	Bonjour, monsieur, Je voudrais réserver une chambre pour 2 personnes.
Réceptionniste	Oui, pour quelle date ?
Cliente	Le 9 juin.
Réceptionniste	Un instant, je vérifie les réservations…Il nous reste une chambre avec des lits jumeaux.
Cliente	Ce sera parfait. Y a-t-il une salle de bain ?
Réceptionniste	Il y a une douche et des wc.

Cliente	C'est bon.
Réceptionniste	Pour combien de nuits ?
Cliente	Pour deux nuits. Quel est le prix de la chambre en demi-pension et en pension complète ?
Réceptionniste	En demi-pension, le prix s'élève à 58€ et en pension complète à 75€.
Cliente	Bien. Je souhaiterais la réserver en demi-pension.
Réceptionniste	C'est à quel nom ?
Cliente	C'est Kim Hana.
Réceptionniste	Très bien, mademoiselle Kim. Pouvez-vous nous envoyez un fax ou un e-mail de confirmation ?
Cliente	Oui, je suis actuellement à l'hôtel à Rome. Je peux le faire par e-mail. Quelle est votre adresse e-mail, s'il vous plaît ?
Réceptionniste	C'est hdte@orange.fr
Cliente	Parfait, monsieur. Au revoir.
Réceptionniste	Merci. Au revoir.

접수원	여보세요, 안녕하세요, 생 제르망 호텔입니다. 무엇을 도와드릴까요?
손님	안녕하세요, 두 사람을 위한 방을 하나 예약하고 싶은데요.
접수원	네, 날짜는요?
손님	6월 9일이요.
접수원	잠시만요. 예약 확인을 해보는 중입니다…. 트윈 베드룸이 하나 있네요.
손님	아주 좋아요. 욕조가 있나요?
접수원	샤워실과 화장실이 있습니다.
손님	좋아요.
접수원	며칠 동안 묵으실 예정이신가요?
손님	이틀이요. 한 끼만 포함된 것과 세 끼 모두 포함된 것의 가격이 각각 어떻게 되나요?
접수원	한 끼만 포함된 가격은 58유로로, 세 끼 포함 가격은 75유로로 올랐습니다.
손님	좋아요. 저는 한 끼만 포함한 것으로 예약하겠습니다.
접수원	이름이 어떻게 되시나요?
손님	김 하나입니다.
접수원	잘 알겠습니다. 마드모아젤 김. 저희에게 확인 메일이나 팩스를 보내주실 수 있으세요?
손님	네, 제가 현재 로마에 있는 호텔에 있습니다. 이메일로 보내드릴 수 있어요. 이메일 주소를 알려주실 수 있으세요?
접수원	hdte@orange.fr입니다.
손님	좋습니다. 감사합니다.
접수원	감사합니다. 안녕히 계세요.

▶ vérifier 확인하다, 검사하다 une réservation 예약 Il reste *qqch/qqn* + à *qqn* (~에게) ~이 남아 있다 des lits jumeaux 트윈 베드 une douche 샤워, 샤워실 une demi-pension 한 끼만 먹는 하숙 une pension complète 세 끼 다 먹는 하숙 s'élever 올라가다, (가격 따위가) 높아지다, 증대하다 une confirmation 확인, 확증 actuellement 현재, 지금 par e-mail 이메일로

Situation 3

Cliente	Bonjour. J'ai réservé la chambre 205.
Réceptionniste	Oui…Suivez-moi s'il vous plaît. Voici votre chambre, madame.
Cliente	Mais…il n'y a pas de baignoire dans la salle de bain…Et la lumière ne fonctionne pas.
Réceptionniste	Je suis désolé, nous n'avions plus de chambre avec baignoire. Je vais faire remplacer l'ampoule tout de suite.
Cliente	Vous auriez dû me prévenir…Pourriez-vous au moins me rembourser une partie de ce que j'ai payé car j'ai payé pour une chambre avec baignoire.
Réceptionniste	Évidemment, nous allons régler tout ça à la réception si vous voulez bien.
Cliente	Oh, et je vois qu'il n'y a pas de drap non plus.
Réceptionniste	Heu…la femme de ménage doit encore faire votre lit.
Cliente	Ça va. Descendons pour régler la question du prix de la chambre.

손님	안녕하세요. 제가 205호를 예약했는데요.
접수원	네. 저를 따라오세요. 여기가 손님 방입니다.
손님	그런데 욕실에 욕조가 없네요. 그리고 전등이 작동하지 않아요.
접수원	죄송합니다. 저희는 욕조가 있는 방은 없습니다. 제가 전구는 바로 갈아드리겠습니다.
손님	제게 그걸 알려주셨어야죠. 제가 지불한 것은 욕조가 있는 방에 대한 돈을 지불한 것인데 제게 부분적으로 환불을 해 주실 수 있으세요?
접수원	물론이죠. 손님께서 원하신다면 접수계에서 지불해 드리겠습니다.
손님	오, 그리고 시트도 없네요.
접수원	어…청소부가 손님의 침대를 정돈해야 해요.
손님	됐어요. 방 가격에 대한 문제를 해결하러 내려갑시다.

▶ **une baignoire** 욕조, 목욕탕 **la lumière** 빛, (전기)불 **fonctionner** 기능을 수행하다, 작동하다, 움직이다 **remplacer** 갈다, 대체하다, 경질하다 **une ampoule** 전구 **tout de suite** 즉시, 지체 없이 **prévenir** 알리다, 예고하다, 경고하다 **au moins** 적어도, 어쨌든 **rembourser** 갚다, 상환하다, 환불하다 **une partie** 부분, 일부 **évidemment** 확실히, 틀림없이 **régler** 해결하다, 결판 짓다 / (요금 따위를) 치르다, 결산[지불]하다 **la réception** (호텔 따위의) 접수계, 수령, 접대, 접견 **un drap** 침대 시트 **une femme de ménage** 청소부 **une question** 문제, 질문

Situation 4

Client	Avez-vous préparé ma note pour la chambre numéro 302, s'il vous plaît ?
Réceptionniste	Avez-vous commandé quelque chose du service dans les chambres ce matin ?

321

Client	Non, j'ai payé le petit-déjeuner.
Réceptionniste	Avez-vous passé des appels téléphoniques ce matin ?
Client	Non, madame.
Réceptionniste	Bon. Voici votre note. Le tarif est de 230€.
Client	Pardon, madame, mais ces frais de service dans les chambres ne sont pas les miens. Je n'ai rien commandé dans ma chambre.
Réceptionniste	Pardon ! C'est pour la chambre 303.
Client	Acceptez-vous les cartes de crédit, madame ?
Réceptionniste	Oui, quelle carte avez-vous ?

손님	302호 계산서 준비해 주셨나요?
접수원	오늘 아침에 룸서비스를 주문하셨나요?
손님	아니요. 아침식사 비용은 지불했습니다.
접수원	오늘 아침 호출 전화를 하셨나요?
손님	아니요.
접수원	그렇군요. 여기 계산서입니다. 요금은 230유로입니다.
손님	죄송하지만, 이 비용은 제 것이 아니네요. 전 방에서 아무것도 주문하지 않았는데요.
접수원	죄송합니다. 303호 계산서네요.
손님	신용 카드로 지불 가능한가요?
접수원	네. 어느 카드를 가지고 계시죠?

▶ **préparer** 준비해[갖추어] 놓다, 마련하다 **une note** 고지서, 계산 **commander** 주문하다 **ce matin** 오늘 아침 **payer** (~에게) 지불[지급]하다 **passer des appels téléphoniques** 호출 전화하다 **le tarif** 가격[정가](표), 요금[운임](표), 세율, 관세표 **le frais** 경비, 지출 **mien(ne)** 나의 것, 나의 그것 **ne ~ rien** (부정문에서 ne와 함께) 아무것도 **accepter** (~로서) 받아들이다 **la carte de crédit** 신용 카드

2. 관광 안내소 (À l'office du tourisme) ▣ TR 2-36

Situation 1

Client	Bonjour. Je reste 3 jours à Paris. Pouvez-vous me dire ce qu'il y a d'intéressant à visiter.
Employée	Si ça vous intéresse, il y a des visites guidées de la ville, tous les jours à partir de 8 h 30.
Client	Ah oui, c'est super. Combien ça coûte ?
Employée	C'est 50€ pour une journée, repas non compris.

Client	Puis-je faire une visite demain ?
Employée	Bien sûr. Rendez-vous à 8 h 15 devant notre bureau.
Client	Merci. À demain.

손님 안녕하세요. 저는 3일 동안 파리에 머물 겁니다. 방문하기에 좋은 곳을 좀 알려 주실 수 있으세요?
직원 혹시 관심이 있으시다면 매일 8시 30분에 출발하는 안내원을 동반한 관람 코스가 있어요.
손님 아 그래요, 아주 좋은데요. 가격이 얼마죠?
직원 하루에 50유로이고, 식사는 포함되지 않아요.
손님 내일 방문이 가능한가요?
직원 물론이죠. 저희 사무실 앞에서 8시 15분에 봅시다.
손님 감사합니다. 내일 봐요.

▶ **visite guidée** 안내원을 동반하는 관람 **à partir de** ~로부터 **non compris** 별도 **un rendez-vous** 약속

Situation 2

Cliente	Bonjour. On m'a dit qu'il y avait une exposition exceptionnelle actuellement au Musée des Beaux-Arts.
Employé	Oui, il y a une exposition de peintres Flamands jusqu'à la fin de ce mois.
Cliente	Où se trouve ce musée ?
Employé	En plein centre-ville. Vous pouvez y aller en bus.
Cliente	D'accord.
Employé	Vous devez prendre le bus 46 et descendre à l'arrêt Beaux-Arts. Le musée se trouve juste en face de l'arrêt du bus. Attention, le musée ferme ses portes à 16 heures.
Client	D'accord. Merci.

손님 안녕하세요. 지금 보자르 박물관에서 특별한 전시회가 있다고 들었는데요.
직원 네, 이달 말까지 플라망 화가의 전시회가 있습니다.
손님 그 박물관이 어디에 있죠?
직원 도시 중심가에 있어요. 버스로 거기까지 가실 수 있으세요.
손님 알겠습니다.
직원 46번 버스를 타셔서 보자르 역에서 내리세요. 박물관은 바로 버스정류장 건너편에 있습니다. 박물관은 오후 4시에 문을 닫아요.
손님 알겠습니다, 감사합니다.

▶ **exposition** 전시, 박람회 **exceptionnel(le)** 예외적인, 이례적인, 특별한 **actuellement** 현재, 지금 **peintre** 화가 **jusqu'à** ~까지 **ce mois** 이번 달 **en face de** ~의 정면에 **une attention** 주의, 조심, 긴장, 관심 **fermer** 닫다, 문 닫다

Situation 3

Client	Bonjour. Il paraît qu'il y a des grottes très intéressantes dans la région.
Employée	Oui, les Grottes de Messianes.
Client	Ah, et comment peut-on aller jusque là ?
Employée	C'est un peu compliqué. Le plus simple serait de vous joindre à un groupe qui fait une visite organisée du site.
Client	C'est très bien.
Employée	Il y a une visite prévue cet après-midi à partir de 14 h.
Client	Ça va, je vais aller faire un tour dans le quartier et revenir.

손님	안녕하세요. 이 지역에 흥미로운 동굴이 있다고 들었는데요.
직원	네, 메시안의 동굴이죠.
손님	아, 거기까지 어떻게 갈 수 있죠?
직원	그게 조금 복잡합니다. 가장 간단한 방법은 사이트에서 운영하는 관광 그룹과 함께 가는 거예요.
손님	아주 좋은데요.
직원	오늘 오후 2시에 출발하는 관람 일정이 있습니다.
손님	좋아요, 그럼 전 이 지역을 한 번 돌아보고 다시 돌아오겠습니다.

▶ **Il paraît que + *ind*.** ~라고들 한다, ~라는 소문이 돌다　**une grotte** 동굴　**le région** 지역　**compliqué(e)** 복잡한, 까다로운　**se joindre à** (~와) 결합[합류]하다　**une visite organisée** 단체 관람　**prévu(e)** 예측된, 예정된, (미리) 규정된　**faire un tour** (출발지로 다시 돌아오는) 여행, (짧은) 산책

3. 공항/여행사에서 (À l'aéroport / À l'agence de voyage) 🔊 TR 2-37

Situation 1

Client	Je suis arrivé en retard à l'aéroport parce qu'il y avait des embouteillages sur l'autoroute. J'ai raté mon avion pour Marseille. Est-ce qu'il y a un autre vol pour Marseille aujourd'hui ?
Employée	Oui, monsieur. Nous en avons un qui part à 14 h 30. Voyagez-vous seul ?
Client	Oui, madame.
Employée	Un moment. Je vais voir si le vol est complet ou si nous avons encore des places libres. Non, le vol n'est pas complet.
Client	Quelle chance ! Est-ce qu'il y a une différence de tarif ?
Employée	Malheureusement, parce que vous avez un billet à tarif réduit, il faut payer un supplément pour le changer.

Client	Est-ce que je dois acheter un autre billet ?
Employée	Non, je peux simplement endosser le vôtre.
Client	C'est un vol sans escale ?
Employée	Non, il y a un arrêt à Lyon.
Client	Merci. Oh ! J'avais oublié. J'ai un billet pour Lyon pour la semaine prochaine et je ne peux pas l'utiliser. Je voudrais l'annuler.
Employée	D'accord.

손님	제가 고속도로에서 길이 막혀서 공항에 늦게 도착했습니다. 마르세이유 행 비행기를 놓쳤어요. 오늘 마르세이유로 가는 다른 항공편이 있나요?
직원	네. 14시 30분에 하나 있습니다. 혼자 가시나요?
손님	네.
직원	잠시만요. 비행기 좌석이 만석인지 남는 좌석이 있는지 보겠습니다. 아니네요. 좌석이 다 차지 않았어요.
손님	운이 좋네요! 요금 차이가 있나요?
직원	안타깝지만, 할인 요금 티켓이기 때문에 바꾸시려면 추가 요금을 지불하셔야 합니다.
손님	제가 다른 표를 사야 합니까?
직원	아니요, 제가 손님의 티켓에 서명만 하면 됩니다.
손님	직항편인가요?
직원	아니요, 리옹을 경유합니다.
손님	감사합니다. 오! 잊을 뻔했네요. 제가 다음 주에 리옹행 티켓이 있는데 사용할 수 없을 것 같아서요. 취소하고 싶은데요.
직원	알겠습니다.

▶ arriver en retard 지각하다, 늦게 도착하다 l'aéroport 공항 un embouteillage (흔히) (교통·통신의) 혼잡, 막힘 une autoroute 고속도로 rater 놓치다, 만나지 못하다 l'avion 비행기 un vol 비행, 비행편 seul(e) 혼자인, 홀로인, 고독한, 외로운 Un moment. 순간, 잠깐, 잠시 voir (눈으로) 보다 complet(e) (좌석이) 만원인 libre (자리가) 비어 있는 Quelle chance ! 정말 운수가 좋군! une différence (양의) 차, 차액 le tarif 가격[정가](표), 요금[운임](표), 세율, 관세표 malheureusement 불행히도 le tarif réduit 할인 요금 un supplément 할증[추가] 요금 changer 바꾸다, 교환하다, 교체하다 acheter 사다 simplement 단지, 오직 endosser (~의) 책임을 지다, (~을) 떠맡다, (어음 따위에) 배서[이서]하다 le vôtre 당신(들)의 것, 너희들의 것 sans escale 직항 oublier (기억 못하고) 잊다, 망각하다 la semaine prochaine 다음 주 utiliser 사용[이용·활용]하다 annuler (약속·예정 따위를) 취소하다

Situation 2

Client	Bonjour. Je voudrais avoir des informations sur des excursions à Paris.
Employée	Êtes-vous seul ou en groupe ?
Client	Je suis seul mais je veux bien me joindre à un groupe.
Employée	Il y a une excursion en car avec visite guidée de la ville et du Musée de Paris.
Client	Combien ça coûte ?

Employée	58,30€, déjeuner compris.
Client	À quelle heure et où se fait le départ ?
Employée	Tous les week-ends à 8 h devant l'agence et retour vers 18 h.
Client	C'est parfait. Je vais faire cette excursion.

손님	안녕하세요. 파리 여행에 관련된 정보를 좀 알고 싶은데요.
직원	혼자세요, 그룹이세요?
손님	전 혼자인데요, 그룹에 합류하는 것도 좋아요.
직원	여행가이드와 함께 도시와 파리 박물관을 방문하는 여행이 있습니다.
손님	얼마죠?
직원	점심식사 포함된 가격으로 58,30유로입니다.
손님	몇 시에 그리고 출발은 어디서 하나요?
직원	매 주말마다 8시에 여행사 앞에서 출발하고 오후 6시경에 돌아옵니다.
손님	아주 좋아요. 저 이 여행으로 할게요.

▶ une information 정보 une excursion (가벼운) 여행, 소풍, 산책 car 왜냐하면 ~이니까 se faire 하다, 행동하다 le départ 출발 une agence 대리점, 대행 사무소 le retour 돌아옴, 귀환, 귀로

Situation 3

Employée	Bonjour, monsieur, que désirez-vous ?
Client	Je voudrais deux billets aller-retour Séoul-Paris.
Employée	Quand voulez-vous partir ?
Client	Je voudrais partir le 5 août et rentrer le 25 septembre.
Employée	D'accord. Vous prendrez le vol Korean Air 901 de 19 h 30.
Client	Bon. À combien ça revient ?
Employée	Ça fera 1200€.
Client	Il n'y a pas d'autres vols moins chers que ça ?
Employée	Non. À cette date-là, on n'a que Korean Air.
Client	Ah bon ! Tant pis. Je vais le prendre. Tenez, 1200€.
Employée	Merci. Pour choisir votre siège, faites enregistrer vos bagages. Et pour obtenir la carte d'embarquement, vous allez à la porte 34. N'oubliez surtout pas que vous devez arriver au moins deux heures avant le départ.
Client	Je sais, merci. Est-ce que je pourrais changer la date de retour ?
Employée	Bien sûr. Votre billet est valable pendant 1 an.
Client	Merci, mademoiselle. Au revoir !
Employée	Bon voyage et bon retour !

직원	안녕하세요, 무엇을 원하시나요?
손님	서울–파리 왕복 티켓 2장이요.
직원	언제 떠나세요?
손님	8월 5일에 출발해서 9월 25일에 돌아오는 걸로 원합니다.
직원	알겠습니다. 손님께서는 저녁 7시 30분 출발하는 대한항공 901기를 탑승하시게 됩니다.
손님	좋아요. 얼마죠?
직원	1,200유로입니다.
손님	이것보다 더 싼 비행기는 없나요?
직원	없네요. 이 날짜에는 대한항공밖에 없습니다.
손님	아 그래요! 어쩔 수 없죠. 그걸로 할게요. 여기 있습니다. 1,200유로.
직원	감사합니다. 손님의 좌석을 선택하시려면 손님의 가방들을 탁송하셔야 합니다. 그리고 탑승권을 받으시려면 34번 게이트로 가세요. 적어도 출발 2시간 전에는 도착하셔야 한다는 것을 절대로 잊으시면 안 됩니다.
손님	알고 있습니다. 감사합니다. 돌아오는 날짜는 바꿀 수 있나요?
직원	물론이죠. 손님의 티켓은 1년 동안 유효합니다.
손님	고마워요 아가씨. 안녕히 계세요.
직원	좋은 여행 되세요. 안녕히 돌아오시고요.

▶ le vol 비행, 비행편 revenir (값, 비용) 들다, 먹히다 Tmoins~que ~보다 덜 ~한 Tant pis. 할 수 없지. un siège 좌석, 의자 faire + inf. 시키다, ~하게 하다 enregistrer 기입[기재]하다 un bagage 짐, 가방, 수하물 obtenir 획득하다, 얻다 la carte d'embarquement (비행기) 탑승권 au moins 적어도 le départ 출발 le retour 돌아옴, 귀환, 귀로 valable 효력이 있는, 유효한

4. 여행이야기 (Le récit de voyage) 🎧 TR 2-38

Situation 1

Marie	Je suis partie à la montagne pendant une semaine.
Pierre	Toute seule ou avec des amis ?
Marie	J'ai fait de la randonnée avec un groupe. On était dix en tout.
Pierre	Des gens du même âge que toi ?
Marie	Oui, tous moins de 35 ans.
Pierre	Il n'a pas plu la semaine dernière ?
Marie	Non, il n'a pas fait trop chaud non plus, le temps idéal pour faire de la randonnée. Nous avons aussi mangé des plats typiques de la région et dormi à la belle étoile.
Pierre	Ah bon, ça ne devait pas être très confortable ?
Marie	Non, mais c'était une chouette expérience.
마리	나는 일주일 동안 산으로 떠났어.
삐에르	혼자서 갔니, 친구들이랑 갔니?

마리	단체로 도보 여행했어. 모두 열 명이었지.
삐에르	다들 너랑 같은 나이 사람들이었니?
마리	응, 모두 최소 35세였어.
삐에르	지난주에 비도 내리지 않았었니?
마리	아니, 날씨가 그렇게 덥지도 않았는걸. 도보 여행하기에 이상적인 날씨였어.
	그리고 우리는 그 지역 특산 음식도 먹고 예쁜 별들을 보면서 잠들었지.
삐에르	아 그래, 별로 편안하진 않았을 것 같은데?
마리	응 하지만 정말 멋진 경험이었지.

▶ faire de la randonnée (긴) 산책을 가다   On était dix. 10명이었어.   en tout 완전히, 전부   un âge 나이   moins de + 숫자 (숫자) ~이하[미만]의   typique 전형적인, 대표적인   le région 지역   confortable 안락한, 쾌적한, (수량 따위가) 상당한, 마음이 편한   une expérience 체험, 경험

Situation 2

Sabine	Je suis allée à la mer pendant 2 semaines.
Paul	Ah bon, tu as eu du beau temps ?
Sabine	Oui, il a fait très beau. J'ai pu nager tous les jours. J'ai aussi fait de la planche à voile. C'était la première fois de ma vie, ça m'a beaucoup plu.
Paul	Ton hôtel était près de la mer ?
Sabine	Oui, juste en face. J'avais une chambre avec vue sur la mer.
Paul	Ah, ça devait être chouette…
Sabine	Oui, j'ai fait des balades sur la plage tous les soirs. Le coucher du soleil était magnifique.

사빈느	나는 2주 동안 바닷가에 다녀왔어.
폴	아 그래, 날씨가 좋았니?
사빈느	응, 날씨가 정말 좋았어. 매일 수영을 할 수 있었어. 그리고 윈드서핑도 했었어. 내 인생에서 처음이었어. 너무 즐거웠지.
폴	네 호텔이 바닷가 근처에 있었니?
사빈느	응, 바로 앞에 있었어. 내 방에서 바닷가를 볼 수 있었지.
폴	아, 정말 멋있었겠다.
사빈느	응, 매일 밤마다 바닷가에서 산책했어. 저녁노을이 정말 멋졌었지.

▶ nager 수영하다, 헤엄치다   tous les jours 매일   faire de la planche à voile 윈드서핑을 하다   avec vue sur + 장소 (장소) ~쪽으로의 전망   fait des balades 산책하다   tous les soirs 매일 밤   le coucher du soleil 일몰   magnifique 화려한, 장엄한

Situation 3

Jeanne	Qu'est-ce que tu fais pendant les vacances ?
Charles	Rien. Pas grand chose.

328

Jeanne	Moi, je vais chez une tante qui habite à Athènes.
	Si tu veux, tu peux venir avec moi.
Charles	Si je veux ? Mais tu rigoles ? C'est génial !
Jeanne	Ça veut dire que tu veux, n'est-ce pas ?
Charles	Ben, oui ! La Grèce, c'est un pays dont je rêve.
	Si on allait dans une île, aussi ? S'il te plaît.
Jeanne	Pourquoi pas ? Mais calme-toi, d'abord. On n'est pas encore en Grèce.

잔느	방학 동안 뭐 하니?
샤를르	아무것도. 별 계획 없어.
잔느	난 아테네에 사는 숙모 집에 갈 건데. 원하면 같이 가도 돼.
샤를르	원하면? 장난하니? 끝내주는 일인걸!
잔느	그 얘기인즉슨 가고 싶다는 거지?
샤를르	물론이지. 그리스는 내가 꿈꾸던 나라인걸. 우리 섬에 가면 어떨까? 부탁이야.
잔느	왜 안 되겠어? 근데, 너 진정부터 해라. 우리 아직 그리스에 안 왔어.

▶ **pendant** ~동안(에)   **pas grand chose** 별일 아니다, 별일 없다   **une tante** 백모, 숙모, 고모[이모·외숙모], 아주머니   **rigoler** 농담하다, 우스갯소리를 하다   **C'est génial !** 멋지다, 대단하다.   **Ça veut dire que** + *ind.* ~라는 뜻이다.   **n'est-ce pas ?** 그렇지 않니?   **la Grèce** (지리) 그리스   **le pays** 나라, 국가   **rêrer** 동경하다, 열망하다   **une île** 섬   **Pourquoi pas ?** 왜 안 됩니까?, 왜 그렇지 않습니까?, 물론이죠.   **se calmer** 평정[냉정]을 되찾다   **d'abord** 우선, 앞서, 먼저

Situation 4

Agnès	Enfin, les vacances !
David	C'est vrai. Qu'est-ce que tu vas faire ?
Agnès	Je pars pour l'Italie pendant les deux premières semaines et puis pour l'Espagne pendant une semaine.
David	Waoou ! Quel projet !
Agnès	Et toi ? Tu ne pars pas ?
David	Non, pas vraiment.
	Je vais chez mes grands-parents, à Nancy, pendant quelques jours.
	Mais le reste, je serai à Paris.
Agnès	Bon. En tout cas, bonnes vacances !
David	À toi aussi, bonnes vacances ! Et n'oublie pas de m'écrire.

아니에스	야, 드디어 방학이다!
다비드	그러게. 뭐 할 거니?
아니에스	처음 2주간은 이태리에 갈 거고, 그러고 나서 한 주간은 스페인에 갈 거야.
다비드	와~ 계획이 대단하구나!

아니에스	너는? 어디 안 가?
다비드	아니, 별로. 낭시에 계신 할아버지, 할머니 댁에 며칠 가 있을 거지만, 그 나머지는 파리에 있을 거야.
아니에스	뭐, 어쨌든 방학 잘 보내라.
다비드	너도. 방학 잘 보내. 편지 쓰는 거 잊지 말고.

▶ enfin 마침내, 이제야, 겨우　C'est vrai. 정말이다.　partir pour l'Italie 이탈리아로 떠나다　les deux premières semaines 첫 두 주　puis (시간적인 연속) 그리고 나서, 그 후에　l'Espagne 스페인　Quel projet ! 멋진 계획이다!　pas vraiment 별로, 약간　des grands-parents 조부모　le reste (~의) 나머지　en tout cas 어쨌든, 하여튼　Bonnes vacances ! (인사말) 좋은 휴가 보내세요!　oublier de + inf. 기억하지 못하다, 잊다　écrire (글·편지로 ~라고) 쓰다